O LIVRO DA
LUA
2021

22º Ano de Edição

O LIVRO DA
LUA
2021

Descubra a influência do astro no seu dia a dia
e a previsão anual para seu Signo

Marcia Mattos

ELEMENTO
SECRETO

Copyright © 2020, Marcia Mattos
Todos os direitos reservados à Astral Cultural e protegidos pela
Lei 9.610, de 19.2.1998.
É proibida a reprodução total ou parcial sem a expressa anuência da editora.
Este livro foi revisado segundo o Novo Acordo Ortográfico da Língua Portuguesa.

Produção editorial Aline Santos, Bárbara Gatti, Fernanda Costa, Jaqueline Lopes, Mariana Rodrigueiro, Natália Ortega, Renan Oliveira e Tâmizi Ribeiro
Preparação de texto Tereza Guedes
Capa Agência MOV
Ilustrações Shutterstock Images
Foto da autora Arquivo pessoal

Dados Internacionais de Catalogação na Publicação (CIP)
Angélica Ilacqua CRB-8/7057

M392L
    Mattos, Marcia
        O livro da lua 2021 / Marcia Mattos. -- 22. ed. -- Bauru, SP: Astral Cultural, 2020.
        432 p. il.

    ISBN 978-65-5566-042-5

    1. Astrologia 2. Lua – Influência sobre o homem 3. Lua – Fases I. Título

20-2914
                                                        CDD 133.5

Índice para catálogo sistemático:
1. Astrologia

 ASTRAL CULTURAL EDITORA LTDA.

BAURU
Av. Nossa Senhora de Fátima, 10-24
CEP 17017-337
Telefone: (14) 3235-3878
Fax: (14) 3235-3879

SÃO PAULO
Rua Helena 140, Sala 13
1º andar, Vila Olímpia
CEP 04552-050

E-mail: contato@astralcultural.com.br

Contatos da autora

Site: www.marciamattos.com
YouTube: Marcia Mattos Astrologia
Instagram: @marciamattosastrologia
Facebook: Marcia Mattos Astrologia
E-mail: marciamattos@globo.com
WhatsApp cursos: +55 21 96973-0706
WhatsApp consultas: +55 21 96973-0700

Aos colaboradores que contribuem anualmente com seu conhecimento, entusiasmo e profunda lealdade ao projeto. Devo a eles a inigualável alegria das parcerias.

COLABORADORES

Os Astrólogos

Celina Castello Branco
celinacbranco@gmail.com

Lucianna Magalhães
lucianna.m@globo.com

Marcio Veronesi
mgnicolay@outlook.com

Maria Luísa de Oliveira Proença
marialuisa.astroaura@gmail.com

Moraima Rangel
moraima1968@gmail.com

Valéria de Freitas
valfreitas47@hotmail.com

Wilza Rosário
wilzinharosario@globo.com

SUMÁRIO

Este livro: para quem, para quê e como usar 13

Calendários para 2021 15
    Calendário Anual 16
    Sobre os horários dos calendários 17
    Entrado do Sol nos Signos 18
    Eclipses 2021..20
    Movimento retrógrado dos planetas em 2021 21

O céu em 2021 25
    A dança dos Signos 26
    Calendário dos ciclos planetários...............................38

O céu do Brasil 45

Seu Signo em 2021 59
    ÁRIES..61
    TOURO 64
    GÊMEOS 68
    CÂNCER 72
    LEÃO 76
    VIRGEM 79
    LIBRA..83
    ESCORPIÃO 86
    SAGITÁRIO 90
    CAPRICÓRNIO 94
    AQUÁRIO 98
    PEIXES..101

Calendário das fases da Lua em 2021 106

As fases da Lua 109
    Lua Nova 110
    Lua Crescente 112
    Lua Cheia 115
    Lua Disseminadora 117
    Lua Minguante 118
    Lua Balsâmica...119

Lua e cirurgia 122

Calendário da Lua Fora de Curso 2021 125
Lua Fora de Curso 128

Céu nos meses do ano 131
    Céu do mês de janeiro 133
    Céu do mês de fevereiro 157
    Céu do mês de março 181
    Céu do mês de abril 202
    Céu do mês de maio 225
    Céu do mês de junho..247
    Céu do mês de julho...271
    Céu do mês de agosto..295
    Céu do mês de setembro 315
    Céu do mês de outubro..337
    Céu do mês de novembro 359
    Céu do mês de dezembro...383

Índice lunar de atividades.. 404

Serviços profissionais da autora.. 414

Agradecemos aos leitores que vêm acolhendo O Livro da Lua com assiduidade. Estamos no vigésimo segundo ano consecutivo de publicação. Mantivemos nesta edição os tópicos mais interessantes e aclamados pelos leitores.

Para quem

O *Livro da Lua 2021* é um livro de Astrologia sobre o mais popular dos corpos celestes: a Lua.

É um material de consulta para leigos.

Qualquer um que tenha curiosidade de saber como está o dia — segundo as indicações do céu — e orientar as suas decisões a partir dessas informações é um usuário deste livro.

Os estudiosos, os profissionais ou os amantes de Astrologia encontrarão alguns dados técnicos e algumas interpretações que são úteis para os seus estudos e aplicação nas consultas.

Ao contrário dos livros de Astrologia, que geralmente se baseiam nos Signos (solar, lunar, ascendente etc.) e têm um uso individual, *O Livro da Lua 2021* bem poderia chamar-se *O céu é para todos*.

Nesta edição, empenhamo-nos em destacar os efeitos das atividades planetárias responsáveis por um astral que afeta a todos, coletivamente.

Para quê

O *Livro da Lua 2021* possui informações para serem usadas como um calendário-agenda.

A esfera de domínio da Lua se estende por várias áreas das atividades e do comportamento humano. Deve-se usar este livro como meio de consulta e orientação a respeito dos inúmeros assuntos que ela regula, tais como: fertilidade; partos; nutrição; dietas; estética; saúde; cirurgia; sono; cultivo; humores; emoções; vida sentimental; negócios; vida profissional; público.

Que melhor maneira de planejar nossas vidas senão de acordo com os ritmos e ciclos espontâneos da natureza?

Como usar

O Livro da Lua 2021 é um livro de consulta frequente e diária.

Na primeira parte do livro, encontram-se:
- Calendário do ano;
- Previsões coletivas;
- O céu em 2021 — *O que nos aguarda para este ano*;
- O céu do Brasil — *Previsão astrológica para o país*;
- Previsão para os Signos;
- Fases da Lua (tabela e texto de interpretação);
- Lua e cirurgia (indicações para procedimentos cirúrgicos);
- Lua fora de curso (tabela e texto de interpretação);
- Eclipses (datas e interpretação);
- Movimento retrógrado dos planetas (tabela e texto de interpretação);
- Índice lunar de atividades (indicações das atividades mais compatíveis com cada Signo e fase da Lua).

A segunda parte do livro trata das **Posições Diárias da Lua** em cada mês, informações *móveis* que variam dia a dia:
- Fase em que a Lua se encontra;
- Signo em que a Lua se encontra (com interpretação sucinta);
- Indicação do período em que a Lua fica fora de curso – hora do início e do término;
- Aspectos diários da Lua com outros planetas (com indicação da hora de entrada e saída e do momento em que se forma o aspecto exato) e interpretação completa de cada um deles.

Na entrada de cada mês, encontra-se ainda o **Calendário Lunar Mensal**, que oferece uma visualização completa do período e as lunações.

Não deixe de consultar o **Índice Lunar de Atividades** para a escolha do melhor momento para: saúde, atividade física, compras e consumo, compras para o lar, serviços, casa, beleza, finanças e negócios, profissão, procedimentos, eventos, lazer, relacionamento, gestação, cultivo, plantio e natureza.

Um ótimo 2021!

CALENDÁRIOS PARA 2021

CALENDÁRIO ANUAL

Janeiro
Seg	Ter	Qua	Qui	Sex	Sáb	Dom
				1	2	3
4	5	6	7	8	9	10
11	12	13	14	15	16	17
18	19	20	21	22	23	24
25	26	27	28	29	30	31

Fevereiro
Seg	Ter	Qua	Qui	Sex	Sáb	Dom
1	2	3	4	5	6	7
8	9	10	11	12	13	14
15	16	17	18	19	20	21
22	23	24	25	26	27	28

Março
Seg	Ter	Qua	Qui	Sex	Sáb	Dom
1	2	3	4	5	6	7
8	9	10	11	12	13	14
15	16	17	18	19	20	21
22	23	24	25	26	27	28
29	30	31				

Abril
Seg	Ter	Qua	Qui	Sex	Sáb	Dom
			1	2	3	4
5	6	7	8	9	10	11
12	13	14	15	16	17	18
19	20	21	22	23	24	25
26	27	28	29	30		

Maio
Seg	Ter	Qua	Qui	Sex	Sáb	Dom
					1	2
3	4	5	6	7	8	9
10	11	12	13	14	15	16
17	18	19	20	21	22	23
24	25	26	27	28	29	30
31						

Junho
Seg	Ter	Qua	Qui	Sex	Sáb	Dom
	1	2	3	4	5	6
7	8	9	10	11	12	13
14	15	16	17	18	19	20
21	22	23	24	25	26	27
28	29	30				

Julho
Seg	Ter	Qua	Qui	Sex	Sáb	Dom
			1	2	3	4
5	6	7	8	9	10	11
12	13	14	15	16	17	18
19	20	21	22	23	24	25
26	27	28	29	30	31	

Agosto
Seg	Ter	Qua	Qui	Sex	Sáb	Dom
						1
2	3	4	5	6	7	8
9	10	11	12	13	14	15
16	17	18	19	20	21	22
23	24	25	26	27	28	29
30	31					

Setembro
Seg	Ter	Qua	Qui	Sex	Sáb	Dom
		1	2	3	4	5
6	7	8	9	10	11	12
13	14	15	16	17	18	19
20	21	22	23	24	25	26
27	28	29	30			

Outubro
Seg	Ter	Qua	Qui	Sex	Sáb	Dom
				1	2	3
4	5	6	7	8	9	10
11	12	13	14	15	16	17
18	19	20	21	22	23	24
25	26	27	28	29	30	31

Novembro
Seg	Ter	Qua	Qui	Sex	Sáb	Dom
1	2	3	4	5	6	7
8	9	10	11	12	13	14
15	16	17	18	19	20	21
22	23	24	25	26	27	28
29	30					

Dezembro
Seg	Ter	Qua	Qui	Sex	Sáb	Dom
		1	2	3	4	5
6	7	8	9	10	11	12
13	14	15	16	17	18	19
20	21	22	23	24	25	26
27	28	29	30	31		

Feriados 2021

Janeiro
01: Confraternização Universal

Fevereiro
16: Carnaval

Abril
02: Sexta-feira Santa
21: Tiradentes

Maio
01: Dia do Trabalhador

Junho
03: *Corpus Christi*

Setembro
07: Independência do Brasil

Outubro
12: Padroeira do Brasil

Novembro
02: Finados
15: Proclamação da República

Dezembro
25: Natal

SOBRE OS HORÁRIOS DOS CALENDÁRIOS

O Livro da Lua e o fuso horário
O Livro da Lua 2021 foi calculado levando em consideração o fuso horário de Brasília. Os territórios brasileiros localizados em fusos horários diferentes devem ajustar as tabelas do livro conforme o fuso horário local.

Acerto de horários para Portugal
Durante o horário de verão em Portugal, acrescentar quatro horas.

Acerto de horários para Uruguai e Argentina
O horário oficial no Brasil é o mesmo do Uruguai e da Argentina. Na Argentina, não existe horário de verão, ou seja, o horário permanece o mesmo durante todo o ano.

Acerto de horários para México
Durante o horário de verão do México, subtrair duas horas.

ENTRADA DO SOL NOS SIGNOS

Sol em Aquário	19 janeiro 2021	*17h39min42s*
Sol em Peixes	18 fevereiro 2021	*07h43min49s*
Sol em Áries	20 março 2020	*6h37min19s* Equinócio da Primavera H. Norte – Equinócio de Outono H. Sul
Sol em Touro	19 abril 2020	*17h33min14s*
Sol em Gêmeos	20 maio 2020	*16h36min57s*
Sol em Câncer	21 junho 2020	*0h32min00s* Solstício de Verão H. Norte – Solstício de Inverno H. Sul
Sol em Leão	22 julho 2020	*11h26min16s*
Sol em Virgem	22 agosto 2020	*18h34min49s*
Sol em Libra	22 setembro 2020	*16h20min56s* Equinócio de Outono H. Norte – Equinócio de Primavera H. Sul
Sol em Escorpião	23 outubro 2020	*01h51min01s*
Sol em Sagitário	21 novembro 2020	*23h33min34s*
Sol em Capricórnio	21 dezembro 2020	*12h59min09s* Solstício de Inverno H. Norte – Solstício de Verão H. Sul

Equinócio

Quando o Sol entrar no grau zero do Signo de Áries, no dia 20 de março às 06h37min19s se iniciará a primavera no Hemisfério Norte e o outono no Hemisfério Sul.

Quando o Sol entrar no grau zero do Signo de Libra, no dia 22 de setembro às 16h20min56s, marcará a entrada do outono no Hemisfério Norte e da primavera no Hemisfério Sul.

Essas duas estações são contempladas com temperaturas mais amenas e menores rigores da natureza.

A palavra Equinócio quer dizer noites iguais e distribui a mesma duração de horas entre noite e dia. Isso sugere uma volta de equilíbrio entre claro e escuro, sem predominância de nenhuma das partes do ciclo da luz.

A chegada dessas estações, tradicionalmente, sempre foi celebrada com inúmeros rituais que homenageavam e agradeciam o reequilíbrio das forças do dia e da noite.

Solstício

O início do verão será marcado pela entrada do Sol a zero grau do Signo de Câncer, em 21 de junho, à 00h32min00s, para o Hemisfério Norte.

Esta mesma posição solar corresponderá no Hemisfério Sul à chegada do inverno.

Quando o Sol passar pelo zero grau do Signo de Capricórnio, em 21 de dezembro, às 12h59min09s, abrirá a estação do inverno no Hemisfério Norte, e do verão do Hemisfério Sul. O Solstício é o nome que se dá à entrada dessas duas estações.

Durante o Solstício de verão, os dias são mais longos do que as noites e há uma predominância de luz na alternância claro-escuro dos ciclos da natureza. A chegada do Solstício de verão era comemorada com muita alegria e renovação de vida. Muitos festivais e rituais foram criados para celebrar o retorno da luz.

O Solstício do inverno corresponde a dias mais curtos e noites mais longas, com visível predomínio do escuro, na alternância claro-escuro dos ciclos da natureza.

Em lugares onde o inverno é rigoroso e em épocas em que se contava apenas com a luz do Sol, pode-se imaginar o impacto da chegada do Solstício, levando e trazendo a luz.

ECLIPSES 2021

NATUREZA DO ECLIPSE	DATA	HORA	GRAU E SIGNO
Eclipse Lunar	26/05/2021	08:20	05°26' de Sagitário
Eclipse Solar	10/06/2021	07:43	19°47' de Gêmeos
Eclipse Lunar	19/11/2021	06:05	27°14' de Touro
Eclipse Solar	04/12/2021	04:35	12°22' de Sagitário

Eclipses

Nunca devemos "estar por um fio", assoberbados ou sem espaço de manobra nas proximidades de um Eclipse. O que estiver sob muita pressão irá transbordar ou se romper.

Todo Eclipse decide algo.

O melhor modo de se preparar para esse fenômeno é eliminar aquilo que não queremos que se mantenha, criando espaço para acontecimentos surpreendentes em todos os setores da nossa vida.

Eclipse Lunar

Ocorre na Lua Cheia, quando o Sol, a Lua e a Terra estão alinhados entre si com exatidão. O Eclipse Lunar provoca um confronto entre passado e futuro, mas é o futuro que deverá vencer.

Nesse caso, serão sacrificadas pessoas, circunstâncias, conceitos e experiências que tenham fortes alianças com o passado. O que não parecia possível, revela-se com uma força surpreendente. A sensação de que alguém está prestes a "puxar seu tapete" também é comum neste período.

Eclipse Solar

Ocorre na Lua Nova, quando a Lua cobre o Sol e o Sol, a Lua e a Terra estão alinhados. O Eclipse Solar provoca um confronto entre passado, presente e futuro, mas é o passado que deve vencer. É uma época de revival. É comum ressurgirem antigos relacionamentos, emoções e ideias. Devemos tomar cuidado para não recair em comportamentos, vícios e sentimentos que foram custosos de abandonar.

MOVIMENTO RETRÓGRADO DOS PLANETAS EM 2021

	INÍCIO	FIM
Mercúrio	31 de janeiro de 2021 30 de maio de 2021 28 de setembro de 2021	22 de fevereiro de 2021 23 de junho de 2021 19 de outubro de 2022
Vênus	20 de dezembro de 2021	29 de janeiro de 2022
Marte	—	—
Júpiter	21 de junho de 2021	19 de outubro de 2021
Saturno	24 de maio de 2021	11 de outubro de 2021
Urano	16 de agosto de 2020 20 de agosto de 2021	15 de janeiro de 2021 19 de janeiro de 2022
Netuno	26 de junho de 2021	02 de dezembro de 2021
Plutão	28 de abril de 2021	07 de outubro de 2021

O que significa Mercúrio Retrógrado

A cada três meses, **Mercúrio** entra em movimento **retrógrado**, permanecendo assim por três semanas. Quando **Mercúrio** está no seu movimento **retrógrado**, há uma interferência no funcionamento das áreas de comunicação, telefonia, telecomunicação, componentes eletrônicos, serviços de entrega, serviços de informação, correio, transportes, veículos, fretes estradas e acessos.

Por isso, durante esses períodos, é indispensável ser mais rigoroso no uso ou na prestação de serviços que envolvam essas áreas:

• Telefones, veículos, equipamentos, máquinas e computadores apresentam mais defeitos;

• Veículos e máquinas comprados apresentam defeitos crônicos ou dificuldade de entrega;

• Fios, ligações, tubos e conexões podem falhar ou apresentar problemas de fabricação;

• Trânsito, acessos e redes estão prejudicados;

• Papéis, documentos, contratos e assinaturas apresentam problemas e devem ser copiados e revisados;

• Cláusulas de contratos e prazos estabelecidos, geralmente, são alterados e renegociados;

• Tarefas apresentam mais falhas e precisam ser refeitas;

• Cirurgias devem ser evitadas, já que a perícia está menos acentuada e erros podem ocorrer;

• Exames e diagnósticos devem ser reavaliados;

• Mudanças de ideia ocorrem para favorecer ou desfavorecer uma situação;

• Comunicação pessoal pode gerar mal-entendidos;

• Informações devem ser checadas, pois os dados podem estar alterados, errados ou incompletos;

• Obras em estradas, rodovias e viadutos apresentam atrasos.

Caso precise lidar com alguma situação relacionada a um desses tópicos, evite o período em que Mercúrio estiver retrógrado.

Os demais planetas Retrógrados

Quando Vênus estiver retrógrado, evite:
• Transações financeiras de vulto, negociar salários e preços, abrir negócio;
• Definir assuntos amorosos, casamento e noivado.

Quando Marte estiver retrógrado, evite:
• Cirurgias eletivas, não emergenciais.

Quando Júpiter estiver retrógrado, evite:
• Eventos de grande porte, principalmente os esportivos e culturais, encaminhar processos na justiça, esperar progresso e crescimento de negócios e projetos.

Quando Saturno estiver retrógrado, evite:
• Mudanças no emprego, pois o mercado de trabalho e de produção estará mais recessivo.

Quando Urano estiver retrógrado, evite:
• Pensar que algo interrompido não irá retornar e que algo iniciado não sofrerá várias alterações.

Quando Netuno estiver retrógrado, evite:
• Abandonar um assunto já encaminhado, achando que está bem entregue.

Quando Plutão estiver retrógrado, evite:
• Considerar algo definitivamente encerrado.

O CÉU
EM 2021

A DANÇA DOS SIGNOS
Movimento dos planetas lentos e Nodos através dos graus dos Signos em 2021

Júpiter em Aquário	De 20/12/2020 a 13/05/2021 De 29/07/2021 a 29/12/2021	29° Aquário 13 de Maio → 0° Peixes 14 de Maio → 2° Peixes Junho ↑ ↓ 2° Aquário Janeiro — 0° Peixes 28 de Julho ↓ 29° Aquário
Júpiter em Peixes	De 14/05/2021 a 28/07/2021 De 30/12/2021 a 10/05/2022 De 29/10/2022 a 20/12/2022	0° Peixes 30 de Dezembro → 29 de julho ↖ ↓ 29° Peixes 29 de Dezembro 22° Aquário Novembro
Saturno em Aquário	De 23/03/2020 a 02/07/2020 De 18/12/2021 a 07/03/2023	13° Aquário Maio — 11° Aquário 31 de Dezembro ↑ ↘ ↗ 1° Aquário Janeiro — 6° Aquário Outubro
Urano em Touro	De 15/05/2018 até 25/04/2026	14° Touro Setembro ↗ ↘ 6° Touro Janeiro — 10° Touro Dezembro
Netuno em Peixes	De 05/04/2011 a 25/01/2026	23° Peixes Julho ↗ ↘ 18° Peixes Janeiro — 20° Peixes Dezembro
Plutão em Capricórnio	De 27/11/2008 a 23/01/2024	26° Capricórnio Junho ↗ ↘ 24° Capricórnio Janeiro — 24° Capricórnio Dezembro
Nodo Norte em Gêmeos	De 06/05/2020 a 18/01/2022	19° Gêmeos Janeiro ↘ 1° Gêmeos Dezembro

Alguns trechos dos textos sobre a dança dos Signos a seguir são reproduções daqueles publicados em edições anteriores de O Livro da Lua, uma vez que se tratam de interpretações de passagens idênticas ou de natureza semelhante.

— JÚPITER EM AQUÁRIO —
De 20 de dezembro de 2020 a 13 de maio de 2021
De 29 de Julho a 29 de dezembro de 2021

Quando Júpiter atravessa um Signo, beneficia as qualidades, comportamentos e traços associados a ele e também personalidades, países e cidades que tenham posições planetárias neste Signo. Há prosperidade e expansão de resultados obtidos por meio das qualidades do Signo em que Júpiter se encontra. Ao passar por Aquário, todo o campo digital, virtual e tecnológico ganha um impulso extraordinário de crescimento. Há sinais de que ainda existe muito potencial de expansão para este setor. O ensino a distância ganha fôlego extra, com acesso a novas plataformas mais fáceis de serem usadas, mais simplificadas, mais rápidas, e para uso de um número muito maior de pessoas. A utilização de ferramentas digitais também se expande para um número maior de atividades. A inclusão e a utilização proposital das diferenças se expandem e se alastram para vários setores de atividades e do corpo social. Provará ser, inclusive, uma fonte de benefícios e geradora de abundância, visto que Júpiter, o grande, está no Signo da diversidade. Empresas, empreendimentos, organizações e negócios que adotarem essa proposta de diversidade em seus quadros estarão em vantagem. Há uma tendência forte para a conscientização e práticas que criminalizem a discriminação... Nessa linha, fica muito feio discriminar. Pelo contrário, há favorecimento, vantagem, acertos para atividades e práticas que reúnam, preferencialmente, diferenças etárias, raciais, religiosas, culturais.

A "riqueza" poderá vir desta composição promovida pelas diferenças. Aumento de velocidade para todos os tipos de transportes, equipamentos, aviões, banda de internet e conectividade é um efeito provável desta passagem.

Uso mais amplo de energias alternativas, substituindo os combustíveis convencionais, como carros movidos a eletricidade e a pilhas recarregáveis, deve ganhar um notável destaque com a passagem de Júpiter em Aquário. Há avanços também na exploração do espaço, inclusive visando seu potencial de recursos. Não se trata aqui de explorar outros continentes, outros mares nem outras terras, mas outros "céus". Cresce no fundo o que for inovador, original, criativo, independente, alternativo ao "mainstream" e que substitua em qualquer setor práticas, conceitos e ferramentas tradicionais.

Há um florescimento exponencial do uso da tecnologia, no número de usuários, na oferta de ferramentas, na abrangência dos setores e, consequentemente, no aumento de ganhos de empresas, profissionais e prestadores de serviços desta área.

— JÚPITER EM PEIXES —

De 14 de maio a 28 de julho de 2021
De 30 de dezembro de 2021 a 10 de maio de 2022
De 29 de outubro a 20 de dezembro de 2022

Júpiter, completamente à vontade em Peixes, Signo do qual é corregente, anuncia uma passagem auspiciosa. Este é um planeta que representa todo e qualquer processo de crescimento, expansão, desenvolvimento e é o portador dos grandes benefícios.

Sinaliza que o crescimento não estará restrito a um setor, categoria, região ou grupo, mas tende a se espraiar, se derramar, se infiltrar por vários cantos e frestas, conduzido pelas águas de Peixes.

Há um terreno fértil e pouca resistência para que ocorra e se dissemine essa expansão. Os Signos do elemento Água (Câncer, Escorpião e Peixes) e do elemento Terra (Touro, Virgem e Capricórnio) estarão particularmente favorecidos.

Quando Júpiter atravessa um Signo, favorece as atividades, comportamentos, negócios associados a ele e os nascidos naquele Signo.

A indústria farmacêutica e as pesquisas na área de medicamentos devem prosperar. A distribuição e o acesso a medicações devem aumentar. É uma sinalização de vacinação em massa contra o Covid-19.

As práticas que tenham um caráter solidário e de inclusão, baseadas na consciência, cada vez mais inevitável, de que estamos todos no mesmo barco e de que o que acontece com alguns, atinge a todos são recompensadoras sob este ciclo.

Tomar medidas que cuidam de todos será uma forma de cuidar de si também.

Surgirão segmentos, que inclusive prosperarão, com ênfase em ações que favoreçam a todos. Com essa visão mais do conjunto do que das partes. Menos divisão, mais inclusão e participação resultando em mais prosperidade.

Essa é a matemática de Júpiter em Peixes. Estender, partilhar, poder multiplicar. Afinal, os peixes nos ensinam a nadar em cardumes.

O pensamento sistêmico, que percebe a conexão entre coisas, fatos, seres e não analisa as partes isoladamente, deve ganhar um grande impulso.

Sensibilidade, romantismo, sutileza, flexibilidade, adaptação, permeabilidade, envolvimento X indiferença, juntar-se em vez de separar-se, encantamento com a magia e poesia da vida serão práticas em alta. Todas as atividades que as promovam ou se baseiem nelas frutificarão.

— SATURNO EM AQUÁRIO —

De 23 de março a 02 de julho de 2020
De 18 de dezembro de 2020 a 07 de março de 2023

Saturno faz seu primeiro ingresso no Signo de Aquário no primeiro trimestre de 2020, retorna para o Signo de Capricórnio por todo o segundo semestre e lá permanece até o final de 2020, dando uma conferida se deixou tudo bem organizado e definitivamente estruturado. É bom informar que Saturno se encontra muito à vontade no Signo de Aquário. Um planeta de planejamento em um Signo de antecipação, ou seja, bons presságios para criarmos um planejamento eficiente para o que está por vir. Profissionais que atuam no segmento de antecipação de tendências, que de certa forma trabalham com o tema de projeção, revisão, e áreas de prevenção em Economia, Saúde, Ciências Políticas e Sociais e Ciência terão bastante destaque. Bem mais fácil acertar assim. Sob esta passagem, pensar em produção é pensar em automação, tecnologia, velocidade, agilidade e supressão de etapas. Muitas novidades tecnológicas e científicas, que pareciam ainda remotas, estarão prontas para fazer parte do mais básico processo de produção ao mais sofisticado, de forma regular e aplicada, vivenciada em nossas práticas do dia a dia. Energia solar, prédios inteligentes, fontes alternativas de energia, carros elétricos, robôs, transportes sem motorista vão invadir nossas estruturas de vida e tomar conta do mundo real. Produzir com novas ferramentas, assim como uma gestão diferenciada e descentralizada, serão apostas sem chance de erro durante essa passagem. Afinal, o planeta da produção e gestão está em um Signo distributivo e avesso à centralização e ao "personalismo". Atividades realizadas distantes da localização da empresa (supondo que ainda haja um local físico), dispensando a presença e o uso de matérias-primas e equipamentos inteligentes na produção e na construção, modificarão profundamente o trabalho. Estruturas compartilhadas, tanto de espaços profissionais, como de moradia com áreas comuns e áreas privadas, são efeitos prováveis deste ciclo. Aquário sempre remete ao conceito do coletivo, distribuído, compartilhado, em vez do privilégio, do separado, do individual e da exclusão. Notaremos também uma gestão inovadora e participativa, assim como estruturas de trabalho cujos participantes tenham qualificações, faixas etárias, formação e etnias diferentes. Mais heterogeneidade do que homogeneidade será a tendência das empresas e empregadores. A responsabilidade passa a ser compartilhada pelo trabalho em equipe, tirando o peso todo de cima dos ombros de uma só pessoa. As pessoas passam a ter mais de uma alternativa de trabalho e deixam de pôr todos os ovos em um único cesto. A liberdade é trazida para as relações profissionais. Atuar em um projeto e, depois, em um novo projeto de outra área com um outro produto é a tendência desses tempos. Finalmente, podemos pensar em um modelo de governo ou órgãos governamentais menos centralizadores, com participação de figuras de outros quadros, não necessariamente políticos, inclusive, com parcerias mais constantes entre os setores público e privado para dar esta cara distributiva, heterogênea própria do Signo de Aquário, onde Saturno pretende alicerçar suas estruturas nos próximos anos.

— URANO EM TOURO —
De 15 de maio de 2018 a 25 de abril de 2026

Estaremos interessados nas mudanças com efeitos mais duradouros e que atuem no lado prático da vida. As alterações mais importantes e criativas devem se dar no campo da produção e também no uso da terra em relação ao cultivo, colheita, armazenamento, aproveitamento e durabilidade do que foi cultivado. Por se tratar de um Signo de Terra e fixo, portanto, é muito afeito aos movimentos de manutenção e conservação, e não a perdas e deteriorações.

Outro foco importante das práticas revolucionárias de Urano será em relação às formas de pagamento ou ao uso do dinheiro. Afinal, trata-se de um Signo que fala de matéria. Pode-se pensar em aceleração de novos sistemas de cobrança e pagamento, como as moedas virtuais, *bitcoins*, várias formas de permuta de serviços e mercadorias sem uso de dinheiro nas transações, ou até situações em que o cliente sugere o valor da mercadoria.

Muita coisa nova vem por aí nesta área: a economia ainda vai nos surpreender e nos mostrar como é possível reinventar suas práticas. Na linha da inversão típica de Urano passando pelo Signo de Touro — afeito às posses, ao senso de propriedade —, poderemos ver a economia se beneficiar de modelos de negócios de uso temporário, em que se estabelece pagamento pelo uso, e não pela propriedade. É o caso das bicicletas de uso comum e, já em algumas capitais, o uso comum do automóvel por um determinado período.

Esse formato de "posse provisória" pode se estender a outros artigos, evitando a predisposição ao acúmulo de peças, bens e objetos que não estejam sendo usados pelo proprietário, o que abre a possibilidade para que outros usufruam mediante um valor previamente definido.

Até a opção pela casa própria pode ser revista pelas gerações mais jovens, pois este ciclo tende a privilegiar liquidez em vez de imobilização do capital.

Temos outros exemplos bem-sucedidos deste conceito de "despossuir" como aluguel de malas, Airbnb, troca de casa e o expressivo crescimento do mercado de segunda mão no negócio da moda e objetos.

— NETUNO EM PEIXES —

De 05 de abril de 2011 a 25 de janeiro de 2026

A consciência de que estamos todos imersos no mesmo oceano e de que tudo cada vez mais afeta a todos, desde o início da era globalizante, fica ainda mais expressiva com Netuno, o planeta da dissolução de fronteiras, em seu próprio Signo. Sendo assim, o ambiente ideal para desmanchar uma determinada ordem e reagrupá-la em uma nova síntese, incluindo elementos que estavam fora. Tudo remixado e miscigenado, agregando em uma mistura, antes improvável, raças, culturas, classes, idades e gêneros. Esta é a ideia de "fusion", que a gastronomia adotou tão bem quanto a música. Se nosso paladar e nossos ouvidos recebem tão bem este conceito, por que não todo o resto? Marcar diferenças, separar, exilar, estabelecer limites muito delineados será quase impossível sob esta abrangente combinação. Inclusão é a palavra de ordem.

A atitude mais recomendada e contemporânea será flexibilizar. Tempos difíceis para rígidos e intolerantes. Fenômenos e comportamentos de massa estarão ainda mais presentes com ideias, modismos e expressões se espalhando mundo afora em prazos muito curtos. As últimas barreiras de resistências regionais, ou de grupos e culturas que pretendem se manter isolados, serão paulatinamente enfraquecidas. A tendência é que sejam absorvidos, como o movimento da água que a passagem de Netuno em Peixes tão plasticamente reproduz. A música e as artes visuais, principalmente o cinema — um mundo cada vez mais visual e sonoro — viverão momentos de grande expressão. A água, como já se tem anunciado por toda esta década, torna-se cada vez mais um precioso bem. E as regiões que possuem reservas hídricas serão muito valorizadas. Por outro lado, o planeta que rege os mares, que não aprecia limites e bordas, transitando um Signo de Água, pode produzir efeitos indesejáveis, como enchentes, alagamentos e chuvas prolongadas. Quem mora nas proximidades de grandes concentrações de água pode sofrer os efeitos mais nocivos desta passagem. Este planeta também está associado à química, à indústria farmacêutica e ao acesso a medicamentos em escala cada vez maior. Quebra de patentes ou um crescimento acentuado dos genéricos são boas possibilidades.

Esse astro ainda expande todo o arsenal de substâncias químicas que imitam, por algum tempo, a sensação de bem-estar ou nos fazem esquecer a falta dele, como um bom e eficiente anestésico.

Também é atribuída a Netuno a regência sobre o petróleo e o gás. As reservas de óleo devem ficar progressivamente menos hegemônicas ou menos restritas a algumas áreas. Descobertas de novas reservas em outros países, que passam a ser também produtores de petróleo, mudam um pouco a moeda de poder associada a esse valioso produto. Por sinal, Netuno em Peixes não é amigo de hegemonia nem de restrição. É Netuno o responsável por nossa capacidade de encantamento. É ele que nos lembra, ao nos trazer uma tristeza na alma, que viver não é só uma equação material ou corporal, mesmo que esta equação esteja muito bem solucionada. Isto não garante uma alma plena ou alegre. A falta de encantamento nos torna vazios, robotizados, automáticos. Em Peixes, esta capacidade e necessidade se tornam ainda mais acentuadas. Surgem daí algumas alternativas: o romantismo no amor, a espiritualidade que dá sentido à existência, a arte, o contato com a natureza.

A natureza, por sinal, nos lembra que tudo é tão perfeito. A busca de estados mais contemplativos, para repousar e equilibrar nosso vício pelo ritmo frenético, será mais frequente. Com a queda das utopias, vamos todos precisar mais de sonhos e de refúgios paradisíacos — agora mais do que nunca. Lugares que, de algum modo, sugerem a ideia de paraíso serão avidamente buscados. Floresce a percepção, agora muito mais difundida, quase corriqueira, de que tudo está conectado como um grande organismo, que só pulsa se todos os elementos pulsarem juntos, ou de um sistema que só funciona se suas partes interligadas funcionarem. Soluções isoladas não resolvem mais questões tão complexas. Um só gesto afeta mil outras coisas, situações de uma natureza atraem outras semelhantes ao mesmo tempo e, ainda, o homem contém dentro de si partículas do universo. Estes são os efeitos prováveis desta passagem, que destaca ainda um pensar sistêmico e um ser humano mais sensível. Estudos interdisciplinares vão crescer cada vez mais, como se um conhecimento fosse complementar a outro.

— PLUTÃO EM CAPRICÓRNIO —
De 27 de novembro de 2008 a 23 de janeiro de 2024

Um dos principais e mais visíveis efeitos desta passagem é a crise financeira e a consequente recessão econômica em que estamos envolvidos desde a entrada de Plutão em Capricórnio em novembro de 2008. Quebra-quebra de empresas e bancos, aumento do índice de desemprego, enxugamentos e gestão mais apertada das empresas são reflexos desta passagem. Consumo consciente e toda uma reeducação econômica estão em vigor. Viver com menos e gastar com prudência, administrando melhor os próprios recursos, são as ordens do dia. Os quinze anos em que Plutão permanece em Capricórnio alertam para os graves efeitos que o ataque ao meio ambiente vem causando. A exacerbação desses efeitos será visível, e eles poderão ser totalmente irreversíveis, caso as medidas preventivas e reparadoras não sejam tão radicais e tão urgentes quanto a proporção dos danos causados. Cura ou destruição da Terra são as duas únicas opções. Este imenso trabalho de recuperação, por sua vez, gerará novos empregos, novas indústrias e até novas profissões, aquecendo todos os setores da economia ligados a este processo. Na verdade, toda uma nova economia será gerada no rastro desta tendência.

Alguns exemplos: atividades de reciclagem, beneficiamento de lixo, reutilização de descartáveis, despoluição, reaproveitamento de fontes naturais, construção de casas ecológicas etc. Já está em estudo o processo de reversão do lixo, em que este faz o seu caminho de volta e retorna à produção. Esse é um dos sentidos mais profundos da economia de recursos, quando quase nada é jogado fora. Até porque, já há claros sinais de escassez de recursos e da iminente falta de alguns deles. Uma das áreas críticas, que já começa a se evidenciar, é a produção de alimentos. Como alimentaremos toda a população mundial sem um controle radical da manutenção e qualidade das terras cultivadas? O que fazer diante do cenário que sinaliza algumas delas se tornando áreas de produção de insumo para combustível? Também sobressaem desta passagem de Plutão pelo Signo de Capricórnio profundos reajustes da Terra, este planeta vivo que de tempos em tempos sofre todos os tipos de abalos causados pelas forças da natureza, terremotos, inundações, vendavais etc. O formato de trabalho/emprego que se conhece hoje será totalmente revogado, inclusive com um forte decréscimo do assistencialismo. Cada vez mais, a ideia de um governo "mãe", ou seja, protetor, que "cuida" dos seus cidadãos, ficará distante. A crise na previdência social já ocorre em muitos países, causada pelo desequilíbrio entre o que o governo precisa desembolsar para assistir aos cidadãos e à contribuição dos indivíduos produtivos. Essa crise deve se agravar agora, justamente pelo fato de Plutão se encontrar em Capricórnio, que é o Signo oposto a Câncer, no qual se encontrava entre 1914 e 1939, período em que tal modelo foi criado. Trata-se, na realidade, de uma mudança radical de formato de trabalho, no qual o indivíduo vai encontrando outros meios mais garantidos e autossuficientes de se assegurar fora dos braços do Estado ou do empregador.

O prolongamento da vida e o consequente envelhecimento da população agravam ainda mais essa questão. O fato de as pessoas ganharem mais anos de vida faz com que se vejam obrigadas a permanecer mais tempo produzindo para que esse tempo excedente seja devidamente financiado. O conceito de aposentadoria precisa ser completamente repensado e alterado nessas condições. A outra grande revolução se dará no campo político. Há uma forte tendência de predominância do Estado laico, superando a dos últimos anos (durante a passagem de Plutão em Sagitário), quando houve muitos casos de convergência entre Estado e religião, sendo esta, inclusive, usada como apelo político e força de sustentação de poder. Essa era chegou ao fim. Até porque os desafios que encontraremos serão de natureza tão objetiva — como a sobrevivência do próprio planeta — que exigirão soluções e competências pragmáticas. Talvez, por isso, o braço da religião neste momento não seja um apoio tão tentador.

O cenário político sofrerá ainda outra importante transformação, com o poder sendo deslocado da esfera do simples usufruto de autoridade, do mando e do status para a esfera da competência, da realização e do trabalho. É como se ocorresse uma "profissionalização" do poder. A política volta a ter sua função reguladora, administradora e gerenciadora, diante da gravidade dos problemas enfrentados, deixando de ser apenas um lugar gerador de privilégios, divorciado dos problemas estruturais da sociedade. Ou seja, um lugar de responsabilidades e soluções, não de discursos. Isto muda completamente a face dos dirigentes. A autoridade estará diretamente ligada à competência. Assim, o Estado terá que se assemelhar mais com uma grande empresa ou um grande gestor. O poder pertencerá a quem faz e sabe fazer. Pode-se observar também o aumento do controle ou do poder do Estado sobre a economia e o funcionamento da sociedade em geral. Já vimos isto acontecer em 2009 nos Estados Unidos, a mais liberal das economias, quando o governo teve que assumir o controle de algumas empresas à beira da falência. Essa tendência segue. Há, de qualquer maneira, uma total renovação dos nomes do atual cenário político. Não só os nomes irão mudar, mas também os perfis, com toda uma nova geração ascendendo ao poder.

— NODO NORTE EM GÊMEOS —
De 05 de maio de 2020 a 18 de janeiro de 2022

Quando o Nodo Norte atravessa um Signo, destaca, amplifica as qualidades, comportamentos, modo de ser, atividades associadas a tal Signo e favorece de maneira exemplar as pessoas nascidas sob o mesmo. Devemos orientar nossa conduta por essas qualidades se quisermos usufruir dos benefícios dessa passagem. É como se as qualidades do Signo posicionado no Nodo Norte sinalizassem a direção do caminho e para onde as coisas estão indo na travessia por Gêmeos, estar informado, conectado, "antenado" é o que nos colocará na rota certa. É importante, durante esse ciclo, buscarmos sempre mais de uma fonte de informação e dialogarmos com outras pessoas para não nos fecharmos em um pensamento que não circula, não areja, não diversifica. Para isto, curiosidade é fundamental. Mobilidade, adaptabilidade, habilidade de diversificar, assim como ter várias cartas na manga, farão toda a diferença. Por outro lado, rigidez, pensamento único, sem troca, isolamento, baixo índice de contato e sociabilidade são cartas fora do baralho. É hora de incrementar laços sociais, conectar-se às pessoas, explorar as redes de contatos em vez de se fechar em relações íntimas ou familiares ou em atividades desempenhadas de maneira solitária. Mesmo em tempos de quarentena, imposta pela pandemia, as pessoas buscaram mil maneiras de estar em contato, ainda que virtualmente. Gêmeos é, por excelência, o Signo da comunicação; ponto positivo, portanto, para quem se expressar, trocar ideias e abrir os ouvidos para escutar os outros. Preparem-se para caixas de correio eletrônico lotadas, muitos grupos de WhatsApp, um cardápio variado de *lives* etc. Gêmeos é também um Signo mental, portanto, todas as atividades que promovam o enriquecimento da mente serão bem-vindas. Cursos, palestras, grupos de estudo, *workshops*, espaços culturais e instituições de ensino estão na rota deste ciclo, mesmo migrando para plataformas digitais. O que não se sabe, aprende-se ou, então, uma mente que não aprende, desaprende: assim poderia ser a chamada para a passagem do Nodo Norte em Gêmeos. Meios de transporte também estão na mira deste ciclo, como bicicletas, patinetes, transportes solidários, novos aplicativos na linha do Uber ou de carona etc., pois há uma ênfase forte para tudo o que favoreça e facilite os deslocamentos.

Nesta linha, todos os meios de transportes e serviços que executam entrega, devido ao grande aumento de compras de produtos on-line, demonstrarão ser um negócio de demanda crescente.

Como se trata de um Signo duplo, será usual e até mesmo necessário ter mais de uma atividade simultaneamente para compor a receita. Habilidades comerciais, atividades de divulgação, marketing e informação estarão em alta. As mídias continuarão a ter um papel de superdestaque.

CALENDÁRIO DOS CICLOS PLANETÁRIOS

Eventos geocósmicos de destaque em 2021

Novembro de 2020	Júpiter conjunção Saturno Netuno quadratura aos Nodos
Dezembro de 2020	Júpiter conjunção Saturno Netuno quadratura aos Nodos
Janeiro de 2021	Júpiter conjunção Saturno Netuno quadratura aos Nodos Júpiter quadratura Urano Saturno quadratura Urano
Fevereiro de 2021	Netuno quadratura aos Nodos Saturno quadratura Urano Júpiter trígono aos Nodos
Março de 2021	Saturno quadratura Urano Saturno trígono aos Nodos Júpiter trígono aos Nodos
Abril de 2021	Saturno trígono aos Nodos
Maio de 2021	Saturno quadratura Urano Saturno trígono aos Nodos
Junho de 2021	Saturno quadratura Urano
Julho de 2021	Saturno trígono aos Nodos
Agosto de 2021	Saturno trígono aos Nodos
Setembro de 2021	-
Outubro de 2021	-
Novembro de 2021	-
Dezembro de 2021	Saturno quadratura Urano

— O CICLO JÚPITER-SATURNO (CONJUNÇÃO) —

Novembro e dezembro de 2020 (em Capricórnio)
Janeiro de 2021 (em Aquário)

Este é um ciclo icônico e o mais importante do ano. Uma nova ordem, um novo paradigma social, político, econômico, cultural e comportamental orientará a humanidade nos próximos 200 anos.

E por que isto? Desde a revolução industrial, portanto nos últimos 180 anos, Júpiter e Saturno formaram conjunções em Signos de Terra e, agora, a partir desta conjunção em Aquário, inauguram um ciclo de conjunções em Signos de Ar.

Migraremos da ênfase no ter, adquirir, acumular, construir, produzir bens em larga escala o que deu muito destaque ao capitalismo e democracia, e da concepção de que poder se garantia com territórios, defesa e conquistas desses territórios para uma nova ordem muito menos palpável.

No elemento Ar, estas conjunções de Júpiter e Saturno, que ocorrerão nos próximos 200 anos, os destaques migrarão para o plano do saber, do aprender, da informação, do intelecto, do conhecimento, da educação, da ciência e, sobretudo, da tecnologia.

As empresas, os negócios, o poder, não vão estar mais necessariamente em um espaço físico, ocupando um território, mas nas "nuvens", já que o mundo estará cada vez mais digital. Quem dominar esses espaços e essas tecnologias é que terá poder. Os usuários que tiverem melhor conexão, melhor acesso à rede, terão mais informação e, portanto, mais oportunidades e benefícios. Está se desenhando uma outra divisão social.

Outro efeito considerável deste ciclo, que se iniciou no final de 2020 e está presente em 2021, está associado com substituições, "deposição" e "destronamento" de atuais representantes do poder. No mito grego, Júpiter destrona o pai Saturno e inaugura uma nova dinastia.

Há uma sinalização para alternância de poderes e não de continuidade onde houver eleições, substituições de cargos de comando em empresas, instituições, órgãos, processos sucessórios etc. Finalmente há uma tendência para a instalação de um capitalismo solidário, mais inclusivo e participativo, como é próprio dos Signos de Ar, principalmente em Aquário que repudia a ideia do "só para mim".

Na complexidade das questões em que o mundo se envolveu, nenhuma solução será possível sem a prática da colaboração e troca, conceitos muito caros aos Signos de Ar.

Este ciclo está associado ao euro e à comunidade europeia. Uma espécie de novo começo é esperada a partir de uma reorganização e revisão de alguns procedimentos da comunidade.

— O CICLO NETUNO-NODOS (QUADRATURA) —

Novembro e dezembro 2020
Janeiro e fevereiro de 2021

O ano de 2020 se encerra sob o desorientador ciclo Netuno-Nodos e estende seus efeitos para o início de 2021. Desorientação, incertezas, nebulosidade, indefinição, imprecisão são todos substantivos que se aplicam a este ciclo.

Só conseguimos enxergar a um palmo do nariz e quando a curva da estrada já está bem próxima. Devemos nos ater a um planejamento de curtíssimo prazo, pois há muita névoa para se ver mais longe.

Líderes, dirigentes e todos que estejam na situação de conduzir se sentirão perdidos, como se não conseguissem saber que rumo dar às coisas, achar o fio da meada, que deve ter escapado em meio ao caos gerado pela pandemia. Este desnorteamento sugere que devemos dar passos curtos e por estradas já conhecidas, até a bruma se dissolver.

Ainda deverá haver muitas dúvidas sobre a Covid-19, sua reincidência, a eficácia das vacinas, seus efeitos sobre anticorpos de pessoas que já foram contaminadas, já que contágios, epidemias, pandemias, entre outros, estão sob o reinado de Netuno. Deus das águas e dos mares, é possível haver efeitos complicados causados por chuvas intensas, alagamentos, contaminação da água sob a passagem desse ciclo.

— O CICLO JÚPITER-URANO (QUADRATURA) —

Janeiro 2021

O ano abre sob um clima de tensão e com uma agenda imprevisível. Planos feitos com muita antecedência podem precisar ser atualizados e ajustados para o momento. Deve-se focar em planos de curto prazo e deixar os de média e longa duração para quando este ciclo tiver passado. Esta dupla costuma nos jogar irremediavelmente no instante, no agora, pois aumenta a aceleração das mudanças, as variações bruscas e as viradas inesperadas.

A maior parte dos planos não saem como o combinado. É aconselhável termos opções e alternativas à mão e uma dose extra de improviso.

Cuidado com oportunidades tentadoras, cheias de grandes chances, mas cujo índice de risco é altíssimo, justamente pelas mudanças inesperadas do ambiente de negócios.

Operações financeiras de risco, o mercado de ações sofre variações bruscas e muita volatilidade sob esta dupla que é generosa na expansão nos ganhos e inesperadamente corta o que se embolsou.

Costuma coincidir com um período de "varredura", em que são cortados cargos, pessoas, projetos, departamentos, produzindo uma troca de cadeiras devido à forte tendência de renovação deste cenário astrológico.

No nível pessoal, aumenta consideravelmente o impulso para libertação, afastamentos, desestrangulamento do que e de quem nos dificulta seguir em frente.

— O CICLO SATURNO-URANO (QUADRATURA) —
De janeiro a junho de 2021
De dezembro de 2021 a janeiro de 2022

Saturno e Urano, inimigos míticos, se confrontam em 2021. Saturno, o deus do tempo e da conservação de suas construções, do controle, do limite e fronteiras resiste às investidas de Urano, o deus da liberdade, individualidade, e da aversão à supervisão e cerceamento.

A tentativa de controle das ações do indivíduo pelo acesso irrestrito aos seus dados pessoais encontrará forte resistência. Esta será, talvez, o centro das questões do ano de 2021.

Rebeliões, manifestações, "insurreições" irromperão sempre que se detectar excesso de controle, cerceamento cometidos pelo Estado, empresas, instituições...

Uma reformulação do próprio conceito de Estado e do seu papel, tensão na direção de maior distribuição de poderes, inclusive em relação ao domínio do mercado por empresas gigantes (Urano e sua face avessa à concentração de poder).

A reorganização de grupos, órgãos, instituições, comunidades como OMS, ONU, Comunidade Europeia, Mercosul, com algumas rupturas, e dissidências é um cenário esperado do ciclo Saturno-Urano.

Outro foco que chegará a um ponto crítico e de impasse inadiável será a fricção causada ente o avanço irreversível da tecnologia sobre todos os níveis dos processos produtivos (do planejamento, decisões estratégicas, seleção de negócios, produção, operação, à logística e distribuição) versus emprego e oferta de trabalho.

Essa tensão já vem se estabelecendo na última década, mas este ciclo vem trazer urgência a esta questão.

Empresas, negócios, lojas e atividades em geral precisarão acelerar seus processos tecnológicos e criarem uma versão "virtual" urgentemente sob pena de serem varridas do mercado por obsoletismo. A rapidez com que Urano exigirá a atualização das estruturas será impactante.

Como sempre acontece sob esta dupla, alguns empregos e atividades saem de cena, no entanto, o mercado estará muito dinâmico gerando novos empregos e novas profissões, principalmente na área de tecnologia e toda uma cadeia de atividades na sua esteira.

A chamada economia criativa terá espaço para crescer, ocupando o vácuo deixado por negócios que perderam vigor ou saíram de linha.

O ciclo Saturno-Urano está associado ao dólar e aos Estados Unidos o que sugere um período de revezes e menos florescimento para o país e para a moeda estadunidense.

Muito difícil se apostar em segurança, garantia do que está estabelecido, previsibilidade quando Urano sacode as estruturas defendidas por Saturno.

— O CICLO JÚPITER-NODOS (TRÍGONO) —

Fevereiro e março de 2021

Este promissor ciclo vem em nosso socorro e atenua bastante os efeitos do ciclo anterior, principalmente no início do ano. Este é um indicador de que existem alguns caminhos abertos, que se trilhados levam à prosperidade.

Há espaço para crescimento em alguns setores de atividades e um diálogo mais positivo entre os países, já apontando que soluções internacionais são as mais acertadas e têm mais fôlego de resposta.

A abertura de fronteiras, reaquecendo o turismo e o trânsito internacional também é uma forte tendência.

Avanço na legislação, comércio internacional, e desenvolvimento no campo do conhecimento, educação, intercâmbio e pesquisa é uma boa aposta deste ciclo.

Líderes e dirigentes com uma visão mais global do que nacionalista podem ter um acerto maior.

Para quem estava pensando em internacionalizar sua atividade e ser mais globalizado, aqui pode ser um começo, com final feliz.

— O CICLO SATURNO-NODOS (TRÍGONO) —
De março a maio de 2021
Julho e agosto de 2021

Esse ciclo anuncia perspectivas alvissareiras a partir do segundo trimestre do ano. O clima é de normalidade, retomada de rumo, caminhos bem traçados e de uma certa organização e estruturação no andar das coisas. Há forte indício de se estar de volta ao controle da situação.

Líderes e dirigentes têm mais condições de acertarem suas decisões, principalmente os que têm mais compromisso com competência, responsabilidade e comedimento.

Já dá para conduzir o leme do barco e colocá-lo em uma direção segura e produtiva.

O setor produtivo já entra no seu modo efetivo, funcionando talvez em um formato mais enxuto, mas há margem para êxito, principalmente para os que investe em boa gestão. Sinaliza também alguma retomada de oferta de emprego.

O CÉU DO BRASIL

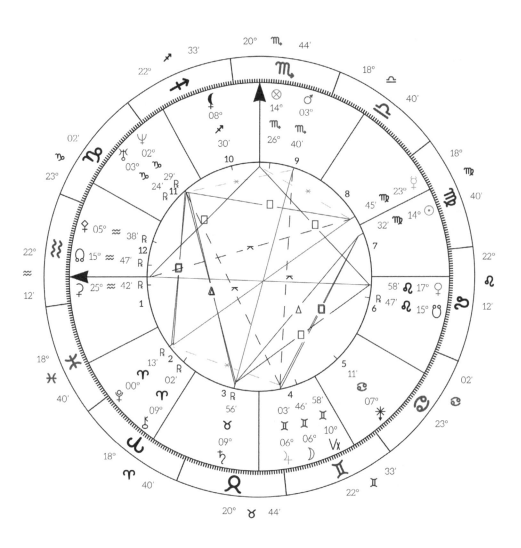

— PLUTÃO TRÍGONO MERCÚRIO —

Janeiro de 2021
De agosto a dezembro 2021

Este ciclo ajuda bastante a desagravar os efeitos de Netuno pela Casa 2 do Brasil. Já esteve presente de novembro de 2019 a março de 2020.

Contribui para elevar o saldo positivo e a retomada com êxito de reformas importantes na área tributária, entre outras.

Esta é mais uma poderosa sinalização de que o país está se recuperando do rombo em suas contas. Deve estar em andamento uma redução ou, pelo menos, um tratamento acertado do *déficit* fiscal. Há uma forte indicação de que os investimentos foram retomados e voltaram a entrar no país devido a algum saneamento das contas públicas. O ambiente financeiro está mais saudável e propício para atrair investidores. Há mais chances para redução de inadimplência. Refinanciamento de dívidas, retomada de crédito, medidas que facilitam empréstimos e financiamento são práticas favorecidas por este ciclo. Ainda nesta fase, mais reformas no sistema da previdência ou já algum de seus efeitos, adoção do modelo de capitalização ou outras possíveis propostas complementares, que aprofundem o que já foi aprovado ou implementado e que incidam sobre novas regras em relação a salários e benefícios e que impactem o orçamento público, podem ganhar mais força e potência transformadoras. Começou algo na linha plutoniana? Agora, vá até o fim.

Esta é uma poderosa aliança que facilita em algum nível a recuperação do rombo nas contas do país. É mais provável um tratamento acertado em relação ao *déficit* fiscal.

Refinanciamento de dívidas, políticas de crédito mais amigáveis, medidas que favoreçam empréstimos e financiamentos são práticas favorecidas por este ciclo e acabam injetando uma energia de recuperação na economia.

Sob esse ciclo, reformas fiscais, tributárias e de outra natureza que impactem positivamente no orçamento do governo, desonerando-o, e em melhor distribuição de renda, recursos, dentre outras coisas, podem ganhar mais força e potência transformadoras. E o que foi transformado não volta atrás.

— SOL E MARTE PROGREDIDOS QUADRATURA URANO —
Em 2020 e 2021

Este ciclo, iniciado em 2020, continua ativo por todo este ano. O efeito mais visível serão os inúmeros embates em torno da independência entre os poderes. Cada vez que uma das alas ultrapassar minimamente sua área de atuação, invadindo territórios alheios ou tentar concentrar mais poder do que lhe é outorgado, haverá reação, choque com demais Poderes e bastante incômodo diante de ações de centralização.

Sol e Marte progredidos rumam agora para cima de Urano no mapa natal do Brasil. Em 2020, se viu uma prévia do que deve realmente se passar agora em 2021. Esta é uma dupla perigosamente explosiva. O clima é de turbulência, choques, divergências. Reviravoltas, rupturas e dissidências irreconciliáveis não são incomuns sob estes ciclos. Se fôssemos nos referir às condições atmosféricas, anunciaríamos raios, trovões, relâmpagos e rajadas de vento. Se fosse um voo, o comandante avisaria para usar o cinto de segurança. Não param de acontecer eventos que resultam em uma situação de instabilidade, imprevisibilidade e inquietação. Pelo fato de Urano se encontrar na Casa 11 do mapa do Brasil, setor associado ao Legislativo, é lá que se dará o palco de toda esta turbulência. Uma das possibilidades seria presenciarmos um aumento de intolerância diante da interferência de outros poderes, na tentativa de se garantir o máximo de separação, autonomia e independência, com choques relativamente frequentes entre esses poderes. Por outro lado, podem ocorrer também choques e rachas internos com alas que "não conversam" e que, literalmente, se dividem diante das pautas propostas. Jogar a toalha, ser afastado, pedir demissão, cair fora, criar movimentos à parte. São efeitos típicos desses ciclos. Quem estiver no olho do furacão, sob maior pressão e não tiver muito apego ao poder ou disposição para aturar tanta turbulência, pode acabar pulando fora do barco. Sob esta dupla, é sempre importante zelar pela segurança do sistema elétrico, pois há risco de explosões e de incêndios. Como ressaltamos no início, esta é uma fórmula explosiva.

— NETUNO NA CASA 2 —
De fevereiro de 2020 ao final de 2021

Estamos ainda sob a influência da passagem de Netuno pela Casa 2 do Brasil, setor relacionado à economia, gastos, recursos, indicando que a saúde do setor ainda está debilitada.

Netuno não é amigo do dinheiro e nem da matéria e tende a "evaporar", sumir com os recursos. Parte deste efeito foi causado pelo aumento dos gastos do governo, exigidos pela pandemia e queda da arrecadação causada pela paralização da economia.

Some-se à tendência de má gestão na aplicação de recursos a possibilidade de desvios, falta de transparência, entre outras coisas, muito próprias deste ciclo que se caracteriza por nebulosidade na condução dos assuntos.

Alguns segmentos do setor privado derreteram também, um efeito bem típico dessa passagem. Como decorrência temos uma economia caotizada, desmanchada, anêmica. Difícil se enxergar com clareza as melhores ações para se conduzir o próprio negócio e da parte do governo, difícil se prescrever o tratamento certo para revitalizar a economia. É provável que ainda se patine um pouco ao longo do ano até voltarmos a andar para frente de forma rigorosa. Quanto mais realistas forem as medidas econômicas e a condução dos negócios, maior o acerto.

A entrada de Netuno na Casa 2 do país acusa instabilidade na área da economia do Brasil e alerta que o remédio prescrito ainda não restabeleceu a debilitada saúde deste setor, que patina. Este é um indicador de que, neste ano e, pelo menos, pelo próximo ano, ainda perdura a desorganização da economia. As medidas e as soluções adotadas, se adotadas, para a retomada da condução da economia ainda não surtiram efeito, ou seja, ainda não se acertou a mão. O setor produtivo também parece ainda enfraquecido e inseguro, sem sinais muito claros para retomar seu nível de investimento. Desperdício, alocação de grandes somas de recursos que são disponibilizados de forma mal planejada ou inapropriada, além de dissolução de patrimônio ou do valor das empresas são alguns efeitos deste ciclo. Dificuldades das empresas em arcar com os custos, aliadas ao efeito corrosivo sobre o capital e descontrole de preços, precisam ser constantemente combatidas e vigiadas. Esta passagem dificulta o controle dos custos e dos gastos, desafia a gestão dos recursos e predispõe à geração de despesas em cadeia.

— SATURNO TRÍGONO JUPITER E LUA —
Janeiro e fevereiro de 2021
De setembro a dezembro de 2021

Trata-se de um ciclo que é auspicioso por sua natureza organizada e estruturadora, cujos efeitos são sentidos na Casa 4 do Brasil. Esta figura planetária sinaliza um quadro de maior segurança e estabilidade para a população, onde ações deverão ser tomadas para proporcionar maior suporte.

Obras que visem garantir uma estrutura básica às necessidades da população como moradia, saneamento, esgoto, entre outras. seriam implementadas de maneira muito eficiente sob este ciclo e com benefícios duradouros.

Regras e controle mais austeros sobre uso ordenado dos terrenos para edificações, desmatamento, reservas florestais, indígenas etc. Enfim, todas as pautas que se referem a utilização, exploração ou preservação da terra teriam grande êxito sob a tutela do vigilante Saturno.

O segmento imobiliário e de construção deve dar sinais de segurança para retomada de investimentos e volta aos índices anteriores dessas atividades.

Incremento de obras, reformas e decoração de moradias dinamizam o mercado de material de construção, mobiliário e artigos para casa.

O setor agrícola sinaliza que se estabilizou em um nível alto de desempenho, inclusive com melhora na gestão dos negócios, o que resulta em maior produtividade e baixo desperdício.

A população de uma maneira geral está imbuída de um espírito mais racional, maduro e pragmático, reagindo aos eventos de uma forma mais consequente e construtiva.

— NETUNO TRÍGONO MEIO DO CÉU —
De fevereiro a maio de 2021
De setembro a dezembro de 2021

Com todas as turbulências políticas, econômicas e de saúde que o país atravessou em 2020, esta configuração, de alguma maneira, conseguiu salvaguardar as instituições e aqui e ali para garantir algum nível de convergência, de conciliação, para que o barco navegasse, mesmo que em águas revoltas.

Com toda a disputa, queda de braço e "ruído" entre os poderes, também foi possível alguma orquestração para que tudo se passasse dentro de alguma ordem e legitimidade.

Este ciclo permanece atuante em 2021. Sua principal função será gerar convergência, sintonia, propor trégua, juntar pontas ainda que em meio a quadros de divergências acirradas.

Pode ocorrer, graças a este ciclo, menos obstáculos e resistência em relação às metas do governo. Um governante oferecendo e recebendo menos resistência.

— URANO CONJUNÇÃO SATURNO —
De março a maio de 2021
De dezembro de 2021 a fevereiro de 2022

Mais turbulência a caminho. Este ciclo já estava presente no mapa do Brasil no segundo semestre de 2020.

Desestabilização e rupturas do que já está estruturado, tido como certo e garantido é a ênfase desse ciclo. A "cartilha" e os códigos que seguimos costumam ser alterados e revistos quando esta dupla se encontra. Assuntos intocados, que normalmente não entram em pauta porque são considerados "imexíveis", entram em cena. A ideia dessa dupla é sacudir as bases. Não é confortável, mas pode ser renovador e libertador.

Uma energia contrária desafia os mares calmos prometidos pelo ciclo descrito anteriormente. Este é um encontro tenso. Uma das áreas de tensão possivelmente estará ligada a riscos de agravamento da pressão com países vizinhos. Um aumento da predisposição a acidentes de transportes, nos deslocamentos em vias, viadutos, estradas mal conservadas, mal sinalizadas ou cujas condições deixaram de atender ou suportar o tráfego que circula por elas. Mudanças nos meios de transportes, renovação do setor ou nas vias de acesso também são efeitos prováveis desta passagem. A relação com os meios de comunicação, a pressão sobre a mídia ou a discussão sobre seu papel também andarão tensas. O processo de desburocratização deve ser acelerado com a supressão e a simplificação de muitas etapas ou papéis e documentações que atualmente ainda são exigidos. A educação, no ensino fundamental, também deve passar por importantes alterações, modernização, aceleração das etapas do programa de ensino. Talvez esta seja uma das áreas que mais sofram um choque de mudanças. De qualquer maneira, esta passagem nunca é tranquila. Há sempre um confronto entre forças renovadoras e forças conservadoras dentro da organização social. Discussões importantes sobre conceitos que estruturam nossa sociedade e suas regras estarão "fervilhando". É necessário ressaltar que esta não é uma aliança que garanta ou privilegie a estabilidade. Ela sugere abalos na base.

— SATURNO QUADRADO SATURNO —

Março, julho, agosto novembro e dezembro de 2021

Este ciclo sempre desafia a robustez e a eficácia das estruturas e pressiona as desgastadas, obsoletas e precárias.

Um choque de gestão é sempre necessário sob as demandas de Saturno. Órgãos, empresas, departamentos, instituições de serviços, negócios que estejam funcionando no limite de sua capacidade poderão simplesmente paralisar ou serem suprimidas do mercado.

Saturno sempre testa a competência, desempenho e validade de uma atividade.

Demanda por melhores serviços, produtos, atendimento exigirá um investimento na qualidade para quem quiser continuar no mercado.

Por outro lado, será uma prova de força para as empresas e negócios que precisarão se estruturar da maneira mais enxuta e eficiente possível para entregarem seus serviços, em meio a um ambiente restrito e recessivo da pós pandemia.

Como a Casa 3, onde ocorre esse ciclo desafiador, se refere aos países vizinhos e aos blocos formados com eles, há uma sinalização de que nossos vizinhos enfrentam adversidades e que alguns acordos menos produtivos podem ser reavaliados.

O cenário é bem seletivo para o mercado. O segmento de transporte público também deve ter sua regulamentação alterada e sofrer maior fiscalização e cobrança de desempenho.

É hora de levar a sério um assunto tão sério. O mesmo deve se passar com concessão de estradas e manutenção das mesmas. O controle deve aumentar.

O segmento de educação, no nível fundamental, também deve passar pela dura avaliação de Saturno, que costuma exigir correção de erros e resultados.

— JÚPITER NA CASA 1 —
De março de 2021 a março de 2022

Este é, sem dúvida, o mais benéfico ciclo do ano. Pode até ser o responsável por salvar o ano como um todo.

A passagem de Júpiter pelo ascendente de um país e durante sua permanência na Casa 1 propicia um salto de crescimento bem acima da média habitual. Prosperidade e expansão são desdobramentos naturais deste ciclo.

Há também um engrandecimento da própria identidade e dignidade do país, que de alguma maneira se vê, se reconhece como uma entidade potente, valorosa, confiante, capaz de grandes feitos.

Algo que é muito singular, da natureza do Brasil e cujo potencial para crescer pode ser mais explorado, desabrocha, floresce, expande sob as bênçãos de Júpiter.

O país pode crescer em sua participação no cenário internacional, inclusive por seu desempenho em exportações e reconquista um certo prestígio no exterior.

De qualquer maneira, há fortes sinais de retomada dos índices de crescimento e evidências de que a pós pandemia pode ser atravessada em melhores condições ou até mesmo trazer oportunidades para o país.

Explorar o mercado interno e fortalecê-lo também é uma forte tônica deste ciclo.

— NETUNO OPOSTO MERCÚRIO —
De maio a setembro de 2021

Este não é um encontro planetário auspicioso para o Brasil. Descontrole das contas públicas, má gestão dos recursos, investimentos mal projetados com desperdício de dinheiro público, contas que não fecham, dinheiro que sai, mas não entra, ou entra e sai sem esquentar, risco maior de inadimplência, no sentido de não se receber o que é devido ou o que foi emprestado são o tipo de problemas que levam a chancela deste ciclo. Precisaremos de gente boa e técnica para fazer conta e controlá-la. Perder-se em labirintos burocráticos também é um efeito colateral desta passagem, assim como promessas não cumpridas por serem impossíveis, desculpas e explicações que não convencem.

Invasão de dados, gravações não autorizadas, hackeamento são mais frequentes sob essa insidiosa dupla. Boatos, *fake news*, informações contraditórias e dados inconclusivos também fazem parte deste cenário.

— URANO QUADRADO NODOS —
De julho a outubro de 2021

Essa combinação Urano-Nodos vem acrescentar eletricidade e turbulência ao período.

Manobras bruscas são necessárias para fazer face às reviravoltas e às mudanças súbitas de direção.

Acontecimentos inesperados forçam a alteração de planos e a busca de outros rumos, como um piloto que precisa mudar a rota quando se depara com um céu turbulento, ou um capitão do barco, na travessia de um mar revolto. Apertem os cintos ou vistam o colete salva-vidas, teremos solavancos no caminho.

Figuras proeminentes do cenário nacional que fazem parte da "equipe de bordo" podem ser substituídas ou desistirem do percurso.

— NODOS CONJUNTO A LUA E JÚPITER —
Agosto e setembro de 2021

Este seria o período mais indicado possível para se ouvir e atender às demandas da população.

Manifestações, assinatura de manifestos reúnem um grande número de pessoas que demonstram que têm voz e que ela conta. É mais fácil mobilizar as pessoas em torno de um movimento, uma causa, etc. É mesmo um período de comoção.

O setor imobiliário deve entrar em um período de recuperação e demonstrar bastante atividade.

Programas voltados para as necessidades básicas da população, principalmente moradia, surtem um efeito impactante.

— ASCENDENTE PROGREDIDO QUADRADO LUA E JÚPITER —

Em 2021 e 2022

Este ciclo que já se anuncia em 2021, mas que se torna mais expressivo em 2022, aflora as insatisfações da população em relação ao não atendimento às suas necessidades básicas.

Negligência no cuidado dessas necessidades (moradia, saúde, saneamento etc) da base da sociedade serão denunciadas através de todo tipo de manifestações.

Esta passagem se caracteriza por impulsos de exteriorização do que está sendo percebido, sentido e vivido pelas pessoas. Não vai dar para ignorar.

Esta é também uma indicação de tendência para um crescimento desordenado de ocupação de espaço, avanço nessa ocupação e de construções irregulares que precisariam de maior supervisão e orientação.

— LUA PROGREDIDA CONJUNTO AO SOL DO BRASIL —

De janeiro a março de 2021

Abrimos o ano com uma Lua Nova no mapa do Brasil. A Lua progredida completou um ciclo de aproximadamente vinte e oito anos e pousou sobre o Sol do Brasil.

Como toda Lua Nova, esta inaugura um novo começo, uma nova fase para o país. Um ciclo está se fechando e estamos de portas abertas e com forte impulso para um novo ciclo. Uma nova rodada de cartas está se iniciando.

Como todo começo, temos um frescor, uma vitalidade e uma possibilidade de zerarmos o *score* e começar uma nova partida do zero.

Isto sempre favorece deixarmos para trás o que já foi, o que não funcionou, o que desgastou, o que travou e nos dirigir às questões do país com um novo olhar.

O Sol, no mapa de uma nação, representa o governante: o que sugere ares de renovação e uma forma de conduzir o país, de alguma maneira refrescada, reiniciada.

O Sol se encontra na Casa 8 do mapa do Brasil, o que também aponta para um começar de novo, em novas bases no que se refere às contas públicas, às políticas econômicas do governo e ao que se faz com o dinheiro público. É um bom ciclo para se começar o ano.

— LUA PROGREDIDA CONJUNTO A MERCÚRIO —

De setembro a dezembro de 2021

O último trimestre do ano recebe esta promissora passagem da Lua progredida sobre Mercúrio do mapa do Brasil. Um ciclo que levou em torno de vinte e oito anos para se repetir.

Como é próprio da função da Lua, podemos esperar uma fase de fertilidade e muita movimentação, medidas e programas econômicos, como resultado de novas políticas e de uma nova condução das contas públicas e do direcionamento dos investimentos governamentais. Já que esta posição ocorre na Casa 8 do mapa do Brasil, que é relacionada a esses assuntos.

Como se trata de um ciclo sobre Mercúrio, a tendência é de maior distribuição e capilarização dos recursos públicos. Por sua vez, a arrecadação também deve melhorar.

Só para exemplificar, o Plano Real foi lançado em 1 de julho de 1994, durante a última passagem deste ciclo.

— ECLIPSE LUNAR TOTAL OPOSIÇÃO A LUA E JÚPITER —

26 de maio de 2021

Este Eclipse a 5°26' de Sagitário afeta a Lua e Júpiter, posicionados na Casa 4 no mapa do Brasil. Este fenômeno sempre impacta, intensifica, problematiza e exige total atenção às questões que já tenham algum potencial para eclodir.

Neste caso, uma das questões seria o agravamento e a urgência no atendimento às necessidades básicas da população.

Outras áreas prováveis de serem afetadas seriam a de agronegócios, imobiliária e o setor de construção.

Temas ligados a esses setores devem ser tratados e distensionados antes do Eclipse.

— ECLIPSE SOLAR QUADRADO A SOL E MERCÚRIO DO BRASIL —

10 de junho 2021

O Eclipse de 19°47' de Gêmeos desafia Sol e Mercúrio, posicionados na Casa 8 do mapa do Brasil.

Temas associados a política econômica, contas públicas, investimentos públicos, reforma tributária, medidas relacionadas a impostos e taxações, subsídios, socorro do governo, entre outras coisas, costumam entrar em estado crítico quando dentro da vigência de um Eclipse. Ou ainda podem ser ofuscados por questões prioritárias e emergenciais que impõem e acabam por roubar toda a atenção.

Devem ser, portanto, abordados, apresentados, defendidos, votados, aprovados, equacionados, antes do Eclipse.

— ECLIPSE SOLAR QUADRADO AO SOL DO BRASIL —

04 de dezembro 2021

O ano finaliza com um Eclipse Solar a 12°22' de Sagitário (Lua Nova), provocando o Sol, posicionado na Casa 8 do Brasil.

Sob um Eclipse há sempre um risco de perda de brilho, de visibilidade para o governante, representado aqui pelo Sol. Não é, portanto, período para grandes feitos por parte de quem ocupa tal posição de poder. Tem um "obscurecimento de luz" e corre o risco desses feitos ficarem sem efeito.

O mesmo se passa com o orçamento público, as políticas e medidas associadas a ele. Não adianta fazer muito movimento nesta direção, pois acabam não tendo o impacto desejado.

Por outro lado, pautas importantes ligadas a esses temas e que foram negligenciadas ou não endereçadas de maneira eficaz acabam se manifestando de forma crítica e exigindo tratamento de urgência.

Não se entra em um Eclipse com nenhuma situação por um fio.

SEU SIGNO EM 2021

As previsões a seguir são baseadas principalmente nos trânsitos de Júpiter, Saturno, Urano, Netuno e Plutão. Para analisar as influências para o ano de 2021, foi necessário olhar a relação de cada planeta citado acima com os 12 Signos do zodíaco. É assim que o leitor pode consultar por meio de seu Signo solar, ou ascendente, o que o ano lhe reserva.

Mas vale lembrar que estas previsões não substituem uma análise astrológica individual. A análise a seguir levou em conta somente em que Signo o Sol estava no momento do seu nascimento, o que pode ser comparado a 5% de toda a informação que você teria em uma consulta individual. Uma análise completa das previsões do Mapa Natal não só falará do seu Signo solar, como também da posição deste planeta na sua vida, além de analisar Signos, posições e aspectos de todos os planetas natais. A análise do Mapa Natal é única, pois além de falar da sua vida e de como você lida com suas potencialidades e obstáculos, poderá orientar suas ações, de acordo com o momento de vida pessoal.

De qualquer maneira, você verá que as previsões são uma ferramenta de fácil consulta e podem lhe dar uma boa orientação em questões como carreira, finanças, relacionamentos, saúde e influências gerais relacionadas ao seu Signo.

Enquanto estiver lendo, você verá que algumas datas de nascimento serão mencionadas ou destacadas no texto, de acordo com os decanatos. Por isso, pessoas nascidas nesses decanatos estarão vivendo um momento especialmente significativo este ano. Estas datas são resultado da entrada ou do início de algum trânsito ou aspecto dos planetas citados no início deste texto.

Contudo, nem todas as datas terão relação exata com algum trânsito importante. Por isso, não fique chateado se não encontrar o período do seu aniversário destacado no texto. Se o seu grande dia não estiver lá, só significa que você viverá este trânsito em um outro momento, talvez no próximo ano.

OBS 1: para uma análise mais completa e precisa de sua previsão anual, é aconselhável procurar a orientação de um astrólogo sério e profissional.

OBS 2: as datas mencionadas nos textos podem ter uma variação de um ou dois dias de diferença. Isso vai depender sempre da hora e ano de nascimento de uma pessoa.

ÁRIES (21/03 A 20/04) – REGENTE MARTE

Primeiro decanato: de 21/03 a 31/03
Segundo decanato: de 01/04 a 09/04
Terceiro decanato: de 10/04 a 20/04

Panorama geral:

O ano anterior foi atípico, marcado por uma tensão quase sobre humana que todos (ou a grande maioria) sentiram profundamente. Neste ano, Saturno e Júpiter contemplam os arianos com benesses. É o ano para tirar proveito da energia disponível e colocar em prática seus objetivos de vida. Aproxime-se de seus verdadeiros interesses e prepare-se para ir em busca do que realmente deseja. É hora de olhar mais longe e visualizar onde quer chegar. Com o fôlego renovado, será mais fácil passar para o próximo estágio. Motivação, comprometimento e cooperação andarão ao seu lado para que não quebre o ritmo.

Outro grande investimento benéfico será no cuidado da autoestima e no desenvolvimento de crenças que ajudarão a manter o equilíbrio emocional e voltar a acreditar mais em si mesmo.

Quando corpo, mente e espírito estão unificados encontra-se o equilíbrio, e é esse equilíbrio que nos leva a grandes realizações. Pense nisso.

É um ano em que haverá uma predisposição para aproveitar as oportunidades e você sentirá logo "de cara".

Tome decisões construtivas para organizar o futuro e os compromissos de agora.

Carreira e finanças:

A carreira promete boa colheita, sucesso estável, melhora da imagem e reconhecimento. Para os que ainda estavam esperando uma chance para semear, é uma boa época para os começos.

Júpiter abre as portas, traz oportunidades de trabalho, negócios e projetos; Saturno garante consolidar, solidificar, cimentar, fortalecer seus empreendimentos. Qualquer coisa em que você tenha dado duro nos últimos anos, batalhou, quebrou a cara, insistiu, aprimorou, melhorou, já está suficientemente planejado, amadurecido, sedimentado, conhecido terá a chance de começar ou recomeçar a deslanchar.

As finanças melhoram, estabilizam. Há facilidade para administrar, enxugar o que for necessário e avançar ou dar gás ao que está dando lucro. Investimentos são mais garantidos, principalmente para os de média e longa duração.

Os mais contemplados por essa energia de boa maré serão os nascidos no primeiro e segundo decanato e os nascidos nos primeiros dias do terceiro decanato, que são os que nasceram entre os dias 21/03 a 13/04.

Vale investir em cursos profissionalizantes (inglês, informática etc.), pós-graduação, mestrado e tudo que vá trazer melhorias e ascensão profissional. É hora de aprender e se adequar às novas necessidades.

Para os nascidos no terceiro decanato, entre os dias 14/04 e 20/04, Plutão é quem dita as ordens. Marte nos primeiros dias de janeiro ainda transitando pelo seu Signo intensifica os efeitos detonadores.

Não se arrisque, ainda é tempo de instabilidades e de contenções para os arianos. Avalie propostas, questione as escolhas de trabalho para não trocar o certo pelo duvidoso e, se estiver sem alguma ocupação, aceite as oportunidades que se apresentam, mesmo que no momento não seja o cargo ou salário desejado. O momento pede força e sabedoria.

Em geral, os melhores períodos para trabalho, dinheiro, negócios e aquisições são: 01/01 até 08/01, 02/02 até 25/02, 22/03 até 14/04, 11/05 até 02/06, 28/06 até 23/07, 08/10 até 05/11.

Os menos favoráveis são: 09/01 até 01/02, 17/08 até 10/09, 06/11 até 27/01/2022.

Relacionamentos:

Um monte de coisas realmente boas serão possíveis neste ano. Acredite. Casar, oficializar, se comprometer, basta querer. Isso vale para os nascidos no primeiro e segundo decanato (21/03 a 13/04). Para os solteiros que desejam alguém especial, mantenham a sua busca até encontrar esse alguém tão interessante.

Se anda triste com algum desapontamento, com alguma situação que ficou mal resolvida, este é um bom momento para acertar e colocar os pontos nos "is". E tem mais, antigos amores podem retornar.

Atividades na companhia de amigos e colegas estão em alta e farão bem. É provável que nessas saídas você encontre aquele alguém.

Para os momentos mais difíceis dos nascidos no terceiro decanato (14/04 a 20/04), as relações estão sendo postas à prova. Você precisa saber o que quer, se já sabe, encare os problemas, restaure, transforme e seja feliz; se não sabe, fique na sua e deixe decisões radicais para o próximo ano.

Investigue e indague com mais profundidade o seu mundo interior antes de definir. Não tenha medo de encarar seus fantasmas sentimentais, estamos falando de Plutão e ele é isso, é mergulhar fundo, bem fundo.

Em geral, os melhores períodos para as relações, encontros amorosos e colaboração são: 01/01 até 08/01, 02/02 até 25/02, 22/03 até 14/04, 11/05 até 02/06, 28/06 até 23/07, 08/10 até 05/11.

Os menos favoráveis são: 09/01 até 01/02, 17/08 até 10/09, 06/11 até 27/01/2022.

Saúde:

Vitalidade, força física para arianos e arianas nascidos no primeiro e segundo decanato (21/03 a 13/04), principalmente para os que estão passando por processos de recuperação, reabilitação e fisioterapia ou estão participando de competições.

Cuide bem de si mesmo porque é quase certo que você esteja trabalhando até tarde. Beba muita água e descanse bastante, sempre que puder. Se você comer bem e tomar suplementos de boa qualidade, vai sobreviver e parecer ainda mais fantástico.

Os demais nativos, os que nasceram no terceiro decanato (14/04 a

20/04), devem ser mais cautelosos e evitar exageros ou tarefas que exijam considerável esforço físico. Exames de rotina não devem ser desprezados, jamais, ok?

Os períodos de maior energia, saúde, vigor e vitalidade são: 01/01 até 07/01, 05/03 até 23/04, 12/06 até 29/07, 14/12 até 24/01/2022.

Os períodos menos favoráveis para cirurgia e vitalidade são: 24/04 até 11/06, 16/09 até 30/10.

Melhores dias para tratamentos e procedimentos estéticos: 01/01 até 08/01, 02/02 até 25/02, 22/03 até 14/04, 11/05 até 02/06, 28/06 até 23/07, 08/10 até 05/11.

Períodos menos favorecidos para tratamentos e procedimentos estéticos: 09/01 até 01/02, 17/08 até 10/09, 06/11 até 27/01/2022.

TOURO (21/04 A 20/05) – REGENTE VÊNUS

Primeiro decanato: 21/04 a 30/04
Segundo decanato: 01/05 a 10/05
Terceiro decanato: 11/05 a 20/05

Panorama geral:

Flexibilidade, paciência, sabedoria, planejamento e foco serão as palavras de ordem para os nascidos no primeiro decanato para enfrentar os imprevistos, as situações limitantes e as expectativas. Júpiter, Saturno e Urano trazem desafios a serem superados. Se insistir com atitudes irresponsáveis, rebeldes, teimosas o cenário pode inverter dando margem a quebras – do tipo financeira, profissional, pessoal.

Observe o que a vida e o seu eu interior estão pedindo antes de tomar grandes decisões. Pergunte-se se a direção para a qual está indo é a desejada. Já bastam os acontecimentos que poderão se dar inerentes a sua vontade e você, querendo ou não, terá que lidar. Ajuste o que for preciso e esteja aberto para operar as mudanças necessárias.

Os nascidos entre os dias 08/05 a 16/05: Netuno e Plutão adicionarão determinação, um toque de inspiração e sonho. Você pode esperar pela concretização de seus planos e projetos. Intuitivamente, sentirá o que o beneficiará e qual caminho seguir.

Os nascidos no segundo decanato: Júpiter toma a frente de maneira distorcida. O que você aprecia e almeja pode estar distante, ou muito longe da sua marca ideal. Cuidado para você não ultrapassar os limites.

O Eclipse Lunar do dia 19/11 à 27°14' de Touro pegará em cheio o Sol dos taurinos nascidos entre os dias 12/05 e 20/05. Como todo Eclipse, tudo que estiver por um triz, borbulhando, estoura.

Não deixe questões que estão a ponto de quebrar para decidir, sentenciar em cima da hora. Questões do passado devem ser resolvidas para que o futuro aconteça, deslanche.

Carreira e finanças:

O ano começa com Saturno colocando pressão em Urano, dificultando os movimentos para os nascidos no primeiro decanato. O que você pretende experimentar, testar, realizar pode não estar pronto.

Os meios, as condições, a estrutura não estão prontas para acontecer, dar continuidade por falta de tempo, falta de experiência ou falta de amadurecimento.

Mudanças radicais têm tudo para não dar certo. O novo não oferece confiança, não tem robustez. Se você vai mudar de emprego, pedir um novo financiamento, mudar de profissão, pense bem. Não arrisque no mais ou menos, não aposte no escuro. O que fazer? Atualize-se, profissionalize-se, mature, conserte erros, tenha reserva de dinheiro. É o momento para criar condições concretas para apostar no novo, crescer e colocar a mão aonde deseja chegar.

Cuidado com negligências, não deixe que fatores externos prejudiquem sua jornada profissional. Lembre-se: a vida, o chefe e a empresa estão de olho em você.

Aos nascidos no segundo decanato: atenção. Imprudência financeira em função do otimismo que sente de que tudo vai dar certo, por isso não toma as devidas precauções, faz gastos imprudentes.

Os nascidos no terceiro decanato, entre os dias 08/05 e 16/05: o ano é ótimo para organizar seus ganhos e gastos, para novos investimentos e financiamentos. Um projeto que envolve o aumento de seus rendimentos pode ser aprovado.

Aproveite as oportunidades oferecidas e mostre sua competência. Seja direto e ágil para alcançar o cargo que sempre quis. O momento favorece também fazer uma faxina para que situações e pessoas tóxicas que interferem na sua vida profissional tomem distância da sua rotina, para que o sucesso e os lucros batam à sua porta.

Em geral, os melhores períodos para trabalho, dinheiro, negócios e aquisições são: 09/01 até 01/02, 26/02 até 21/03, 15/04 até 10/05, 03/06 até 27/06, 24/07 até 16/08, 06/11 até 27/01/2022.

Os menos favoráveis são: 02/02 até 25/02, 28/06 até 23/07, 11/09 até 07/10.

Relacionamentos:

As relações, os amores, as amizades poderão vir para ficar ou poderão ser apenas um furacão para transformar, mostrar novas perspectivas com garantia de permanência ou não. Urano garante mudança, mas não permanência. Aos nascidos no primeiro e segundo decanto: é interessante se manterem flexíveis e abertos às mudanças.

As relações que já estão tensas podem sofrer particularmente durante esse ano. Uma probabilidade maior de choques, afastamentos e rupturas em relacionamentos que já têm um grande desgaste. Uma necessidade maior de liberdade e espaço pode servir de pretexto para um rompimento. Conselho: contornar e não pressionar.

Para os solteiros, é um período em que muita gente o procura, telefona, você paquera e é paquerado por muita gente e acha que está com tudo. Mas isso pode ser coisa passageira, sem consistência, é só quantidade sem qualidade.

Pare, pense para não jogar uma relação bacana, de anos, para o alto!

Para os nativos do terceiro decanato nascidos entre os dias 08/05 a 16/05, o ano será favorável para avançar etapas e começar a planejar o futuro juntos.

Esse é um momento de paixão e envolvimento carnal e emocional. Paixões fulminantes à vista!

Em geral, os melhores períodos para as relações, encontros amorosos e colaboração são: 09/01 até 01/02, 26/02 até 21/03, 15/04 até 10/05, 03/06 até 27/06, 24/07 até 16/08, 06/11 até 27/01 de 2022.

Os menos favoráveis são: 02/02 até 25/02, 28/06 até 23/07, 11/09 até 07/10.

Saúde:

O ano pede aos taurinos para valorizar o bem-estar e evitar hábitos prejudiciais que atrapalhem a sua rotina e os seus planos. Quem tem predisposição a problemas circulatórios: dormência, câimbra, formigamento, pé inchado, retenção de líquido, circulação podem agravar. Dentes, coluna, articulação também estão comprometidos.

Pense duas vezes antes de cair dentro de guloseimas e gostosuras. Olho na balança, no colesterol e na glicose! Exames em dia, ok? Isso vale para todos os nativos. Júpiter adora extrapolar. Seja honesto com seu corpo e não o deixe em segundo plano. Sono, exames em dia e boa alimentação, já. Massagens relaxantes, shiatsu, atividades que relaxem e tragam prazer: providencie agora. O ano pede atenção com acidentes e quedas.

Renovação das energias é o que podem esperar os nativos nascidos entre os dias 08/05 a 16/05. Tudo que tiver em mente para melhorar ainda mais a saúde física, mental ou emocional e todo movimento em prol do seu contentamento serão muito bem-vindos e trarão resultados superpositivos. Tratamentos que antes não trouxeram resultados, agora, possuem grandes chances. Aproveite!

Os períodos de maior energia, saúde, vigor e vitalidade são: 08/01 até 04/03, 24/04 até 11/06, 30/07 até 15/09.

Os períodos menos favoráveis para cirurgia e vitalidade são: 01/01 até 13/01, 06/09 até 01/10, 21/11 até 15/12.

Melhores dias para tratamentos estéticos: 09/01 até 01/02, 26/02 até 21/03, 15/04 até 10/05, 03/06 até 27/06, 24/07 até 16/08, 06/11 até 27/01 de 2022.

Períodos menos favorecidos para tratamentos e procedimentos estéticos: 02/02 até 25/02, 28/06 até 23/07, 11/09 até 07/10.

GÊMEOS (21/05 A 20/06) – REGENTE MERCÚRIO

Primeiro decanato: 20/05 a 31/05
Segundo decanato: 01/06 a 10/06
Terceiro decanato: 11/06 a 21/06

Panorama geral:

Geminianos, Saturno e Júpiter enviam excelentes energias astrais. Energias que indicam esperança, estratégia, reconhecimento, caminhos abertos e grandes realizações.

É o início de uma fase próspera. Vários estímulos o levarão a trilhar um caminho mais sensato, tanto na vida pessoal, como na profissional e amorosa.

Achar o equilíbrio entre razão e emoção será primordial para crescer. Se dedique ao que você quer e aonde quer chegar. Não adianta ficar no superficial. É a oportunidade de criar um futuro promissor e real. É um ano para organizar, estruturar e reestruturar a vida. Não perca tempo. Corra atrás dos seus sonhos.

Os nascidos entre os dias 09/06 a 15/06 ainda vão precisar de um esforço a mais e não devem contar tanto com a sorte, mesmo com Júpiter caminhando sob seu Signo. O conselho é não se deixar levar por promessas, ilusões. Confie, desconfiando!

O Eclipse Lunar do dia 10/06 à 19°47' de Gêmeos pegará em cheio o Sol dos geminianos nascidos entre os dias 05/06 a 13/06. Como todo Eclipse, tudo que estiver por um triz, borbulhando, estoura. Não deixe questões que estão a ponto de quebrar para decidir, sentenciar em cima da hora. Todo Eclipse decide algo.

Questões devem ser resolvidas, eliminadas para que acontecimentos novos aconteçam, deslanchem. O Nodo Norte em seu Signo beneficia a seguir o seu destino.

Carreira e finanças:

É um ano para se levar mais a sério tudo que deseja construir. Assuma responsabilidade, fique de olho nas oportunidades.

Faça o que sabe fazer de melhor, que é se comunicar. É importante falar, ouvir, ler, informar-se. Os processos mentais e intelectuais, que envolvem os estudos, projetos de publicações e multimídia, contato com estrangeiros, alargar horizontes, explorar possibilidades estão beneficiados.

Sua veia curiosa estará mais aguçada. Exatamente por isso, não dê bobeira, busque conhecimento, oportunidade, e onde pode melhorar. Se há algo que quer muito, faça cursos, profissionalize-se.

Acredite mais em seu potencial e invista em coisas que ama e que são importantes para você.

Maio tem boa notícia para parcerias e assuntos financeiros. Se você vem negociando uma soma de dinheiro ou investimento, Vênus em Gêmeos trará novas possibilidades de ganhos. É um bom mês para investir em algo novo. Isso vale para os nativos nascidos no primeiro e segundo decanato.

Alguns conflitos pessoais podem atrapalhar o ritmo de trabalho e a carreira dos geminianos nascidos entre os dias 09/06 a 15/06. Fique atento, tome uma atitude rápida e tente evitar erros, desatenções antes de ser tarde demais.

Netuno diminui a visibilidade, o poder de avaliação e o bom-senso. Sem saber, perceber e sentir, você pode estar sendo avaliado. Controle as finanças. Feche o bolso. Não se aventure em negócios desconhecidos. Fuja de ciladas. O momento agora é para buscar algo que realmente o faça realizado e estável. Além disso, você busca lucros e não pode passar por imprevistos nem perdas.

Em junho, Mercúrio fica retrógrado em seu Signo. Nada é definitivo sob uma energia de retrogradação. Muita coisa volta atrás. Tudo fica indeciso. Surgem defeitos. Faça *backup*. Evite fechar acordos, é preciso se certificar e confirmar tudo o que for fazer.

Em geral, os melhores períodos para trabalho, dinheiro, negócios e aquisições são: 02/02 até 25/02, 22/03 até 14/04, 11/05 até 02/06, 28/06 até 23/07, 17/08 até 19/09.

Os menos favoráveis são: 01/01 até 08/01, 26/02 até 21/03, 24/07 até 16/08, 08/10 até 05/11.

Relacionamentos:

Geminianos, o que vocês desejam? Algo mais sério? Encontrar alguém para dividir sua vida? Só paquerar? O que desejar, o céu está conspirando a seu favor.

Resolva o que deseja, se desfaça de pendências emocionais, siga em frente e vá além.

Saturno pede comprometimento para levar a sério seus romances. Que tal ter alguém em que possa contar e chamar de meu amor, meu companheiro? Júpiter vai fazer você sentir ainda mais vontade de abrir o coração. Seja mais romântico, sensual e atencioso. Aproveitem essa boa energia! Ouça seu lado romântico. Procure qualidade e não, quantidade.

Os mais seguros vão beneficiar-se do clima de harmonia para trazer ideias mais sérias, como casamento, filhos e compras de imóvel.

Os nativos nascidos entre os dias 09/06 a 15/06: não se enganem com ilusões, promessas vazias e uma boa lábia. Fuja de quem não traz segurança e busque alguém que ofereça o que você merece.

Você estará mais sensível em relação a assuntos íntimos, o que complicará um pouco o diálogo com a pessoa amada. Desse modo, organize as suas ideias e sentimentos.

Em geral, os melhores períodos para as relações, encontros amorosos e colaboração são: 02/02 até 25/02, 22/03 até 14/04, 11/05 até 02/06, 28/06 até 23/07, 17/08 até 19/09.

Os menos favoráveis são: 01/01 até 08/01, 26/02 até 21/03, 24/07 até 16/08, 08/10 até 05/11.

Saúde:

Vitalidade, força de vontade e humor elevado serão a energia motivadora para tratar ou resolver de vez problemas que vêm incomodando e precisavam de empenho.

É hora de tomar atitudes mais saudáveis. Regularize as taxas que andam desreguladas, abandone alguns péssimos hábitos e vícios adquiridos, limpe a alma de mágoas e ressentimentos. Expresse seus sentimentos e não deixe nada engasgado.

Não meça esforço para harmonizar mente, corpo e alma. Aposte na felicidade.

A conversa é diferente para os nascidos entre os dias 09/06 a 15/06. Sob a influência de Netuno tenso para o seu Sol, falta vitalidade. Será comum sentir cansaço; é bom ter tempo para descansar e cuidar de si.

Providências para aumentar a imunidade e a energia vital não se devem deixar de lado. Procure estar com exames em dia e procure um ortomolecular.

Cuidado especial com o que é crônico. Exercícios, banho de sol e tudo que traga alegria devem fazer parte do seu dia a dia.

Os períodos de maior energia, saúde, vigor e vitalidade são: 01/01 até 07/01, 05/03 até 23/04, 12/06 até 29/07, 16/09 até 30/10.

Os períodos menos favoráveis para cirurgia e vitalidade são: 30/07 até 15/09, 14/12 até 24/01/2022.

Melhores dias para tratamentos estéticos: 02/02 até 25/02, 22/03 até 14/04, 11/05 até 02/06, 28/06 até 23/07, 17/08 até 19/09.

Períodos menos favorecidos para tratamentos e procedimentos estéticos: 01/01 até 08/01, 26/02 até 21/03, 24/07 até 16/08, 08/10 até 05/11.

CÂNCER (21/06 A 22/07) - REGENTE LUA

Primeiro decanato: 21/06 a 30/06
Segundo decanato: 01/07 a 11/07
Terceiro decanato: 12/07 a 22/07

Panorama geral:

O ano que passou foi um desafio, ainda mais desafiador para quem não estava, de alguma forma, atualizado. Caso você sinta que anda em desequilíbrio, lembre-se da sua força, ela pode estar adormecida e precisa desde já se alinhar com suas ações, seus pensamentos e sonhos. Dê voz à sua intuição e trace objetivos para que tudo dê certo. Razão, intuição e criatividade serão o trio infalível.

Urano envia energias positivas de mudança, renovação e estímulos novos aos nascidos entre os dias 27/06 e 06/07. Não se esquive da vontade de renovar e mudar a forma de viver. Ficar preso ao passado será um erro. Entre em sintonia com esse ritmo e descubra novas ordens e possibilidades possíveis. Se muna de coragem para romper barreiras internas e externas. Dê um novo *layout* à vida.

Os nascidos do terceiro decanato e os nascidos nos últimos dias do segundo decanato contam com duas forças, uma a favor e outra contrária.

Netuno deixa sua marca de que nada é impossível. Período que as coisas fluirão sem resistências. Podem esperar por bênçãos e ajudas os nascidos entre os dias 10/07 a 15/07.

O quê e quem estiver impedindo as coisas de acontecerem se evapora pelo ar e aparecem anjos amparando e sinalizando o caminho a seguir. Momento rico em experiências místicas, metafísicas, religiosas, ritos e rituais.

Os nascidos entre os dias 16/07 e 19/07 encontram a pressão de Plutão. Lidar com forças maiores e abrir mão serão os desafios. O que estiver mais fraco será o alvo. Surge um elemento catalisador intensificando um problema que já existe, exigindo mudanças interiores, muitas vezes para resolver o que não está fluindo no exterior. Será um momento em que tomar decisões sábias será crucial.

Carreira e finanças:

Oportunidades profissionais e ganhos financeiros vindos de lugares inesperados e pessoas jamais imaginadas será a tônica dos nascidos entre os dias 27/06 e 06/07. É aproveitar ao máximo! Se tem algum dinheiro a receber que nem esperava mais, esse é um ano que ele pode chegar às suas mãos.

Estar atento a novidades, tecnologia, *insights* é um ponto a mais para seus empreendimentos darem um salto quântico. Não fique atrás, fique na frente, pense na frente. Faça sem medo de estar dando o passo errado.

Coloque suas ideias em movimento, mesmo que no primeiro instante ainda não seja o "boom" do momento, mas quando essa ideia for o "boom" e estourar, é você que estará na linha de frente. Antecipar é o pulo do gato.

Mude o que não estiver dando certo e tente alternativas. Não fique preso a negócios por motivos emocionais.

Os nascidos entre os dias 10/07 e 15/07: podem aparecer negócios e resoluções mágicas em que você não sabe quem foi que agiu para que aquilo acontecesse, são ajudas misteriosas. Pode ser um amigo que não sabe quem, que pediu um emprego para você ou conseguiu um aumento de salário.

Alguém comentou sobre seu trabalho e aquilo vai se multiplicando. Fica parecendo que pintou do céu. Sabe aquela famosa expressão: "O céu está conspirando a favor"?, é por aí. Use e abuse dessa influência benéfica. Seja esperto e grato!

Já os nascidos entre os dias 16/07 e 19/07 passam por dificuldades. Pressão, uma espécie de recessão, de encolhimento e de dificuldade de ganhos serão sentidas, se já não as vêm sentindo. Seja equilibrado e mantenha as contas no azul. Nada de se associar, se enveredar em negócios arriscados, escusos. Se estiver parado, as chances são mais difíceis, mas não é impossível, principalmente se for qualificado.

Não é ano para bater de frente com chefes e colegas, a sua cabeça pode ser a próxima a rodar, e o principal: se passar pela sua mente pedir as contas, pense duas, três, mil vezes antes. Não subestime o destino, nada e ninguém.

No final de junho e no mês de julho, Vênus em movimento pelo seu Signo aumenta os benefícios, potencializando a prosperidade e as chances de negociações e renegociações para todos os cancerianos.

Em geral, os melhores períodos para trabalho, dinheiro, negócios e aquisições são: 26/02 até 21/03, 15/04 até 10/05, 03/06 até 27/06, 24/07 até 16/08, 11/09 até 07/10.

Os menos favoráveis são: 09/01 até 01/02, 22/03 até 14/04, 17/08 até 10/09, 06/11 até 27/01/2022.

Relacionamentos:

Entradas súbitas de gente nova, amores e a renovação de amores já existentes. Essa será a sensação do ano.

Não se espante também, canceriano, se você se pegar participando de atividades, eventos e grupos jamais imaginados. Você estará se sentindo mais livre e querendo liberdade.

Tanto você quanto amigos estarão passando por transformações e, em algum momento, pode acontecer de cada um ir para um lado. Se for o caso, não lamente. Serão experiências diferentes a serem vivenciadas que valerão e muito para a vida de ambos.

Tanto para os solteiros, como para os casados e os comprometidos nascidos entre os dias 27/06 e 06/07, o ano é de abrir o coração. Urano traz boas surpresas. Tudo pode acontecer.

Netuno contempla os nativos que nasceram entre os dias 10/07 e 15/07. Romance no ar. Momento de perdão e de perdoar. Ressentimentos se dissolvem.

O que era grande se torna efêmero, sem aquela importância toda. Aproveite esse momento para se entregar ao amor. Você estará totalmente aberto e, seu coração, pronto para acolher o amor.

O período é bastante intenso para os nascidos entre os dias 16/07 e 19/07 e pode trazer algumas dificuldades em um romance, casamento ou namoro. Crises podem estourar. Você deve manter a calma e não tomar nenhuma decisão definitiva. Pessoas que entram é certo ter algum defeito de fábrica. Cuidado!

Em geral, os melhores períodos para as relações, encontros amorosos e colaboração são: 26/02 até 21/03, 15/04 até 10/05, 03/06 até 27/06, 24/07 até 16/08, 11/09 até 07/10.

Os menos favoráveis são: 09/01 até 01/02, 22/03 até 14/04, 17/08 até 10/09, 06/11 até 27/01/2022.

Saúde:

É hora não apenas de mudar a rotina, mas sobretudo a sua alimentação e os vícios que carrega há anos, nativos do primeiro decanato. Largar de vez do que não é saudável será mais fácil do que nunca, basta querer.

Com o corpo mais leve você sentirá sua mente tranquila, concentrada e pronta para enfrentar e começar qualquer coisa.

Para os nascidos no segundo decanato, será um ano interessante, em que a saúde estará equilibrada e a cura de qualquer mazela virá ao seu encontro. É uma boa época para dedicar-se a atividades que unam mente e corpo e até começar uma boa terapia.

Todo cuidado é pouco para os nativos do terceiro decanato. Se você tem dado pouca atenção para sua saúde, é melhor começar a se cuidar antes de sentir os efeitos. Pegou os resultados dos exames? Se não, é porque não os fez ainda.

Trate de ligar para seu médico e colocar sua saúde em dia. "É melhor prevenir do que remediar", já diz o ditado. E tratar algum mal assim que aparece é cortá-lo pela raiz.

Os períodos de maior energia, saúde, vigor e vitalidade são: 08/01 até 04/03, 24/04 até 11/06, 30/07 até 15/09, 31/10 até 13/12.

Os períodos menos favoráveis para cirurgia e vitalidade são: 01/01 até 04/03, 16/09 até 30/10.

Melhores dias para tratamentos estéticos: 26/02 até 21/03, 15/04 até 10/05, 03/06 até 27/06, 24/07 até 16/08, 11/09 até 07/10.

Períodos menos favorecidos para tratamentos e procedimentos estéticos: 09/01 até 01/02, 22/03 até 14/04, 17/08 até 10/09, 06/11 até 27/01/2022.

LEÃO (23/07 A 22/08) – REGENTE SOL

Primeiro decanato: 23/07 a 01/08
Segundo decanato: 02/08 a 11/08
Terceiro decanato: 12/08 a 22/08

Panorama geral:

Está se sentindo pressionado? Está vendo que algo não vai bem? É hora de dar aquela virada e remexida no destino, caso contrário, é ele quem dará a virada do jeito que quiser e sem pedir licença. Os eventos podem se tornar incontroláveis quando ignoramos. Não deixe o destino na mão alheia, faça o seu destino. Júpiter, Saturno e Urano estão em plena ação sob o seu Signo.

Mudanças são necessárias e tendem a ser expressivas, o que pode causar insegurança, medo e levar você a resistir e não saber qual caminho seguir. Fato é que alterações serão fundamentais. Saber lidar com o inesperado, com que limita e com os excessos será o desafio. Às vezes, dar um passo para trás não significa que perdeu, regrediu. O importante é saber que daqui pra frente os passos devem ser assertivos e claros. Encontre o equilíbrio para chegar aonde deseja.

Júpiter pede a todos os leoninos para não superestimar sem antes avaliar precisamente prós e contras. Saturno e Urano pedem flexibilidade, paciência, foco e comprometimento aos nascidos entre os dias 21/06 e 06/07.

Concentre-se mais na busca e no esclarecimento de tudo o que o atormenta e impede seu crescimento. Saiba onde quer ir.

Direcione o foco sobre si mesmo, com ênfase na autoconfiança, no amor-próprio e no autodescobrimento.

Carreira e finanças:

Ações inadequadas, inconveniências, criar expectativas, querer fazer mais do que pode, prometer além, esperar cair do céu são atitudes que devem ser evitadas. O perigo será não estimar possibilidades e capacidades. Sabendo disso, os erros serão menores. Não faça nada sem medir consequências.

Trabalhe mais, gaste menos. É tempo de investir em cursos de reciclagem profissional. Se puder, atualize seu conhecimento, sua mão de obra, principalmente na área que quer crescer ou ver sua empresa ganhar território e reconhecimento. Estar equipado adequadamente será a garantia de crescimento, mesmo que esse crescimento seja a médio e a longo prazo.

Não se esqueça de que está sob a tutela de Júpiter, Saturno e Urano em tensão, por garantia, antes de agir pergunte-se: posso mais mesmo? Estou preparado para o que estou querendo? O avanço positivo só se dará se estiver bem preparado, caso contrário, nem arrisque. Se tiver que recomeçar, vá devagar, galgando, apalpando o que puder alcançar.

De 31/01 a 22/02, Mercúrio faz seu movimento retrógrado em Aquário. É importante redobrar a atenção com documentos, contratos e assinaturas, convém copiar e revisar tudo. Use esse momento também para repensar o que você deseja concretamente para sua vida.

Em julho, Marte e Vênus estarão em seu Signo. Boa fase para todos os nativos exercitarem a arte do esforço, da luta em busca daquilo que representa segurança em suas vidas. Porém, devem estar espertos para investidas temerárias. Os mesmos Vênus e Marte farão uma posição perigosa para Saturno e Urano, o que pode ser um mês com bastante dificuldades e riscos.

Evite investimentos de grande porte. Não subestime adversários. Cuidado! Você pode ser desafiado e rivalizado por pessoas que não julgava uma ameaça.

Evite fazer parcerias com gente que não vai suar a camisa e dar duro como você. Antes só do que mal acompanhado.

Em geral, os melhores períodos para trabalho, dinheiro, negócios e aquisições são: 01/01 até 08/01, 22/03 até 14/04, 11/05 até 02/06, 28/06 até 23/07, 17/08 até 10/09, 08/10 até 05/11.

Os menos favoráveis são: 01/01 até 13/01, 06/03 até 02/04, 21/11 até 15/12.

Relacionamentos:

Alguém, de uma hora para outra, pode se mostrar extremamente importante. Alguém, de uma hora para outra, pode se tornar um desafio. Esse será o lema para os leoninos comprometidos e solteiros. O que ia bem, pode não ir bem, o que parecia perdido, não é mais perdido e, sim, o encontro, o reencontro. Em qual dessas situações você se encontra? Talvez nem saiba, mas vai saber. De repente, o solteiro virará comprometido, e o comprometido, solteiro. Nada é garantido com Urano. De repente, você vai se deparar com o grande amor da sua vida, ou vai ver que aquela pessoa que está ao seu lado não tem nada a ver mais com você. Surpresas.

Se a relação não vai bem e quer mantê-la, pense em avivar o namoro, atiçar a emoção dos primeiros momentos. Surpreenda a pessoa amada com comportamentos inesperados.

É um período também de muita diversão, encontros, em que muita gente o procura, telefona, você paquera e é paquerado por muita gente e acha que está com tudo. Mas isso tudo pode ser passageiro, sem consistência. Não tome decisões se não estiver totalmente certo do que quer. Planos podem ser adidos, mas não quer dizer que não possam ser realizados mais adiante.

Aproveite o ano com leveza, sem cobranças e sem se cobrar tanto. Não esquente a cabeça e não leve nada a ferro e fogo. Relaxe!

Em geral, os melhores períodos para trabalho, dinheiro, negócios e aquisições são: 01/01 até 08/01, 22/03 até 14/04, 11/05 até 02/06, 28/06 até 23/07, 17/08 até 10/09, 08/10 até 05/11.

Os menos favoráveis são: 01/01 até 13/01, 06/03 até 02/04, 21/11 até 15/12.

Saúde:

Para que você já entre no clima de mudanças mais radicais, comece com pequenas alterações na rotina e na convivência familiar. Cuidado com excesso de guloseimas. Pratique exercícios diariamente, se alimente bem, se afaste de pessoas ruins, perdoe e se perdoe por erros do passado.

Para os nativos nascidos entre os dias 21/06 e 06/07, quem tem predisposição a problemas circulatórios: dormência, câimbra, formigamento, pé inchado, retenção de líquido, circulação podem se agravar. Dentes, coluna, articulação também estão comprometidos. Priorize seus sentimentos e o seu bem-estar pessoal.

Os períodos de maior energia, saúde, vigor e vitalidade são: 01/01 até 07/01, 05/03 até 23/04, 12/06 até 29/07, 16/09 até 30/10, 14/12 até 24/01/2022.

Os períodos menos favoráveis para cirurgia e vitalidade são: 08/01 até 04/03, 31/10 até 13/12.

Melhores dias para tratamentos estéticos: 01/01 até 08/01, 22/03 até 14/04, 11/05 até 02/06, 28/06 até 23/07, 17/08 até 10/09, 08/10 até 05/11.

Períodos menos favorecidos para tratamentos e procedimentos estéticos: 01/01 até 13/01, 06/03 até 02/04, 21/11 até 15/12.

VIRGEM (23/08 A 22/09) – REGENTE MERCÚRIO

Primeiro decanato: 23/08 a 01/09
Segundo decanato: 02/09 a 11/09
Terceiro decanato: 12/09 a 22/09

Panorama geral:

Urano é o astro dos virginianos nascidos entre os dias 28/08 e 06/09. Em boa posição, oferece alternativas para iniciar uma nova jornada ou ressignificar o que anda ultrapassado. O mundo está pedindo novas posturas e você está com a faca e o queijo na mão para aproveitar, dar uma bela virada e dar um novo sentido à vida. É hora de ser mais criativo. Inove. Abra a mente, o coração. Permita-se experimentar o diferente. O diferencial e a capacidade de adequação que vão ganhar espaço.

Os nascidos entre os dias 10/09 e 16/09: Netuno dificulta as grandes investidas. Seja seletivo, seja crítico mais do que já é. Ative o *feeling* para perceber quando parar, quando andar. É o saber navegar mesmo na imprecisão, sem sair da rota até as coisas se assentarem e chegarem ao seu final. Isso não será difícil para você, virginiano. Siga os protocolos e chegará ao seu destino sem grandes avarias. Plutão comunga com os nascidos entre os dias 17/09 e 20/09 com força regeneradora, com a força do renascer das cinzas. É hora de dar a volta por cima, conquistar e reconquistar. Busque o seu propósito!

Carreira e finanças:

Novas oportunidades de projetos e até mesmo um novo emprego, nova colocação no mercado. Isso é Urano mostrando novos caminhos, novas possibilidades aos nativos nascidos entre os dias 28/08 e 06/09.

É um bom ano para novos investimentos e investir em tecnologia, cursos e em tudo que possa garantir estar à frente ou, pelo menos, no mesmo patamar dos concorrentes. Mude estratégias, ajuste e reveja tudo que não está trazendo resultados. Acredite mais em você e em sua capacidade. De 27/07 a 13/08, Vênus estará em contato positivo com Urano e Plutão, serão dias interessantes para conseguir ajuda financeira, fazer parcerias e contatos.

Lente de aumento a potência máxima para os nativos nascidos entre os dias 10/09 e 16/09. Pessoas e situações poderão iludir você em relação a novos projetos, financiamentos e investimentos. Para não cair em ciladas, seja prudente, averigue, confirme. Evite confiar em todos. Não se arrisque em terrenos não conhecidos e muito menos o que não traz garantia. Mantenha-se firme, comprometido, se atualizando ao que tem em mãos e, se estiver à procura de algo, se esforce e não perca o foco.

Os nascidos entre os dias 17/09 e 20/09 estarão extremamente assertivos e agressivos no bom sentido. Sua capacidade de conquista aumenta consideravelmente e você estará determinado a abraçar e alcançar metas. Excelente tempo para organizar, resgatar as finanças, cobrar dívidas, assim como negociar empréstimos se os tiver.

Em geral, os melhores períodos para trabalho, dinheiro, negócios e aquisições são: 09/01 até 01/02, 15/04 até 10/05, 03/06 até 27/06, 24/07 até 16/08, 11/09 até 07/10, 06/11 até 27/01/2022.
Os menos favoráveis são: 01/01 até 08/01, 26/02 até 21/03, 11/05 até 02/06, 08/10 até 05/11.

Relacionamentos:

Novidades à vista. Tudo será diferente e para melhor para os nascidos dos dias 28/08 a 06/09. Se for comprometido, este é um ótimo momento para você rever e fazer mudanças em seu relacionamento. Proponha mudanças na rotina, compartilhe interesses, expresse mais amor. Ser criativo e propor um programa diferente reavivará o que pode estar rotineiro. Solteiros? Conhecer gente nova está superfavorecido. Encontros ao acaso, idem.

Fuja de problemas. Não se engane. Esses são os conselhos para os nativos nascido entre os dias 10/09 e 16/09. É o enamoramento. O enamoramento latente se efetivará pelo primeiro que aparecer e a entrega ao sentimento será total e com total ausência de discriminação e avaliação. Vive-se uma fantasia. Fique de olho "nem tudo que parece ser é o que realmente é". Cuidado, a tendência é atrair pessoas fragilizadas, debilitadas. Ainda pode acontecer de um dos dois estar passando por um problema, sem poder dar a atenção que o outro necessita. É carência.

É parar e fazer uma análise nua e crua. Enxergue o outro, as situações sem fantasias. Os nascidos entre os dias 17/09 e 20/09 estarão mais confiantes e seguros. Saberão o que querem e o que esperam das pessoas. Esses são tempos em que terão a oportunidade de recuperar amores antigos e, para os comprometidos, a intensificação de afetos que estavam adormecidos, mornos. Plutão tem uma energia forte de paixão.

Sexualidade a mil! Para os solteiros, alguém que trará mudanças significativas pode surgir. Aguarde paixões daquelas que ficam na história ou daqueles que ficarão de vez na sua vida. Aproveite!

Em geral, os melhores períodos para as relações, encontros amorosos e colaboração são: 09/01 até 01/02, 15/04 até 10/05, 03/06 até 27/06, 24/07 até 16/08, 11/09 até 07/10, 06/11 até 27/01/2022.

Os menos favoráveis são: 01/01 até 08/01, 26/02 até 21/03, 11/05 até 02/06, 08/10 até 05/11.

Saúde:

Você que, por natureza, já é amante de uma vida saudável, este ano poderá colocar muitos dos seus projetos em ação. Não pense duas vezes em trocar hábitos nocivos por benéficos. Isso é para todos os virginianos.

Os nascidos entre os dias 10/09 e 16/09 devem ficar mais alertas, já que a energia vital tende a estar mais baixa. Use e abuse de uma boa alimentação cheia de nutrientes, exercícios e tudo que aumente sua imunidade. Descanse mais.

Não se descuide dos exames de rotina. Seja persistente em achar um resultado médico ao que não aparentar ser nada se continuar com sintomas.

Os virginianos nascidos entre os dias 17/09 e 20/09 estarão mais revigorados. Recuperação da vida como um todo. Retorno, resgate, recuperação da vitalidade, do vigor, do ânimo.

Muito bom para cirurgias reparadoras, recuperação de uma enfermidade, um vício, achar a cura. Tudo o que se propuser a realizar em prol do seu bem-estar terá resultados positivos. Período propício para purificar, transformar e alterar todos os processos psíquicos.

Os períodos de maior energia, saúde, vigor e vitalidade são: 08/01 até 04/03, 24/04 até 11/06, 30/07 até 15/09, 31/10 até 13/12.
Os períodos menos favoráveis para cirurgia e vitalidade são: 05/03 até 23/04, 14/12 até 24/01/2022.

Melhores dias para tratamentos e procedimentos estéticos: 09/01 até 01/02, 15/04 até 10/05, 03/06 até 27/06, 24/07 até 16/08, 11/09 até 07/10, 06/11 até 27/01/2022.

Períodos menos favorecidos para tratamentos e procedimentos estéticos: 01/01 até 08/01, 26/02 até 21/03, 11/05 até 02/06, 08/10 até 05/11.

LIBRA (23/09 A 22/10) – REGENTE VÊNUS

Primeiro decanato: 23/09 a 01/10
Segundo decanato: 02/10 a 11/10
Terceiro decanato: 12/10 a 22/10

Panorama geral:

Júpiter, o planeta das grandes bênçãos e benesses, começou a caminhar por meio de Aquário, prometendo abrir portas e trazer oportunidades a vocês, librianos. Nada melhor do que contar com essa energia otimista e de expansão.

Saturno é outro que chega prometendo realizações. Excelente dobradinha Júpiter e Saturno para expandir, concretizar e estabilizar a vida de maneira eficiente. Nascidos entre os dias 22/09 e 06/10 estão com a faca, o queijo e a sorte nas mãos.

Os nativos do segundo decanato contam com a atmosfera positiva de Júpiter. Aproveitem essa fase para agarrar os verdadeiros potenciais de crescimento para que, a partir do próximo ano, possam consolidar efetivamente todos os seus planos e desejos. Plutão sacode os nascidos entre os dias (17/10 a 19/10).

O que estava na corda bamba tende a cair. Fique atento aos problemas e se abasteça da ajuda benevolente de Júpiter para atrair boas oportunidades. Não caia de cabeça por algo que, em vez de ajudar, vai derrubar você.

Carreira e finanças:

Muitas pessoas têm olhado para o seu trabalho com orgulho e isso vai ajudá-lo a se posicionar muito bem profissionalmente. Em breve, estarão em um cargo muito melhor os nativos do primeiro e segundo decanato.

Oportunidades de trabalho, negócios, finanças e projetos vão fazer você, libriano, voltar a acreditar mais em si mesmo. Mostre toda a sua capacidade, pois esse momento será bastante favorável para conquistar o que sempre quis financeiramente. Invista no que quer e principalmente no que está mostrando resultado ou que vai trazer resultado.

É hora de colocar de pé o que está em mente. Até começar e recomeçar, se for preciso. Avalie proposta de parcerias e novos projetos. Alie oportunidade, planejamento e estratégia.

Pensar bem antes de avançar é a sugestão para os nativos nascidos no terceiro decanato entre os dias 17/10 e 19/10. O setor financeiro pede atenção com investimentos irracionais, obsessivos com a falta de controle de ganhos e gastos.

Cuidado com atitudes de autoritarismo ou mesmo de desleixo com chefes e colegas achando que é insubstituível. Saber valorizar sua profissão será indispensável para manter o cargo. Subestimar será o seu maior erro. Segure a onda!

Entre os dias 28/09 e 19/10, Mercúrio estará retrógrado em seu Signo. Nada é definitivo sob uma energia de retrogradação. Muita coisa volta atrás. Tudo fica indeciso. Surgem defeitos. Faça *backup*. Evite fechar acordos, é preciso se certificar e confirmar tudo o que for fazer.

Em geral, os melhores períodos para trabalho, dinheiro, negócios e aquisições são: 01/01 até 08/01, 02/02 até 25/02, 11/05 até 02/06, 28/06 até 23/07, 17/08 até 10/09, 08/10 até 05/11.

Os menos favoráveis são: 09/01 até 01/02, 22/03 até 14/04, 03/06 até 27/06, 06/11 até 27/01/2022

Relacionamentos:

Pedidos de casamento, namoros sérios e muitos pretendentes no ar! Isso mesmo, libriano. Prepare-se para fazer o que você faz de melhor, que é estar a dois, compartilhar.

Aproveite o seu charme natural e invista pesado em assuntos de interesse da relação. Fevereiro, maio, agosto, setembro e novembro serão os melhores meses para você paquerar, casar, se comprometer, principalmente os do primeiro e segundo decanato. Você estará abalando corações.

Para os nascidos no terceiro decanato, entre os dias 17/10 e 19/10, um tempo nebuloso se aproxima e, por isso, é bom ficar atento à sua relação para que não se abale em momentos de intolerância e estresse. Cuidado como se comunica, se comporta. Evite forçar a barra ou fingir algo que não é. Autenticidade, humildade para reconhecer os erros e fazer de tudo para mudar serão fundamentais para manter a relação sadia. Valorize o que construíram juntos. Os que estão solteiros devem prestar bastante atenção a paixões avassaladoras. Amores que nascem em tempos de tempestades têm grandes chances de não dar certo. Avalie, observe antes da entrega. Certifique-se para evitar transtornos futuros. Coloque essa energia em algo construtivo.

Em geral, os melhores períodos para as relações, encontros amorosos e colaboração são: 01/01 até 08/01, 02/02 até 25/02, 11/05 até 02/06, 28/06 até 23/07, 17/08 até 10/09, 08/10 até 05/11.

Os menos favoráveis são: 09/01 até 01/02, 22/03 até 14/04, 03/06 até 27/06, 06/11 até 27/01/2022

Saúde:

Nascidos no primeiro e no segundo decanato devem se sentir mais brilhantes e enérgicos em todos os níveis. É um daqueles momentos ideias para se dedicar à saúde e colocar corpo, mente e espírito em dia. O ano será um grande aliado para aqueles que estão em processo de recuperação ou reabilitação. Comer melhor, dormir bem, movimentar o corpo, se reunir com os amigos serão suas prioridades: mantenha-se firme nesses propósitos. Manter e adotar esses hábitos saudáveis ajudará a garantir uma vida melhor e mais longa.

Já o pessoal do terceiro decanato, principalmente os que nasceram entre os dias 17/10 e 19/10, Plutão estará desfavorecendo o seu Sol, que é fonte de energia. Fuja de situações de estresse e fortifique atividades de relaxamento na sua rotina. É preciso se conectar mais consigo mesmo e saber realmente o que o faz bem ou não. Use o poder da imaginação para se visualizar em plena forma e atrair boas energias. Se precisar, peça ajuda nesses momentos de dúvida ou aflição. Bons amigos, familiares queridos e mesmo um profissional especialista da alma ajudarão e muito você a encontrar seu eixo. E tenha em mente que nada é para sempre. É clichê? É, mas é a pura verdade. Mantenha seus exames em dia. Faça um *check-up* para dar aquela geral.

Os períodos de maior energia, saúde, vigor e vitalidade são: 05/03 até 23/04, 12/06 até 29/07, 16/09 até 30/10, 14/12 até 24/01/2022.

Os períodos menos favoráveis para cirurgia e vitalidade são: 18/03 até 15/05, 13/08 até 26/08, 27/08 até 10/09.

Melhores dias para tratamentos estéticos: 01/01 até 08/01, 02/02 até 25/02, 11/05 até 02/06, 28/06 até 23/07, 17/08 até 10/09, 08/10 até 05/11.

Períodos menos favorecidos para tratamentos e procedimentos estéticos: 09/01 até 01/02, 22/03 até 14/04, 03/06 até 27/06, 06/11 até 27/01/2022.

ESCORPIÃO (23/10 A 21/11) – REGENTE PLUTÃO

Primeiro decanato: 23/10 a 01/11
Segundo decanato: 02/11 a 11/11
Terceiro decanato: 12/11 a 21/11

Panorama geral:

Um ano cheio de desafios espera os escorpianos nascidos entre 23/10 e 05/11. Exatamente por isso, estejam prontos para lidar com situações que exigirão muito jogo de cintura. Seja sábio, claro e estratégico nos caminhos que escolher. Saturno e Urano estão por aí fazendo um movimento difícil para o seu Sol.

Com Urano, nunca sabemos o que será no dia seguinte e, muitas vezes, nem no momento seguinte. Saturno obrigará você a ver e a levar as coisas com mais seriedade.

Júpiter também entra nessa dança para todos os nativos, evidenciando que não será tão fácil assim chegar aonde se deseja. Excessos com o trabalho, comida, gastos, entre outras coisas, devem ser devidamente levados em conta.

Já para os nascidos entre os dias 10/11 e 18/11, Netuno e Plutão mostram positivamente todo o seu potencial. Nada mal, hein? Sensibilidade apurada e determinação facilitarão tomada de decisões e resoluções de problemas.

Carreira e finanças:

Superestimação das próprias capacidades, assumir mais do que deve, não se comprometer, não contar que algo pode dar errado serão seus maiores erros. Desde já, avalie essas possibilidades e comece agora a pensar o que pode ser feito para não ser pego de surpresa. Surpreenda o destino. Para dar certo, atualize-se, veja o que o mercado está pedindo. Veja onde pode fazer o diferencial.

Passe longe de negócios desconhecidos. O momento pede para buscar o que realmente é realizável e estável, até porque você busca lucros e não pode passar por perdas e imprevistos.

Cancelamento de contratos, recessão financeira, cortes de apoio e patrocínios não são raros nesta combinação planetária de Urano e Saturno em tensão. Isso vale mais para os nascidos entre os dias 23/10 e 05/11.

Para todos os escorpianos, fiquem atentos! Se não se sentir preparado para assumir profissionalmente ou financeiramente algum projeto, algum cargo, o melhor é não aceitar. Com Júpiter tensionado, dá vontade de abraçar tudo, o risco de assumir mais do que se pode no momento é grande. Não comprometa sua imagem profissional. Use sua sabedoria e experiência para distinguir o que pode ou não, o que está preparado ou não.

Não é ano para se arriscar à toa. Antes de querer ir além, organize-se e prepare-se.

Mercúrio retrógrado de 31/01 a 21/02 pode trazer atrasos e prejudicar assuntos que estavam encaminhados. Fique atento. Fechar negócios, acordos, compras e vendas não são aconselháveis.

Para os nascidos entre os dias 10/11 e 18/11, a história já é diferente. Energias renovadoras e realizadoras favorecem alçar voos que antes não havia considerado. Ajudas, colaboração e parcerias estão beneficiadas.

O momento traduz estabilização ou durabilidade daquele sonho, daquele projeto, daquele anseio. Tudo o que investiu com alicerces seguros, que batalhou, deu seu suor, as chances aparecem agora: ou de ver o resultado ou de colocar em prática.

Excelente para equilibrar as finanças. É um ano para se refazer e se recuperar.

Você conserta, cura, resgata, regenera, refaz, mas muito bem administrado, muito bem estruturado, muito bem pensado. Esse refazer não é leviano. Arregace as mangas e mãos à obra!

Em geral, os melhores períodos para trabalho, dinheiro, negócios e aquisições são: 09/01 até 01/02, 26/02 até 21/03, 03/06 até 27/06, 24/07 até 16/08, 11/09 até 07/10, 06/11 até 27/01/ 2022.

Os menos favoráveis são: 02/02 até 25/02, 15/04 até 10/05, 28/06 até 23/07.

Relacionamentos:

Instabilidade no coração dos nascidos entre os dias 23/10 a 05/11. Agora é hora de se concentrar naquilo que ainda vale a pena. Por isso, fuja de más energias, intrigas e culpas. Lembre-se: um término também representa um recomeço.

É hora de renovar energias. Se a relação não vai bem, agora é o momento certo para dar aquela virada. Varie. Traga o novo para a vida a dois! Transforme o morno em quente. Como? Mude de tática, encontre novas maneiras de avivar o amor. As relações andam por um triz, se não tem certeza do que quer, não force a barra! Não pegue no pé! Solte! Se for aquela relação que pressiona, sufoca, quanto mais soltar, mais chances de voltar. Agora, se for a uma relação que não mostra comprometimento, mostre, declare o seu amor. O que tiver que ser, será! Procure agir de acordo com os desejos e as expectativas de ambos. Traga equilíbrio.

Para os solteiros, é um ano de muitos e novos encontros. Você atraíra pessoas diferentes do seu círculo pessoal, pessoas que pensam e têm outras posturas, pontos de vista. Preste atenção se essas diferenças acrescentam, somam.

Os nascidos entre os dias 10/11 e 18/11: o céu conspira a favor do amor, dos encontros e dos reencontros!

Compartilhe seus desejos, opiniões e necessidades com a pessoa amada. É um ano de evolução nas relações em geral. Renove laços.

Você terá sinais para falar sobre problemas, colocar em ordem o que vem incomodando a convivência. Resolva as pendências e vá além. Casamento, filhos em pauta. É só boas novas. Aproveite!

Em geral, os melhores períodos para trabalho, dinheiro, negócios e aquisições são: 09/01 até 01/02, 26/02 até 21/03, 03/06 até 27/06, 24/07 até 16/08, 11/09 até 07/10, 06/11 até 27/01/ 2022.

Os menos favoráveis são: 02/02 até 25/02, 15/04 até 10/05, 28/06 até 23/07.

Saúde:

Atividades muito extenuantes podem resultar em cansaço e desânimo para os nativos nascidos 23/10 e 05/11. Quem tem predisposição a problemas circulatórios: dormência, câimbra, formigamento, pé inchado, retenção de líquido, circulação podem ficar agravados. Dentes, coluna, articulação também comprometidos.

Tente ponderar a rotina com algo mais leve e aconchegante nas horas vagas. Ter lazer e um *hobby* são fundamentais agora. Pense duas vezes antes de ultrapassar os limites ao se alimentar. Menos nas guloseimas e nas gostosuras. Olho na balança, no colesterol e na glicose. Mantenha exames em dia! Isso vale para todos os escorpianos.

Para os nascidos entre os dias 10/11 e 18/11, a primeira boa indicação é uma melhora de saúde, resgate da vitalidade, recuperação da vida. Se estava com a saúde debilitada a ponto de comprometê-la, este é um ano de recuperação.

Outra coisa positiva, é um ano muito bom para processos cirúrgicos. Se deseja fazer cirurgias estéticas ou para restabelecer a saúde, são garantidos bons resultados e eliminação do problema.

É uma época superfavorável para colocar mente, corpo e alma em plena forma.

Os períodos de maior energia, saúde, vigor e vitalidade são: 24/04 até 11/06, 30/07 até 15/09, 31/10 até 13/12.

Os períodos menos favoráveis para cirurgia e vitalidade são: 08/01 até 04/03, 12/06 até 29/07.

Melhores dias para tratamentos estéticos: 09/01 até 01/02, 26/02 até 21/03, 03/06 até 27/06, 24/07 até 16/08, 11/09 até 07/10, 06/11 até 27/01/ 2022.

Períodos menos favorecidos para tratamentos e procedimentos estéticos: 02/02 até 25/02, 15/04 até 10/05, 28/06 até 23/07.

SAGITÁRIO (22/11 a 21/12) - REGENTE JÚPITER

Primeiro decanato: 22/11 a 04/12
Segundo decanato: 05/12 a 14/12
Terceiro decanato: 15/12 a 21/12

Panorama geral:

Temos uma dobradinha este ano de Júpiter e Saturno enviando benesses para todos os sagitarianos. Essa combinação traz praticidade, destreza, foco, confiança e sabedoria. É uma energia de sorte e realização e deve ser aproveitada da melhor forma. O que for firmado, conquistado e alcançado tem validação e validade por muito tempo.

Júpiter traz a ideia da expansão, crescimento, alargamento, visão ampliada de espaço, desenvolvimento e progresso. Saturno capacita-o para a realização, a concretização. É um bom ano para crescer, trazer para a realidade, materializar vontades e desejos.

Os que mais vão sentir essa boa energia neste ano serão os nascidos entre os dias 22/11 a 04/12. Você se sentirá mais forte e capaz mesmo diante das dificuldades. Nada o amedrontará nem abalará seus sonhos e metas. Dê o seu melhor para vencer, seja na vida profissional, amorosa, educacional ou mesmo espiritual.

Os nascidos entre os dias 05/12 e 15/12 devem prestar atenção, já que Netuno pode distrair suas ações em direção às suas metas. Toda melhoria e conquista dependerão de atitudes bem direcionadas. Esteja engajado a dar o seu melhor.

Dois Eclipses marcam os sagitarianos. O Eclipse Lunar, do dia 26/05 à 05°26' de Sagitário, que pegará em cheio o Sol dos sagitarianos nascidos entre os dias 23/11 a 02/12, e o Eclipse Solar, do dia 04/12 à 12°22' de Sagitário, que afetará o Sol dos sagitarianos nascidos nos dias 30/11 a 08/12. Como todo Eclipse, tudo que estiver por um triz, borbulhando, estoura. Não deixe questões que estão a ponto de quebrar para decidir, sentenciar em cima da hora. Todo Eclipse decide algo. Questões do passado devem ser resolvidas, eliminadas para que episódios novos aconteçam, deslanchem.

Carreira e finanças:

As boas energias favorecem bons negócios, renegociar dívidas, financiamentos e ainda vislumbrar novas possibilidades. As oportunidades e as mudanças de estratégia que fizer farão com que evolua de forma impressionante na sua carreira.

Não perca as chances e as brechas que forem aparecendo. Assim, o seu desejo de melhorar será cada vez maior.

Liberação de projetos! Reconhecimento! Qualquer coisa em que você tenha dado duro nos últimos anos, batalhou, quebrou a cara, insistiu, aprimorou, melhorou, já está suficientemente planejado, amadurecido, sedimentado, conhecido, Júpiter chega e libera.

Bom relacionamento com chefes e figuras de autoridade. Muito bom para prestar concurso para as áreas estatais, solicitar cargos, nomeações, cargos eletivos, cargos de confiança. Momento para fazer cursos profissionalizantes – inglês, informática e tudo que vá dar um *upgrade* – porque depois você vai ter uma ascensão profissional pelo conhecimento adquirido. Dê um salto quântico! Não fique pra trás! Esteja preparado para estar à frente ou no mesmo patamar que a concorrência.

Os nascidos entre os dias 05/12 e 15/12 terão dificuldades e frustrações relacionadas a seus empreendimentos que podem desanimar, mas não perca a vontade e a esperança. O que precisa fazer é tomar cuidado com gastos e investimentos que não conheça a fundo, o risco de prejuízo é grande. Tendência a dispersão, a envolver-se em múltiplas transações, em vários ramos e segmentos. Perde-se o foco por envolver-se em vários e grandes objetivos. Selecione os possíveis. Ou o que tem a fazer é ir devagar, ir se capacitando, ir guardando fundos para que, nos anos seguintes, possa corporificar o que até agora tenha se esforçado para acontecer.

Muitas possibilidades de bons negócios, mas certamente os resultados só aparecerão mais para a frente. Com mais organização, você dará início a uma nova fase na sua carreira, repleta de mudanças, aprendizados e prosperidade.

Em geral, os melhores períodos para trabalho, dinheiro, negócios e aquisições são: 01/01 até 08/01, 02/02 até 25/02, 22/03 até 14/04, 28/06 até 23/07, 17/08 até 10/09, 08/10 até 05/11.

Os menos favoráveis são: 26/02 até 21/03, 11/05 até 02/06, 24/07 até 16/08.

Relacionamentos:

As relações ganham importância e um lugar especial. É um ano para agir de acordo com os seus desejos e expectativas. É hora para assumir compromissos, levar os namoros para um patamar mais sério. Aliás, é assim que estará pensando.

Sabe aquela pessoa que está sempre do seu lado, que até então não tinha uma "definição" se era amigo(a) ou namorado(a)? O que parecia ser um passatempo pode ganhar laços fortes. E serão bem-vindos e em uma boa hora. Você estará consciente do que realmente quer e quem quer para levar junto contigo para a vida.

Com o coração mais tranquilo, os solteiros de carteirinha, se a vontade é de continuar voando por aí, não vão faltar convites, e as paqueras estarão a mil. Mas cuidado para não ser pego pelo cupido, ele estará a toda neste ano.

O pessoal que nasceu entre os dias 05/12 e 15/12 terá um ano mais introspectivo, o conselho é deixar espaço para amigos e familiares.

Ou o outro perigo é sair se apaixonando sem saber a quem está entregando o coração, com total ausência de discriminação e avaliação. Vive uma fantasia. Comprometidos, fiquem atentos para não trocar o seu grande amor por alguém que você está idealizando e achando que é a pessoa certa da sua vida. Tenha cuidado com quem quer apenas se aproveitar da sua boa vontade. Saiba diferenciar amigos de traiçoeiros e não se dedique sem antes ter confiança.

Em geral, os melhores períodos para as relações, encontros amorosos e colaboração são: 01/01 até 08/01, 02/02 até 25/02, 22/03 até 14/04, 28/06 até 23/07, 17/08 até 10/09, 08/10 até 05/11.

Os menos favoráveis são: 26/02 até 21/03, 11/05 até 02/06, 24/07 até 16/08.

Saúde:

A meta é a procura de uma vida saudável e estável, sem altos e baixos, e deixar de lado de vez o efeito sanfona, seja no corpo, na mente ou na alma.

Adotar uma alimentação saudável sem glúten, sem gordura, sem grandes quantidades de açúcar fará seu corpo entrar em forma rapidamente. Pense nessa possibilidade. Sei que é mais difícil, mas não é impossível. Procure um ortomolecular, um treinador físico e um orientador nutricional.

Saturno ajudará e muito a ser disciplinado e perseverante. Não deixe essa oportunidade passar. A mente é outro ponto para aquietar. Meditação, massagens, atividades e músicas relaxantes. Adotar uma postura de equilíbrio fará bem ao espírito.

Os períodos de maior energia, saúde, vigor e vitalidade são: 01/01 até 07/01, 12/06 até 29/07, 16/09 até 30/10, 14/12 até 24/01/2022.

Os períodos menos favoráveis para cirurgia e vitalidade são: 05/03 até 23/04, 30/07 até 15/09.

Melhores dias para tratamentos estéticos: 01/01 até 08/01, 02/02 até 25/02, 22/03 até 14/04, 28/06 até 23/07, 17/08 até 10/09, 08/10 até 05/11.

Períodos menos favorecidos para tratamentos e procedimentos estéticos: 26/02 até 21/03, 11/05 até 02/06, 24/07 até 16/08.

CAPRICÓRNIO (22/12 A 20/01) — REGENTE SATURNO

Primeiro decanato: 22/12 a 31/12
Segundo decanato: 01/01 a 09/01
Terceiro decanato: 10/01 a 20/01

Panorama geral:

Saturno se despede de vez do seu Signo, o que já é um peso a menos, principalmente para os nativos do terceiro decanato.

Mas espere aí! Vocês nascidos entre os dias 14/01 e 27/01 estarão ainda sob o domínio de Plutão, o que pedirá esforços extras.

Mesmo que os problemas pareçam impossíveis aos seus olhos, não os ignore nem desista de resolvê-los. Valores estão sendo revistos e pedindo transformações, e isso é positivo para se conectar com o que é essencial.

Acredite em você. Seguindo na direção certa, não haverá nada que não seja capaz de realizar.

Urano e Netuno beneficiam os nativos do primeiro e segundo decanato. Será um ano mais tranquilo para buscar calmaria, liberdade, conexão divina e reflexão, já que a sua interação consigo mesmo estará bastante favorecida. Muito indicado para aqueles que desejam começar, recomeçar e se dar a oportunidade de experimentar o novo. O céu mostra e oferece novos significados. Aproveite!

Carreira e finanças:

As decisões tomadas em relação ao seu negócio terão consequências duradouras no desenvolvimento de sua carreira e reputação, bem como serão um ponto de virada bastante significativo para os nativos nascidos entre os dias 26/12 e 04/01 e 08/01 e 13/01.

A facilidade nata na administração financeira ajudará a decidir quais serão os melhores investimentos. Mas já adiantando, mudar velhas estratégias, tentar novas frentes, diversificar, adaptar-se ao novo são as dicas para chegar aonde deseja.

Logo nos primeiros dias de janeiro, Vênus em seu Signo abre oportunidades de trabalho, negociações e ganhos. Não deixe passar as possibilidades que se apresentam nem recuse ajudas. Aumente sua ação, seu campo de conquista e verá a recompensa. Em novembro, todas essas oportunidades se repetem com a mesma intensidade.

Você terá perspectivas brilhantes de trabalho à frente, possivelmente, devido ao seu talento e competências ímpares, que estarão ainda mais evidentes.

Para os nascidos entre os dias 14/01 e 27/01, melhor prevenir do que remediar quanto aos avanços que deseja dar. É preciso ter mais cautela do que você já tem e planejar seus objetivos financeiros passo a passo. Ressignificar o cenário profissional e renovar as relações comerciais serão uma saída.

Libere tudo que é supérfluo e inútil. Mesmo que possa ser um momento de perda, esse pode (sim) ser um período para difundir ganhos incomensuráveis para o futuro. Tudo será uma questão de afinar sua inteligência ao que realmente tem chances de trazer resultados seguros, do jeitinho que aprecia.

Em geral, os melhores períodos para trabalho, dinheiro, negócios e aquisições são: 09/01 até 01/02, 26/02 até 21/03, 15/04 até 10/05, 24/07 até 16/08, 11/09 até 07/10, 06/11 até 27/01/2022.

Os menos favoráveis são: 22/03 até 14/04, 03/06 até 27/06, 17/08 até 10/09.

Relacionamentos:

Ser forte não é a mesma coisa que ser duro. Rever sua postura acerca das pessoas e as relações em geral é o que Urano vem pedindo. Atualizar o modo de encarar as coisas é a sugestão para lidar com a energia uraniana. Seja mais leve, menos encanado. Aprenda que cada indivíduo possui uma maneira de ser e de se expressar e isso não quer dizer que está menos comprometido. Ao perceber isso, tudo será mais fácil para vocês nascidos entre os dias 26/12 e 04/01. Curta e se entregue às delícias da vida a dois. É tempo de reanimar, encantar. Surpreender os afetos com comportamentos inesperados será promissor. Ser criativo e propor programas diferentes entusiasmará, aguçará relações que andam rotineiras. Ser espontâneo libertará emoções que estavam atrapalhando os relacionamentos.

Para os solteiros, conhecer gente nova está favorecido. Encontros ao acaso, idem. Quanto menos expectativas se criar e quanto mais se frequentar ambientes diferentes dos usuais, mais chances de encontros. Solteiros e comprometidos nascidos entre os dias 08/01 e 13/01, o romance está no ar.

O período de harmonia traz ideias mais sérias, como casamento, filhos ou a compra de um imóvel. A pessoa amada ficará feliz com esses sonhos.

Tanto solteiros quanto comprometidos, prestem mais atenção às entrelinhas, à subjetividade, na linguagem não-verbal, nos sinais e sincronicidades. Deixe seu coração falar mais alto. Não tenha medo da entrega. Permita-se ser feliz. Prossiga com confiança e alegria. Coloque em seus planos uma segunda lua de mel.

Os nascidos entre os dias 14/01 e 27/01 que são comprometidos e desejam que tudo fique bem na relação, evitem ficar remoendo o passado e cutucando feridas antigas que não merecem ser reavivadas. Resolvam pendências sem cobranças. Desapeguem-se de sentimentos obsessivos que só envenenam a relação. E não tomem atitudes radicais. Decisões drásticas podem trazer arrependimento. Solteiros, cuidado para não cair em relações perigosas.

Em geral, os melhores períodos para as relações, encontros amorosos e colaboração são: 09/01 até 01/02, 26/02 até 21/03, 15/04 até 10/05, 24/07 até 16/08, 11/09 até 07/10, 06/11 até 27/01/2022.

Os menos favoráveis são: 22/03 até 14/04, 03/06 até 27/06, 17/08 até 10/09.

Saúde:

Nativos nascidos entre os dias 26/12 e 04/01, 08/01 e 13/01, quaisquer mal-entendidos associados à sua saúde devem gradualmente começar a se dissipar. Corpo, coração, alma e mente estão finalmente equilibrados. Desse modo, você poderá tirar vantagem desse bem-estar e voltar à ativa, colocando seus planos em ação e realizando os sonhos mais urgentes.

Este seria um bom ano para começar a ter uma abordagem diferente dos seus hábitos alimentares. Já os nascidos no terceiro decanato, 14/01 e 20/01, diminuam o ritmo se quiserem conviver melhor com tantas tarefas e ainda aproveitar bastante a vida. Descanso, lazer, meditação e atividades para além do trabalho são fundamentais para manter a sanidade.

Esteja de olho nos sinais do corpo e mantenha exames em dia. Nada de deixar para amanhã o que deve fazer agora. Não é para desprezar nenhum mal-estar.

Os períodos de maior energia, saúde, vigor e vitalidade são: 08/01 até 04/03, 30/07 até 15/09, 31/10 até 13/12.

Os períodos menos favoráveis para cirurgia e vitalidade são: 01/01 até 07/01, 24/04 até 11/06, 16/09 até 30/10.

Melhores dias para tratamentos estéticos: 09/01 até 01/02, 26/02 até 21/03, 15/04 até 10/05, 24/07 até 16/08, 11/09 até 07/10, 06/11 até 27/01/2022.

Períodos menos favorecidos para tratamentos e procedimentos estéticos: 22/03 até 14/04, 03/06 até 27/06, 17/08 até 10/09.

AQUÁRIO (21/01 a 19/02) - REGENTE URANO

Primeiro decanato: de 21/01 a 31/01
Segundo decanato: de 01/02 a 09/02
Terceiro decanato: de 10/02 a 19/02

Panorama geral:

O ano está recheado. Entrada definitiva de Saturno. Visita do grande benéfico, Júpiter. Sem falar de Urano em Touro, que já vem movimentando seus dias.

Os astros indicam trabalho duro, competência, reconhecimento, conquistas e grandes aprendizados. Entusiasmo, criatividade dominarão o ano e os farão produzir, desatolar a vida e enxergar sob novas perspectivas. A sua evolução virá daí. Enxergue esse momento de reviravoltas e oportunidades como uma nova chance para fazer tudo diferente e reconstruir a sua história. Não se apegue nas dificuldades que aparecerão mas, sim, nas soluções.

É um novo ciclo que se inicia para você, aquariano.

É preciso, porém, ter uma nova performance e um olhar mais amplo das oportunidades e das possibilidades. E, o mais importante, avaliar se está nos trilhos, no curso certo, no lugar correto e em condições de transformar a vida. Tudo vai depender do que fez até agora e aonde quer chegar. As mudanças estão aí e serão necessárias para a sua evolução.

Saturno sinaliza os problemas e as limitações que é preciso encarar. Urano mostra as mudanças que precisam ser feitas e Júpiter aponta as chances. Agora é com você. Vai deixar a vida levar você ou vai tomar o comando?

Carreira e finanças:

O ano começa com desafios a serem superados e assim será durante o ano todo com Urano e Saturno em confronto. Cancelamento de contratos, cortes de apoio e patrocínios não são raros nesta combinação planetária em tensão. Isso vale mais para os nascidos no primeiro decanato, entre os dias 19/01 e 02/02, são os que mais sentirão. Os meses de janeiro, fevereiro, junho, julho e novembro serão os mais provocadores.

Os outros decanatos começam a sentir a partir dos outros anos. Sabendo disso, é bom prestar atenção. Que tal começar a tomar medidas preventivas?

Busque analisar ideias que estão travando o seu desenvolvimento. Mude sem se rebelar e teimar. É saber onde está pisando para fazer direito, bem feito. Analise como deseja construir um cenário profissional promissor, levando em consideração os seus talentos. Adequar, readequar e acrescentar serão as palavras essenciais do momento para o seu crescimento. Agregar o novo em estruturas já criadas é o pulo do gato.

Os grandes compromissos que assumimos, os grandes contratos que realizamos e as maiores coisas que realizamos normalmente são presididas por processos saturninos, marcados por planejamento, esforço e *timing*. E normalmente o que é marcado por Saturno é perene e consistente. Saturno não traz a oportunidade, mas ele nos leva a criá-las.

Júpiter contempla a todos os aquarianos, principalmente os nascidos entre os dias 03/02 e 17/02. Esses nativos contam com boas oportunidades. Os processos mentais e intelectuais, que envolvem os estudos, projetos de publicações e multimídia, contato com estrangeiros, alargar horizontes, explorar possibilidades estão beneficiados. Aproveite! Aos demais nativos, cuidado com atitudes confiantes sem bases seguras.

Mercúrio retrógrado de 31/01 a 22/02 em seu Signo pode trazer atrasos e prejudicar assuntos que estavam encaminhados. Fique atento! Nada é definitivo sob uma energia de retrogradação. Muita coisa volta atrás. Tudo fica indeciso! Fechar negócios, acordos, compras e vendas não são aconselháveis. Surgem defeitos. Faça *backup*. Evite fechar acordos, é preciso se certificar e confirmar tudo o que for fazer.

Em geral, os melhores períodos para trabalho, dinheiro, negócios e aquisições são: 01/01 até 08/01, 02/02 até 25/02, 22/03 até 14/04, 11/05 até 02/06, 17/08 até 10/09, 08/10 até 05/11.

Os menos favoráveis são: 15/04 até 10/05, 28/06 até 23/07, 11/09 até 07/10.

Relacionamentos:
Aquarianos, o coração vai bater forte! Novos amores ou um amor do passado pode surgir e mexer com você. São amores que vão e vem.

Pessoas diferentes e situações inesperadas serão a tônica deste ano e isso será mais evidente para os nativos nascidos entre os dias 19/01 a 02/02. Sua vontade de se sentir livre estará mais aflorada, o que pode mexer com as estruturas das relações. O que não estiver em harmonia pode não vingar. Cuidado para não jogar pro alto o que levou tempo para conquistar. Este é um ótimo período para renovar as energias de seu relacionamento. Refresque a relação, dê um novo sentindo antes de tomar atitudes definitivas. Ressignifique! É um ano movimentado. Vai exigir maturidade para saber o que realmente deseja.

Em geral, os melhores períodos para as relações, encontros amorosos e colaboração são: 01/01 até 08/01, 02/02 até 25/02, 22/03 até 14/04, 11/05 até 02/06, 17/08 até 10/09, 08/10 até 05/11.

Os menos favoráveis são: 15/04 até 10/05, 28/06 até 23/07, 11/09 até 07/10.

Saúde:
Saturno e Júpiter em seu Signo diminuem a energia. Serão muitas coisas acontecendo, muita pressão, muita responsabilidade. Vá devagar, preste atenção aos sinais que seu corpo envia. Não abra espaço para doenças oportunistas por falta de cuidado.

Quem tem predisposição a problemas circulatórios: dormência, câimbra, formigamento, pé inchado, retenção de líquido, circulação podem se apresentar agravados. Dentes, coluna, articulação também ficam comprometidos. Não se apresse tanto. Atenção com atitudes intempestivas. Evite acidentes.

Outro ponto importante: fique de olho na balança, colesterol e glicose! Todos os aquarianos deverão manter os exames em dia. Procure envolver-se em atividades que unam mente e corpo, como yoga, meditação, acupuntura, medicina homeopática ou ayurvédica. Esses tipos de terapias vão equilibrá-lo.

Os períodos de maior energia, saúde, vigor e vitalidade são: 01/01 até 07/01, 05/03 até 23/04, 16/09 até 30/10, 14/12 até 24/01/2022.

Os períodos menos favoráveis para cirurgia e vitalidade são: 08/01 até 04/03, 12/06 até 29/07, 31/10 até 13/12.

Melhores dias para tratamentos estéticos: 01/01 até 08/01, 02/02 até 25/02, 22/03 até 14/04, 11/05 até 02/06, 17/08 até 10/09, 08/10 até 05/11.

Períodos menos favorecidos para tratamentos e procedimentos estéticos: 15/04 até 10/05, 28/06 até 23/07, 11/09 até 07/10.

PEIXES (20/02 a 20/03) – REGENTE NETUNO

Primeiro decanato: de 20/02 a 01/03
Segundo decanato: de 02/03 a 10/03
Terceiro decanato: de 11/03 a 20/03

Panorama geral:

Urano contempla com boas mudanças os nascidos entre os dias 23/02 a 04/03. Novos caminhos, novas situações, novas pessoas. Sair do usual vai ter que ser experimentado, querendo você ou não. É hora de repensar a vida, modificar, desapegar do velho sem dramas ou agregar o novo ao velho. É dar outra cara. É dar uma virada, é acrescentar para acompanhar os novos tempos. Plutão traz coragem, firmeza nas atitudes para os nascidos entre os dias 14/03 a 17/03. Decisões poderão definir ou reverter uma situação. É uma excelente oportunidade de dar a volta por cima, renascer das cinzas. E ainda com a possibilidade de cortar de vez tudo que é tóxico da sua vida, basta querer. Não tenha medo de transformar, jogar fora definitivamente. Tenho certeza de que a partir daqui você lidará e verá as coisas de outra maneira. Isso não será bom, será ótimo! Não deixe de aproveitar essa potência regeneradora para revirar de modo positivo a sua vida. A revirada fará de você uma outra pessoa.

Os nativos nascidos entre os dias 08/03 e 13/03 merecem dar atenção a tudo à sua volta. Netuno trará problemas e dificuldades causados por enganos, ilusões, confusões, mal-entendidos. É um ano de dúvidas, incertezas. Se não tem certeza, não tome decisões definitivas.

Júpiter dá uma prévia das suas benesses para os nascidos entre os dias 18/02 e 20/02. Júpiter retrógrado faz uma entrada rápida em seu Signo. Os meses de maio, junho e julho podem ser interessantes. Fiquem atentos!

Carreira e finanças:

O ano começa bem assertivo. Marte em Touro dá garra para alcançar metas e objetivos de trabalho e carreira. Não perca tempo. Mais estímulo para retomar, reiniciar projetos. Mesmo que haja algumas dificuldades, o que não vai faltar é energia para realizar. Basta direcionar e ir.

Urano favorece novos investimentos, investir em tecnologia, cursos e em tudo que possa garantir estar à frente ou pelo menos no mesmo patamar dos concorrentes.

Plutão indica recuperação, retorno de capital, ganhos, a volta de um emprego, uma posição perdida.

Os investimentos feitos neste período lhe darão de volta todo o capital. Você enxerga, constrói, conquista.

Vênus caminha em seu Signo no final do mês de fevereiro e no mês de março até o dia 21. Boa fase para parcerias, renegociar financiamentos, administrar dívidas, pedir empréstimos. Possibilidade também de pequenas entradas de dinheiro, que podem, se bem aplicadas, trazer alguns benefícios futuros. Se estiver desempregado ou simplesmente em busca de uma nova colocação no mercado de trabalho, este é um ano para acreditar.

Os nativos nascidos entre os dias 23/02 e 04/03 e 14/03 e 17/03 estarão sentindo esses feitos a todo vapor. Aproveite!

Para os nascidos entre os dias 08/03 a 13/03, atenção redobrada. Netuno em tensão não traz bons negócios. Empreendimentos, parcerias, investimentos monetários serão oscilantes, sem garantias. E se aparecer algo ou estiver envolvido em algum negócio, caso não estiver preparado, com tudo preto no branco, bem estruturado, acertado e com reservas monetárias para sustentar as demandas imediatas, é cilada! A sugestão é não gastar, guardar. Não peça dinheiro emprestado, não faça dívidas. O dinheiro escapa pelas mãos. Não se arrisque! Não confie! Faça contas, peça comprovantes, faça comprovantes. Não largue sua vida na mão de ninguém.

Em geral, os melhores períodos para trabalho, dinheiro, negócios e aquisições são: 09/01 até 01/02, 26/02 até 21/03, 15/04 até 10/05, 03/06 até 27/06, 11/09 até 07/10, 06/11 até 27/01/2022.

Os menos favoráveis são: 01/01 até 08/01, 11/05 até 02/06, 24/07 até 16/08, 08/10 até 05/11.

Relacionamentos:

Urano traz um ano movimentado na vida social e nas relações em geral para os nascidos entre os dias 23/02 e 04/03. Novidades no ar. Renovação da vida afetiva, dos laços amorosos. O que andava morno, sem graça, tem um novo sentido.

Se a relação anda uma chatice, sufocante e você já tentou de todas as maneiras dar cor, mudar aquela mania horrível, que detesta, entre outras coisas, a chance de rompimento é grande. É entrada de gente nova, novos encontros. Um romance pode começar, tornar-se mais sério rapidamente e trazer mudanças em sua vida.

Para os nascidos entre os dias 14/03 e 17/03, Plutão traz de volta aquele amor perdido, se ele for para ficar no seu caminho, ele volta. Uma pessoa especial certamente cruzará seu caminho e mexerá profundamente com suas emoções. Recuperação da sexualidade, do apetite, da libido, da atuação. O amor ganha paixão. Sozinho não fica!

Você que é romântico, sonhador, cuidado para não romantizar o que não está nada romântico. Seja seletivo! Construa suas relações com os pés bem firmes no chão. Fique conectado à realidade. Isso é para os piscianos que nasceram entre os dias 08/03 e 13/03.

Em geral, os melhores períodos para as relações, encontros amorosos e colaboração são: 09/01 até 01/02, 26/02 até 21/03, 15/04 até 10/05, 03/06 até 27/06, 11/09 até 07/10, 06/11 até 27/01/2022.

Os menos favoráveis são: 01/01 até 08/01, 11/05 até 02/06, 24/07 até 16/08, 08/10 até 05/11.

Saúde:

Força de vontade para superar deficiências, vícios e hábitos nocivos é o que os astros dão de presente aos piscianos. Melhora da saúde, vitalidade. Recuperação da vida como um todo. Retorno, resgate, recuperação da vitalidade, do vigor, do ânimo.

Muito bom para cirurgias reparadoras, recuperação de uma enfermidade, achar a cura. É eliminar de vez o mal. Tudo o que se propuser a realizar em prol do seu bem-estar terá resultados positivos. Período propício para purificar, transformar e alterar todos os processos psíquicos.

Os nascidos entre os dias 08/03 e 13/03 atenção redobrada. Energia e imunidade baixa. Alimente-se bem, muita vitamina de A a Z, suplementos etc. Visitas ao médico e exames (*check-up*) com mais frequência. Atividades para exercitar o espírito, a mente e o corpo são necessárias. Não despreze sintomas que não estão claros.

Se algo persistir, procure o médico, ouça outra opinião. Busque mais qualidade de vida a todo custo. Você precisa aprender a viver de verdade e não apenas sobreviver. Seus dias precisam ir além de pensar no outro, trabalho, rotina e tarefas mecânicas.

Os períodos de maior energia, saúde, vigor e vitalidade são: 08/01 até 04/03, 24/04 até 11/06, 31/10 até 13/12.

Os períodos menos favoráveis para cirurgia e vitalidade são: 05/03 até 23/04, 30/07 até 15/09, 14/12 até 24/01/2022.

Melhores dias para tratamentos estéticos: 09/01 até 01/02, 26/02 até 21/03, 15/04 até 10/05, 03/06 até 27/06, 11/09 até 07/10, 06/11 até 27/01/2022.

Períodos menos favorecidos para tratamentos e procedimentos estéticos: 01/01 até 08/01, 11/05 até 02/06, 24/07 até 16/08, 08/10 até 05/11.

CALENDÁRIO DAS FASES DA LUA EM 2021

Janeiro

Minguante	06/01	06:38	16°17' de Libra
Nova	13/01	02:00	23°13' de Capricórnio
Crescente	20/01	18:03	01°02' de Touro
Cheia	28/01	16:16	09°05' de Leão

Fevereiro

Minguante	04/02	14:38	16°08' de Escorpião
Nova	11/02	16:05	23°16' de Aquário
Crescente	19/02	15:48	01°21' de Gêmeos
Cheia	27/02	05:17	08°57' de Virgem

Março

Minguante	05/03	22:31	15°42' de Sagitário
Nova	13/03	07:21	23°03' de Peixes
Crescente	21/03	11:42	01°12' de Câncer
Cheia	28/03	15:48	08°18' de Libra

Abril

Minguante	04/04	07:04	14°51' de Capricórnio
Nova	11/04	23:30	22°24' de Áries
Crescente	20/04	04:00	00°25' de Leão
Cheia	27/04	00:31	07°06' de Escorpião

Maio

Minguante	03/05	16:51	13°35' de Aquário
Nova	11/05	15:59	21°17' de Touro
Crescente	19/05	16:14	29°01 de Leão
Cheia	26/05	08:13	05°25' de Sagitário

Junho

Minguante	02/06	04:26	11°59' de Peixes
Nova	10/06	07:52	19°47' de Gêmeos
Crescente	18/06	00:55	27°09' de Virgem
Cheia	24/06	15:39	03°27' de Capricórnio

Julho

Minguante	01/07	18:12	10°14' de Áries
Nova	09/07	22:16	18°01' de Câncer
Crescente	17/07	07:12	25°04' de Libra
Cheia	23/07	23:36	01°26' de Aquário
Minguante	31/07	10:17	08°33' de Touro

Agosto

Nova	08/08	10:50	16°14' de Leão
Crescente	15/08	12:21	23°01' de Escorpião
Cheia	22/08	09:01	29°37' de Aquário
Minguante	30/08	04:14	07°09' de Gêmeos

Setembro

Nova	06/09	21:51	14°38' de Virgem
Crescente	13/09	17:41	21°16' de Sagitário
Cheia	20/09	20:54	28°13' de Peixes
Minguante	28/09	22:58	06°09' de Câncer

Outubro

Nova	06/10	08:05	13°24' de Libra
Crescente	13/10	00:26	20°01' de Capricórnio
Cheia	20/10	11:56	27°26' de Áries
Minguante	28/10	17:06	05°37' de Leão

Novembro

Nova	04/11	18:14	12°40' de Escorpião
Crescente	11/11	09:47	19°21' de Aquário
Cheia	19/11	05:57	27°14' de Touro
Minguante	27/11	09:29	05°28' de Virgem

Dezembro

Nova	04/12	04:43	12°22' de Sagitário
Crescente	10/12	22:37	19°13' de Peixes
Cheia	19/12	01:35	27°28' de Gêmeos
Minguante	26/12	23:25	05°32' de Libra

AS FASES
DA LUA

LUA NOVA

Essa fase ocorre quando o Sol e a Lua estão em conjunção, isto é, no mesmo Signo, em graus exatos ou muito próximos. A luz refletida da Lua é menor do que em qualquer outra fase do seu ciclo.

A atração gravitacional da Lua sobre a Terra é a mais forte e pode ser apenas comparada com a fase da Lua Cheia.

Neste momento, a Lua nasce e se põe junto com o Sol e, ofuscada pela proximidade deste, fica invisível.

Considera-se este como um período de ponto de partida, já que o Sol e a Lua estão unidos no mesmo grau. Novos começos, projetos e ideias estão em plena germinação.

Um alívio ou liberação das pressões do mês anterior nos dá a sensação de estarmos quites com o que passou e disponíveis para começar algo novo em folha. Não vamos trazer nada da fase anterior para este momento — o que era importante e nos envolvia perdeu a força. Estamos aliviados e descarregados. Qualquer direção pode nos atrair.

Todos os resíduos e expectativas do mês anterior já devem ter sido zerados para que possamos mudar de assunto, como se estivéssemos inaugurando uma agenda nova.

Devemos introduzir um assunto, uma pauta, uma ideia nova em nossas vidas, e muitas coisas vão ser geradas a partir daí. Todas as possibilidades estão presentes.

Qualquer coisa que fizermos nessa época, até mesmo uma palavra ou um pensamento, terá muito mais chance de se concretizar.

Pelo menos uma intenção deve ser colocada. Qualquer coisa deve ser plantada aqui: a semente de um projeto, de um romance, de uma ideia ou de uma planta. Nem tudo vai dar resultado, mas estamos plantando no período mais fértil possível. Nunca podemos saber, de antemão, onde novos começos vão nos levar, mas os primeiros passos devem ser dados aqui. O instinto e o estado de alerta estão muito aguçados, funcionando como um guia. A vida está se expressando na sua forma mais básica. A consciência das coisas não está muito clara e só o impulso nos orienta.

A ação ainda é muito espontânea. Não temos plano nem estratégia. Só o vigor do começo.

Lidar com qualquer coisa que diga respeito a nós mesmos e não aos outros — que dependa só de nossa própria intenção e empenho e que possamos fazer por conta própria — terá mais chance.

Relacionamentos começados aqui podem ser estimulantes e muito espontâneos, mas não duradouros. Isso porque as relações neste momento são baseadas nas expectativas pessoais e não na observação de quem é o outro, ou do que a realidade pode de fato oferecer.

Ainda dentro do estilo "tudo-depende-da-motivação-pessoal", empregos, atividades e tarefas que oferecem maior autonomia, que possam ser realizados com um maior índice de liberdade, são os mais vantajosos nessa fase.

Bom para:

- Comprar casa, adquirir imóvel para investimento;
- Fertilidade em alta: concepção, fertilização, gestação;
- Comprar legumes, verduras e frutas maduros somente para consumo imediato (acelera a deterioração);
- Comprar flores desabrochadas somente para consumo imediato (diminui a durabilidade);
- Comprar legumes, verduras e frutas verdes e flores em botão (acelera amadurecimento);
- Criar;
- Relacionamentos passageiros e que servem mais para afirmação do ego;
- Ganhar peso;
- Cortar o cabelo para acelerar crescimento;
- Introduzir um elemento novo em qualquer esquema;
- Viagem de lazer;

• Fazer poupança;
• Cobrar débitos;
• Começar cursos;
• Iniciar um novo trabalho;
• Trabalhos autônomos, os que dependem de iniciativa pessoal e de pouca colaboração;
• Contratar empregados que precisam ter iniciativa própria;
• Começar uma construção ou uma obra;
• Consertar carro;
• Cirurgia — cinco dias antes e cinco dias depois.

Desaconselhável:
• Cirurgia: no dia exato da Lua Nova;
• Exames, *check-ups* e diagnósticos, pois falta clareza.

LUA CRESCENTE

Esta fase ocorre quando o Sol e a Lua estão em Signos que se encontram a 90 graus de distância entre si — uma quadratura — o que representa desarmonia de qualidades.

A luz refletida da Lua é progressivamente maior. Agora, metade da Lua pode ser vista no céu. Ela é visível ao meio-dia e desaparece à meia-noite.

É um aspecto de crise e resistência. O que quer que estejamos pretendendo passará por um teste e precisará ser defendido, sustentado e direcionado com firmeza. Isso significa fazer opções, manter o curso das atividades e comprometer-se.

Não é hora de fugir, desistir, duvidar. Temos de aumentar nossa resistência contra as resistências encontradas. As coisas estão bem mais visíveis. É o primeiro estágio de desenvolvimento dos nossos desejos e objetivos.

Tudo está muito vulnerável, pois há uma luta entre o que era apenas um projeto e o que pode, de fato, tomar forma.

Nem todas as promessas são cumpridas e nem todos os anseios são concretizados, assim como nem todas as sementes vingam.

É um período muito movimentado em que as coisas se aceleram, mas os resultados não estão garantidos, estão lutando para se impor. Os obstáculos devem ser enfrentados e ainda há tempo para qualquer mudança necessária se o crescimento estiver impedido.

O padrão que predominar na Lua Crescente é o que vai progredir durante todo o ciclo lunar, seja o de crescimento do sucesso ou de crescimento dos obstáculos.

É bom abandonarmos completamente os planos que não estão desabrochando e nos concentrarmos nas sementes que estão crescendo.

Tudo está mais claro, delineado e definido. Temos mais certeza do que queremos, conhecemos melhor a possibilidade de realização do que pretendemos e também os problemas e as resistências à concretização de nossos objetivos. Tanto as chances quanto os obstáculos se apresentaram.

O que ou quem quer que tenha que resistir aos nossos intentos vai aparecer e a hora é de enfrentar ou negociar.

As chances estão empatadas. A natureza de todas as coisas está lutando para vencer — até as adversidades.

Em vez de enfrentar cegamente os nossos obstáculos, pois, com isso, perderemos o fôlego, devemos reconhecer os limites e usar nossos recursos e nossas competências. Aliás, esta é a natureza das quadraturas.

Não estamos mais por conta própria ou dependendo apenas de nosso empenho pessoal. Temos que trocar com os outros e com as circunstâncias externas.

É hora de concentrar e focar os esforços. Nada de atirar em todas as direções. Por exemplo: não quebrar o ritmo, não interromper uma dieta, ou um programa de exercícios, não faltar a um compromisso, não se omitir ou se afastar de um relacionamento.

A hora é de comparecer e marcar presença. Uma ausência pode, literalmente, nos tirar do jogo.

Não ser reticente e não permitir que as pessoas sejam conosco é a melhor tática.

Devemos fazer uma proposta, tomar uma atitude, sustentar uma opinião ou, ainda, mudá-las se não estivermos encontrando eco. Também devemos mudar a tática de luta, se sentirmos que perdemos força ou o alvo se distanciou.

Esta é a fase que pede mais desinibição, encorajamento e comunicação. Sair da sombra, do silêncio e da letargia é o que vai nos fazer dar voz e formas às coisas.

Devemos insistir no que está ganhando força e aproveitar o crescimento da onda.

Bom para:

• Cortar o cabelo para crescimento rápido — em compensação, o fio cresce mais fino;
• Cortar o cabelo para acelerar o crescimento quando se quer alterar o corte anterior, eliminar a tintura ou o permanente;
• Tratamento de beleza;
• Ganhar peso ou aumentar o peso de qualquer coisa;
• Fazer poupança e investimentos;
• Comprar imóvel para investimento;
• Cobrar débitos;
• Viagem de lazer;
• Começar cursos;
• Iniciar novos trabalhos;
• Trabalhos de venda, contratar empregados para área de vendas;
• Acordos e parcerias;
• Romances iniciados nesta fase são mais duradouros e satisfatórios;
• Atividades físicas que consomem muita energia e vigor;
• Lançamentos;
• Noites de autógrafos, exposições e vernissage;
• Favorece mais quem empresta do que quem pega emprestado;
• Presença de público;
• Assinar contratos, papéis importantes e acordos;

• Novos empreendimentos;
• Comprar legumes, verduras e frutas maduros somente para consumo imediato (acelera a deterioração);
• Comprar flores desabrochadas somente para consumo imediato (diminui a durabilidade);
• Comprar legumes, verduras e frutas verdes e flores em botão (acelera o amadurecimento);
• Plantio de cereais, frutas e flores;
• Transplantes e enxertos;
• Crescimento da parte aérea das plantas e vegetação.

Desaconselhável:
• Dietas de emagrecimento (é mais difícil perder peso);
• Estabelecer propósitos e planos com pouca praticidade ou imaturos.

LUA CHEIA

Ocorre quando o Sol e a Lua estão em Signos opostos, ou seja, se encontram a 180 graus de distância, formando uma oposição. A luz refletida da Lua atinge o seu ponto máximo.

Agora o círculo lunar é inteiramente visível durante toda a noite. O Sol se põe a oeste e a Lua nasce na direção oposta, no leste.

A atração gravitacional do Sol e da Lua sobre a Terra é a mais forte, equivalente apenas à da Lua Nova. Só que aqui essas forças operam em direções opostas sobre a Terra.

Esse é um aspecto de polarização, culminância, mas também de complementaridade dos opostos. A Lua Cheia é um transbordamento.

Se os obstáculos surgidos na fase da Lua Crescente foram enfrentados e todas as etapas próprias do processo de crescimento foram cumpridas a tempo, no período anterior, então, a Lua Cheia trará realização e culminância. Caso contrário, experimentaremos frustração, conflito e muita ansiedade. A Lua Cheia revela o máximo de qualquer situação.

O sucesso ou o fracasso dos nossos esforços será revelado à plena luz da Lua Cheia. O humor das pessoas está completamente alterado nesta fase.

O magnetismo da Lua Cheia influencia os níveis de água no nosso corpo e em todo o planeta, elevando-os.

Todos os frutos deveriam estar agora plenamente fertilizados e prontos para colheita. A luz não vai crescer para além desse ponto. Não se pode brilhar mais do que isso e nenhum projeto vai desabrochar para além desse nível. Tudo chegou ao seu clímax e à sua energia máxima.

Se não estivermos preenchidos e satisfeitos, a reação de descontentamento se intensificará.

Toda iluminação que vinha crescendo e todo o campo magnético que vinha se ampliando devem ser canalizados para algo; caso contrário, a ansiedade e a agitação crescerão desproporcionalmente.

As sensações e as emoções estão muito aguçadas.

Pode-se esperar mudança de tempo e marés altas devido ao aumento de força gravitacional. E também um sensível aumento do número de partos.

É comum ocorrer antecipação dos nascimentos devido ao aumento de volume de água no organismo. O que tiver de ser atraído energicamente o será aqui.

Ocorre um aumento de preocupação com os relacionamentos, pode-se mesmo ficar obsessivo com alguma relação em particular. Em nenhuma outra fase os relacionamentos terão igual importância.

Problemas nas relações existentes, ou mesmo a falta de um relacionamento, podem nos afetar mais do que o normal.

Encontros iniciados nesta fase exigem o máximo de negociação e colaboração dos parceiros, pois é uma fase que mostra muito explicitamente as diferenças.

Nesta fase, viveremos as consequências internas e externas das ações iniciadas na Lua Nova. Se formos bem-sucedidos nesse período, as experiências começam a ser usadas, ampliadas, partilhadas e assimiladas.

Se o que tentamos até agora não teve forças para vingar ou se faltou empenho para lutar pelo que desejávamos, é hora de abandonar as expectativas e voltar a tentar apenas na fase da Lua Crescente do próximo mês. Um anticlímax pode nos invadir.

As reações emocionais são mais intensas do que o normal e um sentimento de perturbação e excitação invade a alma. É muito mais difícil manter o equilíbrio.

Lua disseminadora

É assim chamada a segunda fase da Lua Cheia, que ocorre 45 graus após o seu início (o que equivale a, aproximadamente, cinco dias depois da entrada da Lua Cheia) e permanece até o início da Lua Minguante.

Aqui é aconselhável espalhar, disseminar, desconcentrar. É favorável dispersar energia, porque os problemas também se dispersarão, mas, ao mesmo tempo, isso indica espalhar os recursos, partilhá-los, pensar nos outros, porque os retornos podem desdobrar-se e multiplicar-se.

Os relacionamentos criados nesta fase são bastante resistentes, mas atraem pessoas que gostam de impor seu ponto de vista a todo custo. Acabam gerando relações nas quais um dos parceiros termina cedendo e se submetendo à firme vontade do outro.

Bom para:

• Cortar o cabelo para crescer mais cheio com fio mais forte (volume);
• Hidratação e nutrição da pele (os poros mais dilatados absorvem melhor os nutrientes);
• Encontros sexuais;
• Encantamento e magnetismo;
• Grande presença de público;
• Atividades de muito público realizadas num ambiente externo;
• Aumento de frequência em bares, restaurantes etc. (as pessoas saem mais, tudo fica cheio);
• Atividades de comércio;
• Apresentações, shows, exposições, espetáculos, lançamentos e noites de autógrafos;

- Acelerar o amadurecimento de frutas e legumes;
- Desabrochar os botões das flores;
- Colheita de plantas curativas;
- Colheita de frutos mais suculentos;
- Pesca.

Desaconselhável:
- Cirurgia (aumenta o risco de hemorragia, inflamação, edemas e hematomas);
- Dietas para emagrecimento (há maior retenção de líquido);
- Depilação e tinturas de cabelo (crescimento acelerado dos pelos);
- Capinar e aparar grama (crescimento acelerado do capim);
- Legumes e frutas já maduros (acelera a deterioração);
- Comprar flores (diminui a durabilidade);
- Sono (predisposição para alteração do sono e insônia);
- Cerimônias de casamento (excesso de vulnerabilidade, excitação e predisposição à discórdia);
- Pegar estrada (predispõe a aumento de acidentes);
- Sair de carro (caos e congestionamento no trânsito).

LUA MINGUANTE

A luz refletida da Lua começa progressivamente a diminuir. Na primeira fase da Lua Minguante, ela ainda é bastante visível, mas, aos poucos, vai extinguindo seu brilho.

É a fase de menor força de atração gravitacional da Lua sobre a Terra, é o mais baixo nível de volume de água no organismo e no planeta. O período sugere mais recolhimento e interiorização.

Devemos olhar para dentro e examinar como nos sentimos em relação às vitórias ou insucessos da Lua Cheia. Os resultados do ciclo inteiro devem ser revistos, avaliados e resumidos agora. Devemos nos ajustar às circunstâncias que prevaleceram. É uma energia de síntese. É tempo de conciliar as coisas e terminá-las para não começar um novo ciclo com pendências.

Não é aconselhável nenhuma resistência, muito pelo contrário, a fase é de aceitação e adaptação, como se a Lua estivesse perdendo fôlego e luz. Não devemos desgastar as situações para que elas possam ser retomadas à frente.

O que não aconteceu até agora não terá mais forças para acontecer. Não temos a menor condição para uma reviravolta.

Em compensação, conflitos e crises perdem igualmente força e podem apaziguar-se e até desaparecer por completo ou perder totalmente o impacto sobre nós. Temos mais facilidade para largar as coisas, pois estamos menos afetados por elas.

As possibilidades ficaram totalmente esclarecidas na Lua Cheia, agora sabemos o que fazer com elas.

A questão aqui é se estamos contentes com o resultado final de nossas tentativas. Se não estivermos, temos que nos ajustar à realidade. Mudar por dentro para melhorar fora. É comum nos sentirmos desorientados nessa fase.

As pessoas que não têm o hábito da introspecção e da autoanálise podem reagir negativamente a esta fase e sofrer um pouco de depressão.

As tentativas feitas na vida profissional não são muito bem-sucedidas. É melhor insistir nas atividades que já estejam em curso e que se realizem num clima de recolhimento.

Nas pessoas mais interiorizadas, só os relacionamentos mais íntimos e profundos encontram eco. Geralmente, nesta fase, formam-se relações onde um dos parceiros precisa da ajuda e conforto do outro.

Não é recomendável divulgação, lançamento de produtos ou promulgação de leis. Eles podem passar despercebidos.

Lua balsâmica

É assim chamado o último estágio da Lua Minguante (que ocorre nos últimos quatro dias desta fase).

Este é um tempo de retração, cura e rejuvenescimento. O termo balsâmico quer dizer elemento ou agente que cura, suaviza e restaura.

É hora de largar a atração magnética que a Lua exerce sobre nós e nos deixarmos conduzir no vazio, na sombra. Por incrível que pareça, ficar à deriva trará os melhores resultados. Também devemos procurar fazer as coisas por elas mesmas, sem nenhum outro propósito, além de simplesmente fazê-las.

Uma energia sutil, mais suave, é filtrada, e a cura pode acontecer. A energia psíquica está no máximo e é a intuição que nos guia.

Devemos aceitar as coisas com os resultados que se apresentarem. Tudo está na sua forma final e não vai passar disso. Colhemos o que semeamos.

É tempo de retroceder, levantar acampamento, limpar o terreno, descansar e, principalmente, armazenar forças para a próxima fase que se iniciará.

Não se começa coisa alguma, pelo contrário: resolvem-se todas as pendências, senão vão perdurar pelo mês seguinte. Nesses últimos quatro dias da Lua Minguante, um clima propício à reflexão nos invade naturalmente.

As pessoas estão mais maleáveis e dispostas a fazer adaptações e conciliações. Não é um período brilhante para entrevistas de trabalho, pois falta clareza e objetividade na expressão e definição do que se pretende realizar. Nos relacionamentos, este é um momento de mais aceitação entre os parceiros.

Bom para:

- Dietas de emagrecimento (intensivas para perder peso rápido);
- Dietas de desintoxicação;
- Processos diuréticos e de eliminação;
- Cortar o cabelo para conservar o corte;
- Cortar o cabelo para aumentar o volume (fios mais grossos, pois o crescimento é lento);
- Tintura de cabelo;
- Depilação (retarda o crescimento dos pelos);
- Limpeza de pele;

- Tratamento para rejuvenescimento;
- Cirurgias;
- Cicatrização mais rápida;
- Tratamentos dentários;
- Cortar hábitos, vícios e condicionamentos;
- Encerrar relacionamentos;
- Dispensar serviços e funcionários;
- Arrumar a casa;
- Jogar coisas fora;
- Conserto de roupas;
- Limpeza de papéis;
- Pintar paredes e madeira (absorção e adesão da tinta são melhores);
- Dedetização;
- Combater todos os tipos de pragas;
- Colher frutos (os que não forem colhidos até aqui vão encruar);
- Comprar frutas, legumes e verduras maduros (retarda a deterioração) – cuidado para não comprá-los já secos;
- Comprar flores desabrochadas (retarda a deterioração) – cuidado para não comprá-las já secas;
- Poda;
- Tudo que cresce debaixo da terra;
- Plantio de hortaliças;
- Corte de madeira;
- Adubagem;
- Desumidificação, secagem e desidratação;
- Capinar e aparar a grama;
- Balanço financeiro do mês;
- Corte de despesas;
- Pegar empréstimo;
- Terminar todas as pendências;
- Romances começados nesta fase transformam as pessoas envolvidas;
- Finalizar relacionamentos;
- Quitar pagamentos;
- Fazer conservas de frutas e legumes;

- Cultivo de ervas medicinais;
- Retardar o crescimento.

Desaconselhável:
- Inseminação, fertilização, concepção e gestação;
- Atividades de público (a mais baixa frequência de público);
- Divulgação;
- Poupança e investimentos;
- Abrir negócios;
- Lançamentos;
- Vernissage, noite de autógrafos, exibições, estreias, exposições, inaugurações;
- Conservação de frutas, verduras, legumes e flores;
- Comprar frutas, legumes e verduras verdes (ressecam antes de amadurecer);
- Comprar flores em broto (ressecam antes de desabrochar);
- Começar qualquer coisa (é uma energia de fim).

LUA E CIRURGIA

Lua Minguante
Melhor fase para procedimentos cirúrgicos. A recuperação será mais rápida do que o esperado. Há uma diminuição do nível de líquidos e fluidos corporais, favorecendo sua natural eliminação e menor tendência a inchaços.

Lua Nova
Evitar procedimentos cirúrgicos no dia exato da Lua Nova e no dia seguinte. Sempre há algum tipo de ocultação neste período.

Lua Cheia
Evitar recorrer a procedimentos cirúrgicos durante esta fase. Os fluidos e líquidos do corpo encontram-se em seu nível máximo, havendo assim

maior tendência a inchaços, inflamações, hematomas e risco de hemorragia. A recuperação será mais lenta do que o previsto.

Lua Fora de Curso
Nunca operar três horas antes de seu início, durante sua ocorrência e três horas depois de seu término.

PROCEDIMENTOS CIRÚRGICOS

Signos fixos
Há maior estabilidade tanto durante o procedimento quanto no pós-operatório de cirurgias feitas quando a Lua se encontra em Touro, Leão, Escorpião ou Aquário, exceto quando envolvem partes do corpo regidas por estes Signos.

Signos mutáveis
Evitar cirurgias quando a Lua encontra-se em Gêmeos, Peixes, Sagitário e Virgem. O período sugere instabilidade, reações e comportamentos irregulares durante a cirurgia e no pós-operatório.

Signos regentes
Nunca operar órgãos ou partes do corpo que são regidos pelo Signo onde a Lua se encontra ou pelo Signo oposto a este.

SIGNOS	PARTES E ÓRGÃOS DO CORPO
Áries/Libra	Face, cérebro e região da cabeça
Libra/Áries	Rins
Touro/Escorpião	Garganta, tireoide, lábios e boca
Escorpião/Touro	Aparelhos urinários e genital, intestino grosso e reto
Gêmeos/Sagitário	Pulmões, traqueia, laringe, faringe, mãos, braços, pernas e trompas
Sagitário/Gêmeos	Bacia, coxa, fígado, quadril
Câncer/Capricórnio	Estômago, abdômen, aparelho digestivo, útero, ovários
Capricórnio/Câncer	Coluna, ossos, juntas, joelhos, pele, dentes, vista, vesícula
Leão/Aquário	Região lombar, coração
Aquário/Leão	Calcanhar, tornozelos, veias, vasos e capilares
Virgem/Peixes	Aparelho gastrintestinal
Peixes/Virgem	Pés, sistema linfático

Mercúrio retrógrado

Evitar procedimentos cirúrgicos e diagnósticos. Há maior imprecisão no resultado de exames e probabilidade de equívocos por parte dos médicos e assistentes. Não é incomum haver necessidade da cirurgia ser refeita.

Marte retrógrado

Evitar cirurgia. Tendência a maior inchaço, sangramento e inflamação. (Ver os períodos em que estes planetas ficam retrógrados em 2021).

CALENDÁRIO DA LUA FORA DE CURSO 2021

JANEIRO / FEVEREIRO

INÍCIO	FIM	INÍCIO	FIM
02/01 – 19:01	02/01 – 22:12	01/02 – 08:10	01/02 – 08:25
04/01 – 18:34	05/01 – 02:41	03/02 – 03:16	03/02 – 11:14
07/01 – 02:55	07/01 – 05:53	05/02 – 06:21	05/02 – 14:16
08/01 – 22:59	09/01 – 08:14	07/02 – 03:17	07/02 – 17:51
10/01 – 15:30	11/01 – 10:29	09/02 – 14:22	09/02 – 22:20
13/01 – 04:23	13/01 – 13:43	11/02 – 16:06	12/02 – 04:23
14/01 – 06:29	15/01 – 19:18	14/02 – 04:29	14/02 – 12:53
18/01 – 00:45	18/01 – 04:07	16/02 – 21:17	17/02 – 00:11
20/01 – 05:30	20/01 – 15:55	19/02 – 04:29	19/02 – 13:03
22/01 – 18:28	23/01 – 04:42	21/02 – 15:40	22/02 – 00:52
25/01 – 04:18	25/01 – 15:51	24/02 – 01:54	24/02 – 09:22
27/01 – 14:56	27/01 – 23:53	26/02 – 08:32	26/02 – 14:07
29/01 – 22:54	30/01 – 05:02	28/02 – 12:58	28/02 – 16:16

MARÇO / ABRIL

INÍCIO	FIM	INÍCIO	FIM
02/03 – 11:10	02/03 – 17:38		01/04 – 02:58
04/03 – 13:10	04/03 – 19:42	03/04 – 02:24	03/04 – 05:12
06/03 – 06:45	06/03 – 23:20	05/04 – 04:06	05/04 – 10:03
08/03 – 21:53	09/03 – 04:40	07/04 – 07:05	07/04 – 17:30
11/03 – 00:32	11/03 – 11:43	09/04 – 20:49	10/04 – 03:10
13/03 – 13:38	13/03 – 20:43	12/04 – 09:07	12/04 – 14:43
16/03 – 00:41	16/03 – 07:56	14/04 – 21:00	15/04 – 03:34
18/03 – 17:41	18/03 – 20:46	17/04 – 12:03	17/04 – 16:25
21/03 – 09:05	21/03 – 09:17	19/04 – 21:04	20/04 – 03:10
23/03 – 12:27	23/03 – 18:56	22/04 – 09:05	22/04 – 10:08
25/03 – 10:28	26/03 – 00:25	24/04 – 07:51	24/04 – 13:05
27/03 – 20:49	28/03 – 02:22	26/04 – 09:41	26/04 – 13:18
29/03 – 21:08	30/03 – 02:33	28/04 – 09:32	28/04 – 12:42
31/03 – 21:29		30/04 – 10:27	30/04 – 13:15

MAIO

INÍCIO	FIM
02/05 – 11:38	02/05 – 16:30
04/05 – 21:06	04/05 – 23:08
07/05 – 04:37	07/05 – 08:52
09/05 – 19:51	09/05 – 20:46
12/05 – 09:24	12/05 – 09:42
14/05 – 07:51	14/05 – 22:30
17/05 – 03:23	17/05 – 09:43
19/05 – 16:13	19/05 – 17:59
21/05 – 16:57	21/05 – 22:35
23/05 – 18:37	24/05 – 00:01
25/05 – 18:20	25/05 – 23:40
27/05 – 14:36	27/05 – 23:23
29/05 – 19:15	30/05 – 01:04

JUNHO

INÍCIO	FIM
01/06 – 03:14	01/06 – 06:07
03/06 – 08:11	03/06 – 14:58
05/06 – 19:45	06/06 – 02:46
08/06 – 12:07	08/06 – 15:41
10/06 – 14:38	11/06 – 04:22
13/06 – 08:17	13/06 – 15:22
15/06 – 14:28	16/06 – 00:01
18/06 – 00:55	18/06 – 05:53
20/06 – 07:52	20/06 – 08:57
22/06 – 03:44	22/06 – 09:55
23/06 – 23:10	24/06 – 10:04
26/06 – 09:50	26/06 – 11:08
27/06 – 16:08	28/06 – 14:50
30/06 – 14:40	30/06 – 22:21

JULHO

INÍCIO	FIM
03/07 – 01:16	03/07 – 09:27
05/07 – 13:58	05/07 – 22:23
08/07 – 01:21	08/07 – 10:50
10/07 – 13:11	10/07 – 21:20
12/07 – 09:30	13/07 – 05:30
15/07 – 03:47	15/07 – 11:31
17/07 – 08:04	17/07 – 15:38
19/07 – 13:31	19/07 – 18:07
21/07 – 19:26	21/07 – 19:36
23/07 – 13:35	23/07 – 21:12
25/07 – 20:14	26/07 – 00:29
27/07 – 22:13	28/07 – 06:57
30/07 – 16:39	30/07 – 17:07

AGOSTO

INÍCIO	FIM
02/08 – 04:41	02/08 – 05:46
04/08 – 16:38	04/08 – 18:16
06/08 – 19:12	07/08 – 04:31
09/08 – 09:23	09/08 – 11:55
11/08 – 08:22	11/08 – 17:07
13/08 – 17:39	13/08 – 21:01
16/08 – 00:06	16/08 – 00:11
17/08 – 22:43	18/08 – 02:57
19/08 – 21:00	20/08 – 05:48
22/08 – 09:03	22/08 – 09:42
24/08 – 06:13	24/08 – 15:56
26/08 – 18:15	27/08 – 01:26
29/08 – 11:59	29/08 – 13:41
31/08 – 17:49	

SETEMBRO

INÍCIO	FIM
	01/09 – 02:25
03/09 – 02:38	03/09 – 12:58
05/09 – 11:22	05/09 – 20:05
07/09 – 16:24	08/09 – 00:20
10/09 – 01:49	10/09 – 03:04
12/09 – 02:33	12/09 – 05:34
14/09 – 07:58	14/09 – 08:33
16/09 – 02:40	16/09 – 12:22
18/09 – 06:15	18/09 – 17:22
20/09 – 20:56	21/09 – 00:12
22/09 – 23:05	23/09 – 09:37
25/09 – 10:10	25/09 – 21:36
28/09 – 01:19	28/09 – 10:34
30/09 – 11:49	30/09 – 21:53

OUTUBRO

INÍCIO	FIM
02/10 – 20:43	03/10 – 05:37
05/10 – 05:47	05/10 – 09:40
07/10 – 02:04	07/10 – 11:21
09/10 – 03:06	09/10 – 12:23
11/10 – 01:31	11/10 – 14:14
13/10 – 07:54	13/10 – 17:47
15/10 – 09:33	15/10 – 23:21
17/10 – 20:25	18/10 – 07:03
20/10 – 11:57	20/10 – 16:58
22/10 – 17:36	23/10 – 04:57
25/10 – 11:12	25/10 – 17:59
28/10 – 03:02	28/10 – 06:07
30/10 – 13:25	30/10 – 15:09

NOVEMBRO

INÍCIO	FIM
01/11 – 14:01	01/11 – 20:10
03/11 – 19:33	03/11 – 21:52
05/11 – 13:11	05/11 – 21:52
07/11 – 10:44	07/11 – 22:03
09/11 – 14:52	10/11 – 00:02
11/11 – 16:53	12/11 – 04:53
14/11 – 02:41	14/11 – 12:47
16/11 – 12:52	16/11 – 23:17
19/11 – 05:58	19/11 – 11:32
21/11 – 12:53	22/11 – 00:32
24/11 – 02:47	24/11 – 12:58
26/11 – 13:24	26/11 – 23:11
28/11 – 21:03	29/11 – 05:54

DEZEMBRO

INÍCIO	FIM
01/12 – 01:21	01/12 – 08:55
03/12 – 02:23	03/12 – 09:12
05/12 – 02:09	05/12 – 08:30
07/12 – 01:43	07/12 – 08:48
09/12 – 07:01	09/12 – 11:53
11/12 – 16:41	11/12 – 18:45
13/12 – 23:53	14/12 – 05:10
16/12 – 13:09	16/12 – 17:42
19/12 – 03:03	19/12 – 06:41
21/12 – 11:45	21/12 – 18:53
24/12 – 03:41	24/12 – 05:24
26/12 – 05:40	26/12 – 13:23
28/12 – 18:12	28/01 – 18:16
30/12 – 14:11	30/12 – 20:08

LUA FORA DE CURSO

Tecnicamente, a Lua Fora de Curso é o intervalo que vai da hora em que a Lua forma seu último aspecto com um planeta antes de deixar um Signo, até o momento em que entra no Signo seguinte.

Esse período ficou, tradicionalmente, conhecido como um período infrutífero. As atividades realizadas enquanto a Lua está Fora de Curso, geralmente, não dão resultados. Isso vem da ideia de que, depois de a Lua ter percorrido todos os aspectos dentro de um Signo, ela ficaria sem rumo, "vazia", sem objetivo, cairia em uma espécie de vácuo, um "ponto cego" até entrar no próximo Signo e começar uma nova série de aspectos com outros planetas.

Durante o período em que a Lua está Fora de Curso, é como se ela entrasse simbolicamente em repouso. Portanto, não acessamos o conhecimento instintivo que a Lua nos oferece.

As perspectivas de qualquer assunto não estão claras ou são mal avaliadas. Podemos nos sentir vagos e confusos, agindo sem objetivo ou finalidade definida ou, ainda, estarmos lidando com pessoas que estejam assim. Por isso não acertamos o alvo.

Durante este período, tudo está estéril, incerto e descontínuo. Nos são negados os frutos de empreendimentos que, em outros momentos, seriam promissores.

Algumas coisas que não acontecem neste momento podem ser tentadas de novo em outra hora. Devemos usar este período para assimilar o que ocorreu nos últimos dias, antes de iniciarmos um novo curso de ação.

Por isso:
Evite: Decisões importantes, cirurgias e atividades para as quais espera desdobramentos futuros, pois as coisas podem não sair como planejadas ou podem estar baseadas em falsos julgamentos.

Dedique-se: Às atividades rotineiras; ao que já foi planejado anteriormente; aos assuntos sem maior relevância ou dos quais você não espera muito.

Nota: A Lua se move 1 grau a cada duas horas ou duas horas e meia. Sua influência exata sobre cada planeta dura apenas algumas horas, mas, na realidade, seus efeitos podem fazer-se sentir por grande parte do dia. O início do período da Lua Fora de Curso baseia-se no momento do último aspecto exato que ela forma com um planeta, antes de entrar em um novo Signo. No entanto, ela ainda estará se afastando deste planeta por algum tempo. Por isso, este período, em certos casos, pode coincidir com a formação de aspectos da Lua com outros planetas, o que não é tecnicamente preciso. Considere, portanto, os períodos fornecidos no **Calendário da Lua Fora de Curso** para evitar a escolha de uma data inadequada para a realização de atividades importantes.

O CÉU NOS MESES DO ANO

Janeiro 2021

Domingo	Segunda-feira	Terça-feira	Quarta-feira	Quinta-feira	Sexta-feira	Sábado
					1 Lua Cheia em Leão	2 ♍ Lua Cheia em Virgem às 22:12 LFC 19:01 às 22:12
3 Lua Cheia em Virgem	4 Lua Cheia em Virgem LFC Início às 18:34	5 ♎ Lua Cheia em Libra às 02:41 LFC Fim às 02:41	6 ☾ 16°17' ♎ Lua Minguante em Libra às 06:38	7 Lua Minguante em Escorpião às 05:53 LFC 02:55 às 05:53	8 ♏ Lua Minguante em Escorpião LFC Início às 22:59	9 Lua Minguante em Sagitário às 08:14 LFC às 08:14
10 ♐ Lua Minguante em Sagitário LFC Início às 15:30	11 Lua Minguante em Capricórnio às 10:29 LFC Fim às 10:29	12 Lua Minguante em Capricórnio	13 ● 23°13' ♏ Lua Nova às 02:00 em Capricórnio Lua em Aquário às 13:43 LFC 04:23 às 13:43	14 Lua Nova em Aquário LFC Início às 06:29	15 ♓ Lua Nova em Peixes às 19:18 LFC Fim às 19:18	16 Lua Nova em Peixes
17 Lua Nova em Peixes	18 ♈ Lua Nova em Áries às 04:07 LFC 00:45 às 04:07	19 Lua Nova em Áries	20 ☾ 23°13' ♏ Crescente às 18:03 em Touro Lua em Touro às 15:55 LFC às 05:30 às 15:55	21 Lua Crescente em Touro	22 Lua Crescente em Touro LFC Início às 18:28	23 ♊ Lua Crescente em Gêmeos às 04:42 LFC Fim às 04:42
24 Lua Crescente em Gêmeos	25 Lua Crescente em Câncer às 15:51 LFC 04:18 às 15:51	26 Lua Crescente em Câncer	27 Lua Crescente em Leão às 23:53 LFC 14:56 às 23:53	28 ○ 09°05' ♏ Lua Cheia em Leão às 16:16	29 ☽ 23°13' ♏ Lua Cheia em Leão LFC Início às 22:54	30 ♍ Lua Cheia em Virgem às 05:02 LFC Fim às 05:02
31 Lua Cheia em Virgem Início Mercúrio Retrógrado						

Céu do mês de janeiro

Entramos o ano de 2021 e iniciamos a década com uma Lua Cheia em Leão, indicando uma necessidade de nos valorizarmos, fazer o que nos dá prazer, mas a Lua está em grande tensão, podendo provocar mudanças de última hora nos planos pessoais. É hora de valorizar a vida e ter alegria no coração.

Começamos o primeiro dia do ano com o Sol e Mercúrio em Capricórnio, um Signo de Terra, em um aspecto fluente com o espiritual Netuno, aumentando a intuição a e imaginação, com a perspectiva de um ano melhor para todos, mas com pragmatismo e seriedade.

Mercúrio se encontra com Plutão dia 04/07, e como Plutão rege o universo dos mistérios, as palavras terão muito poder, o que pode ser positivo e/ou negativo, atenção ao que falar ou escrever nas redes sociais, qualquer assunto pode ser mal compreendido e gerar discussões.

Marte sai de Áries, seu Signo de domicílio, no dia 06/01, no qual permaneceu bastante tempo, onde estava potente e bélico, indo para Touro, seu Signo de queda, e permanecerá até 04/03, proporcionando um período favorável para a busca de conforto e contentamento pessoal, mesmo que para isso sejam necessários trabalho e garra. Cuidado com a tendência também a gastar mais na busca de seus prazeres.

O dia 08/01 se mostra com muitos acontecimentos astrológicos marcantes logo pela manhã; Mercúrio ingressa no visionário Signo de Aquário, pensamentos e comunicação contrários ao senso comum podem estar presente no período que permanecerá até 19/03. O longo período pode ser propício a muitos planos para o futuro, com muitas ideias solidárias e libertárias. O período pode ser muito auspicioso para a modernidade e a luta contra preconceitos arraigados na sociedade.

 No começo da tarde, Vênus entra no realista Signo de Capricórnio, e permanecerá até 01/02. O período é perfeito para agir com maturidade sobre as questões amorosas e materiais, de forma prática, avaliando cada passo a dar.

Nesse mesmo dia, o Sol faz um aspecto favorável a Netuno. É importante estar atento às intuições que surgirem, mas, à noite, Mercúrio colide com o impetuoso Marte, provocando muita impaciência e fadiga mental, além da possibilidade de receber notícias perturbadoras. É bom ter cuidado com as palavras que podem agredir e ferir.

Entre os dias 08 e 10/01, a sedutora Vênus faz um aspecto harmonioso ao guerreiro Marte, vamos aproveitar bem esses dias e trabalhar na conquista de objetivos pessoais e profissionais. São dias propícios para dar e receber amor, além de gozar a ótima energia sexual.

Mercúrio estará com muita atividade no céu nos dias 08, 09 e 10/01, se encontrará com Saturno e Júpiter, proporcionando um bom momento para manter a mente e a comunicação com noção dos limites da realidade, com disciplina e concentração, mas com confiança e otimismo. Bom momento para assinar contratos, atividades comerciais e viajar. Mas, logo no dia 12/01, Mercúrio colide com Urano, uma tendência à impaciência e irritação. O tráfego pode estar caótico e as comunicações e a energia elétrica com interrupções, é importante manter a calma em qualquer situação inusitada que possa vir a acontecer.

Marte entra em um aspecto difícil com Saturno nos dias 10 a 15/01, e o Sol encontra Plutão em Capricórnio, a intolerância com limites impostos por alguém hierarquicamente superior ou por alguma circunstância pode ocasionar atitudes erráticas e até disputas de poder. Não é o momento de iniciar coisas importantes, que podem sair do controle.

Dia 15/01, Urano, que está no Signo de Touro, termina seu caminho de retrogradação no céu, que vem fazendo desde 16/08/2020, nos convidando a colocar nossos planos avante, pois o tempo para a revisão já aconteceu. Mas é bom não exagerar o otimismo, pois dia 17/01 o expansivo Júpiter colide com o imprevisível Urano. É bom ir até aonde é possível, manter a serenidade para mudar o que tiver que ser mudado para buscar a independência e liberdade.

No fim da tarde do dia 19/01, o Sol entra no idealista Signo de Aquário, aí permanecendo até 18/02, um período que pede a necessidade de maior liberdade individual e coletiva.

O enérgico Marte estará muito ativo no período entre 19 a 26/01. Entra em aspecto tenso com o imprevisível Urano, tudo pode acontecer fora do esperado, e nossa ação pode mudar de uma hora para outra, sem aviso prévio. Muita atenção com acidentes. Marte entra em atrito com Júpiter, procure manter a serenidade e busque agir no foco, pois ações exageradas e fora do controle podem emergir.

No dia 23/01, um alívio surge com o aspecto sextil entre Vênus e Netuno, aumentando nossa sensibilidade, imaginação e criatividade para resolver os problemas do momento.

Dia 23/01, o Sol e Saturno se encontram no Signo de Aquário, clareando nossa noção de limites e necessidade de autodisciplina. Assuntos do passado podem ser retomados.

Mas dia 26/01, o Sol faz um aspecto difícil com Urano, gerando uma energia de tensão no ar, e algo inesperado pode acontecer.

Vênus faz conjunção com Plutão, no dia 28/01, e essa forte energia pode ser experimentada no lado positivo, vivendo a sexualidade de forma intensa, mas no lado negativo pode ser uma crise de ciúmes.

Chegamos ao fim do mês de janeiro, com um aspecto superfavorável entre o radiante Sol e o benéfico Júpiter, no Signo de Aquário. Proporcionando muito otimismo e um enfoque complacente para com a vida, atitudes solidárias e benevolentes para com o próximo. Ótimo para iniciar uma viagem ou algum estudo novo.

O último acontecimento astrológico do mês é a entrada de Mercúrio em seu caminho retrógrado no céu, dia 31/01, e aí permanecendo até 20/02. O período pede muita atenção com as intempéries de verão, devemos procurar manter os aparelhos eletrônicos desligados quando não utilizados. Requer atenção com assinatura de contratos, checar bem tudo que for fazer, pois há possibilidade de enganos acontecerem e você ter que refazer. Aliás, se faz um excelente momento para revisões.

Na página seguinte, temos as lunações de janeiro. A primeira do ano, com a Lua Nova em Capricórnio, pede novos começos com seriedade, responsabilidade e ética no trabalho. Se for mudar algo, tente se comunicar de forma mais assertiva.

Já a segunda lunação vem cheia de energia, por isso, valorize tudo o que você tem. A Lua vai entrar em um aspecto difícil com Marte, mas mantenha a energia. Siga seu coração e invista em seus dons.

Lunações de janeiro

Lua Nova
13.01.2021
Às 02:00 em
23º 13' de
Capricórnio

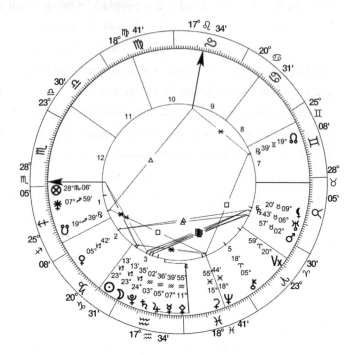

Lua Cheia
28.01.2021
Às 16:16 em
09º 05` de
Leão

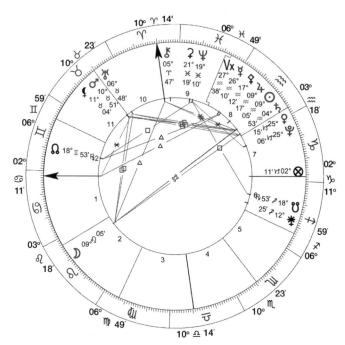

Posição diária da Lua em janeiro

DIA 01 DE JANEIRO - SEXTA - FEIRA
○ Cheia ○ em Leão

Lua quadratura Urano – 02:36 às 06:15 (exato 04:26)
Período de muita inquietação, portanto, o sono pode ser menos tranquilo. Para quem trabalha neste período, é bom preparar-se para questões inesperadas, prejudicando o andamento normal do trabalho. Não se pode contar com nada certo.

DIA 02 DE JANEIRO - SÁBADO
○ Cheia (disseminadora) ○ em Virgem às 22:12, LFC Início às 19:01, LFC Fim às 22:12

Enquanto a Lua estiver em Virgem, estamos todos mais críticos do que o habitual. Além disso, estaremos mais realistas e tudo o que é simples e funcional nos parece mais atrativo. Por isso, aproveite para organizar os assuntos de sua vida, incluindo sua casa. Evite marcar cirurgia do aparelho gastrointestinal e dos pés.

Lua trígono Vênus – 06:25 às 10:22 (exato 08:21)
Aproveite a manhã, pois o bom humor impera. Estamos mais predispostos ao afeto, ao romance. Dá mais vontade de se arrumar e se conciliar com o outro. Bom momento para a sedução, o entendimento, os acordos.

Lua trígono de Marte– 17:09 às 20:50 (exato 19:01)
Momentos em que os encontros físicos ganham calor, seja em relacionamentos que andam mais distantes ou os de simples amizade. Os vínculos serão fortalecidos por meio de ações de encorajamento.

DIA 03 DE JANEIRO - DOMINGO
○ Cheia (disseminadora) ○ em Virgem

Lua trígono Urano – 08:25 às 1:57 (exato 10:10)
A manhã começa com total clima de desapego e descondiciona-

mento. Nos sentimos leves e despreocupados, encorajados a falar sobre nossas emoções reprimidas. Aproveite o momento para surpreender seus afetos com algo inusitado. Será muito bem-vindo.

Lua trígono Sol – 20:50 à 00:37 de 04/01 (exato 22:43)
Momento de maior harmonia entre os casais. Todo tipo de encontro estará beneficiado. Para aqueles que tem alguma diferença entre si, é um bom momento para resolverem suas discordâncias.

DIA 04 DE JANEIRO - SEGUNDA-FEIRA
○ *Cheia (disseminadora)* ○ *em Virgem, LFC Início às 18:34*

Lua oposição Netuno – 05:04 às 08:34 (exato 06:51)
Despertamos com uma certa sensação de tristeza, melancolia. Estamos todos mais distraídos, portanto, convém redobrarmos a atenção com agendas e focarmos no que deve ser feito no trabalho; desta forma, não perdemos a produtividade.

Lua trígono Mercúrio – 14:13 às 18:09 (exato 16:12)
Aproveite este momento para negociar itens de contratos de aluguel, detalhes de negociações comerciais ou processos descritivos de algum planejamento que demandem flexibilidade. Se tem que tornar pública alguma informação, este é um momento oportuno.

Lua trígono Plutão – 15:07 às 18:35 (exato 16:44)
Esta tarde ainda nos presenteia com bons ventos que sopram a favor de negociações imobiliárias ou mesmo reformas de propriedades, consertos em casa. No trabalho, momento muito bom também para tentar minimizar os prejuízos por meio de medidas restauradoras.

Lua quadratura Vênus – 16:39 às 20:27 (exato 18:34)
Atenção com os gastos, sobretudo supérfluos, pois a tendência é de flutuação financeira. Talvez ocorra a falta de apoio vindo daqueles com quem, normalmente, contamos. Nos relacionamentos, há uma expectativa afetiva que pode não se concretizar, tornando-nos mais carentes.

DIA 05 DE JANEIRO – TERÇA-FEIRA
◯ *Cheia (disseminadora)* ◯ *em Libra às 02:41, LFC Fim às 02:41*

Enquanto a Lua estiver em Libra, estamos todos mais flexíveis, sociais, diplomatas. O charme e a gentileza estão em alta! As pessoas colaborativas, equilibradas se destacam. O equilíbrio é o caminho mais atraente. As relações, em geral, serão bem-sucedidas ao agirmos com reciprocidade e respeito ao limite do outro. Neste período, evite cirurgias na cabeça e nos rins.

Lua trígono Saturno – 04:37 às 08:06 (exato 06:20)
Produtividade em alta. Maior disposição para tarefas que exigem mais esforço. Há comprometimento de todos. Momentos em que os trabalhos ligados à área administrativa fluem de forma frutífera. Bom período para iniciar um *check-up* e tratamentos dentários.

Lua trígono Júpiter – 07:31 às 11:01 (exato 09:23)
O bom humor e o otimismo nos visitam. Temos vontade de expandir as atividades empreendidas devido aos ventos de confiança que sopram. A formação intelectual também encontra aqui um bom momento. Invista em treinamentos, *workshops*.

DIA 06 DE JANEIRO – QUARTA-FEIRA
☾ *Minguante às 06:38 em 16°17' de Libra* ☾ *em Libra*

Lua quadratura Sol – 04:46 às 08:27 (exato 06:40)
Cuidado com o clima de conflito. Desentendimentos entre casais e parceiros tornam-se frequentes aqui. O consenso é dificultado. Há mais incompatibilidades do que afinidades. Adie as conversas sobre temas delicados. Esforcemo-nos para evitar os embates.

Lua quadratura Plutão – 18:41 às 22:05 (exato 20:21)
O dia vai terminando em um clima exaltado. Estamos mais passionais e radicais. Devemos lidar com as divergências de forma diplomática para evitar embates, pois estes podem levar a rupturas definitivas. Evite multidões; a belicosidade está no ar.

DIA 07 DE JANEIRO - QUINTA-FEIRA
☽ Minguante ☽ em Escorpião às 05:53, LFC Início às 02:55,
LFC Fim às 05:53

Enquanto a Lua estiver em Escorpião, nos sentimos muito mais intensos nas paixões, nos desejos, mas também na agressividade, na reatividade, pois nossa sensibilidade está aflorada. Visita-nos a desconfiança e nos sentimos ameaçados. Sentimentos mal resolvidos afloram, e este é o momento de resolvê-los e curá-los! Evite cirurgia nos órgãos genitais, bexiga, uretra, próstata, intestino, reto, garganta, tireoide e cordas vocais.

Lua quadratura Mercúrio – 00:25 às 04:15 (exato 02:28)

Como consequência da inquietação mental desse período, pode haver desconforto digestivo. Portanto, alimente-se de coisas leves, sobretudo, antes de dormir. Nos relacionamentos, fique atento: cuidado com as palavras inadequadas ou mesmo com a falta de comunicação.

Lua sextil Vênus – 01:03 às 04:45 (exato 02:55)

Período favorável para a aproximação das pessoas, uma vez que o clima é de romance, charme, acordos, ternura e sedução. Mas muita atenção à orientação acima, cuidando da boa comunicação. A fertilização também está beneficiada.

Lua oposição Marte – 04:29 às 07:58 (exato 06:16)

O dia começa com uma energia descontrolada, nos predispondo a ansiedade, intolerância e até mesmo acidentes no trânsito, como consequência. Cautela é preciso. No trabalho, comece seu dia priorizando as atividades que possam ser executadas com mais autonomia ou com maior independência dos outros.

Lua quadratura Saturno – 08:12 às 11:36 (exato 09:57)

A manhã deste dia continua delicada. O espírito crítico está ainda mais acentuado. Tendência a darmos muita atenção às frustrações, o que pode originar pessimismo e intolerância. As tarefas podem parecer mais pesadas e os procedimentos tendem a atrasar. Nos sentimos cansados e com baixa resistência.

Lua quadratura Júpiter – 11:27 às 14:53 (exato 13:22)
Neste período, deve-se ter cuidado com projeções muito otimistas, pois pode ser que não se tenha as condições de sua realização. Então, convém não iniciar atividades que dependam de grandes empenhos e dedicação. Como consequência, o estado geral é de insatisfação.

Lua oposição Urano – 15:34 às 18:56 (exato 17:24)
Momentos influenciados por um ritmo acelerado, gerando muitos imprevistos. Portanto, é prudente ter flexibilidade de horário. Ficamos mais estressados e, por isso, não é hora de pressionar ninguém nem de forçar decisões. Tarefas repetitivas podem irritar.

DIA 08 DE JANEIRO - SEXTA -FEIRA
☽ Minguante ☽ em Escorpião, LFC Início às 22:59

Lua sextil Sol – 11:22 às 14:58 (exato 13:18)
Momentos de boa energia e vitalidade. Conseguimos enxergar as coisas com clareza, como de fato são, e as aceitamos. São momentos frutíferos. Observamos também maior harmonia entre os casais. Favorável para todo tipo de encontro.

Lua trígono Netuno – 11:32 às 14:54 (exato 13:18)
Horas de grande inspiração. Espírito solidário no ar. No trabalho, a grande aliada é a inspiração e uma percepção da direção das coisas. Clima de maior compreensão e tolerância entre as pessoas, fazendo com que se tenha ajudas mútuas.

Lua sextil Plutão – 21:17 à 00:39 de 09/01 (exato 22:59)
Momentos em que os hábitos abandonados serão erradicados, pois estamos predispostos para aceitar o desafio de mudanças radicais. Nos relacionamentos, momento bom para aprofundamento dos laços existentes. É tempo de perdoar e limpar mágoas.

DIA 09 DE JANEIRO - SÁBADO
☽ *Minguante (balsâmica)* ☽ *em Sagitário às 08:14, LFC Fim às 08:14*

Enquanto a Lua estiver em Sagitário, temos todos um ímpeto de nos aventurarmos, sair da rotina, buscar algo além, expandindo nossa visão de mundo. Estamos otimistas, confiantes em nossas atitudes para realizarmos nossos sonhos. Período favorável para as atividades ligadas à educação e viagens. Evite cirurgias de fígado, pernas, quadris, ciático, coxas, vias respiratórias, braços, mãos.

Lua sextil Mercúrio – 09:21 às 13:08 (exato 11:23)
Estamos mais fluentes, o que favorece todas as formas de troca de comunicação. Um bom momento para viagens curtas e eventos culturais tais como lançamento de livros, exposições. Aproveite este período também para realizar transações comerciais, negociar contratos.

Lua sextil Saturno – 10:57 às 14:19 (exato 12:42)
Aqui também encontramos maior objetividade e bom-senso na avaliação de negócios. Os clientes conquistados neste período tendem a ser leais, pois este aspecto favorece a manutenção dos vínculos e compromissos. Bom para as atividades ligadas ao setor imobiliário.

Lua sextil Júpiter – 14:35 às 17:59 (exato 16:30)
Atividades do setor imobiliário continuam ativas, podendo até mesmo haver ganho patrimonial sobre os imóveis comprados neste período. Aproveite para fazer contato com o público, há um sentimento geral de otimismo e confiança. O bom humor impera.

DIA 10 DE JANEIRO - DOMINGO
☽ *Minguante (balsâmica)* ☽ *em Sagitário, LFC Início às 15:30*

Lua quadratura Netuno – 13:48 às 17:09 (exato 15:30)
Hoje, a tarde é de distração! Cuidado para não perder objetos e documentos. Estamos sonolentos, em estado passivo, em que nos furtamos de fazer muita coisa. Além disso, a sensibilidade está alta, o que pode ocasionar muita variação no humor.

DIA 11 DE JANEIRO – SEGUNDA-FEIRA
☽ *Minguante (balsâmica)* ☽ *em Capricórnio às 10:29, LFC Fim às 10:29*

Enquanto a Lua estiver em Capricórnio, planejamento e produtividade são palavras de ordem, pois prevalecem valores de compromisso e responsabilidade. Há até a tendência a ficarmos mais econômicos, receando a escassez. Por consequência, paira um certo pessimismo, realçando a sensibilidade à crítica e levando-nos à inibição em situações sociais. Evite cirurgias da coluna, articulações, joelho, pele, dentes, vistas, vesícula, útero, seios e abdômen.

Lua trígono Marte – 12:31 às 16:00 (exato 14:21)
Momentos de ótima disposição. Sentimento de que podemos mais, por isso decida, aja! Os lançamentos, as iniciativas e atitudes de liderança serão bem vistas. Aproveite para apresentar aquele estudo ou trabalho original. Maior procura por academias e prática de esportes.

Lua conjunção Vênus – 15:23 às 19:05 (exato 17:19)
Seremos mais assertivos se usarmos de diplomacia e cortesia para alcançar nossas metas. Aproveite para negociar salários ou preços, apresentar custos, pois o clima de harmonia facilita a aceitação de acordos. Alianças e parcerias em alta.

Lua trígono Urano – 20:09 às 23:32 (exato 21:56)
Disposição para o novo. Saia da rotina! Bom para lançamento de novos produtos e serviços. Desapegue-se de ideias antigas, proponha novas alternativas. Nos relacionamentos, surpreenda seus afetos com atitudes originais. Será proveitoso ter uma opinião de alguém mais experiente.

DIA 12 DE JANEIRO – TERÇA-FEIRA
☽ *Minguante (balsâmica)* ☽ *em Capricórnio*

Lua sextil Netuno – 16:33 às 19:59 (exato 18:17)
No trabalho, prevalece a existência de um consenso entre as pessoas dentro dos objetivos da empresa. Se a atividade está ligada a imagem ou a produtos com um bom acabamento visual, é um momento promissor.

DIA 13 DE JANEIRO - QUARTA-FEIRA
● Nova às 02:00 em 23°13' de Capricórnio ● em Aquário às 13:43,
LFC Início às 04:23, Fim às 13:43

Enquanto a Lua estiver em Aquário, os lugares abertos tendem a ser mais procurados – estamos mais gregários. Para quem quer lançar algum produto ou serviço inovador, este é o momento. Disposição geral para abandonar hábitos ou situações que não mais nos interessam. Aquarianos estão em alta, aproveitem. Evite cirurgia nas veias, artérias, capilares, tornozelo, coração e região lombar.

Lua conjunção Sol – 00:08 às 03:51 (exato 02:04)
Estamos na fase da Lua Nova, então, devemos ter cautela; tudo se apresenta com muitas possibilidades, mas com pouca certeza. Tudo está embrionário. Para quem precisa realizar exames ou diagnósticos, redobre a cautela; eles não primam pela clareza.

Lua conjunção Plutão – 02:38 às 06:05 (exato 04:23)
As possibilidades de acertos em diagnósticos melhoram no fim do período anterior e começo deste. Para quem está em reabilitação, este é um período restaurador. Nos relacionamentos, se for o caso, dê e dê-se uma segunda chance. Peça perdão, perdoe e tente consertar e acertar.

Lua conjunção Saturno – 17:25 às 20:56 (exato 19:10)
Fim de dia com grande capacidade de disciplina, o que nos torna mais produtivos. A determinação nos visita. Todos estão inclinados ao que é sólido ou promete estabilidade. Os investimentos de baixo risco e de rentabilidade a longo prazo são os mais atrativos.

Lua quadratura Marte – 17:40 às 21:18 (exato 19:31)
Também nesta tarde, pode haver uma certa inquietação. Evite muita demonstração de autoridade. Procure trabalhar em equipe. Ajude quem é menos ativo que você ou, se for o caso, seja humilde e aceite a iniciativa dos mais proativos ou fortes. A colaboração deve prevalecer.

Lua conjunção Júpiter – 22:07 às 01:41 de 14/01 (exato 0:03 de 14/01)
Estamos mais otimistas e, portanto, mais ousados. Que tal ampliar seu público-alvo, seu mercado? Ele está mais receptivo para novas propostas! Invista em treinamentos, *workshops*, tudo que privilegie a formação intelectual. Favorável para concepção e partos.

Lua quadratura Urano – 23:43 às 03:14 de 14/01 (exato 01:34 de 14/01)
Nos ronda o desejo de "dar um tempo" dos compromissos afetivos, sociais, familiares, profissionais. Segure-se! O momento é de contornar e não pressionar. Momentos delicados para quem tem problemas circulatórios, pressão alta e mau funcionamento arterial.

DIA 14 DE JANEIRO – QUINTA- FEIRA
🌑 *Nova* 🌑 *em Aquário, LFC Início às 06:29*

Lua conjunção Mercúrio – 04:28 às 08:28 (exato 06:29)
Comece o dia corrigindo seus hábitos alimentares. Aproveite também para enviar seu currículo, caso esteja pensando em novas oportunidades! Estão todos mais flexíveis para qualquer tipo de negociação. Bom período para vendas de jornais e revistas.

DIA 15 DE JANEIRO – SEXTA-FEIRA
🌑 *Nova* 🌑 *em Peixes às 19:18, LFC Fim às 19:18*

Enquanto a Lua estiver em Peixes, ficaremos em uma posição mais passiva do que ativa. Nosso ritmo também pode ficar mais lento, preguiçoso. Tempo de sensibilidade, fazendo com que todos fiquem mais solidários uns com os outros. Imaginação, sensibilidade, clima idílico estão no ar, aproximando pessoas. Piscianos em alta! Evite cirurgia nos pés e medula. Convém checar o sistema imunológico, sistema linfático, glóbulos brancos.

Hoje a Lua não faz aspectos com outros planetas no céu. Devemos observar recomendações para a fase e o Signo que a Lua se encontra.

DIA 16 DE JANEIRO - SÁBADO
🌑 Nova 🌑 em Peixes

Lua sextil Marte – 01:33 às 05:24 (exato 03:36)

Aproveite este período e seja espontâneo nos sentimentos, isso vai afastar as tensões dos relacionamentos. Encorajar a outra pessoa fortalecerá o vínculo da relação. Ter a iniciativa de se aproximar de alguém terá bons resultados.

Lua sextil Urano – 05:51 às 09:35 (exato 07:53)

No trabalho, a criatividade presente neste período vai oferecer soluções para os impasses existentes. Coisas novas podem surgir, agarre as oportunidades. No relacionamento, proponha um programa diferente; isto sempre dá um *up*, sobretudo quando estão na rotina. Ouse!

Lua sextil Vênus – 11:57 às 16:06 (exato 14:10)

O romantismo está no ar. Aproveite para surpreender a pessoa amada com um presente. Objetos decorativos para casa são ótimos ou, então, um *voucher* para um tratamento estético. Aproveite o clima amoroso para provocar momentos de mais intimidade.

DIA 17 DE JANEIRO - DOMINGO
🌑 Nova 🌑 em Peixes

Lua conjunção Netuno – 04:40 às 08:29 (exato 06:40)

E o domingo continua em clima de romance, encantando as uniões mais próximas com uma sintonia perfeita. Temos facilidade para compreender e fazer concessões. Os encontros ao acaso também costumam ser muito frequentes.

Lua sextil Plutão – 15:59 às 19:51 (exato 17:52)

A vontade de transformação nos visita. Estamos inclinados a encarar de forma positiva as questões mais profundas ou que transformem as nossas vidas ou, ainda, as que beneficiem nossa casa. Esta tarde está propícia para os reencontros, seja com amigos antigos, ex-colegas de trabalho.

Lua sextil Sol – 22:37 às 02:51 de 18/01 (exato 00:45 de 18/01)

Aqui, entendemos mais nossas emoções e nossa razão, que estão de mãos dadas. Assim, inclusive, temos uma oportunidade para conseguimos ser mais claros em relação ao que sentimos. Os casais que se diferenciam, conseguem conciliar melhor suas diferenças.

DIA 18 DE JANEIRO – SEGUNDA-FEIRA
● *Nova* ● *em Áries às 04:07, LFC Início à 00:45, LFC Fim às 04:07*

Enquanto a Lua estiver em Áries, as palavras de ordem são: espontaneidade e franqueza. Tendência às reações por impulso, sem racionalidade. Sentimos, também, vontade de iniciar novos empreendimentos. Estamos mais entusiasmados, dinâmicos, audazes. As pessoas vão preferir as atividades em espaços abertos. Evite cirurgia na cabeça e nos rins. Os arianos estão com tudo!

Lua sextil Saturno – 09:20 às 13:18 (exato 11:24)

Manhã boa para realizar obras, consertos em sua casa. No trabalho, aproveite para iniciar atividades em que os resultados virão a longo prazo, requerendo dedicação agora. Nos relacionamentos, bom para alinhar planos comuns – o relacionamento se fortalecerá.

Lua sextil Júpiter – 15:43 às 19:45 (exato 17:56)

Podemos ser favorecidos no trabalho por pessoas em posição estratégica. Sentimento geral de bom humor, generosidade e expansão. Aproveite para ampliar seus produtos ou serviços ou estabelecer novas parcerias. Acreditamos na sorte e a fé nos moverá!

DIA 19 DE JANEIRO – TERÇA-FEIRA
● *Nova* ● *em Áries*

Entrada do Sol no Signo de Aquário às 17h39min42seg

Lua quadratura Vênus – 04:29 às 08:56 (exato 06:50)

Começamos o dia nos sentindo preguiçosos. Período em que não se faz um bom uso do dinheiro, portanto, evitemos ao máximo a compra de bens caros, investimentos, transações comerciais de alto valor. Não se recomenda marcar casamentos nesta data.

Lua sextil Mercúrio – 12:37 às 17:09 (exato 14:58)

Se pretende vender ou trocar seu carro, as horas são essas. Esta tarde beneficia o lançamento de campanhas publicitárias e, também, a divulgação de alguma notícia ou esclarecimento de alguma informação. Área comercial e contato com pessoas em alta. Aproveite!

DIA 20 DE JANEIRO – QUARTA-FEIRA
☾ Crescente às 18:03 em 01°02' de Touro ☾ em Touro às 15:55,
LFC Início às 05:30, LFC Fim às 15:55

Enquanto a Lua estiver em Touro, a palavra é estabilidade. Emoções equilibradas possibilitam encontros e solidez nas relações. Tempo de afeto; bom para casamentos. O bom-senso predomina e faz com que o desejo de conforto e a segurança material andem juntos. Evite cirurgias na garganta, tireoide, cordas vocais, órgãos genitais, próstata, uretra, bexiga, reto, intestino. Taurinos têm aqui um charme a mais.

Lua quadratura Plutão – 03:27 às 07:30 (exato 05:23)

Momentos em que a concepção e fertilização são desaconselháveis. O cuidado deve ser muito intenso para quem está em reabilitação, pois qualquer sinal de debilidade pode se transformar em algo agudo. No trabalho, evite ao máximo levar as coisas para o campo pessoal.

Lua quadratura Sol – 15:48 às 20:14 (exato 15:57)

Evite, nesta tarde, conversas sobre assuntos delicados ou reconciliações, pois as nossas emoções estarão prejudicando o bom julgamento. Paira sobre todos um sentimento de divisão e, consequentemente, de insatisfação.

Lua quadratura Saturno – 21:57 às 02:03 (exato 23:59)

Lidar com pessoas não está fácil, portanto, melhor trabalhar de forma isolada. Nos relacionamentos, pairam dúvidas sobre nossos sentimentos e o que os outros sentem por nós. Aqui cobramos mais do outro, o que pode fazê-lo afastar-se de nós. Cautela!

DIA 21 DE JANEIRO – QUINTA-FEIRA
☾ Crescente ☾ em Touro

Lua conjunção Urano – 03:34 às 07:38 (exato 05:40)
Momento ótimo para alterar hábitos que prejudiquem a saúde, como por exemplo, o sono. Aqui, o clima favorece de forma ímpar os relacionamentos em que os parceiros sejam muito diferentes. Nos afetos, a espontaneidade dos sentimentos é libertadora!

Lua conjunção Marte – 04:00 às 08:15 (exato 06:10)
Acordamos com o corpo muito bem disposto, que tal começar o dia praticando exercícios? Para quem tem um corte ou fez uma cirurgia, o período beneficia a cicatrização. Aproveite a boa disposição também no trabalho para conquistar mais território.

Lua quadratura Júpiter – 05:10 às 09:18 (exato 07:22)
O dia começa com um estado geral de impaciência o que nos torna indispostos com as rotinas! Cuidado com a alimentação: ela deve ser saudável, evitando-se gorduras. Insatisfação emocional, sobretudo com os relacionamentos mais próximos.

DIA 22 DE JANEIRO – SEXTA-FEIRA
☾ Crescente ☾ em Touro, LFC Início às 18:28

Lua trígono Vênus – 00:11 às 04:44 (exato 02:29)
Noite tranquila, com menores problemas de questões emocionais e somatizações. Se está trabalhando, prefira as tarefas mais agradáveis neste período, assim como ficar perto de pessoas de que você mais gosta. Faça pausas para distrair-se.

Lua sextil Netuno – 04:24 às 08:28 (exato 06:24)
O dia começa com delicadeza, deixando-nos mais sensíveis ao encantamento, ao sonho. As atividades ligadas à comunicação e ao frete com mercados mais distantes encontra, aqui, um bom momento. Imó-

veis litorâneos estão em alta.

Lua quadratura Mercúrio – 08:43 às 13:13 (exato 10:56)
Precisamos de calma, pois as reuniões irão nos parecer demasiado cansativas, estamos menos propensos ao consenso. Se for emitir comunicados, informar dados e textos, tenha muita cautela para não originar melindres ou desaprovação.

Lua trígono Plutão – 16:25 às 20:29 (exato 18:28)
Momentos benéficos para reformas, consertos e melhorias em casa. No trabalho ou na vida pessoal, aproveite para providenciar soluções regeneradoras. O céu ajuda as ações que visem recuperação e saneamento da vida em comunidade.

DIA 23 DE JANEIRO – SÁBADO
☾ Crescente ☾ em Gêmeos às 04:42, LFC Fim às 04:42

Enquanto a Lua estiver em Gêmeos, estamos mais curiosos e falantes. Aumenta a vontade de ler, aprender, falar, conversar. Aproveitemos os ventos do período para expressar nossos sentimentos nas nossas relações. Há, também, tendência maior à indecisão. Evite cirurgia das vias respiratórias, pulmões, pernas, braços, mãos, dedos e fígado, coxa, bacia e ciático, sistema neurológico, fala e audição.

Lua trígono Sol – 10:15 às 14:37 (exato 12:25)
Para quem inicia um relacionamento agora, aumentam as chances de entendimento. Aproveite, também, para se reconciliar com alguém que anda afastado. Horas férteis, frutíferas em todos os sentidos. Crie! Concepções, gestações e nascimentos estão beneficiados.

Lua trígono Saturno – 11:17 às 15:20 (exato 13:15)
Precisa ir ao dentista? Marque neste momento, se possível. Atividades profissionais ligadas a administração, segurança ou previdência estão em alta. Aproveite! Não queremos nos aventurar nos relacionamentos superficiais; estamos preferindo a segurança emocional das relações estáveis.

Lua trígono Júpiter – 19:01 às 23:05 (exato 21:11)

Estamos predispostos a consumir mais. Aqui, grandes eventos tais como festivais, exposições, campeonatos, congressos, feiras encontram um bom momento. Nos vínculos mais íntimos, a generosidade nos visita.

DIA 24 DE JANEIRO - DOMINGO
☽ Crescente ☽ em Gêmeos

Lua quadratura Netuno – 16:37 às 20:33 (exato 18:34)

Tarde com sensação de tristeza. Atenção: no trabalho, adiamos ações efetivas, imaginando que a solução caia do céu. Visão distorcida dos sentimentos, nossos e dos outros. Expectativas erradas podem causar decepções.

DIA 25 DE JANEIRO - SEGUNDA-FEIRA
☽ Crescente ☽ em Câncer às 15:51, LFC Início às 04:18, LFC Fim às 15:51

Enquanto a Lua estiver em Câncer, estamos mais vulneráveis. A emoção impera. Todo cuidado é preciso para não causarmos mágoas em nós ou nos outros. O lar é o nosso lugar preferido, cercados da família e de nossos íntimos. Todos queremos proteger, nutrir, alimentar, mimar, dar amor e receber tudo isto. Evite cirurgia de abdômen, estômago, seio, útero, ossos, articulações, vesícula, pele e olhos.

Lua trígono Mercúrio – 02:11 às 06:22 (exato 04:18)

Comece a semana planejando sua agenda de forma organizada e o estresse ficará longe. A comunicação está beneficiada fazendo com que sejamos tocados, assim como teremos a capacidade maior de tocar o outro. Melhora do sistema nervoso.

DIA 26 DE JANEIRO - TERÇA-FEIRA
☽ Crescente ☽ em Câncer

Lua sextil Urano – 02:55 às 06:43 (exato 04:51)

Aqui, nos sentimos livres para desabafar emoções reprimidas. No trabalho, podemos encontrar ajuda vinda de alguém fora de nossa área ou idade soprando os ventos da criatividade. Bom momento para nos atualizarmos. Oportunidade para um projeto mais avançado, que pode ganhar terreno. Aproveite!

Lua sextil Marte – 08:18 às 12:14 (exato 10:17)

A sorte ronda as atitudes que dependam de coragem e iniciativa para começarmos. Em alta, as compras por impulso. Manhã para lançar um produto ou serviço. Bom momento para atividades ligadas a serviços de atendimentos rápidos.

DIA 27 DE JANEIRO – QUARTA-FEIRA
☾ Crescente ☾ em Leão às 23:53, LFC Início às 14:56, LFC Fim às 23:53

Enquanto a Lua estiver em Leão, é tempo de brilho, de liderança, de prazer. Queremos festas e fazer o que gostamos. Estamos egocêntricos. Ser homenageado é imperativo, queremos ser os preferidos. Buscamos tratamentos de beleza, principalmente os de cabelo. Evite cirurgia do coração e da região lombar, veias, varizes, capilares, tornozelos. Os leoninos estão com um brilho a mais.

Lua trígono Netuno – 02:05 às 05:48 (exato 03:55)

Sedução em alta. As almas estão mais unidas do que os corpos. Bom período para lançamento de ações que promovam o bem-estar público, tais como combate a epidemias, drogas, discriminação etc.

Lua oposição Vênus – 10:34 às 14:38 (exato 12:37)

No trabalho, as indisposições afetivas entre as pessoas podem interferir no desempenho. Evite medidas financeiras delicadas, tais como cobranças, taxas extras, aumentos. Não é o melhor momento, também, para negociações com imóveis.

Lua oposição Plutão – 13:04 às 16:45 (exato 14:56)

Evitemos, ainda, medidas financeiras e outras medidas extremas: alteração de preços, aumento de tarifas, fim de serviços. O público vai repudiar. Negócios com imóveis em baixa e com tendência a prejuízos.

Aceitamos menos as pessoas que estejam no poder.

DIA 28 DE JANEIRO – QUINTA-FEIRA
◯ *Cheia às 16:16 em 09°05' de Leão* ◯ *em Leão*

Lua oposição Saturno – 06:51 às 10:29 (exato 08:42)

A manhã começa com atraso no desempenho das atividades profissionais. Além disso, teremos que nos desdobrar ainda mais para agradar os nossos clientes. Evite, também, transações como alugar ou comprar imóveis. Cuidado: entrevistas de emprego e avaliações de desempenho desfavoráveis nesse momento.

Lua quadratura Urano – 10:23 às 13:58 (exato 12:12)

Clima agitado, refletindo em todos a ansiedade e a inquietação. O inesperado nos visita fazendo com que tenhamos que alterar os planos repentinamente, gerando tensão e improdutividade. Negócios ou serviços imobiliários continuam sendo desaconselhados.

Lua oposição Sol – 14:20 às 18:11 (exato 16:16)

A tarde requer de todos atenção: estamos sensíveis quando não encontramos a colaboração esperada. A ordem é reciprocidade! Busque e ofereça ajuda; seja gentil, grato. Os relacionamentos em crise sentirão momentos de tensão.

Lua oposição Júpiter – 14:49 às 18:27 (exato 16:44)

Expectativas altas geram decepções. Tem-se a impressão que o que se faz é irrelevante, pouco importante e ficamos descontentes. Temos que colaborar e seguir avançando para restabelecer a confiança. Tenha cautela para não desmerecer os vínculos mais próximos.

Lua quadratura Marte – 17:40 às 21:23 (exato 19:34)

No ar, paira a intolerância. Não se precipite, as atitudes podem ser um desacerto com acontecimentos que não estavam preparados para gerar os resultados adequados. A hostilidade dá margem a desentendimentos desnecessários. Dirija com cuidado e de forma defensiva.

DIA 29 DE JANEIRO - SEXTA-FEIRA
◯ Cheia ◯ em Leão, LFC Início às 22:54

Lua oposição Mercúrio – 21:07 à 00:38 de 30/01 (exato 22:54)

Nas relações, é preciso muito equilíbrio e sensibilidade nas palavras e expressão de sentimentos ou opiniões. O silêncio ou a forma inadequada de se comunicar pode causar feridas, pois estamos todos instáveis emocionalmente. Antigas mágoas podem vir à tona. Despreze-as.

DIA 30 DE JANEIRO - SÁBADO
◯ Cheia ◯ em Virgem às 05:02, LFC Fim às 05:02

Enquanto a Lua estiver em Virgem, estamos mais impacientes com a desordem, ineficiência, displicência. Aproveite para organizar sua vida financeira, seu lar, seus armários, seu ambiente de trabalho. Dedique tempo para entender e organizar suas emoções, sua mente. Estas atitudes trarão gratificação. Opte por uma alimentação saudável. Evite cirurgia do aparelho gastrointestinal, intestino delgado e dos pés.

Lua trígono Urano – 15:08 às 18:35 (exato 16:52)

Momentos muito positivos para fazer mudanças de rotina, alterar hábitos alimentares, abandonar vícios. Aproveite para descartar as coisas que não servem mais. O desapego está em alta. Que tal uma mudança na casa? Seja original e espontâneo nos relacionamentos.

DIA 31 DE JANEIRO - DOMINGO
◯ Cheia (disseminadora) ◯ em Virgem

Início Mercúrio Retrógrado
Lua trígono Marte– 00:09 às 03:43 (exato 01:55)

Nos relacionamentos, procure encorajar o outro. Isso irá fortalecer o vínculo entre vocês. Esse período é caracterizados por um sentimento de aventura, então, encontros marcados inesperadamente e por impulso trarão contentamento.

Lua oposição Netuno – 12:26 às 15:51 (exato 14:05)

Sopram os ventos da incerteza, sensação de insegurança e uma certa tristeza. Estamos mais distraídos, atenção ao dirigir! Evite esportes e transportes no mar. Evite desgaste demasiado do corpo, que está com baixa resistência.

Lua trígono Plutão – 22:34 às 01:59 (exato 00:09 de 01/02)
Momentos em que estamos abertos a tratar de assuntos profundos ou que impactem nossas vidas. Aqui podem-se recuperar relacionamentos considerados perdidos ou aprofundar os vínculos existentes.

Fevereiro 2021

Domingo	Segunda-feira	Terça-feira	Quarta-feira	Quinta-feira	Sexta-feira	Sábado
	1 ♎ Lua Cheia em Libra às 08:25 LFC 08:10 às 08:25 Mercúrio Retrógrado	2 Lua Cheia em Libra Mercúrio Retrógrado	3 ♏ Lua Cheia em Escorpião às 11:14 LFC 03:16 às 11:14 Mercúrio Retrógrado	4 ☾ 16°08' Lua Minguante às 14:38 em Escorpião Mercúrio Retrógrado	5 ♐ Lua Minguante em Sagitário às 14:16 LFC 06:21 às 14:16 Mercúrio Retrógrado	6 Lua Minguante em Sagitário Mercúrio Retrógrado
7 ♑ Lua Minguante em Capricórnio às 17:51 LFC 03:17 às 17:51 Mercúrio Retrógrado	8 Lua Minguante em Capricórnio Mercúrio Retrógrado	9 ♒ Lua Minguante em Aquário às 22:20 LFC 14:22 às 22:20 Mercúrio Retrógrado	10 Lua Minguante em Aquário Mercúrio Retrógrado	11 ● 23°16' ♒ Lua Nova às 16:05 em Aquário LFC Início 16:06 Mercúrio Retrógrado	12 ♓ Lua Nova em Peixes às 04:23 LFC Fim 04:23 Mercúrio Retrógrado	13 Lua Nova em Peixes Mercúrio Retrógrado
14 ♈ Lua Nova em Áries às 12:53 LFC 04:29 às 12:53 Mercúrio Retrógrado	15 Lua Nova em Áries Mercúrio Retrógrado	16 Lua Nova em Áries LFC Início 21:17 Mercúrio Retrógrado	17 ♉ Lua Nova em Touro à 00:11 LFC Fim à 00:11 Mercúrio Retrógrado	18 Lua Nova em Touro Entrada do Sol em Peixes às 07h43 Mercúrio Retrógrado	19 ☽ 01°21' ♊ Lua Crescente às 15:48 em Gêmeos Lua Gêmeos às 13:03 LFC 04:29 às 13:03 Mercúrio Retrógrado	20 Lua Crescente em Gêmeos Mercúrio Retrógrado
21 Lua Crescente em Gêmeos LFC Início 15:40 Mercúrio Retrógrado	22 ♋ Lua Crescente em Câncer à 00:52 LFC Fim 00:52 Fim Mercúrio Retrógrado	23 Lua Crescente em Câncer	24 ♌ Lua Crescente em Leão às 09:22 LFC 01:54 às 09:22	25 Lua Crescente em Leão	26 ♍ Lua Crescente em Virgem às 14:07 LFC 08:32 às 14:07	27 ○ 08°57' Lua Cheia às 05:17 em Virgem
28 ♎ Lua Cheia em Libra às 16:16 LFC 12:58 às 16:16						

Céu do mês de fevereiro

Entramos no mês de fevereiro com Sol no irreverente Signo de Aquário, em desarmonia com o enérgico Marte. O que pode ocasionar uma atmosfera tensa e com possibilidades de conflitos. É hora de gastar energia com criatividade e prática de atividades físicas.

Logo no dia 01/02, a amorosa Vênus entra no sociável Signo de Aquário, podendo nos trazer um pouco mais de solidariedade e valores humanitários. O amor pode ficar mais leve e sem muitas amarras.

Mas seu início em Aquário vem com muita sobriedade. Entre 05 e 07/02, Vênus se encontra com o responsável e sóbrio Saturno, exigindo muita serenidade, maturidade e paciência para lidarmos com algumas limitações nossas e do outro, que podem ser no âmbito pessoal, material ou profissional. O aspecto tenso da Vênus para Urano pode trazer muita ansiedade e incerteza. E até encerrar relações deterioradas.

Felizmente, no dia seguinte, o Sol se une a Mercúrio no Signo de Aquário, trazendo clareza para nossas comunicações, principalmente dentro dos grupos e com amigos.

No dia 10/02, porém, Mercúrio colide com Marte, podemos estar impacientes e irritados. Fiquem atentos para não interromper o que estiverem fazendo e sair falando com hostilidade e sem pensar.

Entre os dias 10 e 12/02 os benéficos Júpiter e Vênus se encontram criando uma atmosfera de êxtase e encantamento, além de sorte, abundância, esperança e otimismo. Essa atmosfera traz possibilidades de viagens prazerosas, mas cuidado com o excesso de gastos.

No dia 13/02, Mercúrio, no Signo de Aquário, fará conjunção com Vênus, também em Aquário. Estaremos muito lúdicos e há possibilidade de muitos encontros, inícios de namoros e muita movimentação e interação com amigos. O importante é estar juntos e em liberdade – é o que pede o sociável Signo de Aquário.

Marte fará um aspecto facilitador para Netuno do dia 12 ao 15/02, trazendo muita sensibilidade e uma atmosfera de sonhos, um clima muito sedutor e romântico. Fechamos esse período com Mercúrio fazendo conjunção a Júpiter promovendo muitos contatos. Poderemos conhecer pessoas de outras culturas e lugares que podem trazer muita expansão e conhecimento. O céu promete um excelente momento para quem quiser brincar ou viajar.

Mas um aspecto difícil vem acontecendo no céu desde 06/02, tendo seu auge no dia 18/02, entre Saturno e Urano. Um momento de tensão entre o velho e o novo. Teremos dificuldades em distinguir entre o que é seguro e o que é arriscado. O ideal para o momento é buscar o novo, mas com prudência e estabilidade.

O Sol entra no Signo de Peixes dia 18/02, e permanecerá até 20/03. O período propiciará que estejamos mais místicos, sutis, musicais e sonhadores, além de abertos para o lado religioso e esotérico.

Entre os dias 18 e 20/02, Vênus e Marte se desentendem e podemos ter um momento em que nossos desejos podem se esvair. O ideal é tentar não gastar energia com coisas que não vingarão, inclusive, relacionamentos amorosos.

Mercúrio retorna ao seu movimento normal no dia 21/02, voltando a fluir o tráfego e as comunicações.

Marte faz um aspecto facilitador para o poderoso Plutão nos dias 23 a 26/02, vamos ter forças para vencermos nossos temores em prol da conquista de poder em alguma área de nossa vida, com a ajuda do bom aspecto que o Sol faz com Urano, clareando as oportunidades de inovações.

O mês de fevereiro termina com a entrada dia 25/02 pela manhã da sensual Vênus no Signo em que está exaltada Peixes, trazendo um ar de romantismo, espiritualidade e muita sensibilidade ao período que permanecerá nesse Signo até 21/03.

Seja bem-vinda, Vênus, grande "Deusa do Amor", ao místico Signo de Peixes.

A primeira lunação de fevereiro é o momento perfeito para iniciar algo novo, por isso esteja aberto às oportunidades que se apresentam. Já a Lua Cheia do dia 27/02 pede uma análise dos fatos, unindo emoção e razão para que um possível acerto de rota possa ser feito, seja no âmbito profissional, pessoal ou nos relacionamentos. Use o diálogo para sair de possíveis impasses.

Lunações de fevereiro

Lua Nova
11.02.2021
Às 16:05 em
23° 16` de
Aquário

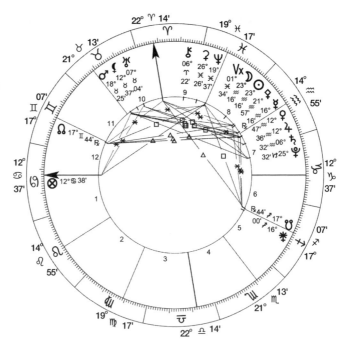

Lua Cheia
27.02.2021
Às 05:17 em
08°57` de
Virgem

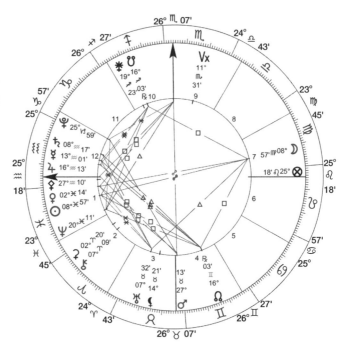

O LIVRO DA LUA 2021   159

Posição diária da Lua em fevereiro

DIA 01 DE FEVEREIRO - SEGUNDA-FEIRA
◐ Cheia ◯ em Libra às 08:25,
LFC Início às 08:10, LFC Fim às 08:25

Mercúrio Retrógrado
Enquanto a Lua estiver no Signo de Libra, estarão favorecidos o equilíbrio, a ponderação, a cordialidade e a diplomacia. Estaremos mais abertos ao convívio social, aos relacionamentos e a qualquer atividade em parceria renderá melhor. Tratamentos estéticos são bem-vindos neste período.

Lua trígono Vênus – 06:17 às 10:01 (exato 08:10)
Acordaremos mais animados, bem-humorados, encarando com maior leveza a rotina diária. Estaremos mais receptivos ao lado bom da vida, como os afetos, a beleza, o charme e a sedução. Apodere-se dessa energia com sorriso no rosto, enxergando o lado positivo das situações. Pratique o amor começando por si mesmo, faça algo que lhe dê prazer.

Lua trígono Saturno – 15:49 às 19:14 (exato 17:30)
Na parte da tarde, estaremos mais dispostos a encarar com determinação qualquer tipo de sacrifício, estando mais persistentes na concretização do que foi planejado. Aproveite para colocar em dia pendências que vem sendo postergadas há tempos, assim como realizar tarefas que sejam mais penosas de cumprir. Não deixe para depois o que pode fazer hoje! Tarde produtiva.

DIA 02 DE FEVEREIRO - TERÇA-FEIRA
◐ Cheia ◯ em Libra

Mercúrio Retrógrado
Lua trígono Júpiter – 00:14 às 03:40 (exato 02:03)
A madrugada será auspiciosa, assim, preste atenção nos seus sonhos. Não descarte a resolução de um problema e até *insight* quanto a um negócio vantajoso. Estaremos sensíveis a fartura, benefícios e expansão.

Não descarte uma madrugada recheada de momentos amorosos. Quem estiver querendo engravidar, é um excelente momento, pois é uma energia de fertilidade.

Lua trígono Sol – 05:59 às 09:38 (exato 07:50)
Com a autoestima elevada, estaremos mais dispostos a correr atrás dos nossos objetivos. Manhã animada, cheia de vigor e disposição para enfrentar qualquer contratempo. A maior clareza de uma situação poderá resultar na solução de algo que antes parecia impossível. Fique atento.

DIA 03 DE FEVEREIRO – QUARTA-FEIRA
◯ Cheia ◯ em Escorpião às 11:14,
LFC Início às 03:16, LFC Fim às 11:14

Mercúrio Retrógrado
Enquanto a Lua estiver em Escorpião, estaremos com a intuição aflorada, principalmente para qualquer situação que antes não era bem clara. Segredos serão desvendados, nada passará desapercebido. A intensidade das emoções poderá resultar em encontros amorosos e sexuais. Cuidado com pensamentos infundados. A desconfiança poderá colocar tudo a perder. Certifique-se de que não seja somente fruto da sua imaginação.

Lua quadratura Plutão – 01:32 às 04:56 (exato 03:10)
Uma madrugada tensa, sendo difícil relaxar. Medos e incertezas poderão atrapalhar seu descanso. Sentimentos que pareciam superados poderão emergir, trazendo de volta emoções adormecidas. Tente analisar friamente, contendo emoções que apenas farão mal para si mesmo. Evite assuntos delicados nessa noite.

Lua trígono Mercúrio – 01:38 às 04:52 (exato 03:16)
Buscar dados para aquilo que está tirando seu sono será uma forma de acalmar suas emoções. O domínio da informação poderá despertar soluções brilhantes, até porque estará com a intuição apurada. Fique atento aos sonhos.

Lua quadratura Vênus – 14:03 às 17:46 (exato 16:00)
Decepções poderão ocorrer, já que se magoará com mais facilidade quando algo não sair como esperado. Atenção ao que fizer, não crie grandes expectativas. Estaremos mais carentes e vulneráveis a obstáculos. Cuidado com atitudes compensatórias. Contenha-se para não se arrepender mais tarde.

Lua quadratura Saturno – 19:04 às 22:29 (exato 20:49)
Início de noite pesado. Você se sentirá exausto e desanimado. Evite atividades mais intensas neste horário. Tente relaxar, de preferência mais isolado para evitar atritos com os mais próximos. Não prolongue discussões.

Lua oposição Urano – 21:15 à 00:39 de 04/02 (exato 23:04)
Oscilação de humores. Não caia em provocações que lhe tirem o equilíbrio emocional. A ansiedade poderá ser amenizada praticando uma atividade relaxante. Esteja aberto a imprevistos, tenha "jogo de cintura".

DIA 04 DE FEVEREIRO - QUINTA-FEIRA
☽ Minguante às 14:38 em 16°08' de Escorpião ☽ em Escorpião

Mercúrio Retrógrado

Lua quadratura Júpiter – 03:55 às 07:23 (exato 05:51)
O despertar do dia poderá ser mais penoso, sendo invadido por um sentimento de carência resultante de insatisfações. Afaste a preguiça, cultivando uma visão minimalista, não superestimando qualquer tipo de situação. Não deixe o desânimo lhe abater. Racionalize os sentimentos, fazendo uma análise crítica se você superestimou uma situação.

Lua oposição Marte – 10:04 às 13:36 (exato 11:52)
Tente manter a calma. Não caia na tentação de rompantes emocionais, que podem colocar tudo a perder. Não é o momento ideal para abordar assuntos delicados. Você estará sem paciência para escutar a posição do outro. Revidar só aumentará a tensão, resultando em mal-estar tanto físico quanto emocional, que comprometerá a produtividade ao longo do dia. Pondere.

Lua quadratura Sol – 12:46 às 16:26 (exato 14:44)
Tarde tensa, já que você não estará emocionalmente equilibrado para lidar com os acontecimentos que não saiam como o desejado. Tente se poupar e, se puder, deixe para outro dia grandes decisões.

Lua trígono Netuno – 18:28 às 21:53 (exato 20:15)
Início de noite mais calmo, sendo um bálsamo diante das energias tensas que enfrentamos ao longo do dia. Que tal relaxar em um banho demorado, ou até com a prática de exercícios mais leves como uma aula de yoga, alongamento ou meditação? Você estará mais sensível e extremamente criativo. Excelente momento para se dedicar a algo que necessite usar a imaginação. Estaremos mais abertos, sentindo as energias que vibram ao redor. Leve sua intuição a sério.

DIA 05 DE FEVEREIRO – SEXTA-FEIRA
☽ *Minguante* ☽ *em Sagitário às 14:16,*
LFC Início às 06:21, LFC Fim às 14:16

Mercúrio Retrógrado
Enquanto a Lua estiver em Sagitário, estaremos mais otimistas diante do quadro que se apresenta. Faça uma análise minuciosa dos últimos acontecimentos, reveja seus planos ou suas metas. Veja o que pode ser remodelado por não estarem surtindo o efeito desejado. Dias excelentes para estudar e desenvolver novas habilidades, como aprender um novo idioma. Amplie sua rede de contatos com pessoas distantes.

Lua quadratura Mercúrio – 01:50 às 05:02 (exato 03:31)
Madrugada agitada, tente acalmar a mente para ter um sono revigorante. Se trabalhar de madrugada, será mais difícil a concentração. Pensamentos múltiplos tendem a pipocar incessantemente. Tente setorizar os pensamentos, priorizando por grau de importância. Evite começar o dia com muita agitação.

Lua sextil Plutão – 04:37 às 08:02 (exato 06:21)
Acalmando a mente, aumentará a percepção do que se passa ao re-

dor. Memórias do passado podem ser de serventia para decisões futuras. Fique atento, pois haverá maior clareza dos sentimentos e consequentemente das situações. Excelente energia para curar antigas feridas.

Lua sextil Vênus − 22:07 às 01:52 de 06/02 (exato 00:10 de 06/02)
Noite animada banhada por sentimentos prazerosos. Use seu poder de sedução e compartilhe momentos agradáveis e até sensuais com quem você gosta. Encontros românticos estarão favorecidos. Coloque em prática a cordialidade, sendo um excelente momento para dispersar qualquer mal-entendido.

Lua sextil Saturno − 22:36 às 02:03 de 06/02 (exato 00:26 de 06/02)
Equilíbrio emocional para tratar qualquer assunto que exija maior clareza e sensatez. Estaremos ponderados nas nossas reações emocionais, abrindo mão com maior facilidade de certezas, em função de um ponto de vista mais coerente. É um excelente momento para colocar as coisas em seus devidos lugares.

DIA 06 DE FEVEREIRO - SÁBADO
☽ Minguante ☽ em Sagitário

Mercúrio Retrógrado
Lua sextil Júpiter − 08:00 às 11:29 (exato 09:59)
Invista na positividade. Um olhar mais amplo trará sabedoria para vencer, animadamente, qualquer obstáculo. Estaremos mais abertos à colaboração. A hora do almoço pode ser um excelente momento para desenrolar assuntos pendentes, principalmente se envolverem a justiça.

Lua sextil Sol − 20:04 às 23:47 (exato 22:04)
A noite será proveitosa, estaremos com uma sensação de realização. Nos sentindo animados para compartilhar momentos felizes com aqueles que nos querem bem. Excelente momento para marcar um jantar com amigos, festejar com familiares ou com aquela pessoa especial

que está com você, tanto nas glórias como nas tristezas. Festeje a vida!

Lua quadratura Netuno – 21:56 às 01:23 de 07/02 (exato 23:46)
A noite e a madrugada poderão ser regadas a excesso de sensibilidade, resultando em uma vulnerabilidade emocional. Fique atento para não cometer excessos, seja por meio da bebida, comida e até na forma de expressar suas emoções. Cuidado com os alimentos que ingerir, pois pode não lhe cair bem, já que a digestão poderá estar mais lenta.

DIA 07 DE FEVEREIRO – DOMINGO
☽ Minguante ☽ em Capricórnio às 17:51,
LFC Início às 03:17, LFC Fim às 17:51

Mercúrio Retrógrado
Enquanto a Lua estiver em Capricórnio, estaremos mais pragmáticos, com uma visão bem realista das situações. Encaramos os desafios com mais seriedade, traçando os próximos passos de forma segura, medindo as consequências para que não sejamos pego de surpresa. Os obstáculos serão vencidos com persistência. Uma vez sob a influência das características do Signo de Capricórnio, estaremos mais aptos a encarar qualquer tipo de fracasso como aprendizado. Refazendo, mais facilmente, o caminho para a conquista dos objetivos traçados.

Lua sextil Mercúrio – 01:40 às 04:51 (exato 03:17)
Madrugada de grande atividade mental, fique atento a *insights*, podendo encontrar soluções criativas para aquele problema que vem tirando seu sono. Se você precisar estudar pela madrugada adentro, será bastante produtivo, já que estará facilitado o aprendizado, assim como a memorização. Sonhos podem ser bastante reveladores.

DIA 08 DE FEVEREIRO – SEGUNDA-FEIRA
☽ Minguante ☽ em Capricórnio

Mercúrio Retrógrado
Lua trígono Urano – 04:15 às 07:44 (exato 06:10)

Início de manhã animado, sendo fácil para despertarmos e logo nos conectarmos com as atividades que devemos desempenhar ao longo do dia. Estaremos mais abertos a novidades, interessados em qualquer situação que nos tire da rotina. Os imprevistos serão encarados de forma harmoniosa, já que não causarão qualquer desconforto emocional. Saberemos lidar melhor com substituições, mudando, se necessário, os compromissos antes agendados.

Lua trígono Marte – 21:31 às 01:10 de 09/02 (exato 23:28)
Disposição extra à noite. Estaremos fortalecidos emocionalmente, dotados do equilíbrio emocional necessário para resolver qualquer pendência que apareça. Não descarte um jantar com o ser amado. Uma noite sensual fecharia o dia com chave de ouro.

DIA 09 DE FEVEREIRO - TERÇA-FEIRA
☽ Minguante ☽ em Aquário às 22:20,
LFC Início às 14:22, LFC Fim às 22:20

Mercúrio Retrógrado
Enquanto a Lua estiver em Aquário, estaremos mais abertos a romper velhos padrões. Que tal uma análise minuciosa de certos comportamentos que você sabe que precisa se livrar, já que se tornaram obsoletos diante de novas situações que vem se apresentando na sua vida? Para que remoer velhas feridas? Aproveite o espírito libertário do Signo de Aquário para ficar mais leve e seguir adiante. Racionalize suas emoções e abra-se para ampliar seu círculo social. Novos contatos poderão trazer ideias para a resolução de antigos problemas.

Lua sextil Netuno – 02:09 às 05:40 (exato 03:59)
Uma manhã sintonizada com as energias do entorno. Sua sensibilidade estará apurada. Assim, fique antenado para captar as sutilezas, discriminando os sentimentos, a fim de que possa canalizá-los de forma produtiva. Evite exercícios pesados pela manhã, opte por yoga, alongamento ou apenas uma caminhada. Assim, você se sentirá revitalizado para encarar os desafios que surgem ao longo do dia.

Lua conjunção Plutão – 12:35 às 16:07 (exato 14:22)
Não descarte surpresas que venham lhe tirar do seu equilíbrio emocional. Tudo poderá ser sentido intensamente, mas o importante é ter uma visão racional do problema que se apresentar e ativar a força transformadora do planeta Plutão. Encontrando soluções inusitadas, que impulsionarão a reformulação de uma situação negativa em promissora.

DIA 10 DE FEVEREIRO – QUARTA-FEIRA
☾ *Minguante* ☾ *em Aquário*

Mercúrio Retrógrado
Lua conjunção Saturno – 07:54 às 11:29 (exato 09:46)
Faremos um esforço dobrado para tornar esta manhã produtiva. O cansaço ou desânimo poderá ser combatido com um reforçado desjejum, incluindo alimentos que tragam energia. As responsabilidades deverão ser encaradas com seriedade. Nem sempre podemos fazer só o que nos agrada.

Lua quadratura Urano – 09:03 às 12:38 (exato 11:00)
Esteja preparado para surpresas, tendo jogo de cintura para fazer alterações na sua programação matinal. Tente fazer uma coisa de cada vez, para não despertar ainda mais a energia de Urano, que traz ansiedade e nervosismo. Há multiplicidade de acontecimentos, nos impondo um ritmo frenético na tentativa de dar conta de tudo. Respire profundamente, se acalme e priorize.

Lua conjunção Vênus – 17:11 às 21:09 (exato 19:16)
A tendência é chegarmos ao final do dia extremamente cansados. Ao cair da noite, diminua o ritmo e faça algo prazeroso com quem possa dividir sentimentos verdadeiros. Demonstrações de afeto serão bem aceitas e até retribuídas.

Lua conjunção Júpiter – 18:38 às 22:18 (exato 20:38)
Estaremos animados e mais otimistas no final do dia. Aproveite para ter momentos prazerosos com amigos ou com aquela pessoa especial.

Cuidado com atitudes exageradas, principalmente compensatórias que você venha a se arrepender depois.

DIA 11 DE FEVEREIRO - QUINTA-FEIRA
● Nova às 16:05 em 23°16' de Aquário ● em Aquário,
LFC Início às 16:06

Mercúrio Retrógrado
Lua conjunção Mercúrio – 02: 42 às 06:01 (exato 04:26)
Mente aguçada para absorver qualquer tipo de informação. Excelente energia para estudar, pois a memorização estará intensificada. As sinapses cerebrais estarão aumentadas, podendo resultar em uma madrugada mais agitada. Se puder, diminua o ritmo ao cair da noite. Tente relaxar para que o descanso seja regenerador.

Lua quadratura Marte – 05: 01 às 08:48 (exato 07:02)
Início de manhã irritadiça, evite cultuar o mau humor. Opte por atividade mais prazerosa que acalme e traga paz de espírito. Isso acalmará os ânimos, trazendo disposição para encarar a rotina de forma mais equilibrada. A paciência estará minimizada, assim, opte por tarefas que possa fazer sozinha, evitando possíveis atritos.

Lua conjunção Sol – 14:07 às 18:03 (exato 16:06)
Esse aspecto caracteriza a entrada da Lua na fase Nova, que marca o início de um novo ciclo. Novas possibilidades tenderão a surgir, sendo importante finalizarmos o que não deu certo no ciclo anterior. O momento é de plantar novas sementes, o solo está fértil, pronto para germinar. Não perca tempo com saudosismo.

DIA 12 DE FEVEREIRO - SEXTA-FEIRA
● Nova ● em Peixes às 04:23, LFC Fim às 04:23

Mercúrio Retrógrado
Enquanto a Lua estiver em Peixes, estaremos mais sensíveis ao em torno. A intuição será um excelente guia na tomada de decisões. Preferimos encarar as situações de forma menos reativa, entendendo as ques-

tões, sabendo o momento de agir ou deixar fluir. A criatividade brota quando nos conectamos com o lado mágico da vida.

Lua sextil Urano – 15:38 às 19:22 (exato 17:38)
As surpresas serão bem-vindas. Não estaremos tão apegados a certezas ou a hábitos antigos. Fica mais fácil iniciar algo novo. É uma energia interessante para renovar, deixando de lado tudo que vem lhe cansando a alma. Busque fazer algo diferente.

DIA 13 DE FEVEREIRO - SÁBADO
🌑 *Nova* 🌑 *em Peixes*

Mercúrio Retrógrado
Lua sextil Marte – 14:55 às 18:53 (exato 17:01)
Tarde impulsionada por uma energia assertiva, aumentando as chances na concretização dos objetivos traçados. Nos sentiremos mais fortes para enfrentar eventuais obstáculos que surjam ao longo do dia. Excelente momento para acordos ou no trato de assuntos espinhosos. A empatia será sua grande aliada. Coragem.

Lua conjunção Netuno – 15:16 às 19:04 (exato 17:13)
Se as situações não estiverem muito claras, conecte-se com sua sensibilidade, confiando na sua capacidade intuitiva. A percepção do que não está sendo mostrado poderá ser um excelente guia em um momento de dúvida. Se puder, postergue decisões importantes.

DIA 14 DE FEVEREIRO - DOMINGO
🌑 *Nova* 🌑 *em Áries às 12:53,*
LFC Início às 04:29, LFC Fim às 12:53

Mercúrio Retrógrado
Enquanto a Lua estiver em Áries, estaremos mais impulsivos na busca da realização dos nossos interesses. Uma resposta negativa não será encarada como obstáculo para seguirmos adiante. Estaremos mais centrados nos nossos desejos, não dando muito ouvidos para opiniões de terceiros. Pratique a tolerância, já que o mundo não gira, apenas, em

torno das suas vontades pessoais. Se estiver muito agitado, intensifique as práticas esportivas.

Lua sextil Plutão – 02:33 às 06:23 (exato 04:29)
Energia restauradora, que deverá ser aproveitada para abastecer-se de ânimo para enfrentar a rotina diária. O dia promete ser bem produtivo, assim, não perca tempo com o que não tem grande importância.

DIA 15 DE FEVEREIRO – SEGUNDA-FEIRA
● Nova ● em Áries

Mercúrio Retrógrado
Lua sextil Saturno – 00:24 às 04:21 (exato 02:25)
Nesta madrugada e início da manhã, estaremos banhados por uma energia de autoconfiança. Sacrifícios serão encarados de forma leve, como se fizessem parte do processo da conquista. Nada lhe impedirá de cumprir com o estabelecido. Sendo um excelente momento para colocar pendências em ordem. O tempo vale ouro, não desperdice com o que não seja produtivo.

Lua sextil Mercúrio – 11:57 às 15:42 (exato 13:55)
Energia excelente para qualquer atividade que exija maior poder de articulação. Que tal investir em um almoço de negócios ou encontro sociais que podem resultar em bons contatos? Estaremos com a mente mais ágil, sendo excelente para absorver qualquer tipo de informação mais rapidamente. Excelente energia para divulgação.

Lua sextil Júpiter – 13:21 às 17:22 (exato 15:33)
Não perca a oportunidade de expansão que este aspecto lunar nos possibilita. O planeta Júpiter é considerado a grande força benéfica do zodíaco. Ele multiplica, aumenta, expande. Encha-se de otimismo e mãos à obra. Corra atrás dos seus desejos, não deixando para depois o que pode ser feito hoje.

Lua sextil Vênus – 22:26 às 02:52 de 16/02 (exato 00:45 de 16/02)

Depois de um dia tão positivo, que tal uma noite agradável junto de quem lhe quer bem? Demonstrações de afetos atraem amorosidade. Curta esse momento, comemorando a vida. Estarão aumentadas as chances de encontrar uma companhia interessante.

DIA 16 DE FEVEREIRO – TERÇA-FEIRA
● Nova ● em Áries, LFC Início às 21:17

Mercúrio Retrógrado

Lua quadratura Plutão – 13:31 às 17:32 (exato 15:27)
Tome cuidado para não fazer tempestade em um copo d'agua, já que estaremos intensificando nossas reações emocionais. Tente praticar a compreensão e o entendimento, não tomando como pessoal as situações mais generalizadas. A verdade é que não temos o controle de tudo, e nem sempre as coisas acontecem como esperamos. Cultive o equilíbrio emocional, não aprofundando qualquer tipo de mal-entendido.

Lua sextil Sol – 19:04 às 23:28 (exato 21:17)
O início de noite será mais leve, já que estaremos mais racionais, encarando de forma pragmática os últimos acontecimentos. Soluções poderão brotar, uma vez que estaremos com uma visão ampliada das situações. Se houve algum mal-entendido, é um excelente momento para reconciliação.

DIA 17 DE FEVEREIRO – QUARTA-FEIRA
● Nova ● em Touro à 00:11,
LFC Fim à 00:11

Mercúrio Retrógrado

Enquanto a Lua estiver em Touro, estaremos menos ousados buscando pisar em solo seguro, sem deixar espaço para surpresas desagradáveis. Um novo ciclo lunar sob essa energia é muito mais de manutenção do que foi construído. O momento pede bom-senso. Nada de ficar insistindo no que não dá resultados de progresso. Signo de Touro busca a segurança, assim, não perca tempo investindo em nada que coloque suas conquistas em risco.

Lua quadratura Saturno – 12:44 às 16:50 (exato 14:47)

O grande desafio nesse início de tarde é manter o bom humor, cultivando sentimentos positivos. O cansaço, seja físico ou mental, pode levar-nos a uma diminuição da produtividade nessa parte do dia. Assim, recomendo que se reserve a parte da manhã para a maioria das tarefas programadas para o dia. Estaremos menos agradáveis, assim, não marque nenhum encontro importante neste período. A probabilidade de rejeição será maior.

Lua conjunção Urano – 12:46 às 16:49 (exato 14:53)

Esteja pronto para surpresas inesperadas, que exigirão jogo de cintura para colocar as coisas nos devido lugares. Situações emergenciais podem lhe tirar do sério. Mantenha o equilíbrio emocional, resolvendo cada assunto no seu devido tempo. Evite fazer várias coisas ao mesmo tempo, pois isso só aumentará a sua irritabilidade. Se puder, ao longo da tarde, pare uns minutos, respire profundamente e tente relaxar. Isso o tornará mais produtivo e menos irritadiço.

Lua quadratura Mercúrio – 21:34 às 01:30 de 18/02 (exato 23:32)

Mente exausta, tomada de um excesso de pensamentos dificultando desligar-se dos acontecimentos do dia. Introduza atividades que acalmem e limpe sua mente de tantas preocupações. Só assim conseguirá ter uma noite de sono revitalizadora.

DIA 18 DE FEVEREIRO - QUINTA-FEIRA
● *Nova* ● *em Touro*

Entrada do Sol no Signo de Peixes às 07h43min49seg
Lua quadratura Júpiter – 02:46 às 06:54 (exato 04:58)

Não supra suas carências com excessos, principalmente alimentares. Não se surpreenda se assaltar a geladeira de madrugada. Assim, opte por uma refeição que acalente o corpo e também a alma, isso trará um sono mais relaxante. Hoje, não estaremos dispostos para grandes sacrifícios. Afaste a preguiça, com a prática de exercícios que lhe traga disposição para encarar seus compromissos.

Lua sextil Netuno – 14:27 às 18:31 (exato 16:28)
Conecte-se com sua sensibilidade, estando mais antenado com as sutilezas que envolvam suas relações. O que não é dito, não lhe passará desapercebido. Use isso a seu favor, falando menos e escutando mais. Situações enroladas poderão ser resolvidas num passe de mágica.

Lua quadratura Vênus – 18:04 às 22:37 (exato 20:22)
Nem tudo acontece como desejamos, assim não torne um descontentamento maior do que é. Controle suas carências para não descontar na alimentação ou com gastos impulsivos. Poderá se arrepender depois. Não é um bom momento para discutir relacionamento.

Lua conjunção Marte – 19:39 às 23:55 (exato 21:48)
Contenha a irritação intensificando os exercícios físicos. Suar faz com que coloquemos para fora irritações diante de qualquer quadro de insatisfação. A paciência estará limitada. Evite cair em qualquer tipo de provocação, já que os ânimos estarão exaltados. Acalme-se, tome um banho quente ou um chá de camomila antes de dormir.

DIA 19 DE FEVEREIRO – SEXTA -FEIRA
☾ *Crescente às 15:48 em 01º21' de Gêmeos* ☾ *em Gêmeos às 13:03, LFC Início às 04:29, LFC Fim às 13:03*

Mercúrio Retrógrado
Enquanto a Lua estiver em Gêmeos, estaremos mais comunicativos, prontos a nos relacionar, interagir, estando mais abertos às trocas de conhecimento. Excelente momento para aumentar o convívio social, podendo surgir novas oportunidades em consequência de novos contatos. Estará facilitado qualquer tipo de negociação. Toda divulgação tenderá a alcançar um número maior de pessoas do que o esperado. Circule.

Lua trígono Plutão – 02:25 às 06:30 (exato 04:29)
Madrugada revigorante, o sono profundo será reparador, resultando em maior disposição ao iniciarmos o dia. Racionalize suas emoções, canalizando sua intuição para encontrar soluções transformadoras.

Lua quadratura Sol – 13:34 às 17:59 (exato 15:46)
Tarde pouco produtiva, podendo ocorrer frustrações quanto ao resultado esperado. Não se deixe abater. Não se pode ganhar todas. Tem horas que é melhor esperar o momento certo para avançar adiante.

DIA 20 DE FEVEREIRO – SÁBADO
☽ Crescente ☽ em Gêmeos

Mercúrio Retrógrado
Lua trígono Saturno – 02:12 às 06:16 (exato 04:11)
Iniciaremos o dia cheios de disposição para cumprir o que planejamos. Atuando de forma racional diante do cenário em que estamos inseridos. Os obstáculos são encarados de forma positiva, já que fazem parte do processo.

Lua trígono Mercúrio – 09:19 às 13:19 (exato 11:18)
Haverá maior entendimento, estando favorecidos encontros que venham esclarecer possíveis mal-entendidos. Informe-se bem sobre o assunto que será abordado. Sua mente estará ágil, com grande poder de memorização. Isso trará segurança para encarar possíveis contestações.

Lua trígono Júpiter – 16:43 às 20:48 (exato 18:53)
Período de sorte, assim, não descarte soluções que surjam como enviadas pelo universo. Excelente momento para ousar a dar passos mais largos. Hoje, ninguém conseguirá tirar seu otimismo. Curta a tarde fazendo algo novo, diferente do rotineiro. Isso alimentará a necessidade de expandir seus horizontes.

DIA 21 DE FEVEREIRO – DOMINGO
☽ Crescente ☽ em Gêmeos, LFC Início às 15:40

Mercúrio Retrógrado
Lua quadratura Netuno – 03:10 às 07:09 (exato 05:06)
Madrugada e início de manhã preguiçosos. Estaremos mais distraídos, sendo um desafio focar nos compromissos assumidos. Se puder,

transfira para parte da tarde as obrigações que considere mais pesadas e até mais importante. O nível de eficiência ficará prejudicado, tente fazer tudo por partes. Do contrário, a tendência é que não consiga resolver nada.

Lua trígono Vênus – 13:27 às 17:50 (exato 15:40)

À tarde, a energia muda positivamente. Excelente momento para atrair situações que tenderão a resultar em benefícios. Use seu poder de sedução, agindo com maior gentileza e até de forma mais sensível, sabendo persuadir o outro da sua posição. Trate bem seus adversários. Excelente momento para expressar seus sentimentos, já que terá grandes chances de ser correspondido.

DIA 22 DE FEVEREIRO – SEGUNDA-FEIRA
☾ Crescente ☾ em Câncer à 00:52, LFC Fim à 00:52

Fim Mercúrio Retrógrado

Enquanto a Lua estiver em Câncer, estaremos mais sensíveis ao que se passa no âmbito emocional. Situações vivenciadas podem nos levar a antigas memórias emocionais. Fique atento para não cometer antigos erros. Experiências do passado são importante para nos guiar para o futuro. Valorize seus afetos, criando um ambiente de harmonia dentro de casa.

Lua trígono Sol – 06:40 às 10:52 (exato 08:44)

Manhã mais animada, em que a sensibilidade estará alinhada com seus objetivos. Aproveite e use a intuição para encontrar soluções criativas. Nada de perder tempo se deixando levar por qualquer tipo de empecilho. Aproveite e solucione situações que vinha postergando. A hora é de acelerar os resultados.

Lua sextil Urano – 13:13 às 17:03 (exato 15:11)

Ideias geniais para lidar com situações imprevisíveis. Sua intuição estará afiada, não desperdice. Facilmente conseguiremos estabelecer prioridades, descartando o que não vale a pena no momento. Coragem para externar emoções reprimidas.

DIA 23 DE FEVEREIRO - TERÇA-FEIRA
☾ Crescente ☾ em Câncer

Lua trígono Netuno – 13:13 às 16:57 (exato 15:03)
Nos colocaremos no lugar do outro com facilidade, sendo muito propício para acordos que vinham se arrastando. A sensibilidade extra deve ser canalizada para percebermos o que se passa ao redor e, muitas vezes, não está esclarecido. Isso aumentará as chances de êxito em qualquer negociação. Inspire-se, ficando atento às ideias criativas.

Lua sextil Marte – 23:03 às 02:53 de 24/02 (exato 01:00 de 24/02)
Para quem trabalha à noite, será mais fácil lidar com as tarefas. Estaremos mais corajosos em expor nossos sentimentos. Tome a iniciativa, você pode se surpreender positivamente como os resultados. Invista no seu poder de conquistador.

DIA 24 DE FEVEREIRO - QUARTA-FEIRA
☾ Crescente ☾ em Leão às 09:22,
LFC Início às 01:54, LFC Fim às 09:22

Enquanto a Lua estiver em Leão, fica mais difícil ceder em relação aos desejos. Estaremos mais sedentos por atenção, reafirmando nossa capacidade por meio de qualquer tipo de elogio. Bom período para qualquer tipo de apresentação, o magnetismo atrai os olhares para o que estamos fazendo. Só cuidado para não cair nas armadilhas do ego. A humildade é sempre bem-vinda, pois nos dá a chance de estarmos abertos a corrigir o percurso das nossas escolhas.

Lua oposição Plutão – 00:03 às 03:43 (exato 01:54)
Madrugada de forças intensas, podendo ocorre sonhos reveladores. Não é o momento para abordar questões delicadas, pois estaremos com os nervos à flor da pele. Tome cuidado com situações que o coloquem em risco.

Lua quadratura Urano – 21:01 à 00:36 de 25/02 (exato 22:53)
Noite tensa e agitada sendo difícil relaxarmos. Imprevistos podem

tirar nosso sono. Tente relaxar, não se deixe levar por esse imediatismo. No final, tudo se resolve. Priorize.

Lua oposição Saturno – 22:03 às 01:39 de 25/02 (exato 23:50)
Cuidado para não descontar no outro antigas frustrações. Tente não contar com ajuda de terceiros. É melhor ficar consigo mesmo, principalmente distante do que vem lhe causando qualquer tipo de estresse emocional. Não é uma energia de entendimento, assim, nada de querer esclarecer assuntos espinhosos. A melhor opção é ficar na sua.

DIA 25 DE FEVEREIRO - QUINTA-FEIRA
☾ *Crescente* ☾ *em Leão*

Lua oposição Mercúrio – 05:06 às 08:45 (exato 06:57)
Cuidado com as palavras, é preciso um esforço maior para não ser mal interpretado. Coloque seu ponto de vista de forma clara, sem humilhar a posição contrária. Assim, terá uma chance de entendimento evitando discussões calorosas. Se puder, saia com antecedência para qualquer compromisso, pois poderá sofrer obstáculos que vão deixá-lo mais nervoso ainda. Compromissos devem ser marcados com maior espaçamento.

Lua oposição Júpiter – 11:53 às 15:27 (exato 13:44)
Não se deixe abater por uma insatisfação que o leve à paralisia. Nem sempre o outro pode corresponder às nossas expectativas. E nem sempre nós alcançamos o resultado que esperávamos. Tente ser mais acolhedor consigo e com o outro, isso evitará maior desgaste. Fuja de qualquer tipo de exagero. A palavra de ordem é moderação.

DIA 26 DE FEVEREIRO - SEXTA-FEIRA
☾ *Crescente* ☾ *em Virgem às 14:07,*
LFC Início às 08:32, LFC Fim às 14:07

Enquanto a Lua estiver em Virgem, estaremos mais detalhistas na realização de qualquer tarefa. A ordenação, seja das emoções ou das funções, ajudará a aumentar a produtividade. Descarte o que não é necessário no momento, discriminando a prioridade das coisas. Cuidado com críticas destrutivas, todos nós somos sujeitos ao erro.

Lua quadratura Marte – 06:44 às 10:18 (exato 08:32)
Manhã intensa. Será preciso conter a irritação diante de qualquer oposição, por menor que seja. Não será por meio da força que conquistará o que deseja. É melhor ter cuidado redobrado na forma de conduzir as situações. Você poderá ser testado na sua paciência.

Lua oposição Vênus – 14:58 às 18:42 (exato 16:50)
Esforço dobrado para que acordos sejam selados, evitando futuros prejuízos. Saiba que a tendência é que o outro lhe trate de maneira mais ríspida. Portanto, baixe a guarda e escute as queixas que venham a ser colocadas. Tem dia que fica difícil ver o lado bom da vida. Mas é assim mesmo. Amanhã, tudo pode mudar. Espere o tempo certo.

DIA 27 DE FEVEREIRO – SÁBADO
☾ *Cheia às 05:17 em 08°57' de Virgem* ☾ *em Virgem*

Lua trígono Urano – 01:02 às 04:35 (exato 02:56)
Ótimas ideias poderão surgir em sonhos. Assim, anote-as quando acordar. Madrugada proveitosa, se você estiver disposto a abrir mão de antigas formas de expressar seus sentimentos. A abertura para o novo facilitará livrar-se de antigos comportamentos emocionais. Revigore-se.

Lua oposição Sol – 03:28 às 07:05 (exato 05:15)
A Lua cheia em Virgem ressalta a necessidade de colocarmos tudo nos devidos lugares. Nenhum detalhe passará despercebido, podendo nos irritar quando as coisas não acontecerem como programado. Calma, para que iniciar o dia de forma tão pesada? Organize-se, estipulando metas a serem conquistadas ao longo do dia. Do contrário, acabará não conseguindo realizar nada.

Lua oposição Netuno – 22:26 às 01:46 de 28/02 (exato 00:05 de 28/02)

Não acredite em tudo o que sentir. Nossa percepção estará mal sintonizada, poderemos interpretar errado uma situação, resultando em mal-entendidos. Se puder, evite assuntos mais sérios. Há uma falta de clareza para tirarmos qualquer tipo de conclusão. Mantenha-se no controle das suas emoções, impondo-se limites.

DIA 28 DE FEVEREIRO – DOMINGO
◯ Cheia ◯ em Libra às 16:16,
LFC Início às 12:58, LFC Fim às 16:16

Enquanto a Lua estiver em Libra, os relacionamentos estarão evidenciados e desejaremos compartilhar momentos, sentimentos em vez de darmos conta de tudo sozinho. A gentileza será a melhor forma de conseguir a colaboração de terceiros. Tudo que for compartilhado terá maior chance de sucesso. Invista nas parcerias.

Lua trígono Plutão – 08:02 às 11:21 (exato 09:35)
Manhã revigorante, trazendo animação para enfrentar um novo dia. O raciocínio estará mais claro, ligando situações que antes não enxergávamos. Use a sensibilidade para tomada de decisão. Excelente momento para solucionar mal-entendidos. Para que cultivar antigas mágoas, faça uma limpeza emocional. Com certeza, você se sentirá renovado.

Lua trígono Marte – 11:14 às 14:40 (exato 12:58)
Uma dose extra de vitalidade nos impulsionará a enfrentar qualquer obstáculo que se apresente. Estaremos corajosos, sem receio que algo dê errado. Utilize essa força para tomar a iniciativa e resolver situação que vinha se arrastando. Tem hora que atitude é tudo de que precisamos.

Março 2021

Domingo	Segunda-feira	Terça-feira	Quarta-feira	Quinta-feira	Sexta-feira	Sábado
	1	2 ♏	3	4 ♐	5 ☽ 15°42' ♐	6 ♑
	Lua Cheia em Libra	Lua Cheia em Escorpião às 17:38 LFC 11:10 às 17:38	Lua Cheia em Escorpião	Lua Cheia em Sagitário às 19:42 LFC 13:10 às 19:42	Lua Minguante às 22:31 em Sagitário	Lua Minguante em Capricórnio às 23:20 LFC 06:45 às 23:20
7	8	9 ♒	10	11 ♓	12	13 ● 23°03' ♓
Lua Minguante em Capricórnio	Lua Minguante em Capricórnio LFC Início às 21:53	Lua Minguante em Aquário às 04:40 LFC Fim às 04:40	Lua Minguante em Aquário	Lua Minguante em Peixes às 11:43 LFC 00:32 às 11:43	Lua Minguante em Peixes	Lua Nova às 07:21 em Peixes Lua em Áries às 20:43 LFC 13:38 às 20:43
14	15	16 ♉	17	18 ♊	19	20
Lua Nova em Áries	Lua Nova em Áries	Lua Nova em Touro às 07:56 LFC 00:41 às 07:56	Lua Nova em Touro	Lua Nova em Gêmeos às 20:46 LFC 17:41 às 20:46	Lua Nova em Gêmeos	Lua Nova em Gêmeos Entrada do Sol no em Áries às 06h37
21 ☽ 01°12' ♋	22	23 ♑	24	25	26	27 ♍
Lua Crescente às 11:42 em Câncer Lua em Câncer às 09:17 LFC 09:05 às 09:17	Lua Crescente em Câncer	Lua Crescente em Leão às 18:56 LFC 12:27 às 18:56	Lua Crescente em Leão	Lua Crescente em Leão LFC Início 10:28	Lua Crescente em Virgem à 00:25 LFC Fim 00:25	Lua Crescente em Virgem LFC Início às 20:49
28 ○ 08°18' ♎	29	30 ♏	31			
Lua Cheia às 15:48 em Libra Lua em Libra às 02:22 LFC Fim às 02:22	Lua Cheia em Libra LFC Início às 21:08	Lua Cheia em Escorpião às 02:33 LFC Fim às 02:33	Lua Cheia em Escorpião LFC Início às 21:29			

180 MARCIA MATTOS

Céu do mês de março

O mês de março promete ser um mês tranquilo, com um céu auspicioso, pedindo novidades e múltiplas possibilidades, sejam elas amorosas, profissionais, relacionais e materiais

A entrada de Marte em Gêmeos no dia 03/03, onde permanece até dia 23/04, indica um ótimo período para sermos mais versáteis e curiosos. E um momento para melhorar nossa comunicação, interagir nas mídias sociais e fazer marketing pessoal ou em prol de um produto. É oportuno aproveitar essa época de Marte em Gêmeos para estudar algo novo, e conhecer gente jovem e atual.

Vênus se encontra no amoroso e espiritual Signo de Peixes, nos dias 03 e 04/03 fará um aspecto fluente a Urano, trazendo desejo de reinventar o amor e até mesmo acreditar que poderemos amar novamente. Será possível conhecer alguém em aplicativos de relacionamento. Haverá muita vontade de criar algo novo e comprar objetos tecnológicos mais modernos e bonitos.

No dia 10/03, o Sol fica conjunto a Netuno no Signo de Peixes. No céu, podemos ter clareza sobre nossos sonhos e propósitos. É muita inspiração, mas tenha cuidado com ilusões. O ideal é tentar ficar dentro da realidade possível.

Dia 14/03, Vênus se encontra com Netuno no Signo de Peixes, trazendo uma atmosfera amorosa, lúdica e sonhadora. É um dia muito bom para declarações de amor e início de namoros.

Mercúrio ingressa no sonhador e espiritual Signo de Peixes, no dia 15/03, onde permanecerá até 04/04. Neste período, as comunicações poderão ficar menos objetivas.

Será um momento em que estaremos mais focados no todo, "vendo a floresta e não a árvore em si". Por isso, é importante que estejamos mais atentos aos detalhes que possam passar despercebidos, tanto na linguagem escrita como na falada. É o momento de buscar encontrar alguma conexão entre o imaginário e o palpável. Mercúrio em Peixes pede também um certo silêncio para que a mente possa estar conectada com a criação.

Dia 16/03, o Sol, ainda no Signo de Peixes, faz uma conexão favorável com Plutão, promovendo energia criadora. Vamos estar mais capacitados a lidar com aquilo que precisamos deixar para trás para que o novo surja e vamos estar mais intuitivos e sedutores para atingir nossos objetivos.

Com Vênus em conjunção a Plutão nos dias 17 a 19/03, teremos capacidade de ir fundo nos mistérios que nos intriguem – principalmente no ser amado. Mas cuidado, o excesso de ciúmes pode cegar e atrapalhar a sexualidade que estará intensa nesses dias. No campo material, é um ótimo momento para que possamos ter controle sobre nossas finanças.

Dia 20/03, o Sol entra logo pela manhã no Signo de Áries quando poderemos realmente comemorar o início do ano-novo astrológico, que tem seu próprio mapa do Equinócio de Áries, mostrando o que o ano pode nos proporcionar.

Áries é um Signo de início, ação, coragem, franqueza e individualidade. Vamos entrar nessa energia e realmente começar a colocar nossos planos em prática. O ano começa verdadeiramente!

Marte faz um belo trígono a Saturno, nos dias 20 a 23/03, o período proporciona a oportunidade de agir com muita energia para colocar nossos planos em ação com mais segurança e prudência.

No dia 21/03, Vênus entra no Signo de Áries, onde permanece até o dia 14/04. Sendo Áries um Signo de Fogo, é um período de manter as labaredas das paixões acesas, e buscar energia para a independência financeira.

Dia 30/03, Vênus faz um belo aspecto para Saturno, podendo mostrar que com ordem, segurança e prudência poderemos conquistar os objetivos desejados sem muito adoçamento.

No último dia do mês de março, o Sol também fará um aspecto fluente a Saturno, deixando mais clara e intuitiva a nossa necessidade de prudência e calma para atingirmos nossos objetivos, conscientes de que "nem tudo o que reluz é ouro".

Fechamos o mês com Mercúrio se unindo a Netuno, exigindo que tenhamos muito cuidado com o que falamos e ouvimos. Pode haver muita informação duvidosa. Cuidado para não acreditar em *fake news* e sair repassando.

A Lua Nova em Peixes, no dia 13/03, pede que busquemos apoio nas nossas crenças espirituais para que possamos realizar nossos sonhos tão almejados. É importante manter as emoções sob controle, principalmente no ambiente profissional e social.

Já a Lua Cheia do dia 28/03, que vai estar em Libra, pede atenção a relacionamentos e parcerias, sejam elas pessoais ou profissionais. O equilíbrio e a harmonia são importantes. Fortaleça a comunicação não violenta, pois as reações emocionais estão mais intensas nessa Lua.

Lunações de março

Lua Nova
13.03.2021
Às 07:21 em
23°03 de
Peixes

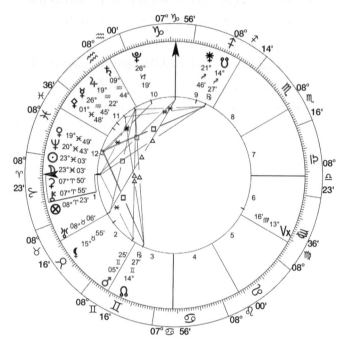

Lua Cheia
28.03.2021
Às 15:48 em
08°18 de
Libra

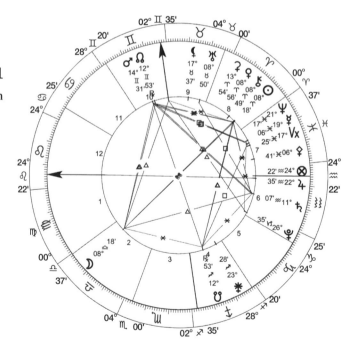

Posição diária da Lua em março

DIA 01 DE MARÇO - SEGUNDA-FEIRA
◯ *Cheia* ◯ *em Libra*

Lua trígono Saturno — 04:37 às 07:56 (exato 06:17)
A segunda amanhece com um ótimo aspecto para quem quer começar uma semana com resultados. A diplomática Lua em Libra está plena e encontra Saturno a tempo de colher o que foi plantado com dedicação e responsabilidade. Leve os compromissos assumidos a sério.

Lua trígono Mercúrio — 14:43 às 18:11 (exato 16:30)
À tarde, a Lua encontra Mercúrio, facilitando o entendimento e todas as comunicações. A memória está favorecida e nos ajuda a reter as informações passadas, assim como o uso da inteligência para transmitir as emoções de maneira mais harmoniosa.

Lua trígono Júpiter — 18:16 às 21:37 (exato 20:05)
E o dia termina com uma sensação de confiança no futuro das relações, ajudando a ampliar nossas esperanças.

DIA 02 DE MARÇO - TERÇA-FEIRA
◯ *Cheia (disseminadora)* ◯ *em Escorpião às 17:38,*
LFC Início às 11:10, LFC Fim às 17:38

Enquanto a Lua estiver em Escorpião, as emoções são viscerais. Não tema o mergulho, mas prepare-se para encontrar tanto o que há de luminoso quanto o que há de sombrio em você e nos outros. Este é um tempo de transformações radicais, superação e decisões emocionais.

Lua quadratura Plutão — 09:30 às 12:48 (exato 11:10)
Manhã de aspecto tenso, em que as emoções estão por um triz. As circunstâncias não favorecem o acolhimento e há uma sensação de ameaça provocada pela necessidade de transformação e o medo da perda que advém dela. Atenção para a possibilidade de descontroles emocionais e intolerância às manifestações alheias.

DIA 03 DE MARÇO - QUARTA-FEIRA
◯ *Cheia (disseminadora)* ◯ *em Escorpião*

Lua trígono Vênus – 03:49 às 07:27 (exato 05:45)

São muitas e contraditórias as emoções que tecem esta manhã. No final da madrugada, a Lua encontra Vênus em um aspecto feliz, facilitando as demonstrações de afeto e prazer, prometendo o paraíso.

Lua oposição Urano – 04:41 às 08:01 (exato 06:23)

A manhã que o céu oferece é, paradoxalmente, a mesma manhã que acena com separações bruscas. O humor varia inesperadamente. Cuidado para não dar voz excessiva aos fantasmas da rejeição e à insegurança.

Lua quadratura Saturno – 06:24 às 09:45 (exato 08:07)

A realidade se apresenta e o conflito se impõe. As emoções são tensionadas e endurecem, teimosamente. Razão e emoção se opõem rigidamente. Não há vencedores quando todos acreditam ter razão.

Lua trígono Sol – 14:04 às 17:39 (exato 15:53)

Uma pausa para os conflitos, deixando o período mais leve e fluido. Consciência e emoções estão em acordo facilitando ver as coisas como realmente são.

Lua quadratura Mercúrio – 19:14 às 22:48 (exato 21:04)

As conversas continuam difíceis e as circunstâncias não facilitam. Uma abordagem distanciada com foco mental esbarra em emoções intensas desgastadas ao longo do dia. Se for possível, evite movimentos defensivos, manipulações, intolerância e desrespeito à percepção alheia.

Lua quadratura Júpiter – 20:39 à 00:03 de 04/01 (exato 22:23)

O dia termina e as conversas não estão apaziguadas encontro entre a Lua e Júpiter. Cuidado para não exagerar! É hora de buscar o que nos aproxima, o que temos em comum e não o que nos afasta e machuca.

DIA 04 DE MARÇO - QUINTA-FEIRA
◯ *Cheia (disseminadora)* ◯ *em Sagitário às 19:42,*
LFC Início às 13:10, LFC Fim às 19:42

Enquanto a Lua estiver em Sagitário, é hora de transformar o mundo em nosso lar, de sentir o cheiro da estrada e abrir as janelas. Isso tanto pode ser literal quanto figurativo. Viagens, aprendizados, descobertas, aventuras do corpo e do espírito são muito bem-vindos.

Lua trígono Netuno – 01:49 às 05:11 (exato 03:33)
Sonhos felizes tendem a alimentar a alma nesta madrugada. Relaxe profundamente.

Lua sextil Plutão – 11:28 às 14:50 (exato 13:10)
A dica aqui é aproveitar o momento para curar o que foi ferido. Não é algo automático, é preciso estar disposto a fazer o trabalho necessário. No entanto, a energia colocada nessa direção durante este período tende a produzir bons resultados.

Lua oposição Marte – 18:45 às 22:17 (exato 20:36)
Cuidado com atitudes bruscas, competitividade e vontade de argumentar até vencer uma disputa. O segredo neste momento é buscar compreender as emoções e os desejos do outro, alternando os pontos de vista. Não transforme em cabo de guerra algo que funcionaria melhor como uma gangorra.

DIA 05 DE MARÇO - SEXTA-FEIRA
☽ *Minguante às 22:31 em 15°42' de Sagitário* ☽ *em Sagitário*

Lua sextil Saturno – 09:12 às 12:39 (exato 11:00)
A Lua mingua em Sagitário e tem uma conversa amena com Saturno nesta manhã. Hora de fazer um esforço e cumprir com o que foi acordado, colocando tudo em seu lugar. A disposição é colaborativa e é possível formar acordos e compromissos vantajosos para todos.

Lua quadratura Vênus – 11:05 às 14:50 (exato 13:05)

Ao final da manhã, o clima muda e os humores ficam mais instáveis. É mais difícil encontrar satisfação nos pequenos prazeres e o que nos agradava, de repente, perde a cor. Por outro lado, é possível que tudo o que queiramos é deixar as obrigações de lado e nos entregarmos à diversão. Procure não acumular trabalhos que demandem muita energia nesse horário.

Lua quadratura Sol – 20:38 à 00:21 de 06/03 (exato 22:34)
Há um pouco de confusão e de desencontro entre a cabeça e o coração. Indecisão e incompatibilidade entre propósitos e emoções pode atrapalhar um pouco os planos para essa noite.

DIA 06 DE MARÇO - SÁBADO
☽ Minguante ☽ em Capricórnio às 23:20,
LFC Início às 06:45, LFC Fim às 23:20

Enquanto a Lua estiver em Capricórnio, temos a chance de realizar aquilo que nos propomos a fazer. As emoções estão mais sérias e contidas. É comum nos percebermos racionalizando os sentimentos. Aproveite a fase Minguante da Lua nesse Signo para riscar os itens da sua lista de pendências.

Lua sextil Júpiter – 00:21 às 03:51 (exato 02:18)
Um aspecto que favorece a imaginação e a harmonia. Aproveite para relaxar dos desafios da semana.

Lua sextil Mercúrio – 01:43 às 05:27 (exato 03:42)
Esse encontro entre a Lua e Mercúrio reforça as boas vibrações do aspecto anterior e facilita a comunicação das emoções e a tradução do inconsciente. Fique atento aos sonhos que tiver nesse período.

Lua quadratura Netuno – 04:59 às 08:27 (exato 06:45)
É mais difícil acordar nesse sábado. O ideal é não marcar nada importante para as primeiras horas desse dia. Se for possível, aproveite para descansar um pouco mais.

DIA 07 DE MARÇO – DOMINGO
☽ *Minguante* ☽ *em Capricórnio*

Lua trígono Urano – 11:22 às 14:55 (exato 13:19)
Momento propício a lampejos de consciência, em que há uma clareza inusitada em relação às nossas emoções. Fique atento e não ignore esse presente.

Lua sextil Vênus – 20:31 à 00:25 de 08/03 (exato 22:36)
Um final de domingo com açúcar e com afeto para aqueles que se dispuserem a colocar um pouco de energia nas relações, em especial, as que já passaram pelo teste do tempo.

DIA 08 DE MARÇO – SEGUNDA-FEIRA
☽ *Minguante (balsâmica)* ☽ *em Capricórnio, LFC Início às 21:53*

Lua sextil Sol – 05:19 às 09:10 (exato 07:23)
Aproveite essa manhã para acordar cedo e começar a semana com muita determinação e dedicação. Deixe de lado o que não funcionou e concentre-se em colher o que frutificou.

Lua sextil Netuno – 09:53 às 13:28 (exato 11:47)
Se tem alguma pendência com o dentista, essas são boas horas para realizar um procedimento, pois o processo de cura está favorecido, assim como as anestesias. Também é um bom momento para trabalhos artísticos e inspiradores.

Lua conjunção Plutão – 20:04 às 23:40 (exato 21:53)
As emoções ficam bem mais intensas nesta noite. Não tenha medo de enfrentar seus fantasmas e eliminar o que já não tem mais vez nem lugar em sua vida.

DIA 09 DE MARÇO – TERÇA-FEIRA
☽ *Minguante (balsâmica)* ☽ *em Aquário às 04:40, LFC Fim às 04:40*

Enquanto a Lua estiver em Aquário, é chegada a hora de procurar o que o inspira e praticar o desapego. Olhe à sua volta e para dentro de si.

Pare e pergunte: isso ainda faz sentido? Combina com o que eu vejo para o meu futuro? Qual o benefício que traz para os que me cercam?

Lua trígono Marte – 08:29 às 12:16 (exato 10:32)
As emoções trabalham alinhadas à ação. Excelente manhã para colocar as coisas para funcionar, trocar ideias e alinhar estratégias com muita colaboração e energia.

Lua quadratura Urano – 17:16 às 20:55 (exato 19:16)
À tarde, a ansiedade bate à porta. Não deixe que ela se instale. Evite fazer muitas coisas ao mesmo tempo e entulhar a agenda com muitos compromissos. Deixe bastante espaço para que os imprevistos tenham a chance de se manifestar sem atrapalhar muito. Não force a barra, nem tente controlar tudo. Deixe os outros e você mesmo respirarem um pouco.

Lua conjunção Saturno – 19:54 às 23:35 (exato 21:48)
Um clima mais sério e compenetrado se faz sentir. Saturno conjunto à Lua traz um bem-vindo pragmatismo, ajudando a reorientar o que ficou errático mais cedo. Comprometa-se com os seus planos futuros.

DIA 10 DE MARÇO – QUARTA-FEIRA
☽ Minguante (balsâmica) ☽ em Aquário

Lua conjunção Júpiter – 13:05 às 16:49 (exato 15:10)
Otimismo e esperança marcam a tarde de quarta-feira. Ótimo aspecto para sermos mais generosos com nossas ideias e incluir novas perspectivas aos assuntos que estão em análise. Cuidado apenas com os exageros e a armadilha do ideal diante do qual nada é suficiente.

Lua conjunção Mercúrio – 22:29 às 02:34 de 11/03 (exato 00:32 de 11/03)
Comunicar o que vai na alma em conversas pontuadas por confidências e memórias. Não tem companhia hoje? Que tal escrever um pouco, revisitar fotos e filmes favoritos? Quem disse que estar consigo não pode ser um ótimo programa?

DIA 11 DE MARÇO – QUINTA-FEIRA
☽ *Minguante (balsâmica)* ☽ *em Peixes às 11:43,*
LFC Início à 00:32, LFC Fim às 11:43

Enquanto a Lua estiver em Peixes, sonhar e imaginar são os melhores verbos a serem conjugados. Vulnerabilidade, delicadeza, dispersão. São dias para seguir a correnteza, contornando obstáculos gentilmente.

Lua quadratura Marte – 18:18 às 22:13 (exato 20:22)
O mundo parece criar circunstâncias irritantes, só para nos provocar e incomodar. Não se oponha frontalmente a nada, proteja suas emoções com cuidado e cuide para não ferir quem está próximo ou se vitimar. Vai passar.

DIA 12 DE MARÇO – SEXTA-FEIRA
☽ *Minguante (balsâmica)* ☽ *em Peixes*

Lua sextil Urano – 00:56 às 04:42 (exato 02:59)
Preste bastante atenção aos sonhos e às ideias que surgirem nesta noite. Em sua excentricidade, podem conter boas dicas e saídas inesperadas para os problemas que têm incomodado ultimamente.

Lua conjunção Vênus – 22:21 às 02:36 de 13/03 (exato 00:36 de 13/03)
Uma noite que promete romance e muito encantamento. Crie um clima gostoso, atraente e deixe o romance assumir o palco.

DIA 13 DE MARÇO – SÁBADO
● *Nova às 07:21 em 23°03' de Peixes* ● *em Áries às 20:43,*
LFC Início às 13:38, LFC Fim às 20:43

Enquanto a Lua estiver em Áries, inícios estão favorecidos quando a Lua veste as cores arianas. Aproveite a fase Nova da Lua para plantar novos projetos e semear as intenções que quer ver brotar nesse novo ciclo lunar. Energia não faltará.

Lua conjunção Netuno – 00:56 às 04:46 (exato 02:56)

A cama é o melhor lugar do mundo nessa madrugada de sábado. E, se a madrugada lhe encontrar ainda celebrando a noite de sexta, essas horas serão cheias de inspiração.

Lua conjunção Sol – 05:51 às 09:26 (exato 07:28)
Boa disposição na manhã de sábado para sacudir a preguiça e arregaçar as mangas. Não importa muito o que você escolher, o importante é agir.

Lua sextil Plutão – 11:41 às 15:33 (exato 13:38)
Agora é hora de aproveitar e restaurar as forças. Esse aspecto ajuda a recuperar o que foi perdido e favorece os processos de cura.

DIA 14 DE MARÇO – DOMINGO
● Nova ● em Áries

Lua sextil Marte – 06:25 às 10:31 (exato 08:35)
Coloque o seu esforço onde quer ver resultado. A energia para fazer as mudanças está disponível para nos ajudar em todas as iniciativas que demandem garra e liderança.

Lua sextil Saturno – 13:59 às 17:56 (exato 16:00)
Foco, foco, foco. Essa tarde permite a concentração da vontade com a disciplina. Uma excelente combinação para ajudar a organizar as metas da semana.

DIA 15 DE MARÇO – SEGUNDA-FEIRA
● Nova ● em Áries

Lua sextil Júpiter – 09:38 às 13:41 (exato 11:50)
A semana começa com boa vontade e disponibilidade para agir sobre os planos estruturados. Aplique-se e não desperdice essa manhã em objetivos idealizados.

Lua quadratura Plutão – 22:39 às 02:40 (exato 00:41 de 16/03)
À noite, o clima fica mais pesado. Circunstâncias se impõem e criam

um cenário de maior desgaste. Procure não aceitar provocações e evite os impulsos que podem levar a ações destrutivas.

DIA 16 DE MARÇO - TERÇA-FEIRA
🌑 *Nova* 🌑 *em Touro às 07:56,*
LFC Início à 00:41, LFC Fim às 07:56

Enquanto a Lua estiver em Touro, enraíze-se. Aproveite esses dias para o cultivo da paciência e do entendimento de que para que uma semente germine, é preciso preparar o terreno com carinho e com cuidado. O tempo trabalha a favor daqueles que o respeita.

Lua sextil Mercúrio – 07:14 às 11:46 (exato 09:35)
As comunicações, trocas, comércio e deslocamento estão favorecidos. Um pouco de esforço para entender o ponto de vista do outro ajudará bastante na resolução de conflitos e na construção de caminhos para alcançar os objetivos traçados.

Lua conjunção Urano – 22:35 às 02:38 de 17/03 (exato 00:42 de 17/03)
As emoções estão eletrificadas e é possível sentir uma certa ansiedade nesse momento. Procure relaxar evitando analisar tudo ao mesmo tempo, assim como se sobrecarregar de estímulos.

DIA 17 DE MARÇO - QUARTA-FEIRA
🌑 *Nova* 🌑 *em Touro*

Lua quadratura Saturno – 02:17 às 06:22 (exato 04:19)
Cuide-se, hidrate-se bem antes de dormir e assegure-se de que está bastante confortável, assim, é possível evitar o desconforto que esse aspecto pode trazer. É possível que circunstâncias se apresentem, frustrando nossas expectativas. Um pouco de insônia e mau humor são de se esperar.

Lua quadratura Júpiter – 23:09 às 03:18 de 18/03 (exato 01:21 de 18/03)

Pense duas vezes antes de sucumbir à indulgências. As emoções ficam exageradas e desmedidas. Temperança é tudo.

DIA 18 DE MARÇO - QUINTA-FEIRA
● Nova ● em Gêmeos às 20:46,
LFC Início às 17:41, LFC Fim às 20:46

Enquanto a Lua estiver em Gêmeos, adaptabilidade e flexibilidade são atitudes em sintonia com esses dias. Muito bom para identificar o que precisa mudar e estimular a curiosidade e o aprendizado para facilitá-la.

Lua sextil Netuno – 00:12 às 04:17 (exato 02:14)
Sonhos gostosos e agradáveis são possíveis nessa noite. Aproveite para meditar e aprender técnicas de relaxamento mais profundo. A mente agradece.

Lua sextil Vênus – 11:07 às 15:40 (exato 13:26)
Ótimo para marcar aquele almoço com nossos afetos. As conversas são gostosas e fluem com facilidade. Um começo de tarde bastante agradável.

Lua trígono Plutão – 11:27 às 15:32 (exato 13:31)
Esse aspecto favorece as conversas mais profundas, o que antes parecia difícil e doloroso pode ser abordado agora com maior possibilidade de ser transformado e curado.

Lua sextil Sol – 15:26 às 19:53 (exato 17:41)
Harmonia entre o que sentimos e o que acreditamos. Esse equilíbrio facilitará os encontros agendados para essa tarde e início de noite.

DIA 19 DE MARÇO - SEXTA-FEIRA
● Nova ● em Gêmeos

Lua quadratura Mercúrio – 04:08 às 08:46 (exato 06:28)
É preciso se planejar com antecedência para os compromissos dessa manhã. Há tendência de encontrarmos dificuldades no deslocamento. Conversas podem ficar truncadas e as notícias falsas à toda.

Lua conjunção Marte – 13:16 às 17:33 (exato 15:26)
Essas são ótimas horas para desenhar as estratégias e fazer os contatos precisos. Cuidado apenas com a agressividade. Uma coisa é ser direto e curioso, outra é ser grosseiro e invasivo.

Lua trígono Saturno – 15:46 às 19:51 (exato 17:47)
Reuniões são efetivas e o que precisa ser dito é feito com seriedade. Compromisso relacionado ao futuro adquire contornos factíveis e realizáveis.

DIA 20 DE MARÇO - SÁBADO
● *Nova* ● *em Gêmeos*

Entrada do Sol no Signo de Áries às 06h37min19seg
Equinócio da primavera H. Norte - Equinócio de outono H. Sul
Lua trígono Júpiter – 13:10 às 17:16 (exato 15:15)
Tarde perfeita para aquela reunião com amigos. Muita alegria, descontração, esperança e otimismo. Mil e um planos e histórias.

Lua quadratura Netuno – 13:19 às 17:21 (exato 15:19)
Com esse aspecto acontecendo simultaneamente ao anterior, é bom aproveitar os encontros com muita atenção para não extrapolar no uso de bebidas e outras substâncias. Cuidado também com intoxicações medicamentosas e alimentares, com enganos e ilusões.

DIA 21 DE MARÇO - DOMINGO
☾ *Crescente às 11:42 em 01°12' Câncer* ☾ *em Câncer às 09:17,*
LFC Início às 09:05, LFC Fim às 09:17

Enquanto a Lua estiver em Câncer, o nosso lar e tudo o que nos liga à família passam a ser protagonistas. Cuidar e ser cuidado é fonte de alegria nesse período.

Lua quadratura Vênus – 06:51 11:16 (exato 09:05)
O que parecia promissor precisa ser revisto, avaliado mais cuidadosamente, talvez, seja necessário recuar e esperar um melhor momento.

Estamos mais insatisfeitos, indecisos e carentes.

Lua quadratura Sol – 09:30 às 13:49 (exato 11:39)
O que pensamos e o que sentimos estão em conflito. Evite discussões, já que a racionalidade e o equilíbrio de forças não estão favorecidos.

DIA 22 DE MARÇO – SEGUNDA-FEIRA
☾ Crescente ☾ em Câncer

Lua sextil Urano – 00:04 às 03:59 (exato 02:06)
Os sonhos podem trazer mensagens inusitadas e inspiradoras. E se a noite for de insônia, experimente algo inusitado para fazer a noite passar de maneira mais interessante.

Lua trígono Mercúrio – 00:32 às 04:58 (exato 02:46)
Este é um aspecto que favorece a comunicação das ideias e das emoções. Se estiver acordado, que tal escrever um pouco sobre suas memórias e sobre as pessoas que você ama?

DIA 23 DE MARÇO – TERÇA-FEIRA
☾ Crescente ☾ em Leão às 18:56,
LFC Início às 12:27, LFC Fim às 18:56

Enquanto a Lua estiver em Leão, o importante é brilhar e ser generoso com o palco para que outros também tenham a oportunidade de compartilhar a sua luz única.

Lua trígono Netuno – 00:19 às 04:08 (exato 02:12)
Alimente sua mente com imagens inspiradoras para ajudar o sono a chegar e assegurar uma ótima noite de sono. Caso possa, também é excelente para curtir filmes, músicas e outras artes que lhe façam se sentir especial.

Lua oposição Plutão – 10:33 às 14:18 (exato 12:27)
No final da manhã, ressentimentos e brigas por poder podem vir à tona. Evite conflitos desnecessários e busque o caminho do meio.

Lua trígono Vênus – 22:47 às 02:51 de 24/03 (exato 00:51 de 24/03)
À noite, o clima fica mais agradável e todos estarão sensíveis à diplomacia e ao charme.

Lua trígono Sol – 23:54 às 03:52 de 24/03 (exato 01:52 de 24/03)
O clima é de harmonia e equilíbrio entre casais. Se estiver só, aproveite para prestar atenção a si mesmo, dessa forma, dúvidas e conflitos tendem a perder força.

DIA 24 DE MARÇO – QUARTA-FEIRA
☾ *Crescente* ☾ *em Leão*

Lua quadratura Urano – 08:56 às 12:34 (exato 10:45)
Irritações são possíveis nessa manhã. Nada é seguro, previsível ou mesmo estável. Planos podem ser cancelados, e o importante é não aumentar a pressão. Dê espaço.

Lua oposição Saturno – 12:49 às 16:26 (exato 14:33)
Demoras e cancelamentos continuam tumultuando a agenda. Talvez seja necessário refazer algum trabalho. Hidrate-se bem e alimente-se de maneira leve.

Lua sextil Marte – 15:15 às 19:00 (exato 17:08)
Um bom antídoto ao mau humor do dia é a espontaneidade. Tome a iniciativa, mas lembre-se de ser gentil e dar espaço para o desejo do outro também.

DIA 25 DE MARÇO – QUINTA-FEIRA
☾ *Crescente* ☾ *em Leão, LFC Início às 10:28*

Lua oposição Júpiter – 08:40 às 12:13 (exato 10:28)
Cuidado para não ultrapassar os seus limites, inclusive o financeiro. Não prometa o que não está certo de que poderá realizar.

DIA 26 DE MARÇO – SEXTA-FEIRA
☾ *Crescente* ☾ *em Virgem à 00:25, LFC Fim à 00:25*

Enquanto a Lua estiver em Virgem, aproveite para colocar tudo em ordem: casa, trabalho, compromisso, agenda, objetivos e projetos. Produtividade e eficiência estão a nosso favor.

Lua trígono Urano – 13:35 às 16:57 (exato 15:17)
Siga sua intuição e abra-se ao novo. Boas oportunidades podem surgir dessa postura.

Lua quadratura Marte – 21:31 às 01:00 de 27/03 (exato 23:16)
As chances de entendimento diminuem. Competitividade e impaciência podem atrapalhar o caminho da realização.

DIA 27 DE MARÇO - SÁBADO
☽ Crescente ☽ em Virgem, LFC Início às 20:49

Lua oposição Mercúrio – 02:44 às 06:28 (exato 04:35)
Pequenos desentendimentos e muitas interrupções são comuns sob este aspecto. É possível que o sono fique entrecortado e muito leve.

Lua oposição Netuno – 10:26 às 13:43 (exato 12:06)
Não confie totalmente no que está sentindo. Há muita propensão a se iludir e seguir o canto das sereias. Procure manter os pés no chão.

Lua trígono Plutão – 19:09 às 22:25 (exato 20:49)
Sensualidade, intensidade dão o tom da noite de sábado. Aproveite!

DIA 28 DE MARÇO - DOMINGO
○ Cheia às 15:48 em 08°18' de Libra ○ em Libra às 02:22,
LFC Fim às 02:22

Enquanto a Lua estiver em Libra, estamos sintonizados às necessidades dos outros e mais capazes de compreender os seus motivos. Atitudes diplomáticas e de consideração nos levarão mais longe sob essa Lua.

Lua oposição Sol – 14:04 às 17:31 (exato 15:49)
Nos sentimos divididos, isolados e temos dificuldades em conseguir

o apoio dos outros. Foque em aprimorar os dons de negociação, buscando um ponto de convergência.

Lua oposição Vênus – 15:09 às 18:39 (exato 16:57)
O que desejamos parece mais distante e difícil de alcançar. Encare os acontecimentos como temporários e não se deixe abater.

Lua trígono Saturno – 18:43 às 21:57 (exato 20:21)
Um pouco de seriedade e maturidade ajudam a solucionar os conflitos do dia. Tenha paciência.

DIA 29 DE MARÇO – SEGUNDA-FEIRA
◯ *Cheia* ◯ *em Libra, LFC Início às 21:08*

Lua trígono Marte – 00:31 às 03:52 (exato 02:15)
Bom aspecto para gastar energias acumuladas. Um pouco de exercício pode ser exatamente o que precisamos para ficarmos mais relaxados e em paz.

Lua trígono Júpiter – 13:23 às 16:38 (exato 15:09)
Ótimo humor e facilidade para realizar o que se ambiciona. Generosidade e boa sorte. Que tal convidar os amigos e os colegas para um bom almoço?

Lua quadratura Plutão – 19:31 às 22:43 (exato 21:08)
À noite, o tempo vira. Evite conversas desagradáveis e confrontos, há chances de as coisas perderem a proporção e se inflamarem.

DIA 30 DE MARÇO – TERÇA-FEIRA
◯ *Cheia* ◯ *em Escorpião às 02:33, LFC Fim às 02:33*

Enquanto a Lua estiver em Escorpião, cuidado com a agressividade e com a tendência à desconfiança. Nem sempre podemos ter o controle de tudo e de todos.

Lua oposição Urano – 15:16 às 18:30 (exato 17:02)

É bom evitar lotar a agenda essa tarde. Há chance dos planos descarrilharem se forem colocados sob pressão. Deixe espaço suficiente para imprevistos.

Lua quadratura Saturno – 19:02 às 22:16 (exato 20:42)
Não faça inventários sobre o que deu ou não certo nos últimos dias, o mau humor já tem companhia de sobra. Se for possível, tente relaxar um pouco.

DIA 31 DE MARÇO – QUARTA-FEIRA
◯ *Cheia (disseminadora)* ◯ *em Escorpião, LFC Início às 21:29*

Lua trígono Netuno – 11:20 às 14:35 (exato 13:04)
Sensibilidade em alta. Parece que podemos captar as boas vibrações que nos cercam. Aproveite para mergulhar em tudo o que inspira você.

Lua quadratura Júpiter – 14:13 às 17:30 (exato 16:03)
Às vezes, o otimismo pode nos levar ao exagero. Sob essa influência, não percebemos nossos limites. Cuidado.

Lua trígono Mercúrio – 15:44 às 19:25 (exato 17:43)
A mente está bastante afiada e conseguimos lidar habilmente com assuntos mais delicados. Seja gentil.

Lua sextil Plutão – 19:50 às 23:06 (exato 21:29)
Com um pouco de empenho, é possível recuperar algo que julgávamos perdido. Um pouco de energia, honestidade e carisma podem fazer a diferença.

ABRIL 2021

Domingo	Segunda-feira	Terça-feira	Quarta-feira	Quinta-feira	Sexta-feira	Sábado
				1 Lua Cheia em Sagitário às 02:58 LFC Fim às 02:58	2 ♐ Lua Cheia em Sagitário	3 ♑ Lua Cheia em Capricórnio às 05:12 LFC 02:24 às 05:12
4 ☾ 14°51' ♑ Lua Minguante às 07:04 em Capricórnio	5 ♒ Lua Minguante em Aquário às 10:03 LFC 04:06 às 10:03	6 Lua Minguante em Aquário	7 ♓ Lua Minguante em Peixes às 17:30 LFC 07:05 às 17:30	8 Lua Minguante em Peixes	9 Lua Minguante em Peixes LFC Início 20:49	10 ♈ Lua Minguante em Áries às 03:10 LFC Fim 03:10
11 ● 22°24' ♈ Lua Nova às 23:30 em Áries	12 ♉ Lua Nova em Touro às 14:43 LFC 09:07 às 14:43	13 Lua Nova em Touro	14 Lua Nova em Touro LFC Início 21:00	15 ♊ Lua Nova em Gêmeos às 03:34 LFC Fim 03:34	16 Lua Nova em Gêmeos	17 ♋ Lua Nova em Câncer às 16:25 LFC 12:03 às 16:25
18 Lua Nova em Câncer	19 Lua Nova em Câncer LFC Início 21:04 Entrada do Sol em Touro às 17hs33	20 ☽ 00°25' ♌ Lua Crescente às 04:00 em Leão Lua em Leão às 03:10 LFC Fim 03:10	21 Lua Crescente em Leão	22 ♍ Lua Crescente em Virgem às 10:08 LFC 09:05 às 10:08	23 Lua Crescente em Virgem	24 ♎ Lua Crescente em Libra às 13:05 LFC 07:51 às 13:05
25 Lua Crescente em Libra	26 ♏ Lua Crescente em Escorpião às 13:18 LFC 09:41 às 13:18	27 ○ 07°06' ♏ Lua Cheia à 00:31 em Escorpião	28 ♐ Lua Cheia em Sagitário às 12:42 LFC 09:32 às 12:42	29 Lua Cheia em Sagitário	30 ♑ Lua Cheia em Capricórnio às 13:15 LFC 10:27 às 13:15	

Céu do mês de abril

Entramos no mês de abril com um contato favorável de Mercúrio no Signo de Peixes com Plutão em Capricórnio. Este trânsito dá uma tônica mais investigativa ao momento, podemos ter uma necessidade de buscar o que está oculto na informação e não simplesmente aceitar o que é comunicado como sendo uma verdade.

Logo no dia 04/04, Mercúrio entra no enérgico Signo de Áries, permanecendo neste Signo até 19/04. Em uma curta passagem, Áries traz a Mercúrio uma energia de sinceridade e impulsividade nas comunicações. É um ótimo período para ser claro no que se tem a dizer, transmitindo o amor que sentimos para a família e amigos.

Entre os dias 05 e 07/04, Vênus faz um aspecto sutil a Marte, proporcionando facilidade nos afetos e nos contatos sexuais e favorecendo também a conquista dos objetos de desejo; sejam eles amorosos ou materiais.

Marte em Gêmeos entra em atrito com Netuno em Peixes, deixando o período do dia 08 a 10/04 meio confuso. Muita atenção, pois há tendência a decisões e atos errôneos nesses dias.

É oportuno quando no dia 10/04, Mercúrio e Saturno se harmonizam trazendo um pouco de ordem aos nossos pensamentos, deixando as comunicações mais responsáveis e objetivas.

Nesse mesmo dia, Vênus faz um belo aspecto ao expansivo Júpiter. O encontro de dois benéficos dá um alento, poderemos, então, sentir mais confiança e fé nos relacionamentos, e aproveitar a chance de sucesso nos assuntos estéticos, de lazer, arte e viagens.

Mas, entre os dias 11 e 12/04, Vênus entra em um aspecto conflitante com Plutão. Cuidado com o excesso de emoções, sentimento de que falta de algo ou alguém, e ciúme excessivo, que pode se manifestar nesse aspecto. O ideal é buscar ser produtivo para acalmar a sensação de tensão emocional.

O astro-rei Sol, no bravo Signo de Áries, faz um excelente aspecto para o ativo Marte no dia 13/04, dando energia e clareza para agir. É importante aproveitar o momento para solucionar assuntos que surgem.

Vênus entra no Signo de Touro dia 14/04, onde permanecerá até dia 08/05. Um ótimo período para perseverar nos nossos objetivos, sejam eles materiais ou de relacionamento. Podemos estar com uma necessidade maior de amar e ser amado.

Dia 15/04, o Sol faz um bom aspecto para o benéfico Júpiter, dando clareza e esperança para nossos projetos e objetivos pessoais. Porém, já no dia 16/04, o Sol faz um aspecto tenso para Plutão, deixando as situações um pouco fora de controle com relação ao que planejamos e pode haver necessidade de desapegar de algo que sentimos como ameaça.

Marte faz um lindo trígono para Júpiter entre os dias 15 a 18/04, reforçando que o momento é para focar nos planos e metas, colocá-los em prática, com capacidade de divulgar esses planos com um marketing eficiente, que chegue longe e atinja muita gente.

Mas, ao mesmo tempo, Mercúrio atrita com Plutão, dia 17/04. Pensamentos obsessivos podem estragar o bom momento, não deixe a negatividade e a necessidade de controle dominar e atrapalhar seus propósitos.

Procurar ser perseverante e comunicar o que se quer, sem ser ferino. O melhor pode ser calar e aguardar a noite chegar para comunicar o que deseja, quando o Sol se encontrar com Mercúrio, e as coisas ficarem mais claras na mente.

Dia 19/04, Mercúrio e o Sol entram no Signo de Touro, o Sol permanecendo até dia 20/05 e Mercúrio até dia 03/05.

A energia da pressa e da urgência do Signo de Áries muda para a mansidão de Touro. Bom fazer as coisas com calma e consistência, avaliando o esforço e o resultado, pragmaticamente.

Dia 22/04, Vênus se encontra com Urano, trazendo uma certa conexão entre amor e liberdade. O ideal é ter criatividade para lidar com imprevistos, e inteligência afetiva para entender que o outro também quer ter liberdade.

Ótimo momento para fazer contatos pessoais e paquerar, quem sabe conhecer alguém bacana em um aplicativo de relacionamentos, se você estiver só.

Dia 23/04, o enérgico Marte entra no sentimental Signo de Câncer, onde fica até dia 11/06. O período indica que vamos estar mais interessados em agir para a proteção das pessoas mais íntimas. Atenção com a possibilidade de irritação com os mais próximos.

Mercúrio e Vênus se encontram com Urano dia 24/04 no Signo de Touro, um ótimo momento para por em prática as mudanças que queremos fazer, seja no âmbito amoroso, profissional ou material.

Mercúrio e Vênus caminham lado a lado, e fazem ao mesmo tempo um aspecto difícil para o rigoroso Saturno no dia 25/04. Podemos desanimar de continuar com as mudanças desejadas, avalie bem custos e benefícios antes de qualquer decisão prática.

Mas Mercúrio logo faz um aspecto facilitador para Netuno, trazendo um pouco de imaginação e intuição sem prejudicar o raciocínio lógico.

Dia 28/04, Plutão começa seu processo anual de retrogradação e permanecerá retrógrado até 06/10, nos convidando a rever o que precisamos encerrar definitivamente em nossas vidas e a colocar um ponto final no que está faltando.

Encerramos o mês de abril com um encontro entre Sol e Urano no Signo de Touro. É um ótimo momento para clarear as ideias e renovar, pensar no futuro, mas viver o tempo presente de forma livre e prazerosa, somos merecedores do melhor que a vida pode oferecer com liberdade, aceitando os imprevistos como parte da vida.

A Lua Nova em Áries, no dia 11/04, simboliza o começo, o início de algo que estiver desejando muito, mesmo que necessite colocar uma força propulsora maior do que o esperado, mas haja com liderança sem intolerância ou excesso de poder, pois a força virá por meio da comunicação clara e objetiva.

A Lua Cheia em Escorpião, no dia 27/04, revela situações que podem ter chegado ao limite tolerável. Dependendo de como as coisas iniciaram na Lua Nova e transcorreram na Lua Crescente, a culminância ocorre agora. Procure manter a serenidade e aguarde a Lua Nova surgir para começar de novo. Aproveite essa noite para comemorar as bênçãos do Festivel de Wesak, com todo seu encantamento e magia.

Lunações de abril

Lua Nova
11.04.2021
Às 23:30
em 22°24
de Áries

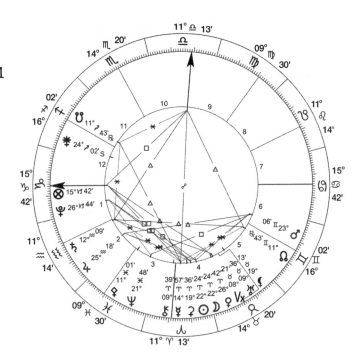

Lua Cheia
27.04.2021
À 00:31 em
07°06 de
Escorpião

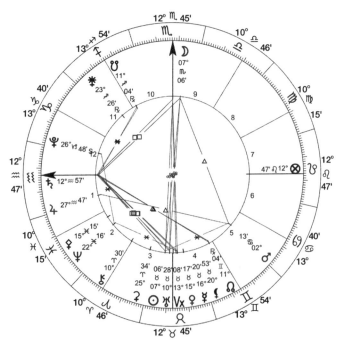

Posição diária da Lua em abril

DIA 01 DE ABRIL – QUINTA-FEIRA
◯ *Cheia (disseminadora)* ◯ *em Sagitário às 02:58, LFC Fim às 02:58*

Enquanto a Lua estiver em Sagitário, é interessante buscar ampliar os horizontes, as ideias e os conhecimentos. Uma inspiração predominante, mas também é um momento em que se pode cometer excessos em todas as áreas como atividade física e alimentação, por isso a recomendação é não exagerar. Restrições não são bem aceitas, pois o anseio de liberdade é muito grande. Favorecidos estudos ou aperfeiçoamento de línguas estrangeiras bem como comércio exterior neste momento.

Lua sextil Saturno – 20:12 às 23:33 (exato 21:54)
A confiança de poder seguir na vida desenvolvendo todo o potencial para o bem-estar de si e de seus entes queridos pode ser exercida de um modo mais presente. Facilidade em executar as tarefas que estavam pendentes.

Lua trígono Sol – 21:58 às 01:33 de 02/04 (exato 23:51)
Parcerias e relacionamentos encontram agora uma oportunidade de entendimento e de conexão. Possibilidade de soluções para projetos e pendências no trabalho ou em casa, estas podem vir por meio de conversas e troca de experiências.

DIA 02 DE ABRIL – SEXTA-FEIRA
◯ *Cheia (disseminadora)* ◯ *em Sagitário*

Lua trígono Vênus – 01:06 às 04:45 (exato 03:04)
Os trabalhos realizados nestes instantes são bonitos, inteligentes e bem recebidos pelas pessoas às quais se destinam. Postagens em redes e mídias sociais podem trazer ótimos resultados. As pessoas estão mais amigáveis, interessadas, tornando este momento ótimo para interagir.

Lua oposição Marte – 05:54 às 09:25 (exato 07:41)
Não é hora de brincadeira nem de desafiar pessoas com as quais

precisamos ter um bom relacionamento. Má vontade e indisposição não resolvem, agora é hora de evitar confrontos e aguardar. Estar em numa posição de liderança pode requerer um pouco de controle.

Lua quadratura Netuno – 13:00 às 16:23 (exato 14:46)
Como as pessoas tendem a ficar um pouco mais confusas e sem ter clareza dos caminhos a se tomar, neste início de tarde, a recomendação é adiar reuniões importantes ou tomar decisões a longo prazo. Evitar alimentos pesados ou comer em lugares duvidosos também é outra boa dica.

Lua sextil Júpiter – 16:33 às 20:00 (exato 18:25)
Tudo se desenrola de repente, tarefas são finalizadas. A melhor opção é levar aquela pessoa especial a um lugar muito bom e fazer um *happy hour* ou ir a um lugar movimentado e conhecer pessoas novas.

DIA 03 DE ABRIL – SÁBADO
Cheia (disseminadora) em Capricórnio às 05:12,
LFC Início às 02:24, LFC Fim às 05:12

Enquanto a Lua estiver em Capricórnio, eficiência e confiabilidade são as palavras que norteiam este período. A produtividade é outra palavra em alta. É possível pensar em projetos a longo prazo e também adquirir produtos duráveis, porém com qualidade e requinte. Todos tendem a ser mais responsáveis a cumprir os deveres. Caso haja problemas com ossos ou pele, é um bom momento para tratar.

Lua quadratura Mercúrio – 00:26 às 04:20 (exato 02:24)
Os pensamentos rondam à procura do que pode sair errado. A preocupação domina o clima nesta madrugada e a noite parece não acabar. O melhor agora é fazer um *check list* e planejar os próximos passos.

Lua trígono Urano – 19:19 às 22:49 (exato 21:09)
O sentimento que permeia esta noite é de liberdade e criatividade. Grande possibilidade de conhecer pessoas e lugares novos. E se é

para marcar um encontro, que seja em um lugar incomum, algo que surpreenda.

DIA 04 DE ABRIL - DOMINGO
☽ Minguante às 07:04 em 14°51' de Capricórnio ☽ em Capricórnio

Lua quadratura Sol – 05:08 às 08:56 (exato 07:08)
São nesses momentos que o senso de responsabilidade limita as iniciativas e o sentimento de impotência pode bloquear aquilo que se está empenhado em fazer. É recomendável agora uma boa alimentação e planejar os possíveis imprevistos que possam prejudicar o que se está trabalhando.

Lua quadratura Vênus – 09:36 às 13:29 (exato 11:40)
O mau humor e a dificuldade de se levar avante as tarefas com facilidade pode gerar cansaço e impossibilitar a finalização destas atividades esta manhã. A recomendação é não forçar o que está travado, mas executar apenas o que está fluindo.

Lua sextil Netuno – 17:07 às 20:41 (exato 18:56)
Momento de inspiração e realização. Sonhar e planejar é possível. Finalizar o domingo com algo muito especial faz bem para alma.

DIA 05 DE ABRIL - SEGUNDA-FEIRA
☽ Minguante ☽ em Aquário às 10:03, LFC Início às 04:06, LFC Fim às 10:03

Enquanto a Lua estiver em Aquário, home office e ensino a distância são muito apropriados para este momento. Os assuntos de contexto social tomam conta das conversas e projetos para o futuro são importantes. Quebrar a rotina com programas diferentes e inovadores pode ser revigorante. Outro tema importante a destacar é que as relações e parcerias precisam de mais autonomia e espaço.

Lua conjunção Plutão – 02:17 às 05:53 (exato 04:06)
Tudo que é extremo pode dar errado. Madrugada intensa com possibilidades de sair dos trilhos, e a recomendação é evitar levar as situações às últimas consequências.

Lua sextil Mercúrio – 13:12 às 17:25 (exato 15:26)
Muito favorável para reuniões e encontros nos quais é importante manter a clareza na forma de se comunicar as novidades ou os novos projetos.

DIA 06 DE ABRIL – TERÇA-FEIRA
☽ *Minguante* ☽ *em Aquário*

Lua quadratura Urano – 01:07 às 04:48 (exato 03:07)
A intolerância e a impaciência podem minar os relacionamentos de forma a tirar o sono. Não é um bom momento para escrever nas redes sociais aquilo que está sentindo.

Lua conjunção Saturno – 05:41 às 09:23 (exato 07:36)
A manhã começa com um sentimento de responsabilidade e a certeza de que dá para concluir as tarefas propostas. O comprometimento com as pessoas mais próximas ajuda a fortalecer as relações.

Lua sextil Sol – 15:39 às 19:40 (exato 17:45)
As principais ferramentas para esta tarde são a liberdade e a iniciativa que, juntas, aceleram a realização do que deve ser feito. As pessoas ficam mais abertas para interação.

Lua trígono Marte – 20:58 à 00:52 de 07/04 (exato 23:01)
Momentos produtivos e com muita energia. A confiança pode direcionar as pessoas ao redor e contagiar. É possível aproveitar a espontaneidade deste momento para manifestar os desejos.

Lua sextil Vênus – 21:39 às 01:47 de 07/04 (exato 23:40)
A noite segue com sentimentos amistosos e agradáveis. É um ótimo momento para estar em companhia de quem se gosta. A gentileza é recíproca. Excelente período para demonstrar os sentimentos.

DIA 07 DE ABRIL – QUARTA-FEIRA
☽ *Minguante (balsâmica)* ☽ *em Peixes às 17:30,*
LFC Início às 07:05, LFC Fim às 17:30

Enquanto a Lua estiver em Peixes, sintonia, empatia e sonhos são emoções presentes nesta fase. Mais que tudo, deixar ir o que não serve mais é muito importante para descarregar a mochila da vida. Estar em lugares onde arte, música e cinema trazem bem-estar para a alma. Momento ideal para desenvolver habilidades artísticas e musicais.

Lua conjunção Júpiter – 05:10 às 08:58 (exato 07:05)
Realizar as tarefas de modo acelerado não dá bom resultado, pois vão precisar ser refeitas. Se for possível, é melhor remarcar encontros *on-line* ou presenciais e também pedir mais prazo.

DIA 08 DE ABRIL – QUINTA-FEIRA
☽ Minguante (balsâmica) ☽ em Peixes

Lua sextil Urano – 09:28 às 13:18 (exato 11:34)
Fazer uso da criatividade é uma oportunidade de trazer soluções inovadoras e, muitas vezes, além do tempo para o momento presente. Usar tecnologia tais como *internet* e aplicativos agiliza o andamento do excesso de demanda que pode se acumular nesta manhã.

DIA 09 DE ABRIL – SEXTA-FEIRA
☽ Minguante (balsâmica) ☽ em Peixes, LFC Início às 20:49

Lua quadratura Marte – 08:46 às 12:50 (exato 10:56)
O dia já começa com um sentimento de indisposição e dificuldade de se relacionar, bem como executar as atividades necessárias. Neste caso, é necessário uma pausa para fazer um exercício leve ao ar livre.

Lua conjunção Netuno – 09:07 às 13:00 (exato 11:08)
A empatia funciona muito bem para resolver conflitos e mal-entendidos. Às vezes, surgem soluções que "caem do céu" e encaixam com muita precisão no momento.

Lua sextil Plutão – 18:51 às 22:45 (exato 20:49)
É hora do *happy hour* e encontros marcados com uma pitada de sen-

sualidade. Estudar ou terminar aquele trabalho de pesquisa é favorável, pois a capacidade de aprofundar e foco estão ativados.

DIA 10 DE ABRIL - SÁBADO
☽ *Minguante (balsâmica)* ☽ *em Áries às 03:10, LFC Fim às 03:10*

Enquanto a Lua estiver em Áries, são aqueles dias em que os sentimentos de iniciativa e de coragem são a motivação para levantar da cama. Fase especialmente boa para dar início a atividades novas ou simplesmente se exercitar e colocar a energia em circulação. Pode ser arriscado dar andamento a projetos ou novas atividades sem verificar todos os ângulos. Tendência à independência, ao individualismo e à competitividade. Investimentos de curto prazo são mais indicados.

Hoje a Lua não faz aspectos com outros planetas no céu. Devemos observar recomendações para a fase e Signo que a Lua se encontra.

DIA 11 DE ABRIL - DOMINGO
● *Nova às 23:30 em 22°24' de Áries* ● *em Áries*

Lua sextil Saturno – 01:01 às 04:59 (exato 03:01)
A madrugada tem um tom de elegância e austeridade, as companhias são agradáveis e sustentam uma relação agradável. É possível realizar trabalhos de uma forma eficiente e com facilidade.

Lua conjunção Mercúrio – 03:24 às 08:07 (exato 05:53)
Pensamentos e emoções alinhados para proporcionar um ponto de encontro e conciliação. Fica fácil o entendimento quando as palavras ditas estão alinhadas com o coração. Tudo parece acelerar, observar é importante.

Lua conjunção Sol – 21:20 às 01:41 de 12/04 (exato 23:33)
Uma janela de oportunidade para tomar iniciativa e chegar mais perto de quem se gosta, pode ser um posicionamento ou apenas uma demonstração de interesse. Este alinhamento pode ser proveitoso para sermos sinceros.

Lua sextil Marte – 22:53 às 03:05 de 12/04 (exato 01:03 de 12/04)
Noite muito favorável para os encontros, muito melhor para os contatos mais íntimos. É muito favorável para aproximação de pessoas, basta sinalizar e dar o primeiro passo.

DIA 12 DE ABRIL - SEGUNDA-FEIRA
● Nova ● em Touro às 14:43, LFC Início às 09:07, LFC Fim às 14:43

Enquanto a Lua estiver em Touro, todas as atividades ligadas ao sensorial estarão favorecidas. Atividades ligadas a alimentação, beleza, moda e decoração são destaques nesta fase. As atividades que fluem melhor são as que trazem segurança e que podem ser executadas de maneira simples e prática. Aplicações financeiras para esse período são as mais estáveis e com rendimento seguro. É bom observar a alimentação e tomar cuidado com excesso de carboidratos.

Lua sextil Júpiter – 03:22 às 07:26 (exato 05:32)
A energia está em expansão e o otimismo invade a madrugada. A interação entre as pessoas, mesmo que distante, flui com facilidade, e as conversas são profundas e filosóficas. Momento apropriado para expressar o que pensa.

Lua quadratura Plutão – 06:11 às 10:12 (exato 08:05)
Mesmo que o dia tenha começado bem, é importante não negligenciar os problemas que podem surgir. A solução dos desafios não pode ser superficial, e olhar para onde se originou o desafio ou embate pode ser a melhor forma de encontrar a resolução.

Lua conjunção Vênus – 06:52 às 11:20 (exato 09:07)
Sempre podemos contar com o apoio das pessoas que nos amam nos momentos que precisamos. Os desafios encontrados nesta manhã são solucionados quando se foca nas possibilidades práticas e viáveis.

DIA 13 DE ABRIL - TERÇA-FEIRA
● Nova ● em Touro

Lua conjunção Urano – 08:15 às 12:19 (exato 10:24)

Manhã cheia de compromissos e muitas vezes se sobrepondo. É preciso usar muita criatividade e abrir espaços livres na agenda. Sair para espairecer é fundamental e as pausas para o café são bem-vindas.

Lua quadratura Saturno – 13:27 às 17:32 (exato 15:29)

A todo momento, a responsabilidade pesa e tem que se dar conta de muitas tarefas pesadas. É importante não deixar compromissos que necessitam de estruturação e tempo para serem realizados durante a tarde.

DIA 14 DE ABRIL - QUARTA-FEIRA
🌑 Nova 🌑 em Touro, LFC Início às 21:00

Lua sextil Netuno – 09:00 às 13:05 (exato 11:03)

As artes como música e literatura são muito apropriadas para esta manhã. Estudar desenho, filosofia e meditação eleva a vibração e promovem o aumento da autoestima. Excelente momento para responder mensagens, pois a inspiração vai achar as palavras e imagens adequadas.

Lua quadratura Júpiter – 16:57 às 21:00 (exato 19:09)

Sair gastando energia ou investindo dinheiro que não está disponível é muito arriscado durante estas horas. A sensação de impotência e falta de espaço pode gerar o mau humor e, como consequência, dificuldade de atuação.

Lua trígono Plutão – 18:57 às 23:01 (exato 21:00)

É importante aproveitar este momento para resolver situações difíceis tanto na vida pessoal quanto na profissional. Agora é um bom momento para eliminar assuntos que já não servem ou funcionam de modo adequado ou desfazer-se de coisas que não fazem mais sentido.

DIA 15 DE ABRIL - QUINTA-FEIRA
🌑 Nova 🌑 em Gêmeos às 03:34, LFC Fim às 03:34

Enquanto a Lua estiver em Gêmeos, estamos sempre curiosos, sentindo interesse por quase tudo. Não importa a idade, a sensação é de que somos eternamente jovens. É notável a capacidade de comunicação e facilidade com as palavras tornando este momento bom para interagir com todo tipo de pessoa por meio de qualquer mídia. A maior dificuldade é dar atenção para somente um assunto ou uma pessoa.

Hoje a Lua não faz aspectos com outros planetas no céu. Devemos observar recomendações para a fase e Signo que a Lua se encontra.

DIA 16 DE ABRIL - SEXTA-FEIRA
● *Nova* ● *em Gêmeos*

Lua trígono Saturno – 02:49 às 06:55 (exato 04:51)
Há confiança suficiente para lidar com questões de forma positiva e construtiva. Mesmo que o número de tarefas seja muito grande, o senso de responsabilidade e de dever são suficientes para dar conta.

Lua quadratura Netuno – 22:13 às 02:16 de 17/04 (exato 00:15 de 17/04)
Não é prudente escrever ou mandar imagens pela internet que possa trazer arrependimentos no futuro. A melhor opção nesta hora é assistir a um bom filme com uma gostosa xícara de chá quente.

DIA 17 DE ABRIL - SÁBADO
● *Nova* ● *em Câncer às 16:25, LFC Início às 12:03, LFC Fim às 16:25*

Enquanto a Lua estiver em Câncer, os dias proporcionam melhor resultado para atividades ligadas a casa e a família. Excelente momento para rever álbuns de família e organizar aquela prateleira de lembranças e presentes. Um ótimo programa é visitar lugares conhecidos e aconchegantes. É possível também mudar de casa ou simplesmente tornar o lar o mais confortável possível com nova decoração, especialmente na cozinha.

Lua sextil Mercúrio – 05:37 às 10:30 (exato 08:08)
Escrever, mandar mensagens, estudar, finalizar trabalhos inacabados. A comunicação flui com facilidade e o que é dito é entendido, o que

torna este momento muito especial para comunicar com clareza as coisas importantes.

Lua trígono Júpiter – 06:50 às 10:55 (exato 08:59)
Disposição sobrando para começar o dia. O otimismo é o combustível desta amanhã, facilitando o desenrolar das atividades. O conhecimento vem alinhado com o bom-senso e norteia, assim, os caminhos a seguir.

Lua conjunção Marte – 07:00 às 11:15 (exato 09:10)
Atividades físicas como caminhar, correr, dançar e ir à academia são importantes para manutenção da saúde e para revigorar o corpo. A coragem para enfrentar situações difíceis é um recurso disponível nesta manhã.

Lua sextil Sol – 09:51 às 14:13 (exato 12:03)
A liderança flui com essa energia positiva que inspira a equipe de trabalho. Excelente momento para fazer reuniões e resolver tarefas que faltam clareza. A satisfação e alegria contagiam as pessoas em volta.

Lua sextil Vênus – 22:35 às 03:02 de 18/04 (exato 00:53 de 18/04)
Nada melhor do que se cuidar fazendo algo para melhorar pele, corpo e cabelo. Estes cuidados feitos em casa dão bom resultado. É muito prazeroso terminar o dia acompanhado daquela pessoa especial em nossa vida.

DIA 18 DE ABRIL - DOMINGO
● *Nova* ● *em Câncer*

Lua sextil Urano – 10:19 às 14:17 (exato 12:23)
O domingo está favorável para atividades ao ar livre e que sejam completamente diferentes do dia a dia. Projetos em família que gerem autonomia são a melhor escolha para este domingo. Sair da rotina é libertador.

DIA 19 DE ABRIL - SEGUNDA-FEIRA
● *Nova* ● *em Câncer, LFC Início às 21:04*

Entrada do Sol no Signo de Touro às 17hs33min14s

Lua trígono Netuno – 09:59 às 13:51 (exato 11:54)
Imaginação, sensibilidade e sutileza são qualidades a serem utilizadas tanto nas relações quanto no trabalho. Olhar para situações de forma mais ampla pode trazer soluções importantes.

Lua oposição Plutão – 19:08 às 22:58 (exato 21:04)
Não é aconselhável marcar encontros ou atividades em que já existam conflitos de interesse prévios. Não existe nenhuma disposição para negociações. Adiar decisões importantes para outro momento é fundamental.

DIA 20 DE ABRIL – TERÇA-FEIRA
☾ *Crescente às 04:00 em 00°25' de Leão* ☾ *em Leão às 03:09, LFC Fim às 03:09*

Enquanto a Lua estiver em Leão, é importante ter uma identidade própria distante do comum. Existe a necessidade de ser uma pessoa homenageada e vista. São tempos de extroversão e individualidade. Tudo fica mais festivo, alegre. Atividades ligadas a lazer e diversão estão em alta. Ótimo momento para atualizar as fotos de perfil e melhorar a performance em lives e vídeos.

Lua quadratura Sol – 01:55 às 06:02 (exato 03:59)
É importante não dar atenção a situações que são contrárias à nossa natureza. Diz o ditado: "Quando um não quer, dois não brigam", então, esperar outro momento para resolver assuntos difíceis é a melhor indicação.

Lua quadratura Mercúrio – 04:51 às 09:24 (exato 07:09)
Palavras ou textos escritos podem não expressar os verdadeiros sentimentos, e tomar cuidado com a escolha das palavras pode evitar problemas futuros. Não é uma boa hora para responder redes sociais ou dar uma opinião sem checar todos os ângulos do assunto.

Lua quadratura Vênus – 15:16 às 19:24 (exato 17:24)
O dia continua difícil, mas é importante observar o dizer popular: "muito ajuda quem menos atrapalha". Só ajuda quem está sem sobre-

carga. Tratamentos estético não são indicados, marcar para um outro dia será mais auspicioso.

Lua quadratura Urano – 20:18 à 00:02 de 21/04 (exato 22:17)
Após o dia com muitos desafios, a capacidade de tolerar pode estar em nível muito baixo. Seria bom evitar lugares cheios, onde há demora em entregar os pedidos. A coisa certa a fazer agora é dar um espaço para descanso, evitando assuntos indesejados.

DIA 21 de ABRIL – QUARTA-FEIRA
☾ Crescente ☾ em Leão

Lua oposição Saturno – 01:04 às 04:46 (exato 02:52)
Encontrar pessoas mal-humoradas e cheias de reclamação não será difícil nesta madrugada. E se o caso é falta de sono, um filme que tire a atenção dos problemas e dos aborrecimentos pode ser a melhor solução.

DIA 22 DE ABRIL – QUINTA-FEIRA
☾ Crescente ☾ em Virgem às 10:08, LFC Início às 09:05, LFC Fim às 10:08

Enquanto a Lua estiver em Virgem, é ótimo cuidar da saúde, da alimentação, da organização e também de todos os detalhes que podem passar, às vezes, sem ser vistos no dia a dia. Utilizar alimentos de preferência orgânicos e preparados de maneira saudável. A escolha do estilo de decoração é despojado e minimalista. O contato com a natureza pode funcionar como carregador de energia. Para aplicações financeiras, uma análise criteriosa vai resultar em excelente negócio.

Lua oposição Júpiter – 03:06 às 06:42 (exato 04:55)
Tendência para se exagerar em todas as áreas. Toda atenção é pouca. Errar na mão pode custar dinheiro e horas de trabalho.

Lua sextil Marte – 07:13 às 10:55 (exato 09:05)
É possível realizar as atividades com uma energia de iniciativa e muita disposição. Nos exercícios físicos, é indicado o trabalho localizado.

Lua trígono Sol – 13:12 às 16:58 (exato 15:02)
Reuniões e encontros se desenrolam de modo favorável. A liderança em qualquer área conta com a colaboração das pessoas. Momento muito auspicioso, vale a pena aproveitar.

Lua trígono Mercúrio – 21:44 às 01:49 de 23/04 (exato 23:47)
A mente está a todo vapor e é possível desenvolver trabalhos escritos, favorável também comunicação interpessoal por intermédio das redes sociais. Nossa capacidade de negociação e compreensão são uma ótima ferramenta para resolver conflitos.

DIA 23 DE ABRIL – SEXTA-FEIRA
☾ Crescente ☾ em Virgem

Lua trígono Urano – 02:13 às 05:40 (exato 03:56)
Madrugada muito interessante, cheia de criatividade. Possibilidade para adiamento e flexibilização do excesso de trabalho. A utilização de ferramentas não convencionais são recursos disponíveis.

Lua trígono Vênus – 02:36 às 06:22 (exato 04:26)
Tudo melhora quando recebemos ajuda daqueles que sabem o que é preciso fazer. O rendimento no trabalho é incrível. Muito bom para estar com quem se gosta ao lado. Favorável para o amor.

Lua oposição Netuno – 22:29 às 01:50 de 24/04 (exato 00:05 de 24/04)
Tomar uma boa xícara de chá quente vendo um filme ou lendo um livro pode trazer o ancoramento necessário quando a mente e as emoções ficam divagando. Nestas horas de dúvida, é bom contar com alguém de confiança que tenha bom-senso para dar opinião sobre os assuntos.

DIA 24 DE ABRIL – SÁBADO
☾ Crescente ☾ em Libra às 13:05, LFC Início às 07:51, LFC Fim às 13:05

Enquanto a Lua estiver em Libra, equacionar e ponderar é uma atitude muito sensata, pois muitas vezes é necessário ver todos os lados de uma situação para que possa ser feita uma escolha. Dá muito certo estar em parceria ou em duplas, parece que tudo que se faz rende mais e é mais rápido. A área artística e estética são muito importantes agora, então atualize-se nestas áreas for a sua escolha de profissão. A diplomacia é uma das características nesta fase.

Lua trígono Plutão – 06:10 às 09:28 (exato 07:51)
Uma boa opção é restaurar ou recuperar tudo que está quebrado. Também vale para fazer procedimentos estéticos, por exemplo. Se é preciso investigar ou ir a fundo em algum assunto, o resultado é muito surpreendente.

Lua quadratura Marte – 12:36 às 16:01 (exato 14:15)
Confiar demais que as parcerias vão funcionar, agora, pode não ser uma boa solução. A má vontade é um aspecto desta configuração e assim demanda um pouco de paciência. Bom seria aguardar o momento melhor para fazer aquilo que é importante. Comer qualquer coisa em qualquer lugar pode significar uma indigestão, e é aconselhável agora alimentação leve e saudável.

DIA 25 DE ABRIL - DOMINGO
☾ *Crescente* ☾ *em Libra*

Lua trígono Saturno – 08:25 às 11:39 (exato 09:56)
Excelente manhã para realizar encontros ou cursos. O que é planejado é colocado em prática com muita eficiência. Praticar atividades que necessitem de disciplina também vai funcionar muito bem na manhã de domingo.

DIA 26 DE ABRIL - SEGUNDA-FEIRA
☾ *Crescente* ☾ *em Escorpião às 13:18, LFC Início às 09:41, LFC Fim às 13:18*

Enquanto a Lua estiver em Escorpião, ir fundo, pesquisar e ser um detetive são pontos favoráveis. Nada passa despercebido. A área financeira é muito atrativa e é uma atividade boa para se realizar. É um ciclo para fazer terapia e tratamentos regenerativos. Favorece também as atividades de reforma e restauração. Um momento especial para contatos mais profundos e sensuais. Deixar ir dores do passado será restaurador. Sempre é importante não se tornar obsessivo com nada.

Lua quadratura Plutão – 06:39 às 09:49 (exato 08:07)

Não é hora para brincadeira nem para desafios, também é prudente não aceitar provocações. Neste momento, não existe flexibilidade para negociações, a sugestão é esperar por um momento mais tranquilo para encontros com pessoas difíceis.

Lua trígono Júpiter – 08:03 às 11:15 (exato 09:41)

Ter boa vontade é o caminho para resolução do que quer que esteja acontecendo. A reconciliação nas negociações com as pessoas é viável. A empatia é uma ferramenta muito especial e é para ser usada agora.

Lua trígono Marte – 14:50 às 18:07 (exato 16:31)

Agora tudo segue com uma atitude proativa e a passos largos. A disposição de entendimento entre as pessoas e a coragem para realizar tarefas são muito úteis para solucionar o que quer que esteja na agenda. Os esportes, as lutas e artes marciais são ótimos para serem feitos nesse período.

Lua oposição Sol – 22:50 às 02:12 de 27/04 (exato 00:34 de 27/04)

Não é uma energia de conciliação, mas, sim, de oposição e enfrentamento. Bater o "pé" em um ponto de vista pode gerar afastamento desnecessário. É bom evitar o contato com pessoas ou atividades que não estejam bem alinhadas com o ponto de vista pessoal.

DIA 27 DE ABRIL - TERÇA-FEIRA
○ *Cheia à 00:31 em 07°06' de Escorpião* ○ *em Escorpião*

Lua oposição Urano – 04:16 às 07:26 (exato 05:52)

Se está impaciente, é bom evitar pessoas ou situações fora da sintonia. Parece que nada dá certo, interrupções são constantes e impedem conclusões. É recomendado dar intervalos entre as tarefas, tomar um café é uma dica.

Lua quadratura Saturno – 08:12 às 11:21 (exato 09:48)

Ainda não é o momento para relaxar, pois a quantidade de tarefas é grande. É preciso ter senso de responsabilidade e resistência para ir até o fim. A cobrança é feita de todos os lados, e não tem outra saída a não ser fazer tudo bem feito e dar o seu melhor.

Lua oposição Vênus – 12:58 às 16:18 (exato 14:41)

O almoço não traz alívio e as pessoas não estão facilitando nada. A escolha da companhia e lugar para o almoço é fundamental para saúde. Fazer procedimentos estéticos como mudar o cabelo e roupas pode não dar muito certo ou não cair muito bem.

Lua oposição Mercúrio – 15:33 às 19:13 (exato 17:29)

Período corrido, em que as pessoas estão discordando do ponto de vista. Reuniões podem ser cansativas, pois a intenção de cada um é mostrar que seu ponto de vista é o certo. Se o caso é escrever nas redes sociais, é recomendável fazer uma boa revisão, principalmente do assunto que está sendo falado.

Lua trígono Netuno – 22:55 às 02:05 de 28/04 (exato 00:34 de 28/04)

Momentos de relaxamento para compensar um dia muito pesado. A sugestão é escolher algo sutil e requintado para receber uma companhia agradável. Estar só também pode ser muito especial.

DIA 28 DE ABRIL – QUARTA-FEIRA
○ *Cheia* ○ *em Sagitário às 12:42, LFC Início às 09:32, LFC Fim às 12:42*

Enquanto a Lua estiver em Sagitário, viajar para lugares distantes, falar línguas estrangeiras e se comunicar com pessoas de todo o planeta são algumas coisas legais para fazer nesta fase. Ampliar estudos em filosofia e participar de congressos aumentam muito o conhecimento necessário para o desenvolvimento pessoal. Os locais devem ser amplos. O turismo e o intercâmbio são assuntos muito interessantes.

Lua sextil Plutão – 06:03 às 09:13 (exato 07:37)
A ousadia e a determinação são o combustível para o início da manhã. Dá para ir bem fundo para descobrir o que pode ser regenerado e recuperado em todas as áreas.

Lua quadratura Júpiter – 07:55 às 11:07 (exato 09:32)
A capacidade de avaliação pode estar superestimada trazendo, assim, uma sobrecarga. É preciso calcular um pouco melhor a situação para não ultrapassar os limites e não botar a perder algo importante.

DIA 29 DE ABRIL – QUINTA-FEIRA
◯ *Cheia* ◯ *em Sagitário*

Lua sextil Saturno – 07:58 às 11:12 (exato 09:41)
Tarefas ou atividades que necessitam de disciplina e responsabilidade se desenrolam com muita facilidade. Manhã muito propícia para finalizar trabalhos ou tarefas que precisem de conhecimento e experiência.

Lua quadratura Netuno – 23:03 às 02:20 de 30/04 (exato 00:47 de 30/04)
Às vezes, as nossas sensações podem não estar alinhadas com a realidade. É bom evitar este momento para tomada de decisão ou planejamento a longo prazo. Crie um ambiente agradável com óleos essenciais, isso ajuda a passar esses momentos.

DIA 30 DE ABRIL – SEXTA-FEIRA
◯ *Cheia* ◯ *em Capricórnio às 13:15, LFC Início às 10:27, LFC Fim às 13:15*

Enquanto a Lua estiver em Capricórnio, a palavra de ordem é produtividade e assertividade. Ótimo período para realizar tarefas e concluí-las. A introspecção e a austeridade caem bem e são muito comuns durante este período. O nível de responsabilidade necessária para executar as tarefas é alto e é muito comum ter que aumentar mais. Bom também é fazer cursos de capacitação para desenvolver a competência profissional, pois ajuda a alavancar a carreira. Verificar os olhos e os dentes fazendo uma visita regular ao médico e ao dentista é muito aconselhável.

Lua sextil Júpiter – 08:46 às 12:06 (exato 10:27)

Começa o dia com muita disposição e otimismo para levar adiante o grande número de tarefas durante o dia. Os espaços abertos são excelentes para desenvolver os trabalhos e funciona muito bem para o ânimo das pessoas.

Lua oposição Marte – 19:06 às 22:35 (exato 20:55)

O pavio pode estar curto. Uma solução é realizar as tarefas de modo autônomo ou com menos gente. Delegar é um ótimo recurso, mas é bom ter certeza da competência das pessoas.

MAIO 2021

Domingo	Segunda-feira	Terça-feira	Quarta-feira	Quinta-feira	Sexta-feira	Sábado
						1 Lua Cheia em Capricórnio
2 ♒ Lua Cheia em Aquário às 16:30 LFC 11:38 às 16:30	3 ☽13°35 ♒ Lua Minguante às 16:51 em Aquário	4 ♓ Lua Minguante em Peixes às 23:08 LFC 21:06 às 23:08	5	6 Lua Minguante em Peixes	7 ♈ Lua Minguante em Áries às 08:52 LFC 04:37 às 08:52	8 Lua Minguante em Áries
9 ♉ Lua Minguante em Touro às 20:46 LFC 19:51 às 20:46	10 Lua Minguante em Touro	11 ●21°17' ♉ Lua Nova às 15:59 em Touro	12 Lua Nova em Gêmeos às 09:42 LFC 09:24 às 09:42	13 ♊ Lua Minguante em Gêmeos	14 Lua Nova em Gêmeos	15 ♋ Lua Nova em Câncer
16 ♑ Lua Nova em Câncer	17 Lua Nova em Leão às 09:43 LFC 03:23 às 09:43	18 Lua Nova em Leão	19 ☽29°01 ♑ Lua Crescente às 16:14 em Leão Lua Nova em Virgem às 17:59 LFC 16:13 às 17:59	20 Lua Crescente em Virgem Entrada do Sol em Gêmeos às 16h36	21 ♎ Lua Nova em Câncer às 22:30 LFC 07:51 às 22:30	22 Lua Crescente em Libra
23 Lua Crescente em Libra LFC Início 18:37	24 ♏ Lua Crescente em Escorpião à 00:01 LFC Fim à 00:01	25 Lua Crescente em Leão	26 ○05°25' ♐ Lua Cheia às 08:13 em Sagitário Eclipse Lunar às 08:20 em Sagitário	27 ♑ Lua Cheia em Capricórnio às 23:23 LFC 14:36 às 23:23	28 Lua Cheia em Capricórnio	29 Lua Cheia em Capricórnio LFC Início às 19:15
30 ♎ Lua Cheia em Aquário às 01:04 LFC Fim às 01:04 Início Mercúrio Retrógrado	31 Lua Cheia em Aquário LFC Início às 18:20 Mercúrio Retrógrado					

Céu do mês de maio

Começamos o mês com Mercúrio no pragmático Signo de Touro, fazendo um belo aspecto de trígono para Plutão, e Vênus em um aspecto sextil a Netuno. Bom momento para valorizar as palavras e a informação, pois terão muito poder. A intuição pode estar muito aguçada, e podemos sonhar em encontrar um amor que preencha nossa alma.

Mas já no dia 03/05, Mercúrio entra em tensão com Júpiter, deixando uma divergência de opiniões dominar, causando estresse, em consonância com o difícil contato do Sol com o rígido Saturno. O pessimismo e o medo de errar podem dominar. O ideal é focar nos objetivos, mas com flexibilidade e prudência.

Nessa mesma noite, Mercúrio muda de Signo e vai para o curioso e mutável Gêmeos, permanecendo até dia 11/07. Em Gêmeos, Mercúrio está mais confortável. Isso significa uma melhor capacidade de comunicação e adaptação, com múltiplos interesses. É bom aproveitar o período para ter muitas ideias e urgência em aprender.

Entre os dias 05 e 08/05, Vênus em Touro estará muito ativa, faz um ótimo aspecto a Plutão em Capricórnio, bom momento para recuperar relações afetivas que não estavam bem e a conta do banco que estiver no vermelho, mas tudo isso vai precisar de força e determinação, calma e prudência, pois, ao mesmo tempo, Vênus se desentende com Júpiter, podendo levar por água abaixo os esforços de recuperação que Plutão e Vênus podem proporcionar. Procure evitar a tendência a compulsões, exageros e insatisfações, sejam de natureza afetiva ou material.

À noite, Vênus muda para o Signo de Gêmeos, passando rápido por ele até 02/06. É bom aproveitar esse período para que haja intercâmbio de ideias.

Os romances no período vão estar mais amigáveis do que íntimos, buscam mais compatibilidade mental do que carinhos físicos. É tempo de buscar várias formas alternativas de ganhos. Estaremos ávidos por trocar ideias, comercializar, interagir nas redes sociais, renovar o perfil, iniciar um novo curso, fazer marketing pessoal ou de um produto.

Ótimos dias se aproximam. Entre os dias 10 a 19/05, com vários aspectos fluentes no céu, começando com Marte em harmonia com Urano entre os dias 10 e 14/05, possibilitando que barreiras sejam rompidas, com ações rápidas, mas situações repentinas poderão acontecer. O período é propício para ser bem-sucedido em disputas, que podem ser esportivas ou profissionais. Com o respaldo do trígono de Mercúrio para Saturno, que pode dar um senso de realidade e segurança do que é possível ou não. Com o auxílio luxuoso do Sol, que faz um aspecto favorável a Netuno no dia 13/05, trazendo muita clareza sobre nossos sonhos e ideais, amor e espiritualidade proporcionam alegria de viver.

À noite, o benéfico Júpiter ingressa no espiritual Signo de Peixes, mas permanecerá por pouco tempo, pois iniciará seu passo de retrogradação no dia 21/06 e, no dia 29/07, voltará ao Signo de Aquário, permanecendo nele até o final do ano.

A bonança continua, com a boa harmonia entre Sol e Plutão entre os dias 16 e 17/05, o dom da liderança está aflorado, e pode se mostrar bem claro, através da força de vontade e determinação. Um ótimo momento para se livrar de algo que você não quer mais.

O forte aspecto de Vênus para Saturno pode trazer realidade para nossos desejos, sejam eles afetivos ou materiais, sabendo que tudo vem a seu tempo.

Dia 20/05, à tarde, o Sol entra no Signo de Gêmeos, se aliando a Mercúrio e a Vênus, e permanecerá até 21/06. É um período muito versátil, o universo da linguagem e da comunicação estará muito presente, o diálogo é indispensável, muita troca de ideias, curiosidade e adaptabilidade.

A colisão de Sol e Júpiter nos dias 20 a 22/05 pode deixar o clima esquentado. Muito cuidado com excesso de energia e abuso de autoridade, buscar ouvir, ponderar, dialogar e não impor suas verdades de forma impositiva, confiar no possível, sempre dentro das regras éticas.

Muita indecisão pode pautar o período de 21 a 23/05, um aspecto tenso entre Mercúrio e Netuno, está acontecendo no céu, as comunicações podem ficar muito confusas, com dificuldade de um pensamento lógico.

Saturno começa seu processo de retrogradação no dia 24/05, até o dia 10/10, nos convidando a reconsiderar assuntos que estávamos encaminhando, dando oportunidade de avaliarmos se é seguro, se está na hora certa, se estamos maduros para as decisões a serem tomadas.

Um Eclipse Lunar acontecerá no céu dia 26/05, no Signo de Sagitário. O Eclipse traz situações mal resolvidas e promove a oportunidade de resolver essas situações de alguma forma, mesmo que tenhamos que abandonar hábitos, verdades, conceitos e até pessoas que nos eram caras, para que o "novo" surja.

Entre os dias 26 e 27/05, Vênus entra em desarmonia com Netuno. Este aspecto pode trazer uma desilusão, uma sensação de que nossos sonhos não serão possíveis de serem realizados, sendo difícil expressar o que estamos sentindo verdadeiramente.

Dia 30/05, Mercúrio começa seu caminho de retrogradação e permanecerá nesse processo até 22/06. Este período traz a oportunidade de rever muitos assuntos que havíamos deixado pendentes, porém é necessária atenção com celulares e computadores, mantenha cópias de tudo que necessita, para não ser surpreendido com sumiços repentinos. Cautela ao assinar documentos importantes, marcação de cirurgias eletivas. Atenção com o estado do seu veículo, faça revisão se necessário for. Evite compras pela internet, já que atrasos podem acontecer, pois os transportes e as comunicações entram em um período de lentidão.

Mercúrio e Vênus se encontram no comunicativo Signo de Gêmeos, entre 28 e 29/05, vamos estar com pensamentos alegres, ótimo para comunicar com as pessoas que amamos e para fazer marketing pessoal ou profissional.

Fechamos o mês de maio com um belíssimo trígono de Marte em Câncer a Netuno em Peixes, o momento pede estar em sintonia com a intuição para agir com assertividade, principalmente em causas elevadas, com ideais humanitários. Buscar terapias alternativas e holísticas, bom momento para assuntos que envolvam disputas e esportes, e para estar perto daqueles que temos afetividade.

Se durante a Lua Nova em Touro, no dia 11/05, você se sentir frustrado por falta de recursos financeiros, use esse sentimento como força para se dedicar ao trabalho e garantir estabilidade financeira.

Já durante a Lua Cheia em Sagitário, no dia 26/05, suas emoções podem estar ligadas a algumas verdades que você dava como certas, mas que podem ter que ser revistas e abandonadas, tendo que ajustar o foco de seus objetivos em prol de novos projetos, procurando ser versátil, com capacidade de comunicação e divulgação do que estiver iniciado.

Lunações de maio

Lua Nova
11.05.2021
Às 15:59 em
21°17 de
Touro

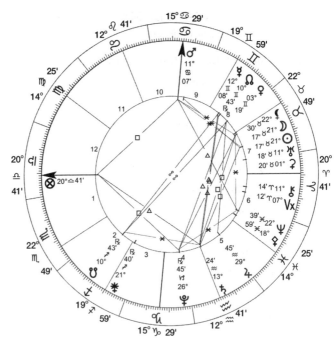

Lua Cheia
26.05.2021
Às 08:13
em 05°25
de Sagitário
Eclipse
Lunar em
Sagitário
às 08:20

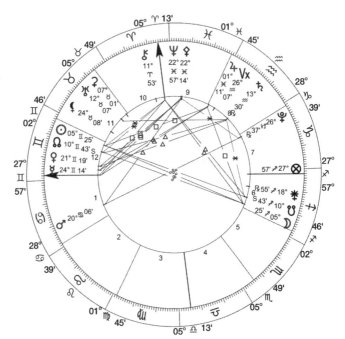

Posição diária da Lua em maio

DIA 01 DE MAIO - SÁBADO
○ *Cheia (disseminadora)* ○ *em Capricórnio*

Lua trígono Urano – 05:30 às 08:54 (exato 07:24)
Um dia para acordar com autoestima. Coloque a criatividade em prática. A mente é uma ferramenta poderosa, use-a. Busque a renovação, principalmente naquilo que já não lhe traz benefício.

Lua trígono Sol – 06:22 às 10:00 (exato 08:20)
A luz do astro-rei surge pela manhã iluminando o ambiente. Explore situações novas. Tudo tende a ser mais claro e de fácil compreensão.

Lua trígono Vênus – 23:48 às 03:36 de 02/05 (exato 01:49 de 02/05)
A noite de sábado com ótimas energias de harmonia para se exercitar o diálogo e o envolvimento pessoal com atividades com pessoas com quem temos vínculos especiais.

DIA 02 DE MAIO - DOMINGO
○ *Cheia (disseminadora)* ○ *em Aquário às 16:30,*
LFC Início às 11:38, LFC Fim às 16:30

Enquanto a Lua estiver em Aquário, um ar de liberdade e sociabilidade permearão todos os ambientes. Os temas serão abordados de maneira intuitiva e inovadora. O futuro terá mais relevância que o passado. O pensamento será de fácil expressão. Deve-se atentar, entretanto, com a rebeldia, o autoritarismo. Prudência na maneira de se expressar para não ferir quem dialoga com você. Use seu livre arbítrio respeitando as escolhas do próximo.

Lua sextil Netuno – 01:31 às 05:00 (exato 03:20)
Uma noite agradável para desfrutar de um ambiente propenso a comunicação com o espiritual. Reze, relaxe. Bons sonhos são preditos nesse período.

Lua conjunção Plutão – 09:08 às 12:38 (exato 10:51)
A manhã promete questões intensas. Evite a impulsividade. Não se deixe mergulhar profundamente em temas que não lhe são benéficos. Procure amenizar os pensamentos. Descarregue a tensão nos exercícios físicos.

Lua trígono Mercúrio – 09:35 às 11:39 (exato 11:38)
Aproveite para locomover-se. Aposte em atividades ao ar livre, como pedalar ou caminhar. No convívio, procure temas leves e divertidos.

DIA 03 DE MAIO - SEGUNDA-FEIRA
☽ *Minguante às 16:51 em 13°35' de Aquário* ☽ *em Aquário*

Lua quadratura Urano – 10:02 às 13:40 (exato 12:01)
Atenção com o impulso. Pense, pense, antes de agir. Urano provoca situações inesperadas e, nesta configuração, nem sempre salutares. Prudência é a dica do momento.

Lua conjunção Saturno – 14:19 às 17:57 (exato 16:09)
A tarde é mais convidativa para a reflexão. Não exagere nas exigências a você nem ao outro. Mantenha a autoconfiança para se estabelecer de forma segura a qualquer contratempo.

Lua quadratura Sol – 14:52 às 18:47 (exato 16:54)
Uma tarde que exige um esforço redobrado para avaliar qualquer situação. As emoções não estarão tão claras. Reduza o ritmo, não gere cobranças desnecessárias.

DIA 04 DE MAIO - TERÇA-FEIRA
☽ *Minguante* ☽ *em Peixes às 23:08, LFC Início às 21:06, LFC Fim às 23:08*

Enquanto a Lua estiver em Peixes, as emoções se expressarão mais sobre os **temas coletivos** do que individuais. A solidariedade prevalecerá sobre o conflito. A imaginação terá seu momento de apogeu no mês. É o período em que nos voltamos mais para a inteligência criadora no intuito de buscarmos um fortalecimento na fé e crença de algo maior. Época do romance, do desenvolvimento das fantasias. Ótimo para desenvolver qualquer tipo de arte.

Lua quadratura Vênus – 10:56 às 15:02 (exato 13:07)
Preste atenção e evite o consumo exagerado. Não se deixe levar pela primeira impressão. Reflita mais de uma vez para ter a certeza do que você realmente deseja e necessita.

Lua conjunção Júpiter – 19:11 às 22:58 (exato 21:12)
Não abuse da alimentação. É um período em que nada parece saciar. Busque o equilíbrio e as bênçãos de Júpiter lhe farão "milagres".

DIA 05 DE MAIO - QUARTA-FEIRA
☽ *Minguante* ☽ *em Peixes*

Lua quadratura Mercúrio – 00:43 às 05:05 (exato 03:00)
A madrugada pode apresentar conflitos de pensamento, interpretação de fatos e comunicação. É possível que neste período seus sonhos sejam mais confusos. Paciência com seus sentimentos que tendem a não parecer claros. Espere para tirar conclusões.

Lua trígono Marte – 11:07 às 15:07 (exato 13:14)
Convicção e energia para pôr em prática seus desejos. Aproveite e tenha a iniciativa para aplicar suas ideias. Exercite-se, aja. A força da realização está com você. Este é o momento.

Lua sextil Urano – 18:01 às 21:52 (exato 20:03)
A noite te traz uma proposta de aventurar-se. Você estará com a sensação de que pode inovar. Seu corpo vai estar elétrico. Seus pensamentos no futuro. Aproveite para fazer planos.

DIA 06 DE MAIO - QUINTA-FEIRA
☽ *Minguante (balsâmica)* ☽ *em Peixes*

Lua sextil Sol – 03:35 às 07:46 (exato 05:47)
Novas energias para renovar. Uma boa manhã para exercitar-se e dar início a novos planos.

Lua conjunção Netuno – 16:19 às 20:13 (exato 18:18)

Uma noite para refletir e provocar um contato com o espiritual. Bom momento para rezar, meditar e se deixar aberto para a religiosidade.

DIA 07 DE MAIO – SEXTA-FEIRA
☽ *Minguante (balsâmica)* ☽ *em Áries às 08:52,*
LFC Início às 04:37, LFC Fim às 08:52

Enquanto a Lua estiver em Áries, as emoções se tornam mais reativas, uma certa inquietude e hipersensibilidade estarão presentes. Tudo se volta para um foco pessoal e perde-se o foco no coletivo. Precisa-se tomar muita atenção com as ações, uma vez que as emoções estarão repletas de entusiasmo e impulsividade. A coragem e a ousadia são naturais desse momento, o que exige mais prudência e reflexão. Do ponto de vista corporal, haverá disposição e força. Ótimo para se exercitar.

Lua sextil Plutão – 00:36 às 04:31 (exato 02:28)
Fortes desejos estarão nos seus pensamentos. Ótimo momento para exercitar o sexo. Procure deixar fluir essa energia com tranquilidade para usufruir os melhores prazeres do momento.

Lua sextil Vênus – 02:25 às 06:47 (exato 04:37)
Deleite-se no momento. A noite proporciona um momento relax para estar com quem mais você gosta. Romance está no ar. Aproveite.

Lua sextil Mercúrio – 19:43 à 00:17 de 08/05 (exato 22:03)
Aproveite para buscar a conversa com os amigos. Procure temas leves e foque na troca de experiências. Exercite a alegria e a descontração.

DIA 08 DE MAIO – SÁBADO
☽ *Minguante (balsâmica)* ☽ *em Áries*

Lua quadratura Marte – 00:29 às 04:40 (exato 02:39)
Hora de colocar em prática sua fé. Não esmoreça. Não se irrite. Sua maior defesa para o momento é colocar em prática a paciência. Não seja agressivo e tenha foco na calma.

Lua sextil Saturno – 09:18 às 13:18 (exato 11:17)

Ótimo dia para desenvolver suas atividades no trabalho. O momento oferece condições de manter a harmonia e o planejamento. Tudo bem organizado neste período tende a ter maravilhosos frutos.

DIA 09 DE MAIO – DOMINGO
☽ Minguante (balsâmica) ☽ em Touro às 20:46,
LFC Início às 19:51, LFC Fim às 20:46

Enquanto a Lua estiver em Touro, as emoções tenderão a proporcionar o equilíbrio mental e corporal. Aproveite o momento para desfrutar a natureza, ler um livro, assistir a um filme, ter uma ótima refeição. É fundamental manter o bom astral, a autoestima e não exagerar nas ações.

Lua quadratura Plutão – 12:14 às 16:16 (exato 14:07)

Plutão exalta em quadratura os mais impulsivos sentimentos. Cuidado com as sensações fortes e as reações intensas dessas horas. Tente manter o ambiente o mais tranquilo possível.

Lua sextil Júpiter – 17:47 às 21:52 (exato 19:51)

Final do dia propício para praticar atividade física. Ótimo período para relaxar das condições pesadas do período da tarde. Aproveite e revigore-se para se preparar para a semana que está pela frente.

DIA 10 DE MAIO – SEGUNDA-FEIRA
☽ Minguante (balsâmica) ☽ em Touro

Lua sextil Marte– 16:03 às 20:20 (exato 18:13)

Período da tarde oferece horas de bem-estar físico. Seu corpo está apto a responder aos exercícios e proporcionar os melhores resultados.

Lua conjunção Urano – 17:32 às 21:37 (exato 19:40)

Busque o foco no essencial. Preste muita atenção nas possíveis mudanças repentinas de ânimo. Procure tranquilizar sua mente para ter um final de tarde ameno.

Lua quadratura Saturno – 21:53 às 01:57 de 11/05 (exato 23:52)
Saturno vem exercer o seu lado mais radical. Manter a autoestima elevada e o controle emocional são fundamentais para atravessar este trânsito sem maiores problemas. Atente para o negativismo e a insegurança que são reações naturais deste período.

DIA 11 DE MAIO – TERÇA-FEIRA
🌑 Nova às 15:59 em 21°17' de Touro 🌑 em Touro

Lua conjunção Sol – 13:46 às 18:12 (exato 16:01)
A clareza do Sol reveste sua tarde com possibilidades para novos ideais e projetos. Manter o equilíbrio e buscar a soluções para velhos problemas podem lhe trazer benefícios.

Lua sextil Netuno – 16:44 às 20:49 (exato 18:46)
Se tiver disposição, você pode trabalhar sua criatividade. Deixe-se levar pela imaginação, tenha o pensamento livre. Os resultados podem surpreender.

DIA 12 DE MAIO – QUARTA-FEIRA
🌑 Nova 🌑 em Gêmeos às 09:42, LFC Início às 09:24, LFC Fim às 09:42

Enquanto a Lua estiver em Gêmeos, as emoções estarão com um tom de diversão. Multiplicidade das ações, observar fatos por diferentes ângulos; versatilidade e adaptabilidade farão parte deste período do mês. Há uma tendência exagerada pela curiosidade e por temas diversos para conversar. Trocar experiências e compreender o que antes não se entendia podem provocar mudanças importantes no seu ser.

Lua trígono Plutão – 01:04 às 05:08 (exato 02:58)
Utilize essa energia para exercitar sua capacidade de refletir e buscar uma análise mais profunda sobre alguma questão que esteja incomodando. Você terá a assertividade que necessita para tomar a decisão correta.

Lua quadratura Júpiter – 07:19 às 11:26 (exato 09:24)
A noite pode ter sido intensa, portanto, aproveite esta manhã para

não exigir muito do seu vigor físico e mental.

Lua conjunção Vênus – 17:04 às 21:36 (exato 19:25)
Vênus traz um ar balsâmico para atividades em sociedade ou a dois. Busque um ambiente acolhedor e aproveite os resultados do momento.

DIA 13 DE MAIO – QUINTA-FEIRA
● *Nova* ● *em Gêmeos*

Lua trígono Saturno – 11:00 às 15:04 (exato 13:01)
Ótimo período para planejar, pois tudo tende para um equilíbrio emocional. Reflexões sobre experiências passadas podem ser benéficas para tomar decisões.

Lua conjunção Mercúrio – 13:16 às 17:47 (exato 15:35)
Uma ótima tarde para tratar assuntos que necessitam de cautela e sensibilidade de trato.

DIA 14 DE MAIO – SEXTA-FEIRA
● *Nova* ● *em Câncer às 22:30, LFC Início às 07:51, LFC Fim às 22:30*

Enquanto a Lua estiver em Câncer, temos a atenção voltada para o lar, para o ambiente caseiro e para a família. As emoções se apresentam de forma a buscar a compreensão dos sentimentos e ter a noção exata das situações que a vida apresenta e o que estas podem provocar. Todavia, é possível a variação de humor e até um estado de agitação interior pela busca da receptividade. Por isso, busque situações que lhe tragam conforto, material e emocional. Entre em contato com pessoas que não lhe estressem e que contribuam para o seu bem-estar de forma recíproca às suas expectativas.

Lua quadratura Netuno – 05:49 às 09:52 (exato 07:51)
A mente pode estar confusa e dispersa. Mantenha a calma e não exija muito de você neste momento.

Lua trígono Júpiter – 20:43 à 00:46 de 15/05 (exato 22:54)

Renovação das energias física e mental. Júpiter favorece a realização de ações de generosidade e altruístas. Faça por alguém e tenha a gratidão do universo para você.

DIA 15 DE MAIO - SÁBADO
🌑 *Nova* 🌑 *em Câncer*

Lua sextil Urano – 19:34 às 23:34 (exato 21:43)
Um sábado de surpresas boas. Urano trazendo energias agradáveis para reconfortar sua noite de outono.

DIA 16 DE MAIO - DOMINGO
🌑 *Nova* 🌑 *em Câncer*

Lua conjunção Marte – 00:32 às 04:10 (exato 02:10)
Uma noite cheia de vigor. O sono pode ser agitado ou você pode ter dificuldades de dormir. Tente relaxar com uma boa música ou até mesmo uma meditação para escoar essa tensão provocada pela ação marciana.

Lua trígono Netuno – 17:44 às 21:38 (exato 19:43)
Um período de alívio com o toque sutil de Netuno para provocar momentos de leveza. Use a singularidade e foque em seu bem-estar.

DIA 17 DE MAIO - SEGUNDA-FEIRA
🌑 *Nova* 🌑 *em Leão às 09:43, LFC Início às 03:23, LFC Fim às 09:43*

Enquanto a Lua estiver em Leão, as atenções estarão voltadas para a manifestação das expressões de nobreza e generosidade. Haverá muita disposição para liderar. A confiança fará parte do seu cotidiano e a busca pela grandiosidade nas ações será um tema corriqueiro. É um momento propício para curtir a vida, mas tenha a prudência de não se expor desnecessariamente. Controle o ego para não ser arrogante e não exagere na vaidade e no consumo.

Lua sextil Sol – 00:58 às 05:11 (exato 03:07)
O Sol traz a contribuição para se ter clareza e bom discernimento para os assuntos mais delicados. Procure refletir de forma a determinar

um caminho mais objetivo e adequado para seguir.

Lua oposição Plutão – 01:25 às 05:18 (exato 03:23)
Plutão traz um ar mais pesado nesta madrugada. Bom momento para se resguardar em casa. Não é aconselhado discussões, pois o clima estará tendendo para a disputa. O sono pode ser inquieto.

DIA 18 DE MAIO – TERÇA-FEIRA
● *Nova* ● *em Leão*

Lua sextil Vênus – 05:36 às 09:47 (exato 07:44)
Pela manhã, Vênus provoca um alívio na condição astrológica. Mais delicadeza para se ter concordância no trato de assuntos. Abuse do bom gosto, aposte em uma mudança do visual e bons retornos serão alcançados.

Lua quadratura Urano – 06:09 às 09:57 (exato 08:08)
Pode ser notado um pouco de ansiedade pela manhã. Nada que uma boa caminhada não possa resolver. Tenha cuidado com contratempos e um pouco de paciência para alcançar seus objetivos do dia.

Lua oposição Saturno – 09:35 às 13:21 (exato 11:30)
Saturno pode testar sua autoestima. Mantenha o bom humor em nível elevado para não ferir seus planos.

Lua sextil Mercúrio – 21:55 às 01:53 de 19/05 (exato 23:56)
São horas bem propícias para o contato mais profundo com a cultura. Uma boa leitura, um cinema, um teatro são muito convidativos para esta noite de terça.

DIA 19 DE MAIO – QUARTA-FEIRA
☾ *Crescente às 16:14 em 29°01 de Leão* ☾ *em Virgem às 17:59,*
LFC Início às 16:13, LFC Fim às 17:59

Enquanto a Lua estiver em Virgem, estaremos mais convidativos a sermos seletivos. Estaremos interessados nas minúcias, nos detalhes. Desejaremos mais conhecimento e aprendizado. Analisar os fatos de forma superficial não é benéfico para este período. A forma analítica de se avaliar será preponderante. A parte será mais interessante que o todo. Cuidado com o imediatismo, o controle obsessivo e os questionamentos exagerados.

Lua quadratura Sol – 14:14 às 18:10 (exato 16:13)
A Lua Crescente nos convida à expansão. Mas nesta quadratura as emoções estarão menos expressivas e nem tanto receptivas ao novo. Uma certa timidez. Um convite a revisitar minuciosamente tudo que chega de informação.

Lua oposição Júpiter – 17:16 às 20:56 (exato 19:13)
Um período em que as avaliações podem sofrer distorção de julgamento. Júpiter não está nas melhores condições astrológicas, convém ter cuidado e atenção nas conclusões e análises de qualquer questão.

DIA 20 DE MAIO – QUINTA-FEIRA
☾ Crescente ☾ em Virgem

Entrada do Sol no Signo de Gêmeos às 16h36min57seg
Lua trígono Urano – 13:21 às 16:54 (exato 15:11)
Opa! Que tal inovar? Surpreender? Tenha a criatividade como sua aliada. Ouse para ter sucesso no que deseja.

Lua quadratura Vênus – 18:04 às 21:56 (exato 20:04)
Não se assuste se o otimismo não for seu forte nestas horas. O que se deseja pode não estar conectado aos seus sentimentos. Cuidado com os gastos exagerados. Tenha paciência para a compreensão do outro.

Lua sextil Marte – 22:07 às 01:46 de 21/05 (exato 23:58)
Noite agitada. Momento ideal para o sexo e estimular o corpo para uma boa noite de sono.

DIA 21 DE MAIO – SEXTA-FEIRA
☾ Crescente ☾ em Libra às 22:35, LFC Início às 16:57, LFC Fim às 22:35

Enquanto a Lua estiver em Libra, se buscará o equilíbrio e o consenso. Se estará mais propicio à cordialidade, à diplomacia nas relações sociais. Haverá busca pelo entendimento e não pelo embate. Ótimo momento para negociar e se ter imparcialidade nas questões que requerem juízo. Busque pelas artes e pela estética, pois as emoções estarão mais leves para se objetivar o bom gosto.

Lua quadratura Mercúrio – 06:58 às 10:35 (exato 08:42)
Não vá atrás de assuntos complexos ou interpretações de fatos que requeiram a memória. Saia mais cedo de casa para qualquer compromisso. Mercúrio costuma aprontar de forma inesperada quando em quadratura!

Lua oposição Netuno – 08:40 às 12:07 (exato 10:26)
Os pensamentos podem estar confusos ou pouco claros. Evite qualquer tomada de decisão. Prorrogue, se possível, para ter mais assertividade nas suas escolhas.

Lua trígono Plutão – 15:13 às 18:38 (exato 16:57)
A tarde já é mais propícia para reflexões. Melhor período do dia para analisar fatos e situações complicadas. O período favorece a recuperação física.

Lua trígono Sol – 22:57 às 02:34 de 11/02 (exato 00:44 de 22/05)
O momento pode trazer sentimentos de acolhimento e consolidar relações. Discernimento nos caminhos e nas análises pode ser bom aliado.

DIA 22 DE MAIO – SÁBADO
☾ *Crescente* ☾ *em Libra*

Lua trígono Saturno – 19:31 às 22:49 (exato 21:08)
Um sábado convidativo para refletir. Ponha assuntos que exijam planejamento em pauta. Não exagere na cobrança e bons resultados podem ser alcançados.

DIA 23 DE MAIO - DOMINGO
☾ *Crescente* ☾ *em Libra, LFC Início às 18:37*

Lua trígono Vênus – 01:48 às 05:23 (exato 03:33)
Uma ótima madrugada para curtir o clima. Tenha sua melhor companhia a seu lado e ótimos momentos poderão ser compartilhados.

Lua quadratura Marte – 03:08 às 06:33 (exato 04:48)
Nesta manhã, fuja da raiva. Opte por não exagerar nos assuntos com os outros para evitar embates.

Lua trígono Mercúrio – 11:18 às 14:39 (exato 12:54)
Ótimo período para se comunicar e relaxar nos temas mais divertidos. Aproveite a felicidade que a fase pode lhe proporcionar.

Lua quadratura Plutão – 16:59 às 20:13 (exato 18:37)
Cuidado com a tensão que o momento pode lhe oferecer. Não vá fundo nos temas para não se deixar levar por influências pesadas.

DIA 24 DE MAIO - SEGUNDA-FEIRA
☾ *Crescente* ☾ *em Escorpião à 00:01, LFC Fim à 00:01*

Lua trígono Júpiter – 00:01 às 03:13 (exato 01:39)
As melhores condições para revitalizar seu organismo. Busque ter uma noite tranquila de sono para fortalecer seu corpo e sua mente.

Lua oposição Urano – 17:39 às 20:50 (exato 19:18)
Não tenha pressa para resolver assuntos. Haja com prudência. Tenha foco e não disperse sua atenção.

Lua quadratura Saturno – 19:59 às 23:10 (exato 21:32)
Não se cobre de forma exagerada. Não é o melhor momento para planejamento. Tenha calma e não exagere nas atitudes.

DIA 25 DE MAIO - TERÇA-FEIRA
☾ *Crescente* ☾ *em Sagitário às 23:40, LFC Início às 18:20, LFC Fim às 23:40*

Enquanto a Lua estiver em Sagitário, estaremos mais influenciados pelo entusiasmo do novo e pela esperança em alcançar tudo que se deseja. Otimismo para buscar realizações. Tudo parece ser possível e os obstáculos aparentam ser frágeis diante das perspectivas apresentadas. Há propensão em usufruir de tudo que a liberdade proporciona, o que exige um pouco de prudência e avaliação mais detalhada dos riscos. É o período propenso a busca de conhecimento, de aperfeiçoar o aprendizado. Ter paciência é o segredo. Não desdenhe das ações rotineira.

Lua trígono Marte – 05:21 às 08:39 (exato 07:01)
Muita energia para desenvolver atividades corporais nesta manhã. Bom para exercitar-se ao ar livre.

Lua trígono Netuno – 10:55 às 14:05 (exato 12:28)
O seu poder criativo está com todas as condições de sucesso. Nesse período, criatividade é poder de realização. Perfeito para colocar em prática atividades altruístas. Use o poder criativo que o período promove. Ótimo, também, para curtir com quem se ama. Que tal um jantar à luz de velas?

Lua sextil Plutão – 16:44 às 19:54 (exato 18:20)
Um excelente período para iniciar qualquer transformação que deseje para sua vida. Acredite no seu potencial e siga em frente.

Lua quadratura Júpiter – 23:54 às 03:04 de 26/05 (exato 01:35 de 26/05)
Ah, que preguiça!!! Evite o exagero neste período. Busque uma boa alimentação para ter uma noite mais tranquila.

DIA 26 DE MAIO - QUARTA-FEIRA
○ *Cheia às 08:13 em 05°25' de Sagitário* ○ *em Sagitário*

Eclipse Lunar às 18:20 em 05°25' Sagitário
Lua oposição Sol – 06:32 às 09:54 (exato 08:13)
Possibilidades de conflitos. Podem surgir situações de insegurança. Tenha confiança em você e se coloque firme diante dos contratempos.

Lua sextil Saturno – 19:25 às 22:36 (exato 21:02)
Coloque a razão no jogo e ela lhe dará a correta direção a seguir. Tenha convicção e aja sem medo para o seu melhor.

DIA 27 DE MAIO - QUINTA-FEIRA
◯ Cheia ◯ em Capricórnio às 23:23, LFC Início às 14:36, LFC Fim às 23:23

Enquanto a Lua estiver em Capricórnio, um ar de timidez dará o tom deste dia. Melancolia e busca pelas tradições, pelo sólido, pela estabilidade são mais comuns. Você optará pela segurança em detrimento da aposta no novo. Risco? Nem pensar. Vamos seguir com o que já é conhecido e experimentado. Nada de ousadia. Administre os recursos emocionais de forma disciplinada e prática. Não exagere nas cobranças interiores. Dedique-se ao trabalho e ótimos resultados serão obtidos no futuro.

Lua oposição Vênus – 09:58 às 13:27 (exato 11:44)
Um tom de vulnerabilidade pode surgir, principalmente para aqueles assuntos que requerem mais urgência em serem resolvidos. Nada que um pouco de paciência e de perseverança não possam solucionar.

Lua quadratura Netuno – 10:29 às 13:41 (exato 12:08)
Um certo reforço nas tratativas tomadas pela manhã. Atente para seus pensamentos e não os deixe vagar desnecessariamente em temas que lhe tirem o foco para a solução dos problemas mais importantes.

Lua oposição Mercúrio – 12:58 às 16:12 (exato 14:36)
A comunicação não é o forte deste momento. Se puder evitar reuniões ou conversas importantes para definições quaisquer, será melhor.

Lua sextil Júpiter – 23:53 às 03:08 de 28/05 (exato 01:40 de 28/05)
Uma noite convidativa para desfrutar bons momentos a dois. Relaxe com um bom filme e um bom vinho em ótima companhia.

DIA 28 DE MAIO - SEXTA-FEIRA
◯ Cheia ◯ em Capricórnio

Lua trígono Urano – 17:42 às 21:00 (exato 19:29)
Esta sexta promete. Busque o novo. Ouse. Coloque a criatividade em ação. Saia da rotina.

DIA 29 DE MAIO - SÁBADO
○ Cheia (disseminadora) ○ em Capricórnio, LFC Início às 19:15

Lua oposição Marte – 09:50 às 13:21 (exato 11:37)
Controle-se. Analise, reflita. Não se exponha desnecessariamente. Com Marte em ação, a prudência é a maior aliada para o sucesso.

Lua sextil Netuno – 11:32 às 14:54 (exato 13:19)
A imaginação pode estar vagando para temas bem interessantes. A intuição pode ser uma ferramenta extremamente benéfica neste período.

Lua conjunção Plutão – 17:33 às 20:56 (exato 19:15)
Um pouco de introspecção. Não desrespeite você nem o outro. Esse ímpeto de ir fundo em todos os aspectos deve ser bem refletido para ter resultados eficientes.

DIA 30 DE MAIO - DOMINGO
○ Cheia (disseminadora) ○ em Aquário às 01:04, LFC Fim às 01:04

Início Mercúrio Retrógrado
Enquanto a Lua estiver em Aquário, as emoções estão mais livres para se expressarem. Sente necessidade de liberdade em todos os sentidos. O pensamento divaga em temas futuros. Improviso e ideias novas são muito comuns neste período. Sociabilidade e diversidade no convívio diário. Tenha atenção às possíveis mudanças de humor e irritabilidade. Troque a rebeldia pela paciência. Proponha-se a conhecer o novo.

Lua trígono Sol – 15:50 às 19:35 (exato 17:49)
Que tal encontrar amigos e bater aquele papo descontraído sem qualquer objetivo pré-determinado? Nada de se comprometer com horários ou temas específicos. Tenha leveza nos tratos.

Lua quadratura Urano – 20:43 à 00:15 de 31/05 (exato 22:38)

Uma noite agitada, em que se pode sofrer por situações inesperadas. Nada que um novo plano não possa ser eficiente para vencer os obstáculos.

Lua conjunção Saturno – 22:39 às 02:10 de 31/05 (exato 00:28 de 31/05)

Evite se preocupar desnecessariamente. Não se cobre por planejamento exagerado. Tenha confiança na sua capacidade e não desista!

DIA 31 DE MAIO – SEGUNDA-FEIRA
◯ *Cheia (disseminadora)* ◯ *em Aquário*

Mercúrio Retrógrado

Lua trígono Mercúrio – 18:25 às 22:00 (exato 20:17)

Nosso astro está em retrogradarão, o que por si só justifica retomar assuntos ou reavaliar situações. Mantenha-se atento à comunicação, questione o outro se ele corretamente entendeu sua mensagem.

JUNHO 2021

Domingo	Segunda-feira	Terça-feira	Quarta-feira	Quinta-feira	Sexta-feira	Sábado
		1 ♒︎ Lua Cheia em Peixes às 06:07 LFC 03:14 às 06:07 Mercúrio Retrógrado	2 ☾ 11°59' ♓︎ Lua Minguantes às 04:26 em Peixes MercúrioRetrógrado	3 ♈︎ Lua Minguante em Áries às 14:58 LFC 08:11 às 14:58 Mercúrio Retrógrado	4 Lua Minguante em Áries Mercúrio Retrógrado	5 Lua Minguante em Áries LFC Início às 19:45 Mercúrio Retrógrado
6 ♉︎ Lua Minguante em Touro às 02:46 LFC Fim às 02:46 Mercúrio Retrógrado	7 Lua Minguante em Touro Mercúrio Retrógrado	8 ♊︎ Lua Minguante em Gêmeos às 15:41 LFC 12:07 às 15:41 Mercúrio Retrógrado	9 Lua Minguante em Gêmeos Mercúrio Retrógrado	10 ● 19°47' ♊︎ Lua Nova às 07:52 em Gêmeos LFC Início às 14:38 Eclipse Solar às 07:43 em Gêmeos Mercúrio Retrógrado	11 ♋︎ Lua Nova em Câncer às 04:22 LFC Fim 04:22 Mercúrio Retrógrado	12 Lua Nova em Câncer Mercúrio Retrógrado
13 ♑︎ Lua Nova em Leão às 15:22 LFC 08:17 às 15:22 Mercúrio Retrógrado	14 Lua Nova em Leão Mercúrio Retrógrado	15 Lua Nova em Leão LFC Início às 14:28 Mercúrio Retrógrado	16 ♍︎ Lua Nova em Virgem à 00:01 LFC Fim 00:01 Mercúrio Retrógrado	17 Lua Nova em Virgem Mercúrio Retrógrado	18 ☽ 27°09' ♍︎ Lua Crescente à 00:55 em Virgem Lua em Libra às 05:53 LFC 00:55 às 05:53 Mercúrio Retrógrado	19 Lua Crescente em Libra Mercúrio Retrógrado
20 ♏︎ Lua Crescente em Escorpião às 08:57 LFC 07:52 às 08:57 Mercúrio Retrógrado	21 Lua Crescente em Escorpião Entrada do Sol em Câncer à 00h32 Mercúrio Retrógrado	22 ♐︎ Lua Crescente em Sagitário às 09:55 LFC 03:44 às 09:55 Mercúrio Retrógrado	23 Lua Crescente em Sagitário LFC Início às 23:10 Fim Mercúrio Retrógrado	24 ○ 03°27' ♑︎ Lua Cheia às 15:39 em Capricórnio Lua em Capricórnio às 10:04 LFC Fim 10:04	25 Lua Cheia em Capricórnio	26 ♒︎ Lua Cheia em Aquário às 11:08 LFC 09:50 às 11:08
27 Lua Cheia em Aquário LFC Início às 16:08	28 Lua Cheia emPeixes às 14:50 LFC Fim 14:50	29 ♓︎ Lua Cheia em Peixes	30 ♈︎ Lua Cheia em Áries às 22:21 LFC 14:40 às 22:21			

Céu do mês de junho

O mês começa com Vênus entrando no sentimental Signo de Câncer, passando rapidamente por ele, saindo no fim do mês. É muito bom aproveitar o período para vivenciar o amor de forma mais romântica e íntima, e aproveitar bons momentos com a família, já que o feriado cristão de *Corpus Christi* é comemorado logo no início do mês.

Entre o dia 02 e 04/06, teremos uma ótima energia no céu. O Sol no Signo de Gêmeos entra em sintonia com Saturno em Aquário. A realidade vai ficar mais clara, teremos capacidade de organização e disciplina.

Vamos aproveitar que os grandes benéficos Vênus e Júpiter entram em harmonia, trazendo alegria, beleza, amor e sexualidade, proporcionando um ótimo momento para aquela viagem no feriado, ou realizar a festa dos seus sonhos.

Mas muita atenção aos dias 05 e 06/06 para não estragar as boas vibrações, pois Mercúrio, que simboliza o mensageiro, entra em colisão com Netuno, o momento pede precaução com falas e mensagens que passamos e recebemos. Até porque Marte faz uma oposição a Plutão, deixando esses dias muito explosivos. É bom evitar canalizar a energia da raiva e da agressividade, principalmente em assuntos afetivos e familiares. O ideal é manter-se ocupado e produtivo e não se aborrecer com coisas que não pode controlar.

Um Eclipse Solar acontece no céu no dia 10/06 pela manhã, com Mercúrio Retrógrado em Gêmeos acompanhando, é bom termos muito cuidado para não incorrer em pensamentos e falas difíceis de abandonar. Assuntos do passado podem retornar para serem resolvidos. E até mesmo algo que estava oculto pode se revelar. Essa energia permanecerá até o próximo Eclipse Solar em dezembro de 2021.

Na manhã do dia 11/06, Marte entra em Leão – um Signo que gosta de se sentir especial.

Marte permanecerá nesse Signo até 29/07; é um período positivo para assumir liderança e comandar.

Dia 12/06 é comemorado o dia dos namorados, com a "Deusa do Amor!", Vênus, fazendo um aspecto fluente a Urano, é aconselhável planejar algo diferente, mas que possa proporcionar ao par a sensação de que ele é especial.

No dia 13/06, o Sol entra num aspecto tenso com Netuno. Muitas dúvidas e confusões podem acontecer, é importante evitar certezas absolutas. A tristeza pode bater, com preocupações que tendem a levar ao abuso do álcool.

Dia 13/06 será o ápice de um trânsito importante no céu, entre Saturno que se encontra retrógrado no Signo de Aquário e novamente colide com Urano em Touro. Esse aspecto traz um embate entre o velho e o novo, com muita dificuldade de se ter percepção entre limites e liberdades, bem como resistência a mudanças. O ideal é procurar ser menos rígido e aceitar que mudanças acontecerão, mesmo que não sejam do nosso agrado.

Júpiter em Peixes começa seu caminho de retrogradação onde permanecerá até 18/10. Um período que devemos evitar encaminhar processos na justiça. É bom ser mais realista e não esperar um crescimento muito grande da economia.

Na madrugada do dia 21/06, o Sol entra no Signo de Câncer, momento em que se celebra o Solstício de Inverno no Hemisfério Sul, em que as noites serão mais longas e, os dias, mais curtos. O Sol permanecerá em Câncer até 22/07. O período é propício para reforçar vínculos familiares, cuidar da casa e dos entes queridos. O belo trígono entre Vênus e Netuno que acontece nesse dia aumenta o clima amoroso e o afeto por aqueles que amamos.

Mercúrio volta ao seu movimento direto no céu, as comunicações e o trafego retornam ao normal.

O bom momento continua até dia 24/06 com a harmonia entre Sol e Júpiter, a energia da fé e da confiança estará presente, vamos aproveitá-la bem para o progresso pessoal.

Porém, não é aconselhável se deixar levar pela energia da perda e do ciúmes que pode gerar uma insatisfação com algo que não possa controlar, em virtude da oposição de Vênus e Plutão acontecendo exata na noite de 23/06.

O espiritual Netuno entra no seu processo de retrogradação, onde permanecerá até 01/12, nos convidando a rever algo que estávamos encaminhando ou que já terminamos, mas que pode ser preciso revisar, algum engano pode ter ocorrido, com relação a algo ou alguém.

Terminamos o mês de junho com a entrada, na madrugada do dia 27/06, de Vênus no vibrante Signo de Leão. E permanecerá nesse Signo de Fogo até 21/07. O período denota que vamos querer nos apresentar e sentir como alguém excepcional, dessa forma, se quiser agradar alguém, faça com que ele(a) se sinta especial e único.

No dia 10/06, a Lua Nova em Gêmeos pede que todas as formas de comércio, divulgação e marketing sejam ativadas. Seja o que for que você estiver fazendo comercialmente, é hora de divulgar. É hora também de se informar, fazer cursos ou até mesmo rever algo que aprendeu no passado.

Quando a Lua Cheia chega em Capricórnio, dependendo do que foi plantado com seriedade e responsabilidade, você poderá colher a partir do dia 24/06. O momento pede a compreensão com estabilidade e flexibilidade, para começar de novo o que não vingou.

Lunações de junho

Lua Nova
10.06.2021
Às 07:52
em 19°47
de Gêmeos
Eclipse Solar
em Gêmeos
às 07:43

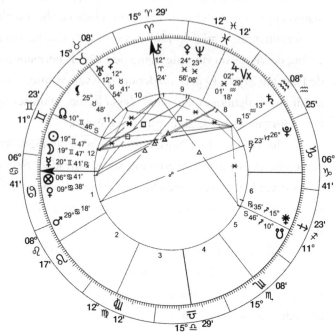

Lua Cheia
24.06.2021
Às 15:39 em
03°27` de
Capricórnio

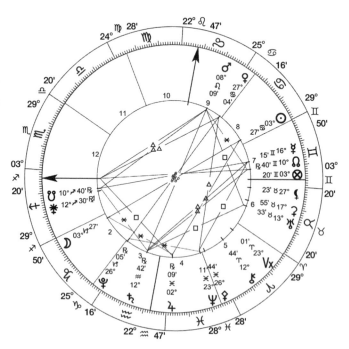

Posição diária da Lua em junho

DIA 01 DE JUNHO – TERÇA-FEIRA –
○ *Cheia (disseminadora)* ○ *em Peixes às 06:07, LFC Início às 03:14, LFC Fim às 06:07*

Mercúrio Retrógrado
Enquanto a Lua estiver em Peixes, estamos desacelerados e com muito boa vontade. Época de romantismo, clima idílico. Seguimos o fluxo natural da vida. Tendência à visão mística. Somos pouco precisos, imaginamos mais, executamos menos. A rotina enfadonha nos convida à alienação. Evite cirurgia nos pés. Cuidados com o sistema linfático, imunológico, glóbulos brancos e medula.

Lua trígono Vênus – 01:12 às 05:14 (exato 03:23)
No trabalho, este período contribui para a produtividade desde que sejamos diplomáticos e gentis em relação aos nossos objetivos. Bom para apresentar orçamentos. Para os casais, mais intimidade, ternura e boa vontade afetiva. Menos discussões. Aproveite o clima.

Lua conjunção Júpiter – 07:13 às 10:54 (exato 09:17)
O dia começa otimista, favorecendo principalmente as atividades relacionadas com o ensino. Se precisa recorrer à justiça, ventos sopram a favor. A expansão nos visita: exporte, amplie suas vendas, serviços para além de sua região. O otimismo se revela nas ações em bolsa de valores também.

DIA 02 DE JUNHO – QUARTA-FEIRA
☽ *Minguante às 04:26 em 11°59' de Peixes* ☽ *em Peixes*

Mercúrio Retrógrado
Lua quadratura Sol – 02:22 às 06:26 (exato 04:33)
Clima de incompatibilidades. Os casais, aqui, sentirão suas diferenças de forma aguda. Horas de muito desgaste. Estamos descontentes e algumas emoções podem atrapalhar a análise de algumas circunstâncias. Convém empenhar-se em relaxar e descansar.

Lua sextil Urano – 03:27 às 07:15 (exato 05:33)
Aproveite o bom aspecto no céu para explorar uma nova área ou um trabalho diferente. Mudar sua equipe ou adquirir novos equipamentos também será beneficamente oportuno. Adequado também para afastar tarefas, pessoas e posições que aborrecem.

Lua conjunção Netuno – 23:35 às 03:26 de 03/06 (exato 01:34 de 03/06)
Momento detox para organismo, beba muita água. Sedução no ar. Se está querendo conquistar alguém, crie uma atmosfera de encantamento. Se você trabalha com imagens, capriche; o céu está do seu lado.

DIA 03 DE JUNHO - QUINTA-FEIRA
☽ Minguante ☽ em Áries às 14:58, LFC Início às 08:11, LFC Fim às 14:58

Mercúrio Retrógrado
Enquanto a Lua estiver em Áries, estamos plenos de energia e disposição. A franqueza e a espontaneidade governam, levando-nos a agir e falar de forma direta e clara. Mas cautela, pois Mercúrio ainda está retrógrado. Queremos resolver tudo, sendo intolerantes com as situações que se atrasam. Aproveite este aspecto para começar um novo projeto. Evite cirurgias na região da cabeça e nos rins.

Lua quadratura Mercúrio – 01:30 às 05:17 (exato 03:29)
Possibilidades de desconfortos digestivos. Ao deitar, alimente-se com algo leve e que não lhe faça mal. O aparelho respiratório, para quem já tem sensibilidade, também merece atenção. Inquietação mental pode criar estresse. Um chá calmante e músicas tranquilas podem ajudar.

Lua trígono Marte – 03:06 às 07:10 (exato 05:16)
Percepção maior das oportunidades. Agilidade e capacidade de decisão geram melhores negócios. Bom ventos sopram a favor de trabalhos que se caracterizam por maior autonomia. Incentive os colegas de forma genuína, eles estarão abertos.

Lua sextil Plutão – 06:14 às 10:06 (exato 08:11)
No trabalho, aproveite para tomar ações reparadoras e recuperar prejuízos. Favorável para reiniciar projetos que estavam guardados, assim como reapresentar propostas. Possibilidade de sermos chamados para uma oportunidade que julgávamos perdida.

Lua quadratura Vênus – 15:58 às 20:19 (exato 18:15)
Aproveite a tarde e ofereça mais conforto a seus colaboradores. Neste período, evite assuntos financeiros. Cliente indeciso, mais difícil de agradar. Paira uma insegurança para usarmos o charme e a sedução. Cautela com a carência de romance. Não arrisque relações estáveis.

DIA 04 DE JUNHO – SEXTA-FEIRA
☽ *Minguante* ☽ *em Áries*

Mercúrio Retrógrado
Lua sextil Saturno – 15:24 às 19:23 (exato 17:23)
Aproveite os momentos de boas oportunidades em investimentos imobiliários. O público conquistado aqui pode se tornar constante. Se tem em mente algum projeto futuro, deve providenciá-lo agora.

Lua sextil Sol – 17:27 às 21:47 (exato 19:40)
Para os tímidos ou inseguros, boa oportunidade para agir, vencer a timidez e revelar suas habilidades. Momento em que as ideias, situações e relacionamentos incubados podem revelar um potencial de desenvolvimento e brilho. Distribua tarefas de acordo com as competências.

DIA 05 DE JUNHO – SÁBADO
☽ *Minguante (balsâmica)* ☽ *em Áries, LFC Início às 19:45*

Mercúrio Retrógrado
Lua sextil Mercúrio – 10:59 às 14:52 (exato 12:58)
Bom momento para realizar deslocamentos ou pequenas viagens. Estamos todos mais comunicativos, mais propícios para enviar e receber *e-mails*, telefonemas, mensagens. E falar. Com Mercúrio Retrógrado, tenha cuidado com a comunicação e deslocamentos.

Lua quadratura Plutão – 17:36 às 21:38 (exato 19:27)
Fim de tarde com clima hostil. As pessoas estão mais passionais e radicais, então, evitemos medidas impopulares. Não estranhe se houver extravasamentos. O sensato aqui é ter planos mais humildes, dentro dos limites, para manter a situação controlada.

Lua quadratura Marte – 17:39 às 21:54 (exato 19:45)
No ar, também, a agressividade e a ansiedade. Cautela no trânsito, os acidentes podem ocorrer com mais frequência. As atividades esportivas podem acabar em conflitos e incidentes inesperados. Atenção, a manutenção de seus clientes merece um olhar especial.

DIA 06 DE JUNHO – DOMINGO
☽ Minguante (balsâmica) ☽ em Touro às 02:46, LFC Fim às 02:46

Mercúrio Retrógrado
Enquanto a Lua estiver em Touro, estamos mais cautelosos. Forte necessidade de segurança material e afetiva. Tempo de paciência e perseverança. Pensamos muito mais antes de decidir, indo por etapas rumo ao objetivo. Gastronomia em alta. Tudo o que agrade ao paladar nos atrai, mas não exagere. Evite cirurgia na garganta, tireoide, cordas vocais, órgãos genitais, próstata, uretra, bexiga, reto, intestino.

Lua sextil Júpiter – 04:30 às 08:34 (exato 06:38)
Para quem está se recuperando de uma cirurgia, este momento ajuda a recuperação. Sentimos boa disposição emocional, confiança nos afetos. Nas ligações mais íntimas, a generosidade trará maior proximidade emocional.

Lua sextil Vênus – 10:40 às 15:12 (exato 12:59)
Momentos em que todos querem se divertir; maior procura por bares, restaurantes, cinema, shows. O clima é de festa e interação social. Beleza em destaque. Aproveite para tratar do cabelo, unhas, barba; busque massagens, drenagens. O equilíbrio predispõe a parcerias, afastando as diferenças.

DIA 07 DE JUNHO – SEGUNDA-FEIRA
☽ *Minguante (balsâmica)* ☽ *em Touro*

Mercúrio Retrógrado

Lua conjunção Urano – 02:36 às 06:41 (exato 04:44)

Bom para buscar a opinião de pessoas com outro olhar. Período indicado para lançarmos novos produtos e serviços que terão destaque sobre os já conhecidos. Propor algo original, fazer diferente, tentar captar um cliente novo são aconselháveis.

Lua quadratura Saturno – 03:49 às 07:53 (exato 05:47)

No trabalho, encontramos menos colaboração, estão todos voltados para as próprias responsabilidades. Falta-nos desembaraço e ânimo, por isso poderemos ter retrabalho. Evite medidas duras, pois podem impactar negativamente.

Lua sextil Netuno – 23:44 às 03:48 de 08/06 (exato 01:44 de 20/02)

Momentos em que há romance e encantamento, aproximando as pessoas. O idílico visita e realça as relações mais próximas. Há uma sensação de plena sintonia. Encontros ao acaso costumam ser muito frequentes no período desse aspecto. Crie e desfrute da sedução!

DIA 08 DE JUNHO – TERÇA-FEIRA
☽ *Minguante (balsâmica)* ☽ *em Gêmeos às 15:41,*
LFC Início às 12:07, LFC Fim às 15:41

Mercúrio Retrógrado

Enquanto a Lua estiver em Gêmeos, temos prazer em andar, encontrar pessoas, conversar com elas. Período em que a indecisão está muito presente. Mas estamos mais adaptáveis, versáteis e, sobretudo, sociáveis. Nos parece mais fácil conversar sobre assuntos muito delicados. Evite cirurgia nas vias respiratórias, pulmões, pernas, braços, mãos, dedos, fígado, coxa, bacia e ciático, sistema neurológico, fala e audição.

Lua trígono Plutão – 06:28 às 10:32 (exato 08:19)

Maior capacidade de concentração proporciona empenho em tarefas que exijam total dedicação. Se pretende fazer alterações na equipe, contratar ex-funcionários é interessante nesse período. Aproximação com pessoas que estão no poder.

Lua sextil Marte – 09:57 às 14:15 (exato 12:07)
Visita-nos a agilidade na execução de tarefas. A capacidade de decisão pode atrair os melhores negócios. Aproveite estes momentos para participar de concorrências ou disputar cargos. Encarar os problemas rapidamente é parte da solução deles.

Lua quadratura Júpiter – 17:44 às 21:49 (exato 19:53)
Estamos menos produtivos, portanto, nos voltamos para as atividades que requeiram menos esforço. Queremos ampliar nossos horizontes, mas cuidado com a avaliação equivocada das condições do mercado. Não podemos nos aventurar.

DIA 09 DE JUNHO – QUARTA-FEIRA
☽ Minguante (balsâmica) ☽ em Gêmeos

Mercúrio Retrógrado
Lua trígono Saturno– 16:42 às 20:44 (exato 18:42)
A resistência está ampliada. Bom momento para um *check-up* preventivo e iniciar tratamentos de longa duração (fisioterapia, ortodontia, ortopedia). A disciplina está em alta. Corrija sua alimentação, comece a praticar exercícios, abandone vícios.

DIA 10 DE JUNHO – QUINTA-FEIRA
☽ Nova às 07:52 em 19°47' de Gêmeos ☽ em Gêmeos, LFC Início às 14:38

Mercúrio Retrógrado
Eclipse Solar às 07:43 em 19°47' de Gêmeos
Lua conjunção Sol – 05:41 às 10:03 (exato 07:55)
Período em que as coisas estão incertas, com muitas possibilidades e pouca certeza. Serão esclarecidas nos próximos dias. Antecipar-se será um desacerto. Falta informação para tomarmos decisões, agirmos em qualquer âmbito. O conselho aqui é observar e aguardar.

Lua conjunção Mercúrio – 07:41 às 11:32 (exato 09:38)
Mente fértil. Favorável para reuniões, debates de ideias. Todas as formas de contatos com as pessoas, área comercial em alta. Clima de colaboração no ambiente de trabalho. Bom para trabalhar no ambiente externo ao habitual, envolvendo deslocamento.

Lua quadratura Netuno – 12:36 às 16:37 (exato 14:38)
Tendência a descumprir horários. Cuidado com o armazenamento e perda de produtos perecíveis. Cheque os prazos de validade, as formas de armazenamento e a conservação dos produtos. Evite prejuízos. Pode haver vazamentos, infiltrações e mofo.

DIA 11 DE JUNHO - SEXTA-FEIRA
● Nova ● em Câncer às 04:22, LFC Fim às 04:22

Mercúrio Retrógrado
Enquanto a Lua estiver em Câncer, nos emocionamos facilmente. Estamos sentimentais e românticos. Reviver momentos, rever velhos amigos, ficar próximo de quem se gosta será gratificante. Estamos carentes, queremos dedicação. Reconhecimento do bem que fazem as pessoas queridas, fortalecimento das ligações. Evite cirurgia no abdômen, aparelho digestivo, estômago, seios, útero, ossos, articulações, vesícula, pele e vista.

Lua trígono Júpiter – 06:27 às 10:27 (exato 08:35)
No trabalho, reunir pessoas de outras sedes motivará o alcance dos objetivos. Há colaboração e boa vontade. Vá além da sua rotina diária; isto será estimulante. As viagens a trabalho prometem bons resultados. Acreditando na sorte, somos mais ambiciosos e conquistamos mais.

DIA 12 DE JUNHO - SÁBADO
● Nova ● em Câncer

Mercúrio Retrógrado
Lua conjunção Vênus – 01:47 às 06:10 (exato 04:04)
Se pretende engravidar, a fertilização está favorável neste período.

Clima de charme, sedução, ternura e romantismo convida ao encontro a dois, à intimidade. Período que favorece o diagnóstico e o tratamento do sistema reprodutivo e hormonal.

Lua sextil Urano – 04:11 às 08:09 (exato 06:17)

Fique atento às oportunidades, coisas novas podem surgir. Momentos em que nos visitam a criatividade e vários *insights*, oferecendo a solução para impasses importantes. Nos relacionamentos, surpreenda seus afetos com comportamentos inesperados.

DIA 13 DE JUNHO – DOMINGO

● Nova ● em Leão às 15:22, LFC Início às 08:17 , LFC Fim às 15:22

Mercúrio Retrógrado

Enquanto a Lua estiver em Leão, nos sentimos o centro do mundo. Alegria, entusiasmo, autoestima elevada. Queremos ser prestigiados. Bom para as atividades ligadas a lazer, performances, shows e espetáculos ao ar livre. Em alta, praias, varandas e ambientes bem iluminados. Cuidado com compras exageradas. Evite cirurgia de coração, da região lombar, veias, varizes, capilares, tornozelos.

Lua trígono Netuno – 00:08 às 04:02 (exato 02:06)

Melhor trabalhar o todo do que o detalhamento. Estamos todos sintonizados, aumentam as situações do acaso, das coincidências. Período favorável para a explosão de uma mania que contagia e contamina rapidamente e se estende.

Lua oposição Plutão – 06:19 às 10:12 (exato 08:17)

A hostilidade está presente. As discordâncias devem ser diplomaticamente resolvidas a fim de evitar rompimentos definitivos. No trabalho, não deixe que as diferenças ou disputa de poder prejudiquem a produtividade. Cuidado com produtos químicos e radioativos.

Lua conjunção Marte – 16:05 às 20:09 (exato 18:12)

Propício para a concepção e para os partos. Bom humor no ar! Aproveite-se dele para tornar seu domingo ainda mais agradável. A boa disposição física vem do bom estado emocional. Crie um clima de aventura para estimular suas relações.

DIA 14 DE JUNHO - SEGUNDA-FEIRA
● Nova ● em Leão

Mercúrio Retrógrado
Lua quadratura Urano – 14:33 às 18:21 (exato 16:26)
Tarde que requer muita atenção. Imprevistos em alta, portanto, convém reconfirmar todos os compromissos, pois podem ser cancelados e adiados na última hora. Além disso, pode haver o cancelamento de contratos e até mesmo patrocínios. Revise seus textos e trabalhos também.

Lua oposição Saturno – 14:34 às 18:21 (exato16:33)
Devido a atrasos e cancelamentos, a realização de nossas tarefas estará prejudicada. Portanto, convém ter muita calma e disciplina para checar tudo, pois algumas coisas que vamos precisar podem falhar. A casa ou o escritório podem precisar de reparos.

DIA 15 DE JUNHO - TERÇA-FEIRA
● Nova ● em Leão, LFC Início às 14:28

Mercúrio Retrógrado
Lua sextil Mercúrio – 00:08 às 03:46 (exato 01:59)
Se precisa ter uma conversa sobre um assunto delicado com alguém, esse período ajuda o diálogo e o entendimento. Aqui, o que é verbalizado é melhor recebido e acolhido, e as emoções são expressas com mais facilidade. Desfrute dessa oportunidade.

Lua sextil Sol – 12:26 às 16:27 (exato 14:28)
Nesta tarde, aproveite a oportunidade deste aspecto. Aqui, temos maior percepção das expectativas de nosso público. Nossos clientes têm maior certeza do que querem e estão mais receptivos. Isso se deve ao equilíbrio entre razão e emoção, típico deste momento.

DIA 16 DE JUNHO - QUARTA-FEIRA
● Nova ● em Virgem à 00:01, LFC Fim à 00:01

Mercúrio Retrógrado

Enquanto a Lua estiver em Virgem, é o momento de mergulharmos em trabalhos intelectuais que demandem atenção, detalhamento, análise crítica. Hora de revisarmos nossos projetos mais ambiciosos e fazermos os ajustes necessários, pois estamos inclinados a situações e projetos possíveis, mais realistas. Evite cirurgias no aparelho gastrointestinal, intestino delgado e nos pés.

Lua oposição Júpiter – 02:09 às 05:49 (exato 04:03)
Momentos em que necessitamos nos sentir mais amparados pelas pessoas à nossa volta. Um estado de insatisfação nos faz desejar que as coisas sejam mais fáceis. Cuidado com o consumo exagerado de comida ou bebida. Tendência a sair da dieta.

Lua trígono Urano – 22:18 às 01:55 de 17/06 (exato 00:12 de 17/06)
A despreocupação está no ar. Quase nada nos afeta, não levamos as coisas tão a sério. Bom período para conhecer pessoas novas, desses encontros ao acaso. Dica: frequente lugares novos e não crie nenhuma expectativa – suas chances de encontros aumentam.

DIA 17 DE JUNHO - QUINTA-FEIRA
● Nova ● em Virgem

Mercúrio Retrógrado

Lua quadratura Mercúrio – 05:31 às 09:00 (exato 07:15)
Aqui, podem ocorrer falhas nos equipamentos de comunicação. Evite a divulgação de comunicados, informações, notícias. O passado nos traz emoções negativas que podem influenciar as decisões a serem tomadas neste momento. Fiquemos atentos.

Lua sextil Vênus – 07:09 às 11:04 (exato 09:07)
Vaidade em alta. Aproveite esses momentos para se agradar ou pro-

porcione gratificação ao seu cliente. O senso estético e a beleza estão estimulados. Áreas de moda e arte beneficiadas, assim como a cosmética.

Lua oposição Netuno – 16:08 às 19:40 (exato 17:53)

Fim de dia caótico, nossa concentração está baixa. A desatenção pode dar origem a erros de cálculos ou perda de prazos. É preciso checar todas as informações emitidas e recebidas. Reuniões podem ser improdutivas por falta de foco ou organização.

Lua trígono Plutão – 21:32 às 23:17 (exato 23:10)

Um clima de erotismo nos visita. Favorável para a recuperação de relações importantes que andavam distantes, da intimidade esquecida. Incidência maior de retornos de relacionamentos, com a presença do perdão, amenizando mágoas. Fertilização e gravidez favorecidas.

Lua quadratura Sol – 23:00 às 02:47 (exato 00:55 de 18/06)

Aconselhável ir dormir cedo, pois aqui a energia baixa. Precisamos nos esforçar para esclarecer as situações e conciliar emoções e desejos. Nesse período, nos afastamos do bom-senso e da lucidez.

DIA 18 DE JUNHO – SEXTA-FEIRA

☾ *Crescente à 00:55 em 27°09' de Virgem* ☾ *em Libra às 05:53, LFC Início à 00:55, LFC Fim às 05:53*

Mercúrio Retrógrado

Enquanto a Lua estiver em Libra, a cortesia e o charme estão em alta. As interações devem ser baseadas na reciprocidade. Nos sentimos mais flexíveis, cordiais, diplomáticos e muito mais sociáveis. Não queremos estar sós. O trabalho em equipe torna-se prazeroso. É tempo de reconciliar-se com quem precisar. Evite cirurgia nos rins e na região da cabeça. Os librianos têm um brilho especial nesse período.

Lua sextil Marte – 11:43 às 15:20 (exato 13:32)

Aproveite a força da iniciativa que este momento proporciona para tomar decisões e resolver impasses. Procure ser espontâneo. No trabalho, conseguirá perceber as oportunidades que surgirem. Revise e aja com moderação, aconselha o Mercúrio Retrógrado.

DIA 19 DE JUNHO - SÁBADO
☾ Crescente ☾ em Libra

Mercúrio Retrógrado

Lua trígono Saturno – 02:32 às 05:57 (exato 04:10)

Aqui temos mais autocontrole e disciplina, o que favorece o cumprimento de tarefas árduas. Bom momento para providências em segurança. Procure usar o tempo e os recursos de forma madura e responsável.

Lua trígono Mercúrio – 08:42 às 12:02 (exato 10:21)

Momento benéfico para lançamento de produtos e serviços populares. Revise com atenção os itens e subitens variáveis de contratos. O comércio em geral está aquecido. Favorável para venda e troca de veículos, mas com atenção.

Lua quadratura Vênus – 16:16 às 19:57 (exato 18:09)

Nos visita a preguiça, a indolência e a indecisão. Estamos carentes e queremos nos gratificar. Portanto, evite compras de artigos muito caros. Da mesma forma, evite mudanças estéticas; elas podem ocasionar arrependimentos.

DIA 20 DE JUNHO - DOMINGO
☾ Crescente ☾ em Escorpião às 08:57, LFC Início às 07:52, LFC Fim às 08:57

Mercúrio Retrógrado

Enquanto a Lua estiver em Escorpião, estamos mais agressivos, críticos e desconfiados, podendo ver ameaças onde, na realidade, não existem. Período em que é mais difícil perdoar e esquecer. Uma forte energia desperta paixões e desejos. Propício para investigar, se preciso for. Evite cirurgia dos órgãos genitais, bexiga, uretra, próstata, intestino, reto, garganta, tireoide e cordas vocais.

Lua quadratura Plutão – 00:57 às 04:17 (exato 02:27)

A lembrança de uma perda ou traição antiga pode nos atormentar. Momentos que revelam um rancor, ressentimento que podem estar sendo somatizados. É hora de encarar esses sentimentos e transcendê-los.

Lua trígono Sol – 06:04 às 09:38 (exato 07:52)
Aqui, conseguimos perceber melhor nossas emoções. Os conflitos internos têm maior chance de serem resolvidos, razão e emoção de mãos dadas. Há mais clareza para ver as coisas como são e conseguimos aceitar. O dia começa com uma energia melhor.

Lua trígono Júpiter – 10:55 às 14:14 (exato 12:37)
Boa disposição emocional. A confiança e a generosidade nos vínculos próximos gera proximidade. Pratique o bom humor. Procure demonstrar fé na relação por meio de atitudes. Rever a rotina diária de trabalho, traçando planos diferentes, pode ser estimulante.

Lua quadratura Marte – 16:45 às 20:12 (exato 18:30)
Momentos de inquietação e agressividade, devido ao aumento desordenado de energia. Evitemos ao máximo esporte de risco, sobretudo os que envolvam velocidade. Estamos impacientes e queremos nos livrar das coisas, das tarefas.

DIA 21 DE JUNHO – SEGUNDA-FEIRA
☾ Crescente ☾ em Escorpião

Entrada do Sol no Signo de Câncer à 00h32min00seg
Solstício de verão H. Norte – Solstício de inverno H. Sul
Mercúrio Retrógrado

Lua quadratura Saturno – 04:30 às 07:46 (exato 06:03)
O dia começa pesado. Prepare-se: no trabalho, haverá atrasos. Nos relacionamentos, a dúvida sobre os nossos sentimentos nos ronda e pensamos quais sentimentos despertamos nos outros. Estamos julgando e isso pode afastar um afeto valoroso. Por medo e insegurança, recuamos.

Lua oposição Urano – 05:24 às 08:40 (exato 07:04)

O dia começa agitado, gerando ansiedade. Estamos irritados com tarefas repetitivas. Demandas inesperadas nos obrigam a refazer todo o esquema de trabalho, por isso, recomenda-se dar margem aos horários, com mais flexibilidade.

Lua trígono Netuno − 21:19 à 00:33 de 22/06 (exato 22:53)
Faça a ingestão de alimentos nutritivos, que contribuam para melhoria da resistência do organismo. O corpo responderá a medicamentos. Beba muita água, pois o sistema natural de filtragem está favorecido.

Lua trígono Vênus − 22:14 às 01:46 de 22/06 (exato 00:00 de 22/06)
Noite tranquila, sem tendência a somatizações. Invista na correção das taxas de açúcar. Antes de dormir, revise os cuidados com a saúde e a estética. Fertilização em alta.

DIA 22 DE JUNHO - TERÇA-FEIRA
☾ Crescente ☾ em Sagitário às 09:55, LFC Início às 03:44, LFC Fim às 09:55

Mercúrio Retrógrado
Enquanto a Lua estiver em Sagitário, tudo parece possível. Nos invade o otimismo, a positividade. Estimule a fé das pessoas. Temos muita vontade de filosofar. A adaptabilidade está no ar, qualquer mudança é realizada com muita facilidade. Boa sorte para quem vai participar de concursos, exames e provas. Evite cirurgia no fígado, coxas, quadris, ciático, vias respiratórias, pernas, braços e mãos.

Lua sextil Plutão − 02:06 às 05:19 (exato 03:44)
Reabilitação em alta. Se fez alguma cirurgia, a recuperação será mais rápida. Favorável para processos de eliminação através do corpo consequentes de uma desintoxicação. Um bom momento para fertilização e gravidez. Um sono profundo vai restaurar o nosso organismo.

Lua quadratura Júpiter − 11:49 às 15:01 (exato 13:27)
Produtividade em baixa. Se puder, realize as atividades menos desgas-

tantes. Tendência a superestimarmos a proteção de amigos poderosos ou em posição estratégica. Atenção, pois um bom negócio pode ser perdido.

Lua trígono Marte – 19:36 às 22:56 (exato 21:16)
Aproveite para se inscrever em uma academia de ginàstica ou algum centro esportivo. O dinamismo está no ar e resolvemos pendências antigas. Nos parece que as dúvidas estão superadas. Aja de maneira espontânea, direta.

DIA 23 DE JUNHO - QUARTA-FEIRA
☾ Crescente ☾ em Sagitário, LFC Início às 23:10

Fim de Mercúrio Retrógrado
Lua sextil Saturno – 04:49 às 08:01 (exato 06:20)
As emoções estão organizadas em nosso íntimo. Vida longa aos conhecimentos que fizermos aqui. A saúde encontra estabilidade e sugere iniciarmos dietas de correção de hábitos alimentares inadequados, bem como o fim do hábito de fumar. Aproveitemos a bênção concedida da disciplina.

Lua oposição Mercúrio – 10:13 às 13:26 (exato 11:51)
Ruim para assinatura de contratos ou negociação imobiliária. Clima de nervosismo influencia no humor das pessoas. Conversas paralelas e pouca produtividade. Pouca concentração. Cautela com a falta de discrição e relatos de assuntos pessoais; podemos ser mal interpretados.

Lua quadratura Netuno – 21:32 à 00:45 de 24/06 (exato 23:10)
Aqui, a variação de humor gera sensibilidades. Estamos passivos e sonolentos, negligenciado muitos afazeres. Não invista em projetos mal sustentados. Há falta de precisão nas informações, prejudicando a análise de viabilidades no negócio.

DIA 24 DE JUNHO - QUINTA-FEIRA
○ Cheia às 15:39 em 03°27' de Capricórnio ○ em Capricórnio às 10:04, LFC Fim às 10:04

Enquanto a Lua estiver em Capricórnio, estamos mais sérios, seletivos, cautelosos, conservadores, responsáveis e restritivos. A preocupação é com a vida profissional, pois ela é responsável pela maior parte da segurança emocional. Período de consumo disciplinado. Evite cirurgia na coluna, nas articulações, joelhos, pele, dentes, olhos, vesícula, útero, seios e abdômen.

Lua sextil Júpiter – 11:56 às 15:10 (exato 13:37)
As viagens a trabalho prometem sucesso. Podemos receber ajuda de pessoas conhecidas que estão em posição privilegiada. Aproveite. A abundância nos visita e favorece bons negócios. Que tal pensarmos em um aumento de salário? Relacionar-se com seu público será promissor.

Lua oposição Sol – 13:56 às 17:23 (exato 15:40)
Devemos ter atenção e cuidados com os relacionamentos pessoais ou de trabalho. Risco de rivalidades vindas de pessoas em quem confiávamos, surpreendendo-nos. Convém evitar provocações ou conflitos. As emoções estão alteradas.

DIA 25 DE JUNHO – SEXTA-FEIRA
◯ *Cheia* ◯ *em Capricórnio*

Lua trígono Urano – 06:25 às 09:41 (exato 08:10)
Bom período para mudança de endereços de escritórios. Mudar a equipe de trabalho também pode trazer melhorias. Trabalhos externos em alta! Explore uma área nova; considere buscar um novo emprego.

Lua sextil Netuno – 22:11 às 01:29 de 26/06 (exato 23:50)
Todo trabalho que envolva imagem encontra aqui uma ajuda especial. Invista seu tempo em trabalhos que envolvam projetos grandes, evitando o detalhamento das ações – será improdutivo. Estamos inspirados. Encontramos a cooperação das pessoas, facilitando convergências.

DIA 26 DE JUNHO – SÁBADO
◯ *Cheia* ◯ *em Aquário às 11:08, LFC Início às 09:50, LFC Fim às 11:08*

Enquanto a Lua estiver em Aquário, a eletricidade está no ar. Nos sentiremos atraídos por tudo o que for diferente do habitual, convencional. Nos invade a ideia da inovação e a vontade de estar em grupos. Preferimos estar com os amigos. Podemos ter *insights*, percebendo uma nova visão das coisas. Está em baixa o controle. Evite cirurgia do sistema circulatório, veias, vasos, artérias, capilares, tornozelo, coração e região lombar.

Lua conjunção Plutão – 02:55 às 06:14 (exato 04:30)
Período em que estamos abertos à transformação. Estamos dispostos a encarar assuntos mais sérios, densos, profundos ou os desafios requeridos pelas mudanças radicais, que alterem a nossa vida. Os reencontros estão em alta: antigos amigos, ex-colegas de trabalho etc..

Lua oposição Vênus – 07:59 às 11:38 (exato 09:50)
Manhã de menor produtividade. Não devemos tratar de assuntos financeiros. Cautela para não permitirmos que nosso rendimento no trabalho seja afetado porque temos algumas reservas com determinadas pessoas. Pode ser que não seja possível termos o apoio habitual de colegas.

DIA 27 DE JUNHO – DOMINGO
○ *Cheia (disseminadora)* ○ *em Aquário, LFC Início às 16:08*

Lua oposição Marte – 01:42 às 05:16 (exato 03:37)
Período delicado nos relacionamentos. Cuidado com os desentendimentos. Evite atitudes precipitadas ou muita franqueza, pois isso pode gerar ressentimentos e rompimentos sérios. A impulsividade, aliada à agressividade, pode destruir laços importantes.

Lua conjunção Saturno – 06:40 às 10:05 (exato 08:27)
O dia começa equilibrando os vínculos. As emoções estão no lugar, dando valor aos vínculos mais antigos. O compromisso e a seriedade que demonstrarmos nas relações serão compensadores.

Lua quadratura Urano – 08:32 às 11:59 (exato 10:27)
Momentos em que a tensão invade, e o imprevisto nos visita. As re-

lações que já têm alguma tensão podem sofrer desgaste. Continue investindo, tratando seus afetos com compromisso e muita calma, maturidade, cautela. Não cobre compromissos. Todo equilíbrio é pouco.

Lua trígono Mercúrio – 14:20 às 17:54 (exato 16:08)
Se houve desgaste, esse é o período que favorece o entendimento. Há mais receptividade para o que é dito. Conseguimos nos expressar e tocar o sentimento do outro, que nos ouve e acolhe. Se tivermos que explicar algo delicado, aqui há possibilidade de entendimento.

DIA 28 DE JUNHO – SEGUNDA-FEIRA
◯ *Cheia (disseminadora)* ◯ *em Peixes às 14:50, LFC Fim às 14:50*

Enquanto a Lua estiver em Peixes, é tempo de contemplação. Mais passivas e sensíveis, observamos impressões para depois imaginar soluções. Há solidariedade maior entre as pessoas. Apaixonados em alta. Não apaixonados, é tempo de enamorar-se de alguma coisa. Acreditamos nos sonhos. Evite cirurgias de pés e medula. Checar o sistema imunológico, sistema linfático, taxa de glóbulos brancos.

Lua conjunção Júpiter – 16:45 às 20:20 (exato 18:42)
No setor imobiliário, podem ocorrer vantagens patrimoniais sobre os imóveis comprados nesse período. Todos estão otimistas, confiantes, alegres. Bom humor no ar. A colaboração nos visita e facilita os trabalhos em equipe. Bem-estar emocional.

DIA 29 DE JUNHO – TERÇA-FEIRA
◯ *Cheia (disseminadora)* ◯ *em Peixes*

Lua trígono Sol – 02:55 às 06:51 (exato 05:04)
Momentos harmoniosos entre os casais. Todo tipo de encontro está beneficiado. Em alta a criação, os bons frutos em relação a tudo. Relacionamentos em período de gestação desabrocham e mostram as suas possibilidades de crescimento.

Lua sextil Urano – 13:56 às 17:38 (exato 15:59)

Favorável para quem busca um emprego, ou quer migrar para uma área nova. Podemos recorrer a pessoas que nos apontem uma nova forma de ver as coisas; podem ser de outra área ou terem idade diferente, trazendo novos ares à forma como trabalhamos. Coisas novas podem surgir, agarre-as.

Lua quadratura Mercúrio – 22:02 às 01:56 de 30/06 (exato 00:07 de 30/06)
Podemos ocasionar ressentimentos em nossas relações se não dialogarmos, omitirmos sentimentos ou usarmos palavras descuidadas. Portanto, cautela com a comunicação. Podemos ter problemas digestivos, ocasionando indisposições. Inquietação mental pode gerar stress.

DIA 30 DE JUNHO – QUARTA-FEIRA
◯ *Cheia (disseminadora)* ◯ *em Áries às 22:21,*
LFC Início às 14:40, LFC Fim às 22:21

Enquanto a Lua estiver em Áries, estamos mais entusiasmados, dinâmicos e audazes. Ousamos, assumimos riscos e estamos dispostos a pagar o preço. Temos impulso, disposição. As reações serão igualmente impulsivas, sem o uso da razão. Queremos agir do nosso jeito. Preferência por investimentos que nos proporcionem retorno rápido e de algum risco. Evite cirurgias na região da cabeça e nos rins.

Lua conjunção Netuno – 07:31 às 11:17 (exato 09:31)
A sensibilidade faz com que tratemos bem as pessoas e sejamos bem tratadas por elas. Há tolerância, compreensão, solidariedade. Aqui paira a inspiração, de forma sutil intuímos a direção das coisas. Estão em alta os produtos com bom acabamento visual.

Lua sextil Plutão – 12:45 às 16:33 (exato 14:40)
Período ideal para realizar um *check-up*. Os diagnósticos serão certeiros! Reabilitação em alta. Para quem precisa de tratamento de reposição hormonal e para a área genital e reprodutora, este é o momento. Dormir bem será restaurador para o seu organismo.

JULHO 2021

Domingo	Segunda-feira	Terça-feira	Quarta-feira	Quinta-feira	Sexta-feira	Sábado
				1 ☾ 10°14' ♈	2 Lua Minguante em Áries	3 ♈ Lua Minguante em Touro às 09:27 LFC 01:16 às 09:27
				Lua Minguante às 18:12 em Áries		
4 Lua Minguante em Touro	5 ♊ Lua Minguante em Gêmeos às 22:23 LFC 13:58 às 22:23	6 Lua Minguante em Gêmeos	7 Lua Minguante em Gêmeos	8 ♋ Lua Minguante em Câncer às 10:50 LFC 01:21 às 10:50	9 ● 18°01' ♋ Lua Nova às 22:16 em Câncer	10 ♑ Lua Nova em Leão às 21:20 LFC 13:11 às 21:20
11 Lua Nova em Leão	12 Lua Nova em Leão LFC Início às 09:30	13 ♍ Lua Nova em Virgem às 05:30 LFC Fim às 05:30	14 Lua Nova em Virgem	15 ♎ Lua Nova em Libra às 11:31 LFC 03:47 às 11:31	16 Lua Nova em Libra	17 ☽ 25°04' ♎ Lua Crescente às 07:12 em Libra Lua em Escorpião às 15:38 LFC 08:04 às 15:38
18 Lua Crescente em Escorpião	19 ♐ Lua Crescente em Sagitário às 18:07 LFC 13:31 às 18:07	20 Lua Crescente em Sagitário	21 Lua Crescente em Capricórnio às 19:36 LFC 19:26 às 19:36	22 ♑ Lua Crescente em Capricórnio Entrada do Sol em Leão às 11h26	23 ○ 01°26' ♒ Lua Cheia às 23:36 em Aquário Lua em Aquário às 21:12 LFC 13:35 às 21:12	24 Lua Cheia em Aquário
25 Lua Cheia em Aquário LFC Início 20:14	26 ♓ Lua Cheia em Peixes à 00:29 LFC Fim 00:29	27 Lua Cheia em Peixes LFC Início 22:13	28 ♈ Lua Cheia em Áries às 06:57 LFC Fim 06:57	29 Lua Cheia em Áries	30 Lua Cheia em Touro às 17:07 LFC 16:39 às 17:07	31 ☾ 08°33' ♉ Lua Minguante às 10:17 em Touro

Céu do mês de julho

O mês começa com uma energia de desafios no céu, em virtude da oposição entre Marte e Saturno. É interessante não tentar impor a sua vontade pela força, o ideal é tentar a negociação, para dissolver os limites e barreiras que surjam. Até porque a tensão entre Marte e Urano pode dar muita ansiedade, abrindo espaço para atitudes intempestivas que podem ocasionar entreveros e até acidentes.

O aspecto fluente entre o Sol e Urano, entre os dias 04 e 05/10, talvez clareie o que deve ser feito, e você pode ter a possibilidade de liderar com liberdade ao se abrir para o novo.

Dias de turbulência no céu entre 06 e 09/07, Mercúrio se estranha com Netuno e Vênus se opõe a Saturno e quadra Urano, período confuso e com muita chance de erros e entraves, o pessimismo e a sensação de que tudo parecerá sem solução pode acontecer e dar uma vontade de se libertar de algo ou alguém, que nos faz sentir desimportante. O ideal é manter a serenidade e avaliar o que está desgastado, deteriorado e renovar.

Na tarde do dia 11/07, Mercúrio entra no afetivo Signo de Câncer, e permanecerá até 27/07. O período se mostra favorável a contatos com pessoas queridas com quem há muito você não se comunica.

Uma fase promissora no céu se aproxima entre os dias 12 e 15/07, com Mercúrio em harmonia com Júpiter, e a Vênus conjunta a Marte, no Signo de Fogo, Leão. Dias excelentes para com muita argumentação, fé, otimismo e sedução, seja possível conquistar o objeto de desejo, nos sentindo especiais e únicos. Até porque a excelente interação entre o Sol e Netuno, no dia 15/07, traz muita luz a nossos sonhos e aspirações, além de atitudes altruístas.

Mas, no dia 17/07, o Sol se opõe a Plutão. As situações podem sair do controle, é importante cautela na tomada de decisões.

Oportunamente, Mercúrio entra em sintonia com Urano, no dia 20/07, indicando uma agilidade mental para resolver os problemas e tomar decisões que podem ter sido adiadas.

Dia 21/07, Vênus ingressa no Signo de Virgem, onde permanecerá até 16/08. Um bom momento para manter as coisas mais simples, com mais pragmatismo e objetividade, é hora de arrumar armários e manter o orçamento na ponta do lápis. Se a grana estiver curta, procure programas mais simples, que podem ser prazerosos do mesmo jeito que os mais sofisticados.

Vênus se opõe a Júpiter no dia 22/07. A sensação de que o que o objeto do desejo está longe, fora de nosso alcance, pode ocorrer, causando frustração, e a ideia de que se é pequeno. É interessante tentar mudar o foco do desejo descontrolado para o desejo possível.

O astro-rei, Sol, entra no Signo de seu domicílio, Leão, onde está magnânimo, onde permanecerá até dia 22/08. Aproveite o período para fazer algo por você, dar um trato nos cabelos e no corpo, ir ao SPA, cuidar de si e do outro(a) da mesma forma que gostaria de ser cuidado(a).

Mercúrio entra em um período de forte atividade, dia 24/07 faz um belo trígono a Netuno, ótimo para atividades artísticas e musicais, quem sabe ir ao cinema ou ao teatro.

Mas, dia 25/07, Mercúrio se opõe ao denso Plutão, esse trânsito pode gerar muito estresse mental com pensamentos muito destrutivos. É melhor evitar discussões que podem magoar de forma profunda e irreversível.

Na noite do dia 27/07, Mercúrio entra no Signo de Leão, e permanecerá até 11/08, reforçando a necessidade de passar uma mensagem criativa e especial, que contagie a todos.

Dia 28/07, Júpiter retorna ao Signo de Aquário e permanecerá retrógrado nesse Signo até 18/10. Com Júpiter em Aquário, a interação com a tecnologia parece inevitável, com o aumento da utilização de aplicativos para participar de grupos e reuniões, que serão on-line.

A solidariedade e a fraternidade estarão muito intensas no período, podemos voltar a acreditar que juntos a um grupo podemos ser fortes e capazes de mudar o mundo.

Marte se opõe a Júpiter, entre o dia 28 e 30/07, o período pede muita atenção com a intolerância e atitudes desmedidas, com muita dificuldade de aceitar críticas, mantenha a calma e a serenidade.

Fechamos o mês de julho com Marte ingressando no Signo de Virgem, no dia 29/07, onde permanecerá até 14/09. Nossa ação estará focada nos assuntos práticos da vida, no dia a dia. Boa época para se preocupar com a saúde, melhorar a alimentação, praticar exercícios físicos, fazer exames de rotina e manter a agenda organizada.

Com a Lua Nova em Câncer, a partir do dia 09/07, você pode aproveitar o momento para estar junto daqueles que ama. Os assuntos domésticos e familiares estarão muito presentes. Procure agir com sabedoria, sem muitos arroubos passionais.

Já a Lua Cheia em Aquário, no dia 23/07, é o momento de evitar controlar tudo, principalmente no âmbito profissional. Delegue as tarefas, isso vai fazer bem a você. Procure se modernizar, buscar novas tecnologias que possam proporcionar mais liberdade e qualidade de vida.

Lunações de julho

Lua Nova
09.07.2021
Às 22:16 em
18°01` de
Câncer

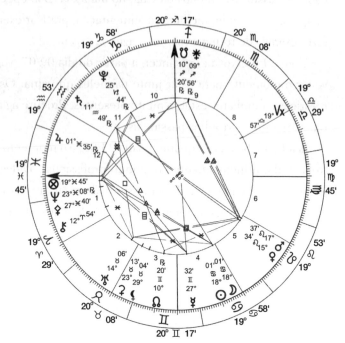

Lua Cheia
23.07.2021
Às 23:36 em
01°26` de
Aquário

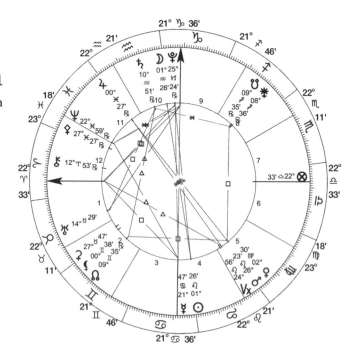

Posição diária da Lua em julho

DIA 01 DE JULHO - QUINTA-FEIRA
☽ *Minguante às 18:12 em 10º14' de Áries* ☽ *em Áries*

Lua trígono Vênus – 06:13 às 10:31 (exato 08:33)
Acordaremos animados, cheios de vontade de realizar, acreditando que tudo há de se resolver da melhor forma possível. Invista no seu poder de sedução para obter resultados positivos. O clima de cordialidade tende a aumentar a receptividade. É um excelente momento para acordos que antes pareciam impossíveis. Está favorecido qualquer tipo de tratamento estético.

Lua quadratura Sol – 16:03 às 20:17 (exato 18:17)
Fim de tarde, pode ser que tenha que lidar com frustrações por não ter alcançado o êxito esperado. Nada de perder o controle emocional, deixando-se levar por reações impulsivas quando as coisas não saírem como o desejado. De nada adianta bater o pé e fazer birra. Use a inteligência emocional para saber recuar estrategicamente, esperando o melhor momento de colocar seus sentimentos.

Lua sextil Saturno – 20:18 à 00:02 de 02/07 (exato 22:15)
À noite, procure um lugar sossegado para estar consigo mesmo, a fim de que possa fazer uma análise racional dos últimos acontecimentos. Prudência e paciência podem ser fundamentais para saber o momento certo de agir. Trace uma estratégia para persistir nos objetivos.

Lua trígono Marte – 20:53 às 01:02 de 02/07 (exato 23:04)
Energia para seguir adiante. Você, com certeza, não terminará este dia mergulhado em um mar de pessimismo. Ao contrário, estará cheio de coragem para a realização. Noite produtiva.

DIA 02 DE JULHO - SEXTA-FEIRA
☽ *Minguante* ☽ *em Áries*

Lua sextil Mercúrio – 11:04 às 15:19 (exato 13:20)

A mente aguçada levando a um raciocínio rápido favorecerá a tomada de decisões. Excelente momento para comercializar, fechar um negócio, divulgar um produto. Reuniões tenderão a serem produtivas. Intensifique suas relações sociais.

Lua quadratura Plutão – 23:14 às 03:14 de 03/07 (exato 01:16 de 03/07)

Noite pesada, livre-se de sentimentos de raiva, desconfiança e até ressentimentos. Isso só fará mal para você, resultando em um sono agitado e pouco revigorante. Faça maior esforço para manter o equilíbrio emocional, descartando sentimentos obsessivos que insistem em dominar os pensamentos. Acalme-se e, se puder, entregue, nem tudo podemos controlar.

DIA 03 DE JULHO – SÁBADO
☽ Minguante ☽ em Touro às 09:27, LFC Início às 01:16, LFC às Fim 09:27

Enquanto a Lua estiver em Touro, estaremos mais ligados a qualquer situação que venha a comprometer a segurança conquistada. Fica mais difícil lidar com as perdas, já que ficamos mais apegados às nossas conquistas e a tudo que nos remeta à nossa estabilidade emocional. Os sentidos estarão mais apurados, despertando a vontade de desfrutar de uma boa comida ou de estar com pessoas queridas que nos traga a certeza de que somos amados. Cultive seus afetos.

Lua sextil Júpiter – 11:18 às 15:19 (exato 13:27)

O otimismo e a fé farão total diferença para se alinhar com a energia expansionista do planeta Júpiter. Fique atento quanto a possíveis oportunidades que poderão passar despercebidas. É um período de fertilidade e expansão. Nada de perder tempo com pensamentos negativos.

DIA 04 DE JULHO – DOMINGO
☽ Minguante (balsâmica) ☽ em Touro

Lua quadratura Vênus – 00:28 às 04:59 (exato 02:48)

Tente não deixar que as preocupações tirem o seu sono. Que tal evitar refeições muito carregadas à noite? Se puder, introduza atividades relaxantes. Do contrário, iniciará o dia de mau humor e sem disposição para nada.

Lua quadratura Saturno – 08:04 às 12:07 (exato 10:04)
Nesta manhã, teremos a sensação de que estamos carregando o mundo nas costas. Não se abata por um cansaço emocional, deixando-se invadir por um mau humor que só piorará a sua desenvoltura ao longo do dia. Obstáculos existem para serem vencidos. Tente se acalmar.

Lua sextil Sol – 09:13 às 13:38 (exato 11:29)
Traçar metas e objetivos a serem cumpridos ao longo do dia aumentará a produtividade. Procure não perder tempo com o que não seja prioridade. A racionalidade o ajudará a manter o equilíbrio emocional necessário para se manter centrado no que realmente vale a pena. Essa clareza será fundamental para o sucesso.

Lua conjunção Urano – 11:38 às 15:43 (exato 13:47)
Insights estarão favorecidos, assim, não deixe de prestar atenção na sua intuição. Novas formas de relacionamentos, até no trabalho, assim como um dinamismo nessa parte do dia, poderão resultar em um aumento da produtividade. Esteja aberto ao novo. A versatilidade e o jogo de cintura aprimorarão a sua capacidade de adaptação. Calma.

Lua quadratura Marte – 12:19 às 16:36 (exato 14:31)
Energia tensa, podendo ocorrer situações que resultem em algum tipo de confronto. Diminua o ritmo e atenção redobrada para evitar acidentes. O controle emocional será essencial para que tenha um final de domingo sem conflitos que venham trazer algum tipo de prejuízo emocional.

DIA 05 DE JULHO – SEGUNDA-FEIRA
☽ Minguante (balsâmica) ☽ em Gêmeos às 22:23,
LFC Início às 13:58, LFC Fim às 22:23

Enquanto a Lua estiver em Gêmeos, nossa mente fica mais ágil e sedenta por novidades. Ficamos mais curiosos e versáteis dando conta de mais de uma coisa ao mesmo tempo. Excelente ciclo para intensificar os estudos, buscando assuntos novos que venham de alguma forma acrescentar seu conhecimento. Os relacionamentos sociais estarão favorecidos. Amplie sua rede de contatos.

Lua sextil Netuno – 06:27 às 10:31 (exato 08:27)

Manhã preguiçosa, se puder, transfira para tarde atividades que exigem mais energia. A Lua balsâmica é uma energia de restauração. Assim, deixe-se levar por um momento mais contemplativo. Saia do automático, alinhando-se ao seu lado criativo. A percepção será aumentada, assim como o entendimento de tudo que vem se passando ao seu redor.

Lua trígono Plutão – 11:54 às 15:58 (exato 13:58)

Excelente momento para restabelecer o equilíbrio emocional, resgatando situações que pareciam perdidas. Aproveite para revitalizar relações que estavam estremecidas. Ficará mais fácil deixar de lado ressentimentos, vislumbrando uma nova atitude diante daquele que discordamos.

DIA 06 DE JULHO – TERÇA-FEIRA
☽ Minguante (balsâmica) ☽ em Gêmeos

Lua quadratura Júpiter – 00:01 às 04:04 (exato 02:07)

Madrugada reinada por emoções intensas de insatisfação. Parece que um buraco emocional se formou que não consegue ser suprido. Cuidado com compensações. Cultive uma visão realista, não criando expectativas além do que é possível. Nada de paralisar diante de sentimento de frustração.

Lua sextil Vênus – 20:26 à 00:56 de 07/07 (exato 22:42)

Noite prazerosa, se dê de presente momentos agradáveis principalmente com quem você possa dividir afetos verdadeiros. Um papo interessante, depois de um cineminha ou de uma peça de teatro, trará um sentimento de gratificação emocional.

Lua trígono Saturno – 20:46 à 00:47 (exato 22:48)
A racionalização das emoções trará um entendimento de que tudo na vida exige um grau de sacrifício. A persistência é necessária quando temos certeza do caminho escolhido. Aproveite essa noite para uma análise realista das suas escolhas. Sinta-se responsável por si mesmo, acolhendo os erros e fazendo deles aprendizado. Noite produtiva.

DIA 07 DE JULHO – QUARTA-FEIRA
☽ Minguante (balsâmica) ☽ em Gêmeos

Lua sextil Marte – 04:39 às 08:54 (exato 06:49)
A coragem vem do exercício da nossa capacidade de superar desafios. A Lua em Gêmeos é extremamente racional, buscando informações quanto a qualquer obstáculo que se apresente. A troca de experiências com aqueles que vivenciaram a mesma situação pode ser uma forma de encontrar soluções criativas. Nada de desânimo, se aproprie da energia de Marte e encha-se de vitalidade para seguir em frente.

Lua quadratura Netuno – 19:11 às 23:11 (exato 21:11)
Quando as emoções não estão muito claras, o melhor é deixar fluir a fim de que surja o momento de maior clareza. De nada adianta atitudes escapistas, que apenas mascaram uma situação que deverá ser encarada adiante. Se trabalhar à noite, vai ser difícil ter concentração.

Lua conjunção Mercúrio – 23:06 às 03:32 de 08/07 (exato 01:21 de 08/07)
Ao conseguir filtrar seus sentimentos, facilitará a maior clareza dos seus pensamentos. A força de Mercúrio irá expressar tudo aquilo que seu emocional está captando. Fique atento aos seus sonhos. Quando acordar, anote-os.

DIA 08 DE JULHO – QUINTA-FEIRA
☽ Minguante (balsâmica) ☽ em Câncer às 10:50,
LFC Início às 01:21, LFC Fim às 10:50

Enquanto a Lua estiver em Câncer, estaremos mais sensíveis principalmente voltados às necessidades familiares ou com quem temos estreitos laços emocionais. Preferimos ficar mais em casa, acolhidos na sensação de que estamos seguros. Ficamos mais desconfiados em ambientes onde não possuímos vínculos emocionais. O melhor lugar será onde temos intimidade.

Lua trígono Júpiter – 12:10 às 16:07 (exato 14:15)
Momento positivo para ampliar seus horizontes. Faça coisas diferentes, distantes da sua rotina. Isso aumentará as chances de oportunidades aparecerem. Excelente momento para contatos com pessoas no exterior. Viagens distantes estarão favorecidas.

DIA 09 DE JULHO - SEXTA-FEIRA
● Nova às 22:16 em 18°01' de Câncer ● em Câncer

Lua sextil Urano – 12:40 às 16:35 (exato 14:34)
Excelente energia para conhecer gente nova, fazer mudanças dentro de casa. Cortando vínculos que mais atrapalham do que ajudam o seu progresso. Fica mais fácil abrir mão do conhecido e se lançar em novas empreitadas. Anime-se e deixe ir o que se tornou obsoleto.

Lua conjunção Sol – 20:10 à 00:22 de 10/07 (exato 22:22)
A Lua Nova sugere o início de um novo ciclo. Tente deixar para trás o que não deu certo. Desapegue de antigos sentimentos que só impedem a receptividade do novo. A clareza de sentimentos fará com que tenha uma visão mais ampla das situações. Inclusive analisando melhor experiências passadas, para traçar planos futuros.

DIA 10 DE JULHO - SÁBADO
● Nova ● em Leão às 21:20, LFC Início às 13:11, LFC Fim às 21:20

Enquanto a Lua estiver em Leão, estaremos embriagados por uma dose extra de autoestima, desejando encontrar reconhecimento dos nossos feitos. O entusiasmo é uma característica do Signo de Leão, impulsionando-nos a conquistar um patamar de destaque. Vamos querer estar onde temos a certeza de que somos queridos e reverenciados.

Lua trígono Netuno – 06:14 às 10:05 (exato 08:09)
Estaremos mais sensíveis e tolerantes, mais abertos a estabelecer qualquer tipo de entendimento. A empatia facilitará acordos, podendo ser bem proveitosa para tratar de assuntos mais delicados. Se puder, introduza exercícios que ativem seu lado criativo. A sensibilidade, quando bem canalizada, gera resultados bastantes compensatórios.

Lua oposição Plutão – 11:14 às 15:04 (exato 13:11)
Nada de tratar assuntos mais tensos com atitudes arrogantes. Será mais proveitoso vestir a camisa da humildade e, quem sabe, escutando mais do que falando. Tome cuidado com as armadilhas do ego. Já que o excesso de vaidade pode gerar prejuízos irreversíveis. Recuar pode ser uma estratégia interessante. Racionalize as emoções medindo a consequência dos seus atos. Se puder, postergue qualquer assunto conflitante. Não caia em provocações.

DIA 11 DE JULHO - DOMINGO
🌑 Nova 🌑 em Leão

Lua oposição Saturno – 17:39 às 21:24 (exato 19:31)
Período em que estaremos mais carentes, com a autoestima vulnerável. A receptividade está diminuída, não agradando como normalmente aconteceria. Evite abordar temas mais sensíveis, se puder, fique mais na sua. A tendência é que surjam animosidades.

Lua quadratura Urano – 22:17 às 02:22 de 12/07 (exato 00:16 de 12/07)
Noite tensa, estaremos com maior dificuldade de relaxar. Uma inquietude pode dominar nosso emocional, dificultando um sono revigorante. Sabendo disso, tente introduzir hábitos relaxantes, comidas mais leves e evitar se estressar. Se puder, transfira para outro dia a resolução de problemas. Estaremos sem paciência.

DIA 12 DE JULHO - SEGUNDA-FEIRA
🌑 Nova 🌑 em Leão, LFC Início às 09:30

Lua conjunção Vênus – 06:10 às 10:17 (exato 08:15)
Acordaremos mais animados, simpáticos e, consequentemente, sedutores. Estaremos mais felizes com nós mesmos, assim, invista nos seus atributos pessoais. É difícil resistir a alguém bem-humorado e aberto à afetividade. Excelente energia para convencer o outro do seu ponto de vista.

Lua conjunção Marte – 07:31 às 11:26 (exato 09:30)
Estaremos impacientes diante de pequenos problemas, de tudo que lhe impeça de exercer a sua vontade. Ficaremos mais sensíveis diante de personalidades mais autoritárias. Cultive a paciência, não se deixando levar pela necessidade do imediatismo.

DIA 13 DE JULHO - TERÇA-FEIRA
● *Nova* ● *em Virgem às 05:30, LFC Fim às 05:30*

Enquanto a Lua estiver em Virgem, é importante focar nas áreas da sua vida que necessitam serem organizadas. Há uma visão crítica e extremamente realista do que se passa. Porque só assim estaremos aptos a diagnosticar o que vem atrapalhando o desenvolvimento do resultado esperado. A força do Signo de Virgem nos traz maior compreensão do que está fora do lugar. Encare os dados de forma realista e mãos à obra.

Lua oposição Júpiter – 06:10 às 09:49 (exato 08:01)
Não adianta perder tempo, desanimando devido a uma insatisfação emocional. O dia está só começando, é hora de encararmos a situação como ela se apresenta. Perder a produtividade pensando no que poderia ser, não levará a nada. Não caia nas armadilhas das compensações. Poderá arrepender-se mais tarde.

Lua sextil Mercúrio – 08:00 às 12:08 (exato 10:06)
Coloque em prática seu poder de articulação. Será por meio da sua inteligência que encontrará a melhor saída para qualquer obstáculo que apareça. Novas ideias surgirão conforme for atuando na prática.

Ocupe a mente com coisas produtivas, do contrário, poderá perder oportunidade de solucionar aquele assunto que vem se arrastando.

DIA 14 DE JULHO - QUARTA-FEIRA
🌑 *Nova* 🌑 *em Virgem*

Lua trígono Urano – 05:36 às 09:13 (exato 07:27)
Manhã produtiva, invista em atividades que necessitem atuar com criatividade. Fazer de forma diferente abrirá espaço para novidades. Se puder, mude o trajeto que faz para o trabalho ou inove no desjejum. Qualquer mudança será bem-vinda, podendo trazer oportunidades de onde você menos espera.

Lua sextil Sol – 20:51 à 00:41 de 15/07 (exato 22:47)
Sensação de que as coisas clarearam. Passando a ter uma nitidez onde antes era tudo meio nublado. Sonhos poderão ser reveladores.

Lua oposição Netuno – 21:29 às 01:03 de 15/07 (exato 23:14)
As impressões devem ser questionadas. Pode ser que o outro não deixe bem claro uma situação. Se puder, transfira para o dia seguinte, quando a Lua entra no Signo de Libra, para tentar um melhor entendimento. Cuidado para não passar dos limites.

DIA 15 DE JULHO - QUINTA-FEIRA
🌑 *Nova* 🌑 *em Libra às 11:31, LFC Início às 03:47, LFC Fim às 11:31*

Enquanto a Lua estiver em Libra, a cordialidade e a gentileza serão ingredientes importantes para chegarmos a um denominador comum. Será mais prazeroso fazer programas acompanhados, compartilhando nossas glórias e nossas derrotas. Já que tudo que é dividido, terá maior chance de êxito. Assuntos judiciais também estarão favorecidos, uma vez que estaremos buscando o equilíbrio diante do que é certo e errado.

Lua trígono Plutão – 01:59 às 05:32 (exato 03:47)
Acordaremos cheios de disposição, nos sentindo revigorados e prontos para mais um dia. Se precisar, pode marcar para hoje assuntos

mais pesados de se resolver. A força de Plutão renova, revive, restaura situações que pareciam perdidas. Vibre nessa energia.

Lua quadratura Mercúrio – 21:08 à 01:09 de 16/07 (exato 23:11)
Cuidado com interpretações equivocadas. Seja claro nas suas colocações, não deixando nada subentendido. Estaremos com a mente cansada pela quantidade de pensamentos que insistem em não nos deixar relaxar. Medite, acalmando a mente e, assim, conquistando um sono revigorante. Se precisar trabalhar à noite, necessitará de atenção diante da maior tendência à dispersão.

DIA 16 DE JULHO – SEXTA-FEIRA
● Nova ● em Libra

Lua trígono Saturno – 05:48 às 09:16 (exato 07:28)
Dia excelente para acelerarmos aquilo que ficou atrasado. Estaremos produtivos e prontos a encarar sacrifícios a fim de conquistar as metas traçadas. Maturidade emocional será essencial, necessária para conquistar a sensatez para resolver situações desafiantes.

DIA 17 DE JULHO – SÁBADO
☾ Crescente às 07:12 em 25°04' de Libra ☾ em Escorpião às 15:38,
LFC Início às 08:04, LFC Fim às 15:38

Enquanto a Lua estiver em Escorpião, será um desafio nos manter na superficialidade de qualquer emocional. Tudo é sentido intensamente, podendo nos deixar envolver de forma obsessiva. Cuidado com as impressões, cheque antes, evitando mal-entendidos.

Lua sextil Marte – 00:15 às 03:52 (exato 02:05)
Madrugada revigorante. Ao dormir muito cansado, restabelecerá as energias com poucas horas de sono. Excelente momento para traçar estratégias de ações. Se for trabalhar à noite, encarará com muita energia.

Lua sextil Vênus – 04:10 às 07:56 (exato 06:04)
Se estiver acompanhado, poderá ter uma noite sensual. Estaremos

abertos ao amor, nos deixando levar por demonstrações de carinho. Se estiver sozinho, invista em sua apresentação. Comece o dia com a autoestima lá em cima.

Lua quadratura Sol – 05:19 às 09:01 (exato 07:10)
É a hora exata em que a Lua entra na fase Crescente. Fase propícia a acelerarmos nossas ações, focados nos objetivos. Não deixe que qualquer instabilidade emocional atrapalhe, de alguma forma, a sua produtividade. Se tiver contratempos, esclareça as situações sendo o mais claro possível.

Lua quadratura Plutão – 06:20 às 09:46 (exato 08:04)
Antes de qualquer reação, pense duas vezes. Estaremos com os nervos à flor da pele, podendo potencializar uma situação que poderia se resolver de uma forma menos dolorosa. Nada de cair em provocações. Disputas de poder poderão sacudir essa manhã. Tente manter a calma.

Lua trígono Júpiter – 15:41 às 19:04 (exato 17:28)
Que tal curtir um sábado à tarde fazendo algo diferente do rotineiro? Será extremamente prazeroso, trazendo a sensação de novidade e de expansão. Todos os assuntos ligados ao conhecimento, como visitas a museus, viagens ou até mesmo um bom livro, poderão abastecer essa necessidade de expandir os horizontes. Se estiver sem companhia, poderão surgir pessoas alegres, animadas que lhe impulsionem a um universo diferente do habitual. Abra-se.

DIA 18 DE JULHO - DOMINGO
☾ *Crescente* ☾ *em Escorpião*

Lua trígono Mercúrio – 08:18 às 12:09 (exato 10:15)
Excelente momento para estudos e leituras, pois a mente estará mais ágil, facilitando a memorização. Também estarão favorecidas quaisquer atividades que envolvam a comunicação. Aproveite para divulgar um trabalho ou comercializar um produto.

Lua quadratura Saturno – 09:04 às 12:25 (exato 10:41)

O excesso de responsabilidade poderá vir a pesar mais do que o normal. Afaste os pensamentos negativos, evitando o pessimismo. Descanse mais, alimentando-se bem para recobrar as energias necessárias para enfrentar os desafios. Evite fazer atividades de que não goste, isso preservará seu humor.

Lua oposição Urano – 14:18 às 17:40 (exato 16:04)

O desafio vai ser manter-se calmo. Uma ansiedade pode dominar seu emocional, ficando extremamente irritado com assuntos repetitivos. Se puder, exercite-se ao ar livre, sentindo o vento no rosto. A sensação de liberdade acalmará sua ansiedade.

DIA 19 DE JULHO – SEGUNDA-FEIRA
☾ Crescente ☾ *em Sagitário às 18:07, LFC Início às 13:31, LFC Fim às 18:07*

Enquanto a Lua estiver em Sagitário, não ficaremos conformados com o que se apresenta. Há um desejo vibrante de expandir a consciência por meio do conhecimento. Excelente período para viagens a lugares desconhecidos. Cuidado com idealizações que venham provocar desilusões. Mire no objetivo, mas não deixe de aproveitar o que está mais perto do seu alcance.

Lua trígono Netuno – 04:52 às 08:13 (exato 06:30)

Estaremos mais preguiçosos neste início de manhã. Comece o dia devagar, respeitando-se. Atividades mais contemplativas serão bem-vindas. Podendo despertar uma nova ideia ou a solução de um problema. Fique atento aos *insights*.

Lua quadratura Marte – 05:30 às 09:00 (exato 07:16)

Cuidado com suas reações emocionais. Você estará irritadiço e pouco paciente diante de qualquer contrariedade. Um pequeno problema pode virar uma bomba relógio. Tente se acalmar. A impaciência pode resultar em algum tipo de prejuízo, até físico.

Lua sextil Plutão – 09:00 às 12:20 (exato 10:31)

O controle emocional será importante para atrair para si energias revigorantes. Situações que antes pareciam perdidas poderão ser solucionadas. Excelente momento para rever atitudes emocionais que vem lhe trazendo algum prejuízo. Vai ser mais fácil transformar um padrão emocional.

Lua trígono Sol – 11:43 às 15:17 (exato 13:31)
Você estará com maior clareza emocional. Racionalizando suas emoções, solucionando questões que antes lhe pareciam um enigma. A lucidez trará apoio emocional, mesmo que o resultado não seja tão positivo. É hora de tomar providências.

Lua quadratura Júpiter – 17:52 às 21:10 (exato 19:36)
Cuidado com reações emocionais exageradas. Pode ser que esteja contando com algo que não se realizará no momento esperado. Não se deixe abater! Encha-se de fé e otimismo e siga adiante.

DIA 20 DE JULHO – TERÇA-FEIRA
☾ *Crescente* ☾ *em Sagitário*

Lua sextil Saturno – 10:52 às 14:09 (exato 12:27)
Manhã extremamente produtiva, as responsabilidades serão encaradas com leveza. Situações limitantes serão vencidas com maturidade emocional. Dificilmente se abaterá por qualquer contratempo.

DIA 21 DE JULHO – QUARTA-FEIRA
☾ *Crescente* ☾ *em Capricórnio às 19:36, LFC Início às 19:26, LFC Fim às 19:36*

Enquanto a Lua estiver em Capricórnio, estaremos mais pragmáticos, concentrados em cumprir as metas estabelecidas. A tendência é de racionalizar os sentimentos, a fim de que não se ponha em qualquer situação que não lhe pareça segura. Estaremos com uma visão mais prática quanto aos nossos envolvimentos emocionais.

Lua quadratura Netuno – 06:29 às 09:46 (exato 08:05)
Vamos ter que afastar a preguiça para conseguir sair da cama. O desânimo poderá ser um obstáculo a ser superado para que a rotina possa ser

cumprida. A Lua Crescente é um período em que, devido a oscilações de humor, não podemos perder tempo. A hora é de crescimento.

Lua trígono Marte – 09:22 às 12:48 (exato 11:06)
Alimente seu emocional com o vigor oriundo da energia do planeta Marte. Assim, estaremos prontos para encarar o que vier pela frente. Possivelmente suas ações terão grandes chances de assertividade. Confie na sua intuição, você estará sensivelmente mais inspirado.

Lua trígono Vênus – 17:37 às 21:12 (exato 19:26)
Tarde agradável, com grandes chances de acontecimentos positivos. Seu charme estará conquistando o que tiver no entorno. Excelente momento para realização de tratamentos estéticos. Que tal tirar a tarde para se cuidar? Se puder faça isso, fará toda diferença na sua autoestima. Não descarte um jantar apaixonado.

Lua sextil Júpiter – 19:03 às 22:19 (exato 20:43)
Esteja atento às oportunidades que poderão surgir. Aceite convites, vá se divertir. O entusiasmo atrai positividade. Excelente momento para dar uma festa. Se estiver querendo engravidar, é um período de fertilidade.

DIA 22 DE JULHO - QUINTA-FEIRA
☾ Crescente ☾ em Capricórnio

Entrada do Sol no Signo de Leão às 11h26min16seg
Lua trígono Urano – 17:46 às 21:04 (exato 19:27)
Poderão surgir situações inusitadas, que resultarão em surpresas positivas. A animação aumentará, principalmente, se for para fazer algo novo. Dará vontade de se libertar de toda a chatice do mundo. Curta esta noite em um lugar diferente.

DIA 23 DE JULHO - SEXTA-FEIRA
○ Cheia às 23:38 em 01°26' de Aquário ○ em Aquário às 21:12,
LFC Início às 13:35, LFC Fim às 21:12

Enquanto a Lua estiver em Aquário, nos sentiremos mais livres para ousar fazer algo novo. O rompimento de velhos padrões estabelecidos dará um frescor à vida. Também serão bem-vindas atividades que envolvam grupos sociais. Dificilmente você desperdiçará novas oportunidades. Liberte-se.

Lua oposição Mercúrio – 02:57 às 06:48 (exato 04:56)
Tente acalmar a mente. De que adianta perder uma noite de sono, mergulhado em um mar de pensamentos? Teremos que fazer maior esforço para nos concentrarmos em um único assunto. Parece que todos os problemas do mundo resolveram tirar o seu sono. Medite.

Lua sextil Netuno – 07:52 às 11:11 (exato 09:30)
Canalize a sua sensibilidade, libertando-se de preocupações que no momento não são solucionáveis. Estaremos mais sensíveis às energias do ambiente. O acaso trabalhará a seu favor. Acredite!

Lua conjunção Plutão – 11:54 às 15:13 (exato 13:35)
A intensidade emocional deve ser monitorada para que pensamentos obsessivos não venham lhe tirar do foco priorizado. Às vezes, é melhor sair de fininho. Para que testar seu poder? Não é hora de medir forças.

Lua oposição Sol – 21:49 às 01:24 de 24/07 (exato 23:37)
Se puder, vá dormir cedo. Nada como uma noite de sono revigorante para colocarmos nossas emoções no devido lugar. Teremos menos clareza das situações. Não tome decisões precipitadas.

DIA 24 DE JULHO - SÁBADO
◯ *Cheia* ◯ *em Aquário*

Lua conjunção Saturno – 13:43 às 17:05 (exato 15:22)
Não exija muito de você. Se puder, fique mais na sua para evitar que o mau humor estrague seu final de semana. Não seja tão severo consigo mesmo. Faça uma reflexão realista, evidenciando as derrotas, mas não se esquecendo das vitórias. Cuidado para não descontar naqueles que você mais ama.

Lua quadratura Urano – 19:59 às 23:25 (exato 21:45)

Nesta noite, estaremos angustiados, loucos para nos livrarmos do que vem impregnando nossa mente. Cuidado com reações impulsivas. A vontade vai ser de sair correndo sem olhar para trás. Não provoque situações tensas, pois estas poderão resultar em rompimentos.

DIA 25 DE JULHO - DOMINGO
◯ *Cheia* ◯ *em Aquário, LFC Início às 20:14*

Lua oposição Marte – 18:23 às 22:03 (exato 20:14)

A tensão pode aumentar no fim desse domingo. Não provoque e nem se deixe abalar por situações que tentem lhe tirar do sério. Não estaremos muito pacientes para resolver qualquer tipo de discordância.

Lua conjunção Júpiter – 23:11 às 02:40 de 26/07 (exato 01:02 de 26/07)

Estaremos mais carentes e extremamente insatisfeitos. É difícil lidar com privações. Não caia nas armadilhas das frustrações com atitudes compensatórias. Você poderá arrepender-se depois.

DIA 26 DE JULHO - SEGUNDA-FEIRA
◯ *Cheia (não disseminadora)* ◯ *em Peixes à 00:29, LFC Fim à 00:29*

Enquanto a Lua estiver em Peixes, estaremos com a sensibilidade aflorada. Há um entendimento maior quanto à forma como a vida está se apresentando. É como se ampliàssemos a nossa visão, encontrando um maior entendimento, aceitando com mais facilidade como as situações se apresentam. Cultive a compaixão e o agradecimento.

Lua oposição Vênus – 08:07 às 12:00 (exato 10:05)

Decepções fazem parte da vida. Resultados negativos são parte do processo de aprendizagem. Não se deixe abater, foque no que dá para ser feito no momento. Nada de se deixar levar pelo pessimismo.

DIA 27 DE JULHO - TERÇA-FEIRA
◯ *Cheia (disseminadora)* ◯ *em Peixes, LFC Início às 22:13*

Lua sextil Urano – 00:38 às 04:16 (exato 02:36)

Madrugada inspiradora, quem sabe a solução de um problema aparece em um sonho. Fique atento. *Insights* poderão surgir, trazendo ideias que venham libertá-lo de problemas antigos. A Lua Cheia disseminadora é favorável para dispersar energias, situações e sentimentos.

Lua conjunção Netuno – 15:56 às 19:38 (exato 17:48)

Tarde inspirada, se puder, diminua o ritmo ficando mais contemplativo, escutando a sua voz interior. A criatividade tenderá a brotar pelo fato que estaremos mais sensíveis. Cuidado com excesso de medicamentos, a tendência é que seus efeitos fiquem potencializados.

Lua sextil Plutão – 20:21 à 00:04 de 28/07 (exato 22:13)

A noite será revigorante, aproveite para dormir cedo. Quando a Lua está em Peixes ficamos meio "esponjinhas", absorvendo muito do que se passa ao redor. Se puder, tome um banho de sal grosso ou passe um óleo de lavanda. O corpo etéreo também precisa ser purificado.

DIA 28 DE JULHO – QUARTA-FEIRA
◯ *Cheia (disseminadora)* ◯ *em Áries às 06:57, LFC Fim às 06:57*

Enquanto a Lua estiver em Áries, estaremos mais corajosos para correr atrás dos nossos objetivos. Dificilmente nos abatemos diante de uma negação. A força do Signo de Áries nos impulsiona a sair da zona de conforto, a fim de que satisfaçamos nossas vontades mesmo que o mundo esteja contra nós.

Lua trígono Mercúrio – 06:26 às 10:57 (exato 08:54)

Estaremos com a mente mais focada, absorvendo com mais facilidade as informações. Excelente para colocar os estudos em dia ou fazer uma entrevista, uma prova de conhecimento. O raciocínio estará rápido, acessando facilmente aquilo que foi memorizado.

Lua trígono Sol – 16:15 às 20:22 (exato 18:25)

Nossas emoções estarão mais claras, levando a maior entendimento, principalmente diante de situações duvidosas. Ótimo período para fazer aquela reunião para propor suas ideias. Você terá maior facilidade em expor seus objetivos de forma clara.

DIA 29 DE JULHO - QUINTA-FEIRA
◯ *Cheia (disseminadora)* ◯ *em Áries*

Lua sextil Saturno – 00:58 às 04:47 (exato 02:55)
Se você precisar estudar ou trabalhar até mais tarde, o dia é este. Não será sacrifício nenhum, já que um sentimento de responsabilidade prevalecerá diante de qualquer cansaço. Há um entendimento de que persistir é um passo para se alcançar o sucesso.

DIA 30 DE JULHO - SEXTA-FEIRA
◯ *Cheia (disseminadora)* ◯ *em Touro às 17:07,*
LFC Início às 16:39, LFC Fim às 17:07

Enquanto a Lua estiver em Touro, estaremos mais ligados aos nossos afetos, assim como aqueles que nos proporcionam a segurança necessária para enfrentarmos a vida. As tarefas que exigirão maior esforço tenderão a serem adiadas. Estaremos mais inclinados a olhar o lado belo da vida.

Lua quadratura Plutão – 05:45 às 09:42 (exato 07:39)
A manhã começa tensa, podendo reagir de forma violenta sem necessidade. Controle suas emoções, principalmente evitando pensamentos obsessivos. Disputas de poder poderão ocorrer entre parcerias, tanto afetivas como profissionais. Evite a teimosia.

Lua sextil Júpiter – 14:39 às 18:36 (exato 16:39)
Tarde de clima positivo. Estaremos mais abertos e gentis, querendo colaborar com as pessoas. Excelente momento para reuniões, encontros e até tratar assuntos que necessitem de mais cordialidade entre as partes.

Lua trígono Marte – 16:19 às 20:32 (exato 18:32)
Estaremos animado, cheios de disposição para encarar novos desafios. Assertividade poderá fazer toda diferença. Apodere-se dessa energia e vá

correr atrás dos seus sonhos. O Signo de Touro é a força da concretização, não perca tempo.

DIA 31 DE JULHO - SÁBADO
☽ Minguante às 10:17 em 08°33' de Touro ☽ em Touro

Lua quadratura Mercúrio – 04:57 às 09:50 (exato 07:33)
Cuidado para não ser mal interpretado. Procure esclarecer as situações de forma clara para não gerar mal-entendidos. Quanto aos deslocamentos, a tendência é que surjam obstáculos, provocando atrasos se não forem bem administrados. Assim, a recomendação é que introduza maior espaço entre os compromissos, a fim de que o dia fique menos estressante.

Lua quadratura Sol – 08:04 às 12:27 (exato 10:22)
Parece que tudo é para ontem. A irritabilidade será fruto de um descompasso entre os desejos e as emoções. Distribua melhor seus afazeres. Seu ritmo pode estar mais lento do que desejaria. Respeite-se, não se deixando abater quando não conseguir realizar o estabelecido.

Lua quadratura Saturno – 11:47 às 15:47 (exato 13:47)
As obrigações não devem ser responsáveis pelo seu mau humor. Isso só tornará o sacrifício maior. Cultive o equilíbrio emocional para saber lidar com os impedimentos que tenderão a surgir. Não é um bom momento para acordos, já que dificilmente chegarão em um denominador comum.

Lua trígono Vênus – 14:26 às 18:55 (exato 16:46)
Se realmente precisar insistir em tratar de assuntos difíceis, use seu poder de sedução, sendo mais afetuoso ao colocar suas palavras. Isso poderá abrir uma brecha e surtir algum entendimento.

Lua conjunção Urano – 20:32 à 00:35 de 01/08 (exato 22:41)
O fim do dia será irritadiço, dificultando relaxarmos e ter uma noite de sono agradável. O nervosismo e a ansiedade deverão ser superados com a introdução de atividades relaxantes. Evite atritos ficando mais sozinho. Você estará impaciente até consigo mesmo.

AGOSTO 2021

Domingo	Segunda-feira	Terça-feira	Quarta-feira	Quinta-feira	Sexta-feira	Sábado
1 Lua Minguante em Touro	2 ♊ Lua Minguante em Gêmeos às 05:46 LFC 04:41 às 05:46	3 Lua Minguante em Gêmeos	4 ♋ Lua Minguante em Câncer às 18:16 LFC 16:38 às 18:16	5 Lua Minguante em Câncer	6 Lua Minguante em Câncer LFC Início 19:12	7 ♌ Lua Minguante em Leão às 04:31 LFC Fim 04:31
8 ● 16°14' ♌ Lua Nova às 10:50 em Leão	9 ♍ Lua Nova em Virgem às 11:55 LFC 09:23 às 11:55	10 Lua Nova em Virgem	11 ♎ Lua Nova em Libra às 17:07 LFC 08:22 às 17:07	12 Lua Nova em Libra	13 ♏ Lua Nova em Escorpião às 21:01 LFC 17:39 às 21:01	14 Lua Nova em Escorpião
15 ☽ 23°01' ♏ Lua Crescente às 12:21 em Escorpião	16 ♐ Lua Crescente em Sagitário às 00:11 LFC 00:06 à 00:11	17 Lua Crescente em Sagitário LFC Início 22:43	18 ♑ Lua Crescente em Capricórnio às 02:57 LFC Fim 02:57	19 Lua Crescente em Capricórnio LFC Início 21:00	20 ♒ Lua Crescente em Aquário às 05:48 LFC Fim 05:48	21 Lua Crescente em Aquário
22 ○ 29°37' ♒ Lua Cheia às 09:01 em Aquário Lua em Peixes às 09:42 LFC 09:03 às 09:42	23 Lua Cheia em Peixes	24 ♈ Lua Cheia em Áries às 15:56 LFC 06:13 às 15:56	25 Lua Cheia em Áries	26 Lua Cheia em Áries LFC Início 18:15	27 ♉ Lua Cheia em Touro às 01:26 LFC Fim 01:26	28 Lua Cheia em Touro
29 ♊ ☾ 07°09' Lua Cheia em Gêmeos às 13:41 LFC 11:59 às 13:41	30 Lua Minguante às 04:14 em Gêmeos	31 Lua Minguante em Gêmeos LFC Início 17:49				

Céu do mês de agosto

Iniciamos o mês com o Sol e Mercúrio no Signo de Leão, alternando bons e maus aspectos. Sol faz conjunção a Mercúrio e oposição a Saturno e, ao mesmo tempo, Mercúrio faz oposição a Saturno. Muito cuidado com o que se fala e escreve, em especial nas redes sociais, para não ser mal compreendido e receber críticas. E ter a sensação de ser incompreendido.

Vênus, que se encontra no Signo de Virgem, faz um belo aspecto a Urano em Touro, entre os dias 02 a 03/08, proporcionando um bom momento para rompermos a monotonia e buscarmos alguma novidade para nos dar prazer ou para ganharmos dinheiro. Que tal aproveitar para assistir a um espetáculo artístico diferente?

Nos dias 03 e 04/08, Mercúrio entra em colisão com Urano, deixando uma energia tensa no ar, lapsos podem ocorrer, evitar decisões importantes nesses dias

O Sol entra em desarmonia com Urano nos dias 06 e 07/08. É capaz de aparecer alguns assuntos inesperados, e a tensão e o nervosismo vão surgir. O ideal é ter serenidade para agir assertivamente com relação ao inusitado do momento.

Entre 09 a 10/06, podemos ter dias mais confusos. Vênus se opõe a Netuno, e Mercúrio se opõe a Júpiter. Esta é uma influência muito enganosa, podemos avaliar algo com uma expectativa excessiva. É melhor ter cuidado para não cometer erros.

Dia 11/08, Mercúrio, que tem como símbolo o mensageiro, entra no Signo em que está domiciliado, o analítico Virgem, onde permanecerá até 30/08. É bom aproveitar o período para colocar em ordem os assuntos funcionais, mantendo o senso de organização e método.

Nesse mesmo dia, a Vênus faz um aspecto harmonioso com o poderoso Plutão, aumentando o desejo sexual, e de descobrir algo oculto sobre alguma circunstância ou alguém.

Vênus muda para o Signo de Ar e de seu domicílio, Libra, na madrugada do dia 16/08 e permanecerá até 10/09, deixando o período com uma energia amorosa mais diplomática. Com ímpeto para ficarmos mais bonitos e atraentes. Uma fase ótima para dar um trato no visual, no corpo e nos cabelos, além de comprar roupas novas.

Mercúrio se encontra com Marte no Signo de Virgem nos dias 18 e 19/08. Conferindo uma grande força mental e energia intelectual, as conversações podem ser pragmáticas e frontais, mais agressividade e críticas nos debates de ideias, o que pode causar nervosismo e decisões impulsivas. É importante pensar bem antes de falar.

Nesse mesmo dia, o Sol no magnânimo Signo de Leão se opõe a Júpiter no libertário Signo de Aquário. Cuidado para não se sentir muito certo de algo que pode ser um gasto de energia desnecessário, há muitas possibilidades que as coisas não saiam conforme o desejado. É importante ser precavido quanto as finanças e as questões legais.

Dia 20/08, Urano começa seu passo anual de retrogradação e permanecerá até 17/01/2022. O movimento indica que alguns procedimentos que iniciamos terão que ser modificados. É importante manter a serenidade e aceitar as mudanças que forem inevitáveis.

Temos entre o dia 20/08 a 22/08 um belo aspecto de Mercúrio e Marte no analítico Signo de Virgem para Urano em Touro, trazendo muita intuição para agir com rapidez e ousadia no intuito de resolver algum problema que estava difícil de solucionar.

O radiante Sol entra na tarde do dia 22/08 no pragmático Signo de Virgem, onde permanecerá até o dia 22/09. É interessante aproveitar o período para ordenar pertences e armários. Além de questionar também nosso mundo interior, dando ordem aos pensamentos por meio de uma análise da realidade. Aproveitando a ajuda da benéfica Vênus no Signo de Virgem, fazendo um aspecto auspicioso para Saturno nos dias 22 e 23 /08, para resolver assuntos que há muito tempo ansiávamos por definir, sejam questões amorosas ou materiais.

Dia 24/08, Mercúrio em Virgem faz uma oposição a Netuno, deixando o dia confuso, sujeito a enganos e pouca eficiência, muito cuidado com o que você fala, escreve ou lê.

Já no dia 26/08 Mercúrio faz um aspecto fluente para o poderoso Plutão, podendo trazer uma aguda percepção sobre diversos assuntos e muita curiosidade a respeito de possíveis mistérios intrigantes.

Encerramos agosto com Mercúrio entrando no Signo de Libra, onde permanecerá até 05/11, um tempo maior do que o habitual. O período pede equilíbrio para nossa mente e comunicação, é bom estar mais receptivo para ouvir a opinião do outro, a diplomacia deve se impor em uma discussão.

A Lua Nova em Leão, no dia 08/08, pede alegria e entusiasmo em tudo o que você for começar a fazer. Por isso, foque naquilo que faz você se sentir único e especial. Alimente sua autoestima, mas evite excessos, afaste a insegurança. O que você iniciar tem tudo para ser reconhecido.

Quando a Lua Cheia chegar, no dia 22/08, ela vai entrar em Aquário, e pedir diversão, liberdade. Procure mudar paradigmas, abandonar preconceitos e ter a clareza de que o futuro pode ser especial. Aproveite o bom momento para acreditar um pouco na sorte. Ouse e poderá colher bons frutos.

Lunações de agosto

Lua Nova
08.08.2021
Às 10:50
em 16°14`
em Leão

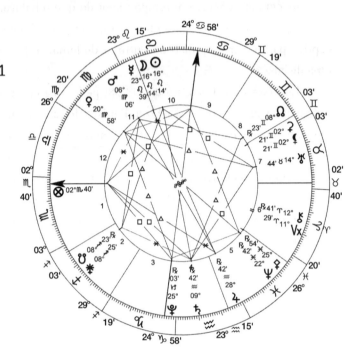

Lua Cheia
22.08.2021
Às 09:01
em 29°37`
em Aquário

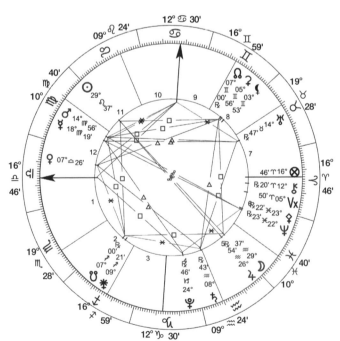

Posição diária da Lua em agosto

DIA 01 DE AGOSTO – DOMINGO
☽ *Minguante* ☽ *em Touro*

Lua sextil Netuno – 13:11 às 17:14 (exato 15:11)
Uma tarde de domingo em que a intuição estará mais aguçada. Aproveite a Lua Minguante para eliminar aquilo que incomoda e sintonize-se somente com o que você inspira.

Lua trígono Plutão – 17:58 às 22:02 (exato 19:50)
E o domingo continua perfeito para a eliminação de emoções tóxicas e tudo o que nos deixa desconfortáveis. Fique atento aos sinais que seu corpo lhe dá, ele é um ótimo indicador de como emoções obsoletas podem ser prejudiciais.

DIA 02 DE AGOSTO – SEGUNDA-FEIRA
☽ *Minguante* ☽ *em Gêmeos às 05:46,*
LFC Início às 04:41, LFC Fim às 05:46

Enquanto a Lua estiver em Gêmeos, estamos mais comunicativos e adaptáveis. Com a Lua Minguante nesse Signo, poderemos aproveitar os próximos dias para limparmos o ar de mal-entendidos, estancar fofocas, caminhos redundantes e contatos estéreis.

Lua quadratura Júpiter – 02:39 às 06:41 (exato 04:41)
Evite exageros de qualquer natureza nesta madrugada. Alimente-se com parcimônia antes de dormir e evite o excesso de contatos e estímulos. Com este aspecto e seguido logo pela Lua Fora de Curso, o ideal é mantermos uma programação leve e rotineira.

Lua quadratura Marte – 08:21 às 12:39 (exato 10:33)
Realmente, a semana começa um pouco confusa. A manhã pede organização e atenção ao detalhe, no entanto, as emoções estão dispersas e podemos nos atrapalhar. Atente-se aos horários e procure manter o foco. Cuidado com disputas para ter a última palavra.

DIA 03 DE AGOSTO - TERÇA-FEIRA
☽ Minguante ☽ em Gêmeos

Lua trígono Saturno – 00:18 às 04:19 (exato 02:14)
Podemos ordenar melhor nossas emoções, assegurando maior foco aos nossos contatos. Organize-se bem antes de dormir, há boas chances de evitar as confusões de ontem.

Lua sextil Sol – 02:17 às 06:42 (exato 04:31)
Mente e emoções reconciliadas, o descanso dessa madrugada é reparador e a manhã se inicia com boas chances de fluir bem.

Lua sextil Mercúrio – 06:45 às 11:38 (exato 09:15)
A mente está afiada e pronta para agir sobre todas as pendências que precisam ser retiradas da lista. É ótimo para identificar com clareza os detalhes que estão atrapalhando a resolução dos problemas e encontrar soluções criativas. Para melhores resultados, dê mais atenção ao que desperta sua curiosidade.

Lua quadratura Vênus – 10:09 às 14:39 (exato 12:25)
Cuidado com uma tendência à dispersão e à hipersensibilidade. Ao longo da manhã, podemos ficar desestimulados e inseguros com o que percebemos como excesso de crítica. Converse com cuidado, objetividade e graça sobre o que lhe incomoda para que o obstáculo seja superado o mais rápido possível.

DIA 04 DE AGOSTO - QUARTA-FEIRA
☽ Minguante (balsâmica) ☽ em Câncer às 18:16,
LFC Início às 16:38, LFC Fim às 18:16

Enquanto a Lua estiver em Câncer, alimentar nossas raízes sem se deter no passado é preciso. Introspecção, acolhimento e seleção dos afetos que verdadeiramente importam.

Lua quadratura Netuno – 01:54 às 05:54 (exato 03:50)
O sono fica prejudicado sob esse aspecto. A saúde também pode ser

afetada por infecções e gripes. Cuide bastante do seu organismo e procure relaxar.

Lua trígono Júpiter – 14:39 às 18:35 (exato 16:38)
A tarde traz boas oportunidades e encontros com pessoas de regiões distantes. Se houver a possibilidade de agendar viagens para este horário, aproveite.

DIA 05 DE AGOSTO – QUINTA-FEIRA
☽ *Minguante (balsâmica)* ☽ *em Câncer*

Lua sextil Marte – 00:07 às 04:17 (exato 02:14)
Há energia suficiente para eliminar o que não faz mais sentido manter só porque algum dia foi importante para nós. Faça o que precisa ser feito com dedicação e capricho para poder descansar tranquilo depois.

Lua sextil Urano – 21:15 às 01:08 de 06/08 (exato 23:17)
Experimente fazer algo novo e criativo nesta noite. Olhe para trás com carinho, mas prepare o terreno para o futuro que virá com a nova lunação.

DIA 06 DE AGOSTO – SEXTA-FEIRA
☽ *Minguante (balsâmica)* ☽ *em Câncer, LFC Início às 19:12*

Lua sextil Vênus – 04:09 às 08:25 (exato 06:17)
"Quem ama cuida", não é mesmo? Comece o dia com essa certeza e cuide dos que são importantes para você, mas não se esqueça de cuidar de si mesmo também, ok?

Lua trígono Netuno – 12:48 às 16:37 (exato 14:39)
Com a sensibilidade em alta, somos capazes de captar as sutilezas e as variações de humor ao nosso redor. Aproveite para identificar o que precisa ser dado continuidade e o que deve ser interrompido.

Lua oposição Plutão – 11:17 às 21:05 (exato 19:12)
A tarde é bastante tensa e os acordos são difíceis. Evite confrontações de poder e manipulações emocionais. Proteja-se.

DIA 07 DE AGOSTO - SÁBADO
☽ Minguante (balsâmica) ☽ em Leão às 04:31, LFC Fim às 04:31

Enquanto a Lua estiver em Leão, a generosidade é encorajada. Distribua benesses e ajude aos outros a reconhecerem o que os fazem ser especiais.

Lua oposição Saturno – 20:58 à 00:40 de 08/08 (exato 22:48)
À noite, o clima pesa. O mundo parece estar decidido a nos contrariar. Estruturas rígidas dificultam a manifestação das emoções originais.

DIA 08 DE AGOSTO - DOMINGO
● Nova às 10:50 em 16°14' de Leão ● em Leão

Lua quadratura Urano – 06:13 às 09:54 (exato 08:07)
Tenha cuidado e evite conflitos, teimosias, pressões e precipitações. Podemos ser surpreendidos por imprevistos desagradáveis.

Lua conjunção Sol – 08:50 às 12:49 (10:50)
A Lua inaugura um novo ciclo e é importante preparar o terreno para o ciclo que se inicia. Cultive o brilho próprio e o carisma, cuidando para não ofuscar ninguém.

DIA 09 DE AGOSTO - SEGUNDA-FEIRA
● Nova ● em Virgem às 11:55, LFC Início às 09:23, LFC Fim às 11:55

Enquanto a Lua estiver em Virgem, estamos mais detalhistas, organizados, analíticos e capazes de perceber com clareza o que necessita aperfeiçoamento.

Lua conjunção Mercúrio – 00:37 às 04:52 (exato 02:48)
À noite, a conversa é objetiva e proveitosa. Antes de descansar, organize suas tarefas e aproveite para repassar os detalhes da semana.

Lua oposição Júpiter – 07:34 às 11:09 (exato 09: 23)
Cuidado para não colocar todas as suas fichas em uma só promessa e para não prometer mais do que pode cumprir. Tente manter o equilíbrio

entre buscar a segurança do planejado e a aventura das possibilidades oferecidas pelo improviso.

Lua conjunção Marte — 22:49 às 02:34 de 10/08 (exato 00:44 de 10/08)
Um estado de espírito determinado e disciplinado trabalha a nosso favor nesta noite. Comece a colocar seus planos em ação.

DIA 10 DE AGOSTO - TERÇA-FEIRA
● *Nova* ● *em Virgem*

Lua trígono Urano — 12:32 às 16:05 (14:21)
A criatividade nos ajuda a encontrar novas soluções para velhos e conhecidos problemas. Fique atento às ideias que surgem de um repente.

DIA 11 DE AGOSTO - QUARTA-FEIRA
● *Nova* ● *em Libra às 17:07, LFC Início às 08:22, LFC Fim às 17:07*

Enquanto a Lua estiver em Libra, é um bom momento para harmonizar nossos planos, considerando o impacto que poderão ter sobre os que nos cercam. Peça a colaboração de quem você admira e respeita e avalie a proporcionalidade dos esforços necessários para realizá-los.

Lua oposição Netuno — 02:30 às 06:00 (exato 04:11)
O sono pode ser tumultuado e confuso nesta noite. Ansiedade e receios misteriosos podem atrapalhar o descanso.

Lua conjunção Vênus — 05:19 às 09:10 (exato 07:14)
Acordamos bem, apesar da intranquilidade noturna. Cuide bem de você, capriche em sua apresentação, na sua alimentação e enfrente o dia com o desejo de fazer o seu melhor.

Lua trígono Plutão — 06:36 às 10:06 (exato 08:22)
Este aspecto ajuda a ativar a força de vontade. Vínculos são reforçados e segredos são compartilhados com segurança.

DIA 12 DE AGOSTO - QUINTA-FEIRA
● Nova ● em Libra

Lua trígono Saturno – 07:48 às 11:15 (exato 09:26)
Manhã focada em solucionar problemas com determinação e diplomacia. Conseguimos adiantar nossas tarefas e começar as negociações necessárias para colocar os alicerces em nossos planos.

DIA 13 DE AGOSTO - SEXTA-FEIRA
● Nova ● em Escorpião às 21:01, LFC Início às 17:39, LFC Fim às 21:01

Enquanto a Lua estiver em Escorpião, queremos ir a fundo nos problemas e desconfiamos de aparências reluzentes. Estamos mais atentos a tudo o que acontece nos bastidores e sabemos identificar os pontos fracos do que é aparentemente sólido.

Lua sextil Sol – 03:21 às 07:04 (exato 05:11)
Uma noite tranquila nos ajuda a acordar bem dispostos e prontos para enfrentar os desafios do dia.

Lua quadratura Plutão – 10:37 às 14:03 (12:08)
Ao focar no que se quer, preste atenção para não cutucar quem está ou detém o poder. Questionamentos podem soar como desacato. Muito cuidado, evite confrontos desnecessários.

Lua trígono Júpiter – 15:56 às 19:20 (17:39)
À tarde, o clima melhora bastante. Otimismo e generosidade ajudam a abrir o caminho para dias melhores.

DIA 14 DE AGOSTO - SÁBADO
● Nova ● em Escorpião

Lua sextil Mercúrio – 02:34 às 06:30 (exato 04:33)
Os sonhos podem trazer mensagens importantes a respeito das nossas emoções. Fique atento.

Lua quadratura Saturno – 11:11 às 14:35 (exato 12:49)

Dificuldades e obstáculos aparecem nessa manhã e começo de tarde. Tenha muita paciência e procure trabalhar com seriedade, mesmo que sozinho e sem apoio.

Lua sextil Marte – 12:20 às 15:55 (exato 14:08)
Foco, foco, foco. Use essa energia para dar conta do volume de trabalho e tarefas que se avolumam esta tarde.

Lua oposição Urano – 20:35 à 00:00 (exato 22:19)
Irritação, intolerância e ansiedade atrapalham o desenrolar das coisas e o sono. Não force a barra de nada nem de ninguém. Faça algo para relaxar a mente e o coração.

DIA 15 DE AGOSTO – DOMINGO
☾ Crescente às 12:21 em 23º01' de Escorpião ☾ em Escorpião

Lua trígono Netuno – 09:51 às 13:14 (exato 11:30)
A manhã de domingo oferece um clima gostoso para aproveitá-la com aqueles e com aquilo que mais nos inspira. Música, filmes e momentos românticos são muito bem-vindos.

Lua quadratura Sol – 10:29 às 14:08 (exato 12:20)
Fique atento à possibilidade de desencontros. Escolha, com cuidado, onde quer investir a sua energia e adapte-se para se assegurar de que o bem-estar prevaleça.

Lua sextil Plutão – 13:50 às 17:13 (exato 15:22)
Acredite na possibilidade de recuperação e regeneração do que parecia não ter mais jeito. Tente de novo, procure outras maneiras de chegar aonde se quer, a transformação é possível.

Lua quadratura Júpiter – 18:42 às 22:04 (exato 20:28)
Mantenha as expectativas sob controle. Sob este aspecto, tendemos a superestimar nossos potenciais e escolher o ótimo em detrimento do bom. Evite exageros.

Lua sextil Vênus – 22:13 às 01:55 de 16/08 (exato 00:06 de 16/08)
Delicadeza, humildade, presteza e atenção às necessidades dos outros geram um clima de boa vontade e ajudam a finalizar em paz esse domingo.

DIA 16 DE AGOSTO - SEGUNDA-FEIRA
☽ Crescente ☽ em Sagitário à 00:11, LFC Início à 00:06, LFC Fim à 00:11

Enquanto a Lua estiver em Sagitário, nos aventuramos mais. Tudo nos parece possível e temos otimismo de sobra para perseguirmos os nossos objetivos.

Lua quadratura Mercúrio – 13:00 às 16:52 (exato 14:59)
É preciso ter cautela com as nossas palavras, nossos trajetos, documentos e contatos. Não é porque nos sentimos bem e temos esperança que devemos passar por cima dos detalhes.

Lua sextil Saturno – 13:58 às 17:20 (exato 15:37)
Uma tarde produtiva e eficiente. As tarefas ocorrem como esperado e podemos seguir tranquilos por ter dado conta das nossas responsabilidades.

Lua quadratura Marte – 17:44 às 21:17 (exato 19:34)
À noite, preste atenção à impaciência e ao egoísmo. Respire fundo antes de se manifestar, ok?

DIA 17 DE AGOSTO - TERÇA-FEIRA
☽ Crescente ☽ em Sagitário, LFC Início às 22:43

Lua quadratura Netuno – 12:37 às 15:59 (exato 14:17)
Circunstâncias externas podem provocar uma sensação de insegurança. A distração e a confusão, típicas deste aspecto, podem provocar perdas e prejuízos.

Lua trígono Sol – 17:02 às 20:39 (exato 18:53)
Com o Sol e a Lua em harmonia, nossas emoções e pensamentos

ficam em paz, podemos concluir nossas tarefas e seguir nosso caminho mais tranquilos.

Lua sextil Júpiter – 21:02 à 00:23 de 18/08 (exato 22:43)
A noite dispersa as tensões do dia, podemos curtir a companhia dos amigos e das pessoas amadas.

DIA 18 DE AGOSTO – QUARTA-FEIRA
☾ Crescente ☾ em Capricórnio às 02:57, LFC Fim às 02:57

Enquanto a Lua estiver em Capricórnio, o compromisso com as nossas responsabilidades impera. Sobriedade, discrição e disciplina são as qualidades que melhor se sintonizam com a demanda dos próximos dias.

Lua quadratura Vênus – 05:36 às 09:17 (exato 07:30)
Carência e ciúmes povoam nossos sonhos e perturbam o começo do dia. É sempre bom lembrar que as fantasias e as frustrações costumam andar de par em par.

Lua trígono Marte – 22:50 às 02:23 de 19/08 (exato 00:40 de 19/08)
A disposição física aumenta e temos mais energia para arrematar o que ficou pendente ao longo do dia.

Lua trígono Mercúrio – 22:42 às 02:32 de 19/08 (exato 00:41 de 19/08)
As conversas podem ser sérias, mas são tranquilas e todos estão na mesma sintonia. Organize-se bem e finalize o que for necessário.

DIA 19 DE AGOSTO – QUINTA-FEIRA
☾ Crescente ☾ em Capricórnio, LFC Início às 21:00

Lua trígono Urano – 02:17 às 05:40 (exato 04:03)
A manhã favorece as atividades novas. Fuja da rotina e use a criatividade para finalizar os projetos pendentes. Se houver algum problema

persistente, busque ideias em outras fontes e procure novos ângulos.

Lua sextil Netuno – 15:17 às 18:40 (exato 16:57)
Este aspecto colabora para manter a tarde inspirada e produtiva. Ele facilita a compreensão das dificuldades dos outros, desarmando os conflitos com sobriedade.

Lua conjunção Plutão – 19:17 às 22:41 (exato 21:00)
Os laços se fortalecem e se aprofundam nesta noite. Tudo o que for autêntico e sincero deve ser cultivado para que possa florescer ao longo desse ciclo lunar.

DIA 20 DE AGOSTO - SEXTA-FEIRA
☾ *Crescente* ☾ *em Aquário às 05:48, LFC Fim às 05:48*

Enquanto a Lua estiver em Aquário, estamos mais dispostos a aprender coisas novas e a exercitar a tolerância. Mudanças de rumo e ajustes de planos para garantir o bem comum são bem-vindos.

Lua trígono Vênus – 13:08 às 16:53 (exato 15:03)
Este trígono facilita a troca de ideias, gostos e contatos. Ótimo aspecto para reconciliações, encontros, conversas e negociações.

Lua conjunção Saturno – 19:12 às 22:37 (exato 20:51)
O contato da Lua com Saturno estabiliza os ânimos e aumenta a nossa resistência. Se for necessário trabalhar ou estudar neste horário, não se preocupe, a concentração e a produtividade estarão em alta.

DIA 21 DE AGOSTO - SÁBADO
☾ *Crescente* ☾ *em Aquário*

Lua quadratura Urano – 05:27 às 08:55 (exato 07:17)
Cuidado para não pressionar nada além da conta, inclusive a sua agenda, para não provocar rupturas bruscas. Contorne, desvie e dê muito espaço para que a energia possa circular livremente e você tenha tempo para manobrar entre os imprevistos.

DIA 22 DE AGOSTO – DOMINGO
◯ *Cheia às 09:01 em 29°37' de Aquário* ◯ *em Peixes às 09:42,*
LFC Início às 09:03, LFC Fim às 09:42

Entrada do Sol no Signo de Virgem às 12h44min48s
Enquanto a Lua estiver em Peixes, fluímos com os acontecimentos. É importante relaxar e seguir o nosso ritmo natural, permitindo que tudo chegue a seu auge naturalmente.

Lua conjunção Júpiter – 02:34 às 06:02 (exato 04:24)
Uma madrugada deliciosa, tanto para o descanso quanto para aproveitar com os amigos. Otimismo e alegria são presentes dados por este aspecto. Divirta-se.

Lua oposição Sol – 07:08 às 10:55 (exato 09:1
Este aspecto marca o início da Lua Cheia. Devemos nos esforçar para colaborar, participar e reconhecer o valor e a ajuda de quem está ao nosso redor. Para evitar atritos, evite cobranças. Queremos suavidade e gentileza, mas, para isso, é preciso dar o exemplo.

DIA 23 DE AGOSTO – SEGUNDA-FEIRA
◯ *Cheia* ◯ *em Peixes*

Lua sextil Urano – 10:16 às 13:52 (exato 12:10)
Aposte na ousadia e na sutileza. O importante é desenvolver uma nova forma de mostrar os frutos dessa lunação. Esqueça a programação e a rigidez e aposte na magia e na originalidade.

Lua oposição Marte – 11:48 às 15:36 (exato 13:47)
Cuidado apenas para não deixar que a distração e a impaciência estraguem o clima. É melhor manter o foco no combinado e a atenção aos detalhes para não perder as oportunidades que se apresentarem

Lua oposição Mercúrio – 20:58 às 01:07 (exato 23:05)
Parece que todos estão se esforçando para ser do contra, não? Exageram nas perguntas e não param de nos perturbar com minúcias ou

não conseguem manter a atenção. As informações não batem e todos têm uma opinião diferente da nossa. Respire fundo e lembre-se de que o silêncio é ouro.

DIA 24 DE AGOSTO - TERÇA-FEIRA
◯ Cheia ◯ em Áries às 15:56, LFC Início às 06:13, LFC Fim às 15:56

Enquanto a Lua estiver em Áries, acreditamos que, com iniciativa e ousadia, chegaremos à vitória. O terreno é fértil para colhermos, com coragem, os resultados dos nossos projetos.

Lua conjunção Netuno – 00:02 às 13:39 (exato 01:48)
Ótimo para dormir e sonhar. Não percebemos os limites entre a realidade e o sonho. Somos facilmente seduzidos sob este aspecto. Intuições devem ser levadas a sério, estamos longe do terreno da lógica nesta madrugada.

Lua sextil Plutão – 04:22 às 08:02 (exato 06:13)
À medida que a manhã se anuncia, conseguimos concentrar nossos esforços. Usamos a nossa capacidade de agir com decisão para receber o prêmio.

DIA 25 DE AGOSTO - QUARTA-FEIRA
◯ Cheia (disseminadora) ◯ em Áries

Lua sextil Saturno – 06:04 às 09:50 (exato 07:58)
Aproveite a manhã para focar nos objetivos do dia. Aproveite a presença das pessoas mais sábias e peça orientação. A experiência, nesta manhã, pode ser excelente conselheira.

Lua oposição Vênus – 10:50 às 15:02 (exato 13:02)
Vontades conflitantes constroem obstáculos à realização dos nossos desejos e dificultam a concretização dos nossos planos. Fique atento para não deixar a impulsividade e a agressividade piorarem a situação.

DIA 26 DE AGOSTO - QUINTA-FEIRA
◯ Cheia (disseminadora) ◯ em Áries, LFC Início às 18:15

Lua quadratura Plutão – 13:04 às 16:58 (exato 14:55)
Disputas pelo poder e assuntos explosivos devem ser evitados ao máximo. Essa é uma energia de crises e rupturas. A melhor atitude é manter-se discreto e contido. Pense antes de agir.

Lua sextil Júpiter – 16:18 às 20:10 (exato 18:15)
Procure unir forças com quem você aprecia e respeita. Espalhe alegria e otimismo e verá que o bom humor será contagiante.

DIA 27 DE AGOSTO - SEXTA-FEIRA
◯ *Cheia (disseminadora)* ◯ *em Touro às 01:26, LFC Fim às 01:26*

Enquanto a Lua estiver em Touro, queremos compartilhar o conforto e assegurar a estabilidade do que foi conquistado. Lenta e de forma determinada, consolidamos e colhermos o que foi iniciado e conquistado nas outras fases lunares.

Lua trígono Sol – 08:09 às 12:28 (exato 10:26)
Um dia positivo para promover a colaboração e o compartilhamento de ideias e benefícios. Os encontros são agradáveis e produtivos.

Lua quadratura Saturno – 16:05 às 20:03 (exato 18:03)
O dia fica mais pesado à tarde. Nos sentimos mais sobrecarregados e cansados. É melhor concentrar-se nas tarefas e não contar com o reconhecimento nessas horas. O prazer em ver um trabalho bem feito deve ser o suficiente.

DIA 28 DE AGOSTO - SÁBADO
◯ *Cheia (disseminadora)* ◯ *em Touro*

Lua conjunção Urano – 04:50 às 08:52 (exato 06:59)
Espere o inesperado. Tudo pode acontecer e mudar nossos planos. Improvisar é melhor que planejar, mas o melhor mesmo é deixar esse espaço livre na agenda.

Lua trígono Marte – 13:06 às 17:22 (exato 15:19)

Uma tarde de muita energia e disposição. Bom para nos dedicarmos aos programas que nos trazem prazer.

Lua sextil Netuno – 19:54 às 23:56 (exato 21:54)
Um ótimo aspecto para relaxarmos e curtirmos a noite com amigos, em lugares que amamos, com muito conforto e tranquilidade.

DIA 29 DE AGOSTO – DOMINGO
○ *Cheia (disseminadora)* ○ *em Gêmeos às 13:41,*
LFC Início às 11:59, LFC Fim às 13:41

Enquanto a Lua estiver em Gêmeos, queremos trocar ideias, opiniões e aprendizados. Usar nossos contatos e conhecimentos será muito útil para difundir os resultados dessa lunação.

Lua trígono Plutão – 00:48 às 04:51 (exato 02:41)
O sono é reparador nesta madrugada de domingo. Quando acordar, preste atenção ao que sonhou e anote como se sente, além das ideias que surgirem. Uma delas poderá oferecer a chave para restabelecer o que se julgava perdido.

Lua quadratura Júpiter – 03:35 às 07:36 (exato 05:43)
Este aspecto pode atrapalhar o sono e conflitar com o anterior. Exageros da noite anterior podem perturbar nosso descanso. Se possível, fique um pouco mais na cama.

Lua trígono Mercúrio – 09:39 às 14:17 (exato 11:59)
Essa manhã dispersa o mal-estar promovido pelo aspecto ruim acima. O café da manhã será uma ótima oportunidade para encontrar os amigos e colocar a conversa em dia.

DIA 30 DE AGOSTO – SEGUNDA-FEIRA
☽ *Minguante às 04:14 em 07°09' de Gêmeos* ☽ *em Gêmeos*

Lua quadratura Sol – 02:00 às 06:25 (exato 04:15)
A ansiedade pode atrapalhar o nosso descanso e a mente parece não

conseguir se desligar. Tente respirar profundamente e usar técnicas de relaxamento para dissipar a tensão provocada por este aspecto.

Lua trígono Saturno – 04:24 às 08:27 (exato 06:23)
Este período ajuda a equilibrar o início da manhã, nos dando disciplina e racionalidade para separar o que é um problema real do que é fantasia.

Lua trígono Vênus – 23:15 às 03:44 de 31/08 (exato 01:31 de 31/08)
A promessa de uma noite divertida e afetuosa é real. Conversas animadas e dicas compartilhadas nos ajudam a começar de maneira gostosa o trabalho pedido pela fase Minguante: deixar para trás o que não nos agrada e/ou funciona mais.

DIA 31 DE AGOSTO – TERÇA-FEIRA
☽ *Minguante* ☽ *em Gêmeos, LFC Início às 17:49*

Lua quadratura Marte – 05:27 às 09:43 (exato 07:36)
Nos colocarmos em atividade é a melhor forma de lidar com essa energia irrequieta e impulsiva. Há alguma coisa que precisa ser removida da sua vida e lhe falta impulso? Talvez este seja um bom momento para fazer isso. Cuidado com as palavras impensadas e impulsivas usadas como defesa.

Lua quadratura Netuno – 08:39 às 12:41 (exato 10:36)
Temos um pouco de dificuldade em identificar o que é uma informação segura e o que é mentira ou fofoca. Impressões podem assumir o lugar de fatos e é fácil nos dispersarmos. Há uma tendência ao engano e à confusão. Evite compromissos que demandem clareza e precisão.

Lua trígono Júpiter – 15:48 às 19:47 (exato 17:49)
A leveza e a generosidade ajudam a virar a mesa nesta tarde e reestabelecem o bom humor. Aproveite para acessar os bons contatos que ajudarão a finalizar as negociações pendentes.

SETEMBRO 2021

Domingo	Segunda-feira	Terça-feira	Quarta-feira	Quinta-feira	Sexta-feira	Sábado
			1 ♋	2	3 ♌	4
			Lua Minguante em Câncer às 02:25 LFC Fim 02:25	Lua Minguante em Câncer	Lua Minguante em Leão às 12:58 LFC 02:38 às 12:58	Lua Minguante em Leão
5 ♍	6 ● 14°38' ♍ 7	7	8 ♎	9	10 ♏	11
Lua Minguante em Virgem às 20:05 LFC 11:22 às 20:05	Lua Nova às 21:51 em Virgem	Lua Nova em Virgem L FC Início 16:24	Lua Nova em Libra à 00:20 LFC Fim 00:20	Lua Nova em Libra	Lua Nova em Escorpião às 03:04 LFC 01:49 às 03:04	Lua Nova em Escorpião
12 ♐ 13	13	☽ 21°16' ♐ 14	15	16 ♒	17	18 ♓
Lua Nova em Sagitário às 05:34 LFC 02:33 às 05:34	Lua Crescente às 17:41 em Sagitário	Lua Crescente em Capricórnio às 08:33 LFC 07:58 às 08:33	Lua Crescente em Capricórnio	Lua Crescente em Aquário às 12:22 LFC 02:40 às 12:22	Lua Crescente em Aquário	Lua Crescente em Peixes às 17:22 LFC 06:15 às 17:22
19	20 ○ 28°13' ♓ 21	21 ♈	22	23 ♉	24	25 ♊
Lua Crescente em Peixes	Lua Cheia às 20:54 em Peixes LFC Início 20:56	Lua Cheia em Áries à 00:12 LFC Fim 00:12	Lua Cheia em Áries LFC Início 23:05 Entrada do Sol em Libra às 16h20	Lua Cheia em Touro às 09:37 LFC Fim 09:37	Lua Cheia em Touro	Lua Cheia em Gêmeos às 21:36 LFC 10:10 às 21:36
26	27	28 ☽ 06°09' ♋	29	30 ♌		
Lua Cheia em Gêmeos	Lua Cheia em Gêmeos	Lua Minguante às 22:58 em Câncer Lua em às 10:34 LFC 01:19 às 10:34 Início Mercúrio Retrógrado	Lua Minguante em Câncer Mercúrio Retrógrado	Lua Minguante em Leão às 21:53 LFC 11:49 às 21:53 Mercúrio Retrógrado		

314 MARCIA MATTOS

Céu do mês de setembro

Iniciamos o mês com um aspecto difícil entre Marte, no analítico Signo de Virgem, e Netuno, no espiritual Signo de Peixes. Não é um bom momento nas relações maritais, comerciais e profissionais, pois tende a haver muita dispersão de energias, que pode levar a atitudes erráticas.

Mas, logo no dia 04/09, Mercúrio faz um aspecto de trígono para Saturno. É um bom momento para organizar os assuntos particulares e profissionais, e planejar com segurança uma viagem para o feriado que ocorrerá em um céu animado.

Entre os dias 05 e 09, período do feriado da independência, Vênus estará muito ativa e, na madrugada do dia 06/09, entra em um aspecto desarmônico com Plutão, um momento tenso em que qualquer tentativa de mando e crises de ciúmes podem sair do controle. Bom que, logo pela manhã, Vênus faz um aspecto harmonioso com Júpiter, o céu nos brinda com um momento maravilhoso no âmbito amoroso, financeiro, viagens de lazer, entre outros. Contando com a ajuda de Marte que, ao mesmo tempo, faz um aspecto harmônico para Plutão. É um ótimo momento para comandar, seja no âmbito profissional, pessoal e esportivo.

O Sol acompanha o bom momento fazendo um belo trígono para Urano. Que tal tentar fazer algo novo e inusitado?

Vênus, a "Deusa do Amor", ingressa no Signo de Escorpião dia 10/09 e permanecerá até 07/10. O amor ficará mais intenso, profundo, passional e misterioso.

Em 14/09, o Sol se opõe a Netuno, o dia pode ficar meio confuso, você deve evitar autoenganos e vitimizações.

No fim do dia, o enérgico Marte entra no conciliador Signo de Libra e permanecerá até 30/10. É oportuno aproveitar para agir com atitudes mais conciliadoras e diplomáticas, menos agressivas e conflituosas.

O Sol faz um potente trígono a Plutão, nos dias 16 e 17/09. É sábio aproveitar o momento para usar seu poder de forma construtiva, com força de vontade e determinação.

Vênus entra em conflito com Saturno nos dias 16 e 17/09. É melhor evitar marcar festas ou reuniões sociais nesses dias, pois algo desagradável pode acontecer e trazer muita tristeza ao coração.

Entre os dias 19 e 22/09, Mercúrio se harmoniza com Júpiter, mas enfrenta uma quadratura de Plutão, a alegria, o otimismo e a fé iniciais podem ser ameaçados por algum problema que estava oculto.

No fim da tarde, o Sol entra no ponderado Signo de Libra, e permanecerá até 23/10. Uma época propícia para captarmos a energia da cooperação e do equilíbrio. E procurar parcerias, sejam elas pessoais ou profissionais. Essa data marca o Equinócio da Primavera no Hemisfério Sul, com a natureza nos brindando com a beleza das flores.

As emoções podem ficar afloradas nos dias 23 e 24/09, com a oposição de Vênus a Urano, melhor aceitar que os planos podem mudar e que você ou o outro podem precisar de mais liberdade na relação.

Marte em Libra faz um excelente aspecto para Saturno em Aquário nos dias 24 a 26/09. É bom aproveitar, conquistar e dar um pouco de equilíbrio e praticidade às relações tanto pessoais como profissionais. Qualquer atitude que você tomar nesses dias será bem-sucedida.

Mercúrio começa seu passo de retrogradação no dia 27/09. É aconselhável rever alguns assuntos que envolvam parcerias, e ficar atento aos transportes e comunicações.

Vênus se harmoniza com Netuno dia 29/09. É um ótimo dia para imaginar muitas coisas boas, e aproveitar a triangulação entre Sol e Saturno, para sonhar, mas com os pés no chão.

Setembro termina com um aspecto difícil entre Vênus e Júpiter. Você vai precisar de autodisciplina para não incorrer em excessos diversos, desde alimentares e financeiros a paixões negligentes.

O lema é pensar: "É desejo ou é necessidade?".

Quando a Lua Nova entrar em Virgem, no dia 06/09, você deve aproveitar para colocar tudo no seu devido lugar. Procure equilibrar os sonhos com a realidade e acredite na sua intuição.

A Lua Cheia em Peixes, no dia 20/09, nos deixa propensos a sonhos e a nos emocionais facilmente. É o momento de viver intensamente o amor, e, mesmo se houver uma desilusão, acredite com fé e não desista do amor.

Lunações de setembro

Lua Nova
06.09.2021
Às 21:51 em
14°38` em
Virgem

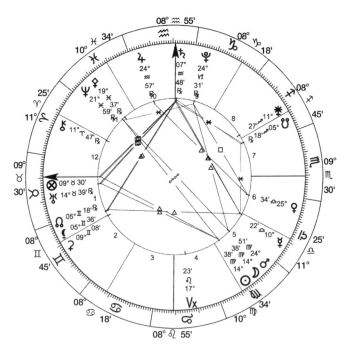

Lua Cheia
20.09.2021
Às 20:54 em
28°13` em
Peixes

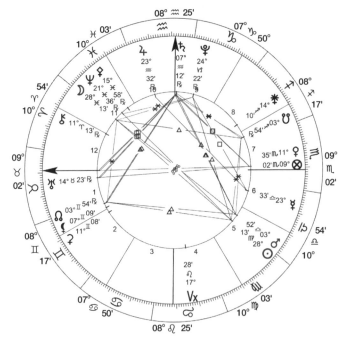

Posição diária da Lua em setembro

DIA 01 DE SETEMBRO - QUARTA-FEIRA
☽ Minguante ☽ em Câncer às 02:25, LFC Fim às 02:25

Enquanto a Lua estiver em Câncer, estar em família e com amigos próximos em torno de uma saborosa refeição é tudo de bom. Estamos mais propensos à intimidade e a sermos mais nostálgicos. Uma decoração ou *look* mais retrô ou vintage combina bem com o momento. Trabalhar com negócios mais conhecidos e familiares é uma ótima opção. Situações que possam estabelecer laços e vínculos são fundamentais. Às vezes, há uma tendência a se querer conduzir os outros, porém essa manipulação não traz bons resultados, mesmo que para proteger.

Lua quadratura Mercúrio – 06:31 às 11:01 (exato 08:45)
A comunicação não flui e é possível que as pessoas não entendam o que é para ser feito. A dica é perguntar o que foi compreendido antes de seguir. Andar ou dirigir pede mais atenção.

Lua sextil Sol – 19:43 à 00:00 de 02/09 (exato 21:53)
Momento auspicioso, todas as situações trazendo uma grande satisfação. As situações fluem e até parece que os passos foram ensaiados e assim o desfecho de negociações ou conversas é perfeito.

DIA 02 DE SETEMBRO - QUINTA-FEIRA
☽ Minguante (balsâmica) ☽ em Câncer

Lua sextil Urano – 05:35 às 09:29 (exato 07:33)
Somos rápidos e eficientes em criar espaços e desenvolver alternativas diferentes para resolver tudo que ficou pendente. Podemos achar soluções criativas ou encontrar pessoas que resolvam o que estamos precisando.

Lua quadratura Vênus – 17:16 às 21:31 (exato 19:25)
Nem tudo que se quer pode acontecer do jeito que se quer. Melhor é simplificar. Não dá para esperar ajuda e o melhor é botar a mão na massa

encarando as dificuldades, fazendo o possível.

Lua trígono Netuno – 19:56 às 23:46 (exato 21:48)
Momentos de inspiração. Soluções para alguns problemas podem surgir lendo um livro, ouvindo uma conversa ou vendo um filme. Há um encantamento no ar. Bom momento para um encontro romântico.

Lua sextil Marte – 20:14 à 00:17 de 03/09 (exato 22:17)
Os encontros podem ter um final mais íntimo e prazeroso. A noite é sentida com ânimo, disposição e energia sobra. Estando em *home office*, o trabalho vai render muito.

DIA 03 DE SETEMBRO – SEXTA-FEIRA
☽ *Minguante (balsâmica)* ☽ *em Leão às 12:58,*
LFC Início às 02:38, LFC Fim às 12:58

Enquanto a Lua estiver em Leão, é importante valorizar e fazer atividades que dão prazer e satisfação. Dar vazão para aquilo que já se gosta e fazer atividades que promovam satisfação. Ir ao cinema, teatro, participar de jogos, enfim, fazer o que gosta. Ser genuíno e cultivar atitudes de caráter enobrece nossas almas. Ter satisfação e alegria na vida irradia e transforma o ambiente, juntamente com as pessoas que rodeiam. Dramatizar quando as coisas não saem como esperado não adianta nada, só atrai mais desgosto.

Lua oposição Plutão – 00:42 às 04:32 (exato 02:38)
O perigo é passar dos limites e dizer ou ter atitudes que podem trazer arrependimento. Deixar o dia amanhecer e assim clarear as ideias é uma maneira sensata de passar por esta madrugada.

Lua sextil Mercúrio – 23:40 às 03:49 de 04/09 (exato 01:44 de 04/09)
Mente afiada e pronta para escrever ou fazer vídeos. A edição flui e fica muito bom para divulgação nas redes sociais. Excelente momento para conversas ou simplesmente estudar.

DIA 04 DE SETEMBRO – SÁBADO
☽ *Minguante (balsâmica)* ☽ *em Leão*

Lua oposição Saturno – 02:02 às 05:45 (exato 03:48)

O peso da responsabilidade pode não deixar dormir. Só ficar listando as tarefas que precisam ser feitas não ajuda e, geralmente, é melhor sentar e anotar.

Lua quadratura Urano – 14:32 às 18:13 (exato 16:25)

A tarde traz situações inesperadas. Aproveitar o momento para liberar o lado criativo para contornar as situações pode ajudar. Abrir espaços na agenda pode ajudar a contornar os imprevistos. Acontecem muitos atrasos.

DIA 05 DE SETEMBRO – DOMINGO
☽ *Minguante (balsâmica)* ☽ *em Virgem às 20:05,*
LFC Início às 11:22, LFC Fim às 20:05

Enquanto a Lua estiver em Virgem, é um período em que estamos mais realistas e voltados para o cotidiano. O ideal é ter uma alimentação mais natural e funcional. Uma opção importante é cuidar da saúde com rotinas simples e que permitam conciliar trabalho e casa. Sabe aquela papelada acumulada na escrivaninha? Momento muito bom para organizá-la. Muita habilidade com as mãos.

Lua sextil Vênus – 06:59 às 10:56 (exato 08:56)

Funciona bem cuidar da aparência e do visual. Bom momento para atrair pessoas e coisas boas para perto, o magnetismo está a favor. O carisma ajuda a atrair a boa disposição das pessoas.

Lua oposição Júpiter – 09:34 às 13:08 (exato 11:22)

É importante prestar atenção aos exageros. Fica muito fácil gastar tempo ou dinheiro procurando gratificação. Menos pode ser mais. Se a tendência é exagerar em qualquer área, o melhor é buscar dentro de si mesmo a causa disso e diminuir qualquer excesso. Pessoas próximas podem estar exigindo muito.

DIA 06 DE SETEMBRO – SEGUNDA-FEIRA
🌑 *Nova às 21:51 em 14°38' de Virgem* 🌑 *em Virgem*

Lua conjunção Sol – 19:59 às 23:43 (exato 21:55)
O que quer que se escolha fazer é muito bom, alimenta a alma e o corpo. Essa alquimia de Lua e Sol é perfeita para estar junto com pessoas com quem se harmoniza ou apenas estar consigo mesmo. A noite oferece muitas atividades e a sensação de bem-estar é contagiosa.

Lua trígono Urano – 20:09 às 23:38 (exato 21:59)
A manhã promete atitudes inventivas e situações inesperadas. Aproveite o momento para liberar seu lado criativo com uma pitada de irreverência. Vai funcionar em todas as situações da vida. Se tem algum trabalho encravado por falta de ideias, essa é a deixa para dar uma adiantada.

DIA 07 DE SETEMBRO – TERÇA-FEIRA
🌑 *Nova* 🌑 *em Virgem, LFC Início às 16:24*

Lua oposição Netuno – 08:50 às 12:17 (exato 10:35)
Não se exponha a nada que crie divergências ou enganos com as pessoas. Na incerteza, o sensato é observar e aguardar esses momentos passarem. A distorção dos acontecimentos e das situações deve ser levada em consideração: depois, se precisar, refaça algo. Será uma excelente atitude.

Lua trígono Plutão – 13:12 às 16:38 (exato 14:46)
Quando for possível desprender-se de algo que já acabou é a melhor coisa que pode acontecer: abre espaço para o novo. Qualquer hora é uma boa hora para desapegar. Trabalhos ligados a investigação e aprofundamento são beneficiados.

Lua conjunção Marte – 14:35 às 18:11 (exato 16:24)
Um clima de impaciência paira no ar. Ter atenção redobrada no trânsito é fundamental. Fazer uma parada após o almoço ajuda a digestão e dá um tempo antes de iniciar qualquer atividade.

DIA 08 DE SETEMBRO – QUARTA-FEIRA
🌑 Nova 🌒 em Libra à 00:21, LFC Fim à 00:20

Enquanto a Lua estiver em Libra, as parcerias ganham mais destaque em qualquer área da vida. Lembre-se de que manter um sorriso no rosto ajuda a começar uma boa conversa ou negociação. Momentos oportunos para paquerar, namorar ou simplesmente ter uma conversa prazerosa entre amigos. Ver o outro lado das pessoas bem como o dos acontecimentos vai ajudar a entender como as coisas estão ocorrendo e, assim, ter atitudes mais ponderadas e diplomáticas. Momento certo para cuidar da aparência.

Lua trígono Saturno – 11:47 às 15:10 (exato 13:25)
Bom momento para planejamento de compromisso e resolver pendências de forma mais prática e objetiva. Se tem alguma questão preocupando, é um período que dá um distanciamento, permitindo soluções pragmáticas.

Lua conjunção Mercúrio – 20:10 às 23:51 (exato 22:03)
A qualidade dos relacionamentos está na capacidade de se comunicar. Falar a partir do coração pode aproximar aqueles que se amam. Tempo muito bom para interagir nas redes sociais. Falar por voz ou pessoalmente aproxima mais as relações.

DIA 09 DE SETEMBRO – QUINTA-FEIRA
🌑 Nova 🌒 em Libra

Lua quadratura Plutão – 16:06 às 19:28 (exato 17:38)
Se algo importante está em risco, é hora de avaliar se vale a pena lutar por isso ou se o melhor é deixar ir, é o ditado "vão-se os anéis e ficam-se os dedos". A obsessão em qualquer área pode gerar perdas.

Lua trígono Júpiter – 16:22 às 19:43 (exato 18:06)
Há uma melhora de humor ajudando a resolução do que está difícil. Apenas conversar com uma pessoa sábia e sensata traz a informação e ajuda necessárias para momentos difíceis.

Lua conjunção Vênus – 23:57 às 03:37 de 10/09 (exato 01:49 de 10/09)

O magnetismo pessoal facilita o encontro de melhores programas com as pessoas certas. Se o assunto for trabalho, será fácil encontrar pessoas mais dispostas a cooperar. Estética, beleza e cuidados com o espaço pessoal dão muito certo.

DIA 10 DE SETEMBRO - SEXTA-FEIRA
● Nova ● em Escorpião às 03:04, LFC Início às 01:49, LFC Fim às 03:04

Enquanto a Lua estiver em Escorpião, tudo é intenso; é tudo ou nada. Paixões e emoções são despertadas. Cuidado para não ser muito radical. Momento excelente para mergulhar em um estudo, trabalho ou pesquisa, há grande capacidade de aprofundamento. Favorece profissões que trabalham com cura, medicina, psicologia, restauração e reformas. Momento importante para tratamentos psicológicos. Nas finanças, a escolha são as aplicações que geram dividendos mensais.

Lua quadratura Saturno – 14:12 às 17:33 (exato 15:49)

Apesar do esforço, muitas vezes, existem pessoas que dificultam ou que atrapalham. Mau humor também não ajuda, então, relacionar o que está faltando e delegar para pessoas competentes resolve. Reunião importante? Melhor remarcar.

DIA 11 DE SETEMBRO - SÁBADO
● Nova ● em Escorpião

Lua oposição Urano – 01:55 às 05:17 (exato 03:38)

Riscos de botar a perder os bons relacionamentos por falta de paciência. A noite parece longa e cheia de interrupções. Não é hora de pensar em coisas importantes.

Lua sextil Sol – 09:19 às 12:55 (exato 11:06)

A clareza chega com o início da manhã e os relacionamentos fluem com facilidade. Otimismo é o combustível que move as situações. Aproveitar a onda é auspicioso.

Lua trígono Netuno – 14:09 às 17:31 (exato 15:45)
Tarde singular que pode trazer surpresas agradáveis se deixarmos por conta do acaso trazer novidades. A atitude de estarmos simplesmente abertos para as coisas surgirem pode ser surpreendente. Trabalhar com imagens é muito legal.

Lua sextil Plutão – 18:32 às 21:54 (exato 20:02)
Atividades que impliquem em restauração ou recuperação são o foco. Nas relações afetivas, a profundidade dos sentimentos se intensifica. É muito nobre dar uma segunda chance para alguém. Se é para recuperar algo, agora é um bom momento.

Lua quadratura Júpiter – 18:27 às 21:48 (exato 20:09)
Parece que tudo chega com um grande volume e a capacidade de assimilar é pequena. Exagerar no que quer que seja pode não dar bom resultado.

DIA 12 DE SETEMBRO - DOMINGO
● Nova ● em Sagitário às 05:34, LFC Início às 02:33, LFC Fim às 05:34

Enquanto a Lua estiver em Sagitário, o otimismo é a virtude mais importante para que a vida seja vivida plenamente. Uma boa conversa, em que os conhecimentos são mostrados de maneira nobre traz satisfação e pode ajudar as pessoas a entenderem a importância do que está sendo mostrado. É importante traçar metas para o futuro bem como atualizar os conhecimentos e o EAD. Outras áreas boas para atuação são as ligadas aos assuntos de leis e justiça, como o Direito. O cuidado é com excesso de qualquer tipo, principalmente alimentar.

Lua sextil Marte – 00:46 às 04:18 (exato 02:33)
Assertividade e confiança estão por toda parte. É domingo e a madrugada pode ser muito produtiva. O ânimo para se conquistar aquilo que se deseja é abundante. Sente-se a força de realização.

Lua sextil Saturno – 16:36 às 19:58 (exato 18:12)

Grande disposição para planejar as estratégias para semana e também organizar o que for preciso. Ser pragmático e realista faz a diferença e produz segurança e estabilidade.

DIA 13 DE SETEMBRO – SEGUNDA-FEIRA
☾ *Crescente às 17:41 21°16' de Sagitário em* ☾ *em Sagitário*

Lua sextil Mercúrio – 09:40 às 13:20 (exato 11:29)
Reuniões e conversas fluem muito bem para o andamento da semana. As pessoas entendem e conseguem se comunicar com fluidez. Ideias podem dar frutos. Favorece as áreas de comunicação escrita e visual, principalmente redes sociais.

Lua quadratura Sol – 15:49 às 19:29 (exato 17:38)
Tarde difícil e o mau humor se manifesta. A tendência é culpar os outros, mas a dica é olhar para as soluções e agir para resolver. Claro que existem pessoas que não ajudam, mas sempre se pode fazer o melhor possível em cada situação.

Lua quadratura Netuno – 16:51 às 20:15 (exato 18:28)
Confusão é iminente, então adiar aquela reunião importante é uma opção sensata. O senso artístico e musical é sentido fortemente agora e atividades criativas são recomendadas.

Lua sextil Júpiter – 20:56 à 00:19 de 14/09 (exato 22:40)
O sentimento é de que as nuvens escuras foram embora e o otimismo volta. Vontade e animação para fazer as atividades que elevem a autoestima e sair com pessoas divertidas. Ainda dá para terminar tarefas que se acumularam.

DIA 14 DE SETEMBRO – TERÇA-FEIRA
☾ *Crescente* ☾ *em Capricórnio às 08:33,*
LFC Início às 07:58, LFC Fim às 08:33

Enquanto a Lua estiver em Capricórnio, fase perfeita para desenvolver competências, profissionalismo e cumprimento de prazos. Seriedade e respeito norteiam as relações tanto pessoais quanto profissionais. Pessoas que exercem cargos de chefia e comando se destacam nessa fase. Lazer e diversão têm que valer a pena e ser de qualidade, não só um passatempo. O que é adquirido é escolhido por custo benefício e durabilidade.

Lua quadratura Marte – 06:09 às 09:44 (exato 07:58)

Evite encontrar pessoas ou situações que podem ser desgastantes. É importante saber que, possivelmente não dá para evitar atritos, melhor adiar tarefas irritantes que exijam atenção a minúcias e se não der para adiar, respire fundo e conte até dez várias vezes. Estas poucas horas vão passar. Não se exponha a riscos desnecessários, evite filas, engarrafamentos ou locais em que tenha que esperar.

Lua sextil Vênus – 14:28 às 18:12 (exato 16:21)

Estar de bem com o espelho é muito especial. Bom momento para abrir um espaço na agenda para cuidar da beleza e do nosso espaço de casa ou trabalho, tornando-o aconchegante. Momento excelente para aquisição de utensílios ou coisas que tornem a vida mais confortável e agradável.

DIA 15 DE SETEMBRO – QUARTA-FEIRA
☽ *Crescente* ☽ *em Capricórnio*

Lua trígono Urano – 07:47 às 11:13 (exato 09:35)

O uso criativo e funcional dos recursos mostra a competência de cada pessoa envolvida no trabalho. Tanto em casa quanto no trabalho, essa eficiência gera tempo e economia. *Home office* é uma atividade que fica em evidência.

Lua quadratura Mercúrio – 16:49 às 21:15 (exato 18:42)

Pode haver desentendimentos por falhas na comunicação e interpretações erradas das palavras. Não é um bom momento para responder ou redigir mensagens de texto, pois o que se está pensando em transmitir pode estar distorcido. Evitar entrar nas redes sociais.

Lua sextil Netuno – 20:07 às 23:44 (exato 21:58)
Realizar trabalhos inspirados é realmente possível. O que estiver sendo feito será envolvido com beleza e sutileza. Dar um toque de glamour ajuda aos que querem se conhecer melhor. Momento excelente para marketing e criações visuais.

Lua trígono Sol – 23:14 às 02:58 de 16/09 (exato 01:09 de 16/09)
Sentimentos de clareza e certeza norteiam relacionamentos e atividades. É muito bom poder olhar nos olhos das pessoas e ser franco. Ser pragmático é sinônimo de proteção.

DIA 16 DE SETEMBRO – QUINTA-FEIRA
☾ Crescente ☾ em Aquário às 12:22, LFC Início às 02:40, LFC Fim às 12:22

Enquanto a Lua estiver em Aquário, as pessoas estão dispostas a serem mais solidárias e fraternas. O novo e o inconvencional estão à disposição do coletivo. Tecnologia e avanços com a internet motivam e trazem novas formas de negócios e comunicação, *home office* continua em alta. Liberdade e sair da rotina podem ser a tônica dessa fase. A Lua neste Signo favorece profissões autônomas e horários flexíveis, como também empreendimentos pela internet e pelo celular.

Lua conjunção Plutão – 00:55 às 04:23 (exato 02:40)
Debater assuntos controversos pode ser arriscado. Não importa o que aconteça, os prejuízos atingem ambos os lados. A melhor saída é fazer um levantamento da situação e negociar para minimizar as possíveis perdas.

Lua trígono Marte – 12:28 às 16:08 (exato 14:23)
A hora é de agir de modo assertivo e com atitude de liderança. Impulsionar e delegar atividades para as pessoas competentes garante o sucesso. Uma aula de artes marciais pode ser revigorante.

Lua quadratura Vênus – 23:07 às 02:57 de 17/09 (exato 01:06 de 17/09)

A tolerância pode ficar muito baixa quando se tenta controlar pessoas e atividades. O estresse aparece com rapidez, melhor ter um "plano B".

Lua conjunção Saturno – 23:28 às 02:58 de 17/09 (exato 01:14 de 17/09)
Agora é hora de levar tudo a sério. Tarefas têm que ser entregues no prazo e devem ser bem executadas. Muita cobrança em casa. A autoexigência é bem acentuada, deixando as pessoas com ar de preocupação.

DIA 17 DE SETEMBRO – SEXTA-FEIRA
☽ Crescente ☽ em Aquário

Lua quadratura Urano – 11:59 às 15:30 (exato 13:51)
Interrupções e pessoas que não tem relação com o que se está desenvolvendo podem atrapalhar o processo. Deixar a ansiedade tomar conta não vai resolver nada, então, a dica é ouvir a voz da sensatez.

DIA 18 DE SETEMBRO – SÁBADO
☽ Crescente ☽ em Peixes às 17:22, LFC Início às 06:15, LFC Fim às 17:22

Enquanto a Lua estiver em Peixes, os sonhos e a imaginação são acompanhados de inspiração. Momento excelente para entrar em contato com o que não é físico ou concreto, indicado para meditação, crenças e metafísica. Período muito bom para o lazer em teatros, cinema e boa leitura. Excelente também para transmitir fotos e filmes nas redes sociais e colocar em dia a visualização dos status de parentes e amigos. Indicado para ampliar empreendimentos que envolvam perfumaria e alimentos.

Lua trígono Mercúrio – 00:43 às 04:28 (exato 02:39)
Atividades como escrever, mandar *e-mails* ou gravar vídeos dão ótimos resultados. Bom para atividades de marketing e propaganda, principalmente se o objetivo é a melhora da vida. Inspiração e um olhar estético ampliado colaboram com todas as atividades.

Lua conjunção Júpiter – 04:28 às 08:00 (exato 06:15)
Múltiplas coisas e possibilidades se iniciam nesta manhã. Muito

bom colocar entusiasmo nos assuntos mais importantes. Fique atento para não desperdiçar energia em projetos secundários. Necessidade de autonomia no trabalho. Lugares abertos e arejados são mais indicados para todas as atividades.

DIA 19 DE SETEMBRO – DOMINGO
☽ Crescente ☽ em Peixes

Lua trígono Vênus – 09:26 às 13:24 (exato 11:30)
Excelente para mexer no *look*, desde as roupas até os cabelos. Ótimo para cobrar quem deve algo.

Lua sextil Urano – 17:36 às 21:15 (exato 19:30)
A conexão interpessoal está muito rápida e é possível criar coisas muito interessantes, principalmente para um grupo maior. Visitar feiras de tecnologia é um bom programa. Ânimo extra para usar criatividade e inovação.

DIA 20 DE SETEMBRO – SEGUNDA-FEIRA
○ Cheia às 20:54 em 28°13' de Peixes ○ em Peixes, LFC Início às 20:56

Lua conjunção Netuno – 06:48 às 10:29 (exato 08:39)
Quando elevamos nossos pensamentos e intenções, incluindo todas as pessoas e nações, estamos energizando, como se fôssemos uma bobina que reverbera e espalha energia para tudo e todos. Iniciar a semana desta maneira é muito bom.

Lua sextil Plutão – 11:54 às 15:36 (exato 13:42)
O poder pessoal torna o momento muito especial. Possibilidade de se dissolver situações difíceis. Dúvidas podem ser esclarecidas. Coisas perdidas podem ser encontradas.

Lua oposição Sol – 18:53 às 22:55 de 21/09 (exato 20:56)
Quando alguém se opõe a nós, sentimos uma desconexão. É um momento para se olhar o outro lado da questão e perceber o que a outra pessoa também pode estar sentindo. Lugares muito cheios de gente e barulhos podem incomodar bastante.

DIA 21 DE SETEMBRO - TERÇA-FEIRA
○ Cheia ○ em Áries à 00:12, LFC Fim à 00:12

Enquanto a Lua estiver em Áries, ousar e ter iniciativa é gratificante. Fazer atividades físicas ao ar livre revigora e traz aquela sensação de liberdade e independência. Novas possibilidades surgem. A coragem e a competitividade impulsionam as coisas para que elas se iniciem e saiam do plano das ideias. Evite começar muitas frentes ao mesmo tempo, pois, se não conseguir ir com tudo até o final, poderá gerar frustração. A dica aqui é pensar para não se precipitar. Profissionais em alta: médico cirurgião e dentista.

Lua oposição Marte – 06:03 às 10:01 (exato 08:04)
Às vezes, ficar com raiva por as coisas não saírem como queremos não resolve. Fazer uma atividade física pode ajudar a extravasar o excesso de adrenalina que está circulando no corpo. Atenção e foco no que é real resolvem conflitos.

Lua sextil Saturno – 11:50 às 15:36 (exato 13:42)
A produtividade aumenta com listas de tarefas bem organizadas e com prioridades. Não há desperdício de tempo quando se utilizam as ferramentas adequadas. Escolher pessoas competentes para delegar as tarefas importantes é o segredo do sucesso.

DIA 22 DE SETEMBRO - QUARTA-FEIRA
○ Cheia ○ em Áries, LFC Início às 23:05

Entrada do Sol no Signo de Libra às 16h20min56seg
Equinócio de outono H. Norte Equinócio de primavera H. Sul
Lua sextil Júpiter – 18:46 às 22:37 (exato 20:46)
É um misto de energias de otimismo e confiança que ajudam a superar as dificuldades. O bom-senso, aliado ao conhecimento, pode mostrar que caminho é mais tranquilo para se alcançar a expectativa de sucesso.

Lua quadratura Plutão – 20:40 à 00:33 de 23/09 (exato 22:27)
Soluções extremas que deixam pequenas pendências para depois. O

momento pede para que tudo seja encerrado da melhor forma. Ser intolerante pode não dar certo. Risco de afastar pessoas.

Lua oposição Mercúrio – 21:04 à 01:05 de 23/09 (exato 23:05)
Podem haver conflito de interesses e opiniões sobre tudo. Levar para o lado pessoal não resolve, procurar entender o outro lado pode ser a solução.

DIA 23 DE SETEMBRO – QUINTA-FEIRA
◯ *Cheia (disseminadora)* ◯ *em Touro às 09:37, LFC Fim às 09:37*

Enquanto a Lua estiver em Touro, a preferência recai nas atividades que oferecem estabilidade, segurança e economia. O bom-senso predomina e é um bom período para adquirir bens de longa duração e que tragam conforto. A grande demanda da vida e o cansaço das atividades rotineiras trazem desgastes, e o corpo precisa de tempo, alimentação e descanso. No campo das aplicações financeiras, a melhor escolha é a rentabilidade segura e a longo prazo.

Lua quadratura Saturno – 21:41 às 01:38 de 24/09 (exato 23:38)
O dia acabou, mas parece que a lista de tarefas, não. As pessoas parecem estar com má vontade e cansadas. Não é hora para tentar resolver pendências pessoais, melhor adiar.

DIA 24 DE SETEMBRO – SEXTA-FEIRA
◯ *Cheia (disseminadora)* ◯ *em Touro*

Lua conjunção Urano – 11:56 às 15:55 (exato 14:02)
Agitação e muita interrupção, adiar alguns compromissos permite solucionar o que aparece fora de hora. As pessoas estão um pouco irritadas e é preciso atenção no trânsito. Não é bom arriscar no mercado financeiro.

Lua oposição Vênus – 15:02 às 19:28 (exato 17:18)
A exigência está além dos padrões de profissionalismo, e uma certa intolerância pode atrapalhar questões de trabalho ou de relacionamento.

Não adianta querer mudar a aparência, pois, se errar na medida, a insatisfação tende a aumentar. Uma aula de dança pode ajudar a descontrair.

DIA 25 DE SETEMBRO - SÁBADO
◯ Cheia (disseminadora) ◯ em Gêmeos às 21:36,
LFC Início às 10:10, LFC Fim às 21:36

Enquanto a Lua estiver em Gêmeos, tudo fica interessante e desperta curiosidade. Ser plural e não singular é um lema agora. Muitas informações, conversas, internet, mensagens. O momento favorece atividades que tragam divulgação como propaganda e marketing, livros, *blogs*, *e-books*, jornalismo, relações públicas. A habilidade de negociação e articulação impulsiona muitos trabalhos. Pode haver certa instabilidade de humor, mas basta mudar o assunto que a situação melhora.

Lua sextil Netuno – 02:22 às 6:23 (exato 04:22)
Sonhar e fazer acontecer é possível. Colocar todos as ideias no papel ou em uma planilha ajuda a lembrar mais tarde a dar continuidade.

Lua quadratura Júpiter – 05:48 às 09:48 (exato 07:56)
Não é um bom momento para assaltar a geladeira se acordar com ansiedade ou depois de uma noite com insônia, pois a indigestão é provável. Este ciclo tende a nos fazer passar da medida e seguir o planejado anteriormente é mais seguro.

Lua trígono Plutão – 08:08 às 12:10 (exato 10:10)
Muito bom para separar o que não serve mais e praticar aquele desapego, levar para brechós ou doar para quem precisa. Oportunidade para procurar tratamentos psicológicos e para soltar situações da vida que não funcionam.

DIA 26 DE SETEMBRO - DOMINGO
◯ Cheia (disseminadora) ◯ em Gêmeos

Lua trígono Sol – 02:22 às 06:48 (exato 04:39)
As perspectivas do dia são grandes e de muito sucesso. O ânimo en-

volve o começo da manhã trazendo oportunidades para que o que foi acordado siga em frente e se realize no plano concreto. É sempre bom alinhar pessoas e ações.

Lua trígono Saturno – 09:54 às 13:58 (exato 11:56)
As coisas ficam mais organizadas e mais fáceis de seguir o plano original devido à praticidade. Podem haver reencontros positivos de pessoas já conhecidas no passado. O andamento da realidade condiz com a expectativa.

Lua trígono Marte – 10:49 às 15:07 (exato 13:03)
Tudo a favor para começar, e a audácia está presente nas iniciativas e atitudes pessoais. É possível atuar com energia e animação. A liderança nesse momento é incentivadora e dá autonomia e independência aos liderados e colaboradores.

DIA 27 DE SETEMBRO - SEGUNDA-FEIRA
◯ Cheia (disseminadora) ◯ em Gêmeos

Lua quadratura Netuno – 15:09 às 19:12 (exato 17:08)
Enganar-se sobre a escolha de que pessoa delegar uma tarefa pode acontecer, a eficiência não é a tônica deste momento. Melhor mesmo é dar uma parada e ouvir uma música, por exemplo.

Lua trígono Júpiter – 18:23 às 22:25 (exato 20:31)
Agora as coisas começam a se clarear e a fazer sentido, abrindo saídas para a situação que se mostra difícil. A respiração é mais livre e o ânimo pode tomar conta do momento, trazendo otimismo e liberdade de ação. Sair para se divertir, principalmente em boa companhia, é essencial.

Lua trígono Mercúrio – 23:17 às 03:18 de 28/09 (exato 01:19 de 28/09)
Estudar o que se gosta é muito apropriado. Os contratos e os acordos firmados com diálogo vão trazer frutos. Escrever artigos sobre coisas que vêm do coração vai tocar as pessoas. Se o programa é sair, a escolha de um lugar famoso com gente bacana é uma ótima pedida.

DIA 28 DE SETEMBRO - TERÇA-FEIRA
☽ *Minguante às 22:58 em 06°09' de Câncer* ☽ *em Câncer às 10:34,*
LFC Início à 01:19, LFC Fim às 10:34

Início Mercúrio Retrógrado
Enquanto a Lua estiver em Câncer, dar preferência a atividades mais intimistas e em lugares mais conhecidos tende a trazer muita satisfação. Tudo sensibiliza e afeta a percepção, então, estar com pessoas conhecidas e amigáveis ajuda a aumentar a sensação de bem-estar. Passear em feiras de artesanato e que tenham produtos caseiros é um programa muito legal para ir junto com familiares ou bons amigos. Dar uma passada de olhos naqueles álbuns de fotografias traz boas lembranças e inspiração no dia a dia. As áreas profissionais que estão em alta são principalmente ligadas à alimentação e aos cuidados especiais com pessoas de todas as idades.

Lua quadratura Sol – 20:45 às 01:08 de 29/09 (exato 22:59)
É hora de ser mais realista e fazer o que dá e da melhor forma possível. Evitar confrontos e provocações. Não dá para ter tudo que se quer é um dizer antigo e cai como luva agora.

DIA 29 DE SETEMBRO - QUARTA-FEIRA
☽ *Minguante* ☽ *em Câncer*

Mercúrio Retrógrado
Lua quadratura Marte – 03:09 às 07:23 (exato 05:17)
Deixar tomada de decisão de coisas importante para mais tarde pode representar um alívio e a garantia para que as coisas não saiam erradas. Agora não é momento de irritação, pois, além de desgastante, pode estragar a noite.

Lua sextil Urano – 12:55 às 16:52 (exato 14:55)
Uma pausa estratégica durante o almoço pode ser revigorante ou ir a algum lugar novo e inconvencional garante oportunidade inesperada. A sincronia garante novos rumos ou novas pessoas que agregam o que se está precisando.

DIA 30 DE SETEMBRO – QUINTA-FEIRA
☽ Minguante ☽ em Leão às 21:53, LFC Início às 11:49, LFC Fim às 21:53

Mercúrio Retrógrado

Enquanto a Lua estiver em Leão, é importante valorizar e fazer atividades que dão prazer e satisfação. Não é um momento para criar muitas novidades e sim dar vazão para aquilo que já se gosta e não tem dado tempo para fazer. Ir a parques, participar de jogos, enfim, fazer o que gosta, principalmente em lugares bonitos com bom atendimento e bons serviços. Ser genuíno e cultivar atitudes de caráter enobrece a alma. Dramatizar quando as coisas não saem como esperado não adianta, só atrai mais insatisfação.

Lua trígono Netuno – 03:08 às 07:03 (exato 04:59)
Se o que estamos querendo neste momento é inspiração, agora é a hora de fazer algo diferente. Ouvir música clàssica, música das esferas, entender as leis do universo, enfim, entrar em contato com aquilo que nos torna uno com o todo. Especial para enviar mensagens e imagens nas redes sociais.

Lua trígono Vênus – 04:34 às 08:52 (exato 06:41)
Começar o dia de bem com o espelho é muito especial. Tudo melhora quando tornamos nosso espaço da casa ou do trabalho algo aconchegante e bonito. Momento muito bom para aquisição de utensílios ou coisas que tornem a vida mais confortável e agradável.

Lua oposição Plutão – 08:57 às 12:50 (exato 10:55)
Perder a noção do impacto que podemos ter é importante para calibrar a intensidade ou a força que colocamos em tudo. Se perceber que algo fica "rondando", é um alerta para perguntar se isso é realmente bom.

Lua quadratura Mercúrio – 09:55 às 13:41 (exato 11:49)
Conseguir falar sem magoar ou passar dos limites da cordialidade é algo que precisamos fazer e de forma consciente. Ter atenção nos trajetos e observar melhor as sinalizações impedem mais atrasos. Se o caso é fazer uma pequena viagem, é melhor deixar para mais tarde ou para amanhã quando as possibilidades de sucesso aumentam.

OUTUBRO 2021

Domingo	Segunda-feira	Terça-feira	Quarta-feira	Quinta-feira	Sexta-feira	Sábado
					1 Lua Minguante em Leão Mercúrio Retrógrado	2 Lua Minguante em Leão LFC Início 20:43 Mercúrio Retrógrado
3 ♍ Lua Minguante em Virgem às 05:37 LFC Fim 05:37 Mercúrio Retrógrado	4 Lua Minguante em Virgem	5 ♎ Lua Minguante em Libra às 09:40 LFC 05:47 às 09:40 Mercúrio Retrógrado	6 ●13°24' ♎ Lua Nova às 08:05 Em Libra Mercúrio Retrógrado	7 ♏ Lua Nova em Escorpião às 11:21 LFC 02:04 às 11:21 Mercúrio Retrógrado	8 Lua Nova em Escorpião	9 Lua Nova em Sagitário às 12:23 LFC 03:06 às 12:23 Mercúrio Retrógrado
10 ♐ Lua Nova em Sagitário Mercúrio Retrógrado	11 Lua Nova em Capricórnio às 14:14 LFC 01:31 às 14:14 Mercúrio Retrógrado	12 Lua Nova em Capricórnio Mercúrio Retrógrado	13 ☽20°01' ♑ Lua Crescente à 00:26 em Capricórnio Lua em Aquário às 17:47 LFC 07:54 às 17:47 Mercúrio Retrógrado	14 Lua Crescente em Aquário Mercúrio Retrógrado	15 ♓ Lua Crescente em Peixes às 23:21 LFC 09:33 às 23:21 Mercúrio Retrógrado	16 Lua Crescente em Peixes
17 ♈ Lua Crescente em Peixes LFC Início 20:25 Mercúrio Retrógrado	18 Lua Crescente em Áries às 07:03 LFC Fim 07:03 Mercúrio Retrógrado	19 Lua Crescente em Áries Fim Mercúrio Retrógrado	20 ☉27°26' ♈ Lua Cheia às 11:56 em Áries Lua em Touro às 16:58 LFC 11:57 às 16:58	21 Lua Cheia em Touro	22 Lua Cheia em Touro LFC Início 17:36	23 ♊ Lua Cheia em Gêmeos às 04:57 LFC Fim 04:57 Entrada Sol em Escorpião às 01h51
24 ♋ Lua Cheia em Gêmeos	25 Lua Cheia em Câncer às 17:59 LFC 11:12 às 17:59	26 Lua Cheia em Câncer	27 Lua Crescente em Sagitário	28 ☽05°37' ♌ Lua Minguante às 17:06 em Leão Lua em Leão às 06:07 LFC 03:02 às 06:07	29 ♉ Lua Minguante em Leão	30 ♏ Lua Minguante em Virgem às 15:09 LFC 13:25 às 15:09
31 Lua Minguante em Virgem						

Céu do mês de outubro

O mês de outubro começa com um aspecto tenso pela manhã entre Mercúrio em Libra e Plutão em Capricórnio, atenção para dificuldades entre um trato ou um negócio e as relações em geral. Problemas ocultos podem levar a preocupações e desconfianças obsessivas.

Até dia 02/10, Vênus em Escorpião faz um aspecto sutil a Plutão, é bom desfrutar desses dias para expressar amorosidade e sexualidade. Aproveite que a inspiração e a criatividade estarão muito fortes.

Mercúrio faz um aspecto fluente para o expansivo Júpiter, no dia 03/10, trazendo muita alegria e otimismo, um bom momento para elaborar planos para o futuro, que podem ser de viagens ou também de estudos filosóficos e religiosos, objetivando ampliar conhecimentos.

Dia 07/10, Plutão começa seu movimento direto, seguindo seu caminho de transformações profundas, nos convidando a ter coragem para mudar as estruturas de nossas vidas que não servem mais.

Na manhã do dia 07/10, Vênus entra no Signo de Sagitário, favorecendo o prazer por meio das viagens e da busca do conhecimento, da cultura, da religiosidade e da espiritualidade.

Entre os dias 06 e 08/10, Sol e Marte se encontram no diplomático Signo de Libra, é bom aproveitar e ter iniciativa e coragem para começar algo novo, que pode ser em parceria, mas é bom ter equilíbrio para não gerar ações impulsivas e temerárias.

Dia 09/10, o Sol faz conjunção com Mercúrio, e este, conjunção a Marte, no equilibrado Signo de Libra. É bom aproveitar o dia para escrever e verbalizar com clareza os pensamentos que surgirem.

É oportuno que você aproveite os ótimos dias que virão entre os dias 12 e 16/10. Vênus faz um bom aspecto a Saturno. Um ótimo momento para trazer seriedade para as relações amorosas, profissionais e materiais. Quem sabe oficializar um relacionamento?

O Sol entra em um excelente aspecto com o benéfico Júpiter, esse contato magnético proporciona muita fé e esperança, favorecendo o progresso pessoal, por meio da confiança em si mesmo e nos demais. Sendo acompanhado pelo ótimo contato entre Mercúrio e Vênus na noite do dia 16/10, proporcionando um bom momento para ir às compras, jantar com o par ou mesmo conversar com os amigos.

Já pela manhã do dia 17/10 o clima muda, pois o Sol entra em conflito com Plutão, pode haver a necessidade de mudar algo que não esteja funcionando bem. Não é um bom momento para travar nenhum conflito com pessoas de poder.

Mas entre 17 a 19/10, Marte estará muito forte, em harmonia com Júpiter. A sorte e o progresso estarão presentes no céu, você deve aproveitar para agir com sucesso nos assuntos que estiver empreendendo.

Entretanto, logo entre os dias 20 e 22/10, Marte se atrita com Plutão, muito cuidado para não se envolver em discussões e disputas de poder, procure o apoio de outras pessoas na tomada de qualquer decisão.

Na primeira hora da manhã do dia 23/10, o Sol entra no profundo Signo de Escorpião, permanecendo até 21/11. Período apropriado para você aproveitar a forte energia de Escorpião para transformar e se livrar de sentimentos e comportamentos que não são mais convenientes, como uma "roupa velha e apertada que não cabe mais".

Vênus entra em conflito com Netuno, dando uma tônica meio misteriosa e confusa aos dias 26 e 27/10. Pode haver tendência a desilusões e escapismos. Porém, logo nos próximos dias 28 e 29/10, Vênus nos brinda com dias maravilhosos para as atividades sentimentais, culturais e religiosas. É bom aproveitar o momento para se reconciliar com alguém de seu interesse.

Mas a tensão entre Sol e Saturno, do dia 29 a 30/10, pode deixar o clima meio denso. As responsabilidades diversas serão decepcionantes, e o pessimismo, o cansaço e o desânimo podem imperar. Mas você deve pensar que vai passar, tudo passa.

Terminamos o mês de outubro com a entrada do combativo Marte no Signo de Escorpião. Esta posição lhe cai muito bem, pois é uma energia favorável às transformações, teremos força e coragem para enfrentar as demandas que surgirem. Marte permanecerá até o dia 13/12 nesse Signo.

A Lua Nova em Libra, no dia 06/10, proporciona ótimas chances de sucesso em tudo que tiver harmonia e equilíbrio. A possibilidade de vitória é grande, então, não deixe escapar esse momento. Coloque os planos em ação, quem sabe aquela viagem tão sonhada vai se materializar?

Quando a Lua Cheia entrar em Áries, no dia 20/10, vai ser o momento de evitar reações e falas impulsivas, pois você poderá se arrepender depois. O conselho é: mantenha o equilíbrio e a serenidade mesmo em circunstâncias adversas. O momento pede ações enérgicas, mas com sabedoria e com motivos justos. Evite abusos de autoridade e poder.

Lunações de outubro

Lua Nova
06.10.2021
Às 08:05 em
13°24` de
Libra

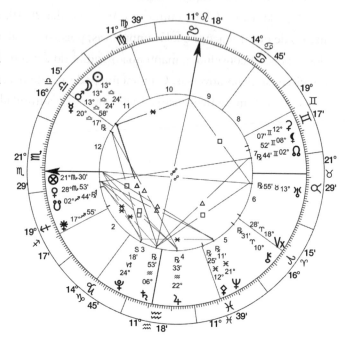

Lua Cheia
20.10.2021
Às 11:56 em
27°26´ de
Áries

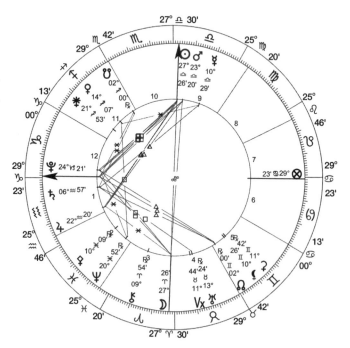

Posição diária da Lua em outubro

DIA 01 DE OUTUBRO – SEXTA-FEIRA
☽ *Minguante (balsâmica)* ☽ *em Leão*

Mercúrio Retrógrado

Lua oposição Saturno – 09:16 às 13:03 (exato 11:11)
Fique atento ao seu humor. Não se deixe abater pela autocrítica e pela insegurança. Nada de maus pressentimentos. Mantenha o alto-astral.

Lua sextil Sol – 12:31 às 16:36 (exato 14:31)
Nas relações sociais ou pessoais, observe com atenção o comportamento dos outros. Haverá mais clareza para interpretá-los e você poderá compreendê-los de forma mais assertiva.

Lua sextil Marte – 16:47 às 20:44 (exato 18:46)
Ótimo momento para colocar o corpo em ação e gastar energias para transformar a preguiça em estética. Malhe. Sue.

Lua quadratura Urano – 22:39 às 02:22 de 02/10 (exato 00:32 de 02/10)
Madrugada agitada e intranquila. Não se deixe vulnerável para situações repentinas e indesejáveis. Uma refeição leve pode ajudar a ter uma noite mais equilibrada e um sono mais reconfortante.

DIA 02 DE OUTUBRO – SÁBADO
☽ *Minguante (balsâmica)* ☽ *em Leão, LFC Início às 20:43*

Mercúrio Retrógrado

Lua oposição Júpiter – 14:39 às 18:17 (exato 16:30)
Não julgue para não ser julgado. O senso de avaliação não está nos melhores dias de eficiência. Aguarde chegar informações para ter uma conclusão mais realista e fiel sobre fatos e pessoas.

Lua sextil Mercúrio – 16:13 às 19:40 (exato 17:55)
Bom momento para reaprender, revisitar assuntos e se comu-

nicar novamente para esclarecer qualquer tema que tenha ficado mal-entendido.

Lua quadratura Vênus – 18:43 às 22:41 (exato 20:43)
Nada de euforia desenfreada. Mantenha os pés no chão em segurança. Disciplina é ferramenta fundamental para aliviar as influências deste trânsito.

DIA 03 DE OUTUBRO - DOMINGO
☽ *Minguante (balsâmica)* ☽ *em Virgem às 05:37, LFC Fim às 05:37*

Mercúrio Retrógrado
Enquanto a Lua estiver em Virgem, tudo se volta para as minúcias. As emoções se expressam de forma seletiva. Sabe quando bate aquela curiosidade nas horas mais impróprias? Os sentimentos tendem a focar mais no processo analítico e racional. Tente entender tudo e todos nos seus detalhes, perdendo o foco no contexto geral. Cuidado para não se deixar levar pelo comportamento obsessivo e não se tornar chato e inconveniente questionando tudo e todos.

Hoje a Lua não faz aspectos com outros planetas no céu. Devemos observar recomendações para a fase e o Signo em que a Lua se encontra.

DIA 04 DE OUTUBRO - SEGUNDA-FEIRA
☽ *Minguante (balsâmica)* ☽ *em Virgem*

Mercúrio Retrógrado
Lua trígono Urano – 04:34 às 08:02 (exato 06:19)
A manhã se inicia convidando para uma auto reflexão. Busque refletir por alguns momentos sobre pequenas atitudes que possam transformar a sua forma de se relacionar com o mundo.

Lua oposição Netuno – 17:04 às 20:29 (exato 18:45)
Procure não tomar nenhuma decisão neste período. Há possibilidades de desorganização nos pensamentos e na avaliação de fatos e sentimentos.

Lua trígono Plutão – 22:20 à 01:45 de 05/10 (exato 00:04 de 05/10)

Um certo alívio no período da noite para proporcionar condições de imersão nos seus sentimentos. Tente vencer velhos hábitos que podem estar lhe prejudicando.

DIA 05 DE OUTUBRO – TERÇA-FEIRA
☽ *Minguante (balsâmica)* ☽ *em Libra às 09:40,*
LFC Início às 05:47, LFC Fim às 09:40

Mercúrio Retrógrado

Enquanto a Lua estiver em Libra, tudo fica mais leve. Tranquilidade no ar. As emoções se expressam de forma a reivindicar a melhor diplomacia e cordialidade possíveis. Bom para estimular novas relações e exercitar a sociabilidade. Buscar entendimento neste período tem grande chance de ter sucesso. Um período que favorece as negociações comerciais. Desfrutar o ambiente cultural e investir na vestimenta a fim de ressaltar as qualidades estéticas.

Lua sextil Vênus – 03:55 às 07:36 (exato 05:47)

Insônia nem pensar. Ótima noite para dormir em boa companhia e aproveitar momentos a dois.

Lua trígono Saturno – 19:35 às 22:55 (exato 21:17)

O céu lhe dá toda as condições para ter autocontrole, proporcionando racionalidade enquanto abre oportunidades para planejar adequadamente de maneira a lhe trazer os melhores benefícios.

DIA 06 DE OUTUBRO – QUARTA-FEIRA
● *Nova às 08:05 em 13°25' de Libra* ● *em Libra*

Mercúrio Retrógrado

Lua conjunção Sol – 06:18 às 09:51 (exato 08:08)

Tudo caminha para a harmonia e o céu está convidativo para realizar tarefas individuais. Ouse e sinta seu interior. Há mais a descobrir sobre nós mesmos.

Lua conjunção Marte – 07:19 às 10:47 (exato 09:07)
Uma conjunção daquelas. Com Mercúrio Retrógrado, mantenha a atenção nas suas reações. Evite rompantes, eles podem ser mal interpretados e seus objetivos não serão alcançados.

Lua conjunção Mercúrio – 17:07 às 20:11 (exato 18:43)
Sua sensibilidade pode sofrer algum tipo de distorção. Caso exista negociação em curso, verifique se tudo foi corretamente interpretado.

Lua trígono Júpiter – 21:29 à 00:46 de 07/10 (exato 23:15)
Abuse de sua generosidade e seja solidário. Mantenha confiança em você e novos horizontes surgirão para seu benefício.

DIA 07 DE OUTUBRO - QUINTA-FEIRA
● *Nova* ● *em Escorpião às 11:24, LFC Início às 02:04, LFC Fim às 11:21*

Mercúrio Retrógrado

Enquanto a Lua estiver em Escorpião, o ambiente ao redor apresentará um tom mais intenso. As sensações se refletirão em atitudes mais intensas e enfáticas. Os gestos corporais tendem a ser mais fortes. Todavia, haverá mais sensibilidade corporal, a libido estará em alta. Bom período para um mergulho interior e para refletir sobre comportamentos e sentimentos. Precisa, todavia, ficar atento para os excessos e o radicalismo. Manter o equilíbrio é o desafio do momento. Ótimo período para reabilitação.

Lua quadratura Plutão – 00:24 às 03:41 (exato 02:04)
Intensas e fortes emoções podem surgir. Não gere hostilidade, evite aglomerações. Aprecie a calma e o bem-estar do seu lar.

Lua quadratura Saturno – 20:59 à 00:14 de 08/10 (exato 22:38)
Continue a manter seu controle emocional. Não se permita ter sentimentos negativos. Tenha paciência e autocontrole.

DIA 08 DE OUTUBRO - SEXTA-FEIRA
● *Nova* ● *em Escorpião*

Mercúrio Retrógrado
Lua oposição Urano – 08:22 às 11:37 (exato 10:01)
Preste atenção no seu humor e em possíveis e repentinas alterações dele. Evite se expor em situações que possam lhe trazer desconforto emocional.

Lua trígono Netuno – 20:14 às 23:30 (exato 21:51)
Um alívio para este período, permitirá situações leves e felizes. Bom para se preparar para um sono mais tranquilo e renovador. Use a sintonia com o espiritual para ter os melhores benefícios.

Lua quadratura Júpiter – 22:25 às 01:41 de 09/10 (exato 00:09 de 09/10)
Evite exageros que Júpiter possa provocar neste período. Excesso de prudência e paciência não fazem mal a ninguém.

DIA 09 DE OUTUBRO - SÁBADO
🌑 Nova 🌒 em Sagitário às 12:23, LFC Início às 03:06, LFC Fim às 12:23

Mercúrio Retrógrado
Enquanto a Lua estiver em Sagitário, tudo parecerá mais amplo. Otimismo é o que moverá as emoções e sentimentos neste período. Haverá condições para seguir em frente e avançar sobre obstáculos. Ideal para estudar, realizar congressos, cursos e atividades relacionadas a interações de trabalho e viagens. Ótimo período para exercitar a fé. Aposte fortemente na sua escolha espiritual. Sinta a liberdade que o momento proporciona.

Lua sextil Plutão – 01:26 às 04:43 (exato 03:06)
Quando a insônia bater, você terá uma ótima oportunidade para refletir. Vá fundo para compreender melhor a sua alma. Há força suficiente para qualquer transformação desejada.

Lua conjunção Vênus – 14:49 às 18:23 (exato 16:38)
Que tal um relax total? Uma tarde maravilhosa para reservar um

tempo para você. Reconforte-se. Ótimo para liberar a libido e o exercício do sexo.

Lua sextil Saturno – 22:04 à 01:21 de 10/10 (exato 23:41)
Havendo qualquer razão para desafiar seu autocontrole, não se preocupe. Você estará seguro. Concentre-se e mantenha o ânimo revigorado.

DIA 10 DE OUTUBRO - DOMINGO
Nova em Sagitário

Mercúrio Retrógrado
Lua sextil Mercúrio – 12:16 às 15:21 (exato 13:48)
Momento de recomeçar algo. Propõe-se reiniciar uma conversa que não ficou bem esclarecida que você aguardava para esclarecer.

Lua sextil Marte – 14:27 às 17:56 (exato 16:13)
Marte apresenta uma boa época para que sejam tomadas decisões e definir ações. Coragem para isso você já tem. Vá em frente.

Lua sextil Sol – 15:57 às 19:31 (exato 17:44)
Muito mais clareza no seu caminho e nos seus sentimentos. Use a vitalidade do Sol para realizar novas iniciativas e construir novos caminhos.

Lua quadratura Netuno – 21:36 à 00:56 de 11/10 (exato 23:12)
Neste final de noite, tenha um pouco de paciência com o seu estado de imaginação. Aguarde para ter mais informações sobre fatos ou situações. Nem tudo pode ser o que parece de primeiro momento.

Lua sextil Júpiter – 23:50 às 03:10 de 11/10 (exato 01:31 de 11/10)
Noite de sorte. Atente para sua intuição e todas as informações que nela possam ser úteis para você.

DIA 11 DE OUTUBRO - SEGUNDA-FEIRA
Nova em Capricórnio às 14:14, LFC Início às 01:31, LFC Fim às 14:14

Mercúrio Retrógrado
Enquanto a Lua estiver em Capricórnio, as emoções serão sentidas de forma introspectiva. Aquela timidez indesejável estará presente. Mas o período traz consigo a sensação de solidez e autocontrole. Haverá uma tendência para buscar o seguro, evitando o risco. Isso se reflete, inclusive, nas escolhas de investimentos financeiros. Melhor fase para buscar a simplificação de processos, mas evite elevar o nível de exigência sobre as responsabilidades já assumidas.

Hoje a Lua não faz aspectos com outros planetas no céu. Devemos observar recomendações para a fase e o Signo em que a Lua se encontra.

DIA 12 DE OUTUBRO – TERÇA-FEIRA
● Nova ● em Capricórnio

Mercúrio Retrógrado
Lua quadratura Mercúrio – 11:14 às 14:26 (exato 12:50)
Os pensamentos e a comunicação podem estar confusos, assim como uma certa desorientação. Programe-se para não ter surpresas com atrasos ou com o trânsito.

Lua trígono Urano – 11:50 às 15:16 (exato 13:35)
Atenção para interpretar corretamente as surpresas que o período pode trazer. Novas ideias podem surgir de forma inesperada.

Lua quadratura Marte – 19:38 às 23:15 (exato 21:25)
Evite discussões ou situações de conflito. Não perca tempo em disputar opiniões, pois as chances de ambos estarem equivocados é enorme.

Lua quadratura Sol – 22:33 às 02:16 de 13/10 (exato 00:24 de 13/10)
As ideias podem ainda estar confusas. Não tome decisões nem faça escolhas. Tenha calma, há sempre um amanhã.

DIA 13 DE OUTUBRO - QUARTA-FEIRA
☽ Crescente à 00:26 em 20°01' de Capricórnio ☽ em Aquário às 17:47,
LFC Início às 07:54, LFC Fim às 17:47

Mercúrio Retrógrado
Enquanto a Lua estiver em Aquário, as emoções se expressam livremente. A liberdade em pensar pode provocar descobertas de algo novo que surpreenda. Visão de futuro em alta. Há propensão para o moderno e o passado perde importância. Ótimo para entrosar em sociedade desde que não se exija muitos compromissos. Favorável para o uso de tecnologia e para aprender com ela. Todavia, deve-se tomar cautela para não exercitar ações de rebeldia, desleixo com o próximo ou frieza nas relações.

Lua sextil Netuno – 00:26 às 03:54 (exato 02:06)
Que tal imaginar para criar? Sonhos interessantes podem surgir como fonte de inspiração. Anote tudo para não se esquecer, pois algo pode ser útil para você no futuro.

Lua conjunção Plutão – 06:08 às 09:37 (exato 07:54)
Fatos novos e repentinos podem surgir promovendo desconfortos. Não se preocupe. Foco de atenção no que pode ser reformulado e transformado. Bons resultados podem ser alcançados.

DIA 14 DE OUTUBRO - QUINTA-FEIRA
☽ Crescente ☽ em Aquário

Mercúrio Retrógrado
Lua conjunção Saturno – 04:08 às 07:40 (exato 05:53)
Possibilidades de você acordar se sentindo incapacitado para os desafios do dia. Não se exija muito, não seja pessimista nem se submeta a desafios ou temas complexos.

Lua sextil Vênus – 05:08 às 08:58 (exato 07:05)
Vênus vem aliviar um pouco o tom mais pesado que Saturno impõe nesta manhã. Busque um ambiente mais acolhedor para desfrutar.

Lua trígono Mercúrio – 12:27 às 15:50 (exato 14:11)
Grandes chances aproveitar momentos de divertimento e descontração. Excelente fase para um papo descontraído com alguém especial e sem pretensões.

Lua quadratura Urano – 16:05 às 19:38 (exato 17:55)
No final do dia, o tom volta para se ter atenção a fatos ou situações que possam surgir de forma inesperada. Atenção ao dirigir. Não se distraia nem exagere na velocidade.

DIA 15 DE OUTUBRO – SEXTA-FEIRA
☽ Crescente ☽ em Peixes às 23:21, LFC Início às 09:33, LFC Fim às 23:21

Mercúrio Retrógrado

Enquanto a Lua estiver em Peixes, as emoções se expressam de forma suave. Imaginação nos leva longe. Romantismo e auxílio social estarão em voga. A compaixão estará em alta para vencer o radicalismo. Há muita sensibilidade para tratar assuntos em geral. Evite pressões emocionais. Não deixe cair sua autoestima.

Lua trígono Marte – 03:04 às 06:50 (exato 05:02)
A manhã inicia com força suficiente para você realizar exercícios em favor do seu corpo. Ótimo para realizar atividades com outras pessoas e estimular outros para um momento mais saudável.

Lua conjunção Júpiter – 07:40 às 11:17 (exato 09:33)
Dia de sorte. Tudo tende para proporcionar um dia tranquilo e cheio de boas vibrações. Tenha ações para que bons resultados sejam alcançados.

Lua trígono Sol – 07:35 às 11:29 (exato 09:33)
Ótimo período para realizar encontros de trabalho e reuniões. Decisões poderão ser tomadas com maior assertividade, mas, como Mercúrio está retrógrado, reforce os entendimentos ao final de cada tema para se assegurar de que todos têm a mesma informação.

DIA 16 DE OUTURBO – SÁBADO
☽ Crescente ☽ em Peixes

Mercúrio Retrógrado

Lua quadratura Vênus – 15:58 às 19:59 (exato 18:02)

A melhor escolha para esta tarde é manter a autoestima e não se cobrar por razões que mais tarde poderão perder totalmente o sentido.

Lua sextil Urano – 22:23 às 02:05 de 17/10 (exato 00:20 de 17/10)

Novidades e surpresas podem surgir para alegrar seu dia. Mantenha a fé. A noite promete trazer algo novo.

DIA 17 DE OUTUBRO – DOMINGO
☽ Crescente ☽ em Peixes, LFC Início às 20:25

Mercúrio Retrógrado

Lua conjunção Netuno – 12:07 às 15:51 (exato 14:00)

Um domingo que inicia com leveza no ar. Emoções tendem a estar calmas e convidativas ao relaxamento. Nada de estresse, nada de exigências com temas cotidianos.

Lua sextil Plutão – 18:31 às 22:16 (exato 20:25)

Período perfeito para recuperação e regeneração corporal e mental. Crie momentos para que isto seja alcançado.

DIA 18 DE OUTUBRO – SEGUNDA-FEIRA
☽ Crescente ☽ em Áries às 07:03, LFC Fim às 07:03

Mercúrio Retrógrado

Enquanto a Lua estiver em Áries, as emoções vão ser expressas de forma impulsiva. Há muita coragem para realizar. Cuidado para não exagerar e ferir o outro. Aproveite a energia que o momento proporciona para cuidar da saúde e do corpo. Evite o imediatismo. Procure avaliar antes de colocar em prática. Reflita com calma e exercite a prudência.

Lua sextil Saturno – 18:20 às 22:09 (exato 20:14)

Força, vigor e discernimento para agir. Reflita e tenha certeza que, ao executar suas ideias, você será bem-sucedido.

DIA 19 DE OUTUBRO – TERÇA-FEIRA
☽ *Crescente* ☽ *em Áries*

Fim Mercúrio Retrógrado
Lua oposição Mercúrio – 00:29 às 04:21 (exato 02:31)
Mercúrio sai de retrogradação, mas ainda apresenta um aspecto complicado, que exige paciência e concentração. Sua mente até então poderá estar dispersa em fatos sem qualquer razão funcional.

Lua trígono Vênus – 05:33 às 09:45 (exato 07:44)
O dia inicia com as boas e acolhedoras influências do nosso "pequeno benéfico", Vênus. Harmonia e tranquilidade no ar. Que tal um café da manhã romântico?

DIA 20 DE OUTUBRO – QUARTA-FEIRA
○ *Cheia às 11:56 em 27º26' de Áries* ○ *em Touro às 16:58,*
LFC Início às 11:57, LFC Fim às 16:58

Enquanto a Lua estiver em Touro, as emoções se expressarão de forma suave. Preferência pelo bom e bonito. Procure estar sensual, pois fará bem à autoestima. É um momento em que se busca ter segurança. A natureza tende a ser generosa companheira. Portanto, não exagere na preguiça. Busque o ar livre para interagir com o meio ambiente. Exercite sua ternura no trato alheio.

Lua sextil Júpiter – 00:01 às 03:55 (exato 02:05)
Siga sua intuição. Prepare o ambiente para uma noite calma e revigoramento corporal. Eleve seu pensamento ao astral e acredite na realização dos seus desejos.

Lua oposição Marte – 01:24 às 05:31 (exato 03:33)
Não se irrite ou desvirtue sua atenção dos seus objetivos. Nada pode lhe tirar do caminho que você almejou.

Lua quadratura Plutão – 03:58 às 07:52 (exato 05:49)
Desvie dos desafios. Busque harmonia em todos os sentidos. Evite radicalização e abuse da diplomacia.

Lua oposição Sol – 09:48 às 10:04 (exato 11:57)
Tranquilidade para ter alcance de realização de qualquer objetivo nesta manhã. Obstáculos podem surgir, mas você poderá utilizar suas habilidades internas para buscar uma via de sucesso.

DIA 21 DE OUTUBRO - QUINTA-FEIRA
◯ Cheia ◯ em Touro

Lua quadratura Saturno – 04:45 às 08:43 (exato 06:45)
Atenção com possíveis alterações de humor. Prudência para não se colocar em situações de tensão.

Lua conjunção Urano – 17:28 às 21:27 (exato 19:32)
Urano coloca mais um desafio nos prováveis cenários de estresse que o dia pode lhe trazer. Não se irrite com mudanças repentinas e mantenha seu ânimo elevado.

DIA 22 DE OUTUBRO - SEXTA-FEIRA
◯ Cheia ◯ em Touro, LFC Início às 17:36

Lua sextil Netuno – 08:25 às 12:26 (exato 10:26)
Um aspecto mais doce e harmonioso para iniciarmos este dia. Coloque ideias novas em prática.

Lua quadratura Júpiter – 11:30 às 15:32 (exato 13:39)
Não cometa excessos. Moderação é a melhor forma de ter êxito em qualquer atividade neste período.

Lua trígono Plutão – 15:34 às 19:36 (exato 17:36)
Revise algo que lhe foi tirado ou perdido. Olhe para situações de uma nova perspectiva e surpreenda-se com o que você terá de resultado.

DIA 23 DE OUTUBRO – SÁBADO
○ *Cheia (disseminadora)* ○ *em Gêmeos às 04:57, LFC Fim às 04:57*

Entrada do Sol no Signo de Escorpião às 01h51min01seg

Enquanto a Lua estiver em Gêmeos, as emoções se expressam para tornar a vida uma grande brincadeira. Versatilidade, pluralismo e adaptabilidade são temas constantes neste período, permitindo novas experiências e interessantes relações com o mundo e com as pessoas. Comunicação é muito privilegiada. Divirta-se.

Lua trígono Saturno – 17:09 às 21:13 (exato 19:12)

Ótimo para escolher boas opções de lazer. Se for pai ou mãe, busque momentos de descontração com seus filhos, serão reconfortantes.

DIA 24 DE OUTUBRO – DOMINGO
○ *Cheia (disseminadora)* ○ *em Gêmeos*

Lua trígono Mercúrio – 05:04 às 09:29 (exato 07:23)

Pule, brinque, divirta-se. Nada de exigências ou estresse. Um domingo para ser leve e descontraído. Use sua destreza mental para decidir as melhores atividades nesta manhã. De preferência, em grupo ou em família.

Lua oposição Vênus – 16:27 às 20:55 (exato 18:45)

O mundo não é um lugar frio e selvagem. Há beleza em toda a criação. Não desanime ou se deixe abater. Admire o lado bom de tudo e todos e isso lhe confortará para este período.

Lua quadratura Netuno – 21:11 às 01:15 de 25/10 (exato 23:13)

Domingo foi estabelecido para descanso. Evite dispensar esta oportunidade de revitalização física e emocional. Não permita baixo-astral. Busque atividades que lhe distrairão e manterão o seu humor elevado.

DIA 25 DE OUTUBRO – SEGUNDA-FEIRA
○ *Cheia (disseminadora)* ○ *em Câncer às 17:59,*
LFC Início às 11:12, LFC Fim às 17:59

Enquanto a Lua estiver em Câncer, as emoções serão expressas de forma mais contidas e exercitando a sensibilidade corporal. É um período em que tudo toca emocionalmente. Parecemos mais frágeis, mas não se engane, é só uma sensação, pois se descobre fortalezas não imaginadas.

Lua trígono Júpiter – 00:30 às 04:35 – (exato 02:40)
Excelente fase para colocar a fé em pratica. Medite e eleve seu estado de espírito para um contato mais místico. Isso fortalecerá seu ânimo e dará condições seguras para enfrentar a semana.

Lua trígono Marte – 09:01 às 13:20 (exato 11:12)
Pode ser um momento para desafogar emoções presas há muito tempo. Requer coragem, força e serenidade para o êxito.

Lua trígono Sol – 21:41 às 02:07 de 26/10 (exato 23:58)
Os sentimentos se comportarão para que seja funcional a sua capacidade de organização interior. Alívio e bem-estar são recompensas valiosas de que valeu a pena investir em si próprio.

DIA 26 DE OUTUBRO – TERÇA-FEIRA
◯ *Cheia (disseminadora)* ◯ *em Câncer*

Lua sextil Urano – 18:36 às 22:37 (exato 20:42)
Novidades surpreendentes podem chegar. Tenha mente aberta para novas experiências. Ponha sua criatividade em jogo.

Lua quadratura Mercúrio – 23:56 às 04:23 de 27/10 (exato 02:13 de 27/10)
Atenção para iniciar qualquer comunicação. Palavras mal colocadas podem gerar desentendimentos e desafetos.

DIA 27 DE OUTUBRO – QUARTA-FEIRA
◯ *Cheia (disseminadora)* ◯ *em Câncer*

Lua trígono Netuno – 09:48 às 13:46 (exato 11:43)

Que tal utilizar este momento para unir fatos e pessoas em prol de um objetivo construtivo? Não lhe faltará inspiração para boas ideias.

Lua oposição Plutão – 17:08 às 21:06 (exato 18:59)
Evite sentimentos rancorosos ou ciúme. Impulsividade neste período somente lhe trará arrependimentos futuros.

DIA 28 DE OUTUBRO - QUINTA-FEIRA
☽ *Minguante às 17:06 em 05º37 de Leão* ☽ *em Leão às 06:07,*
LFC Início às 03:02, LFC Fim às 06:07

Enquanto a Lua estiver em Leão, as emoções se expressam de maneira a não se perder a pose. Nobreza e generosidade no trato e convívio sociais. Tom confiante para tratar todos os temas. Vigie-se para não ser arrogante e não exagere na autoestima. É um período favorável para agir com generosidade e solidariedade com todos. Lembre-se de que você depende dos outros tanto quanto os outros dependem de si.

Lua quadratura Marte – 00: 56 às 05:06 (exato 03:02)
Nada de rancor. Se houve algum fato que lhe magoou, releve. Não retribua qualquer agressão. Não se iguale ao inferior.

Lua quadratura Sol – 14:58 às 19:11 (exato 17:06)
Tudo parecerá confuso ou até mesmo impossível de ser alcançado. Nada de desespero ou desistência. É só um período que pede reflexão e paciência para se agir com mais eficiência.

Lua oposição Saturno – 18:06 às 21:59 (exato 20:04)
Não exija muito de você e não eleve sua carga emocional para não ter reflexos no seu corpo. Tente uma meditação para acalmar seu interior.

DIA 29 DE OUTUBRO - SEXTA-FEIRA
☽ *Minguante* ☽ *em Leão*

Lua quadratura Urano – 05:30 às 09:18 (exato 07:24)

Ansiedades podem liderar o tom emocional da manhã. Aproveite para extravasar essa energia. Atividades com a natureza como uma caminhada podem aliviar as tensões emocionais.

Lua sextil Mercúrio – 17:24 às 21:38 (exato 19:34)
Sua capacidade analítica e sua destreza mental estão beneficiadas neste período. Bom para comunicar ideias e interagir com outros para defender projetos.

Lua oposição Júpiter – 23:30 às 03:15 de 30/10 (exato 01:26 de 30/10)
Controle os gastos, não haja de forma impulsiva e consumista. Desproporcionalidade é um fator comum nestes aspectos de Júpiter. Esteja atento com você mesmo.

DIA 30 DE OUTUBRO - SÁBADO
☽ Minguante ☽ em Virgem às 15:09, LFC Início às 13:25, LFC Fim às 15:09

Enquanto a Lua estiver em Virgem, há uma tendência maior para se expressar de forma discreta e algumas vezes exigente. É uma grande oportunidade para praticar autoavaliação, buscando nos detalhes tudo aquilo que precisa ser transformado, no contexto material, psíquico ou de relação humana. Há muito favorecimento para aqueles que exercem trabalho onde a visão crítica é fundamental para alcançar o êxito. Todavia, evite o exagero de super organização. Não deixe de exercer a flexibilidade quando possível.

Lua trígono Vênus – 02:03 às 06:05 (exato 04:02)
Uma noite que promete ser convidativa para ter momentos a dois. Prepare um ambiente romântico com detalhes que possam marcar a memória.

Lua sextil Marte – 13:25 às 17:17 (exato 15:23)
Melhor período para energizar o seu corpo. Depois da noite romântica, é o momento exato para você recarregar as baterias.

DIA 31 DE OUTUBRO – DOMINGO
☽ *Minguante (balsâmica)* ☽ *em Virgem*

Lua sextil Sol – 04:00 às 07:53 (exato 05:54)
Período acolhedor para a alma. Ótimo para aglutinar ideias inteligentes que proporcionarão atividades viáveis e factíveis.

Lua trígono Urano – 12:46 às 16:18 (exato 14:33)
Realize algo diferente e saia da rotina. Tudo novo que for experimentado tende a trazer prazer neste período.

NOVEMBRO 2021

Domingo	Segunda-feira	Terça-feira	Quarta-feira	Quinta-feira	Sexta-feira	Sábado
	1 Lua Minguante em Libra às 20:10 LFC 14:01 às 20:10	2 Lua Minguante em Libra	3 ♏ Lua Minguante em Escorpião às 21:52 LFC 19:33 às 21:52	4 ● 12°40' ♏ Lua Nova às 18:14 Em Escorpião	5 ♐ Lua Nova em Sagitário às 21:52 LFC 13:11 às 21:52	6 Lua Nova em Sagitário
7 ♑ Lua Nova em Capricórnio às 22:03 LFC 10:44 às 22:03	8 Lua Nova em Capricórnio	9 Lua Nova em Capricórnio LFC Início 14:52	10 ♒ Lua Nova em Aquário à 00:02 LFC Fim 00:02	11 ☽ 19°21' ♒ Lua Crescente às 09:47 em Aquário LFC Início 16:53	12 ♓ Lua Crescente em Peixes às 04:53 LFC Fim 04:53	13 Lua Crescente em Peixes
14 ♈	15 Lua Crescente em Áries	16 ♉ Lua Crescente em Touro às 23:17 LFC 12:52 às 23:17	17 Lua Crescente em Touro	18 Lua Crescente em Touro	19 ○ 27°14' ♉ Lua Cheia às 05:57 em Touro Lua em Gêmeos às 11:32 LFC 05:58 às 11:32 Eclipse Lunar às 06:05 em Touro	20 Lua Cheia em Gêmeos
21 Lua Cheia em Gêmeos LFC Início 12:53 Entrada do Sol em Sagitário às 23h33	22 ♋ Lua Cheia em Câncer à 00:32 LFC Fim 00:32	23 Lua Cheia em Câncer	24 ♌ Lua Cheia em Leão às 12:58 LFC 02:47 às 12:58	25 Lua Cheia em Leão	26 ♍ Lua Cheia em Virgem às 23:11 LFC 13:24 às 23:11	27 ☾ 05°28' ♍ Lua Minguante às 09:29 em Virgem
28 Lua Minguante em Virgem LFC Início 21:03	29 ♎ Lua Minguante em Libra às 05:54 LFC Fim 05:54	30 Lua Minguante em Libra				

Céu do mês de novembro

Entramos no mês de novembro com Mercúrio em Libra em harmonia com Júpiter em Aquário. Este aspecto traz um forte propósito de alegria, fé e otimismo. Confiança em si mesmo e no outro, uma força mental positiva com muita ânsia que tudo dê certo. Porém, dia 02/11, o mesmo Mercúrio faz um aspecto tenso para Plutão, deixando os pensamentos obsessivos e desconfiados, bom aguardar um pouco para tomada de alguma decisão importante, pode faltar alguma informação conclusiva, se for o caso, investigue.

Dia 04/11, o Sol permanece no Signo de Escorpião e se opõe a Urano, uma tensão pode pairar no ar, e alguns assuntos importantes podem mudar repentinamente. É importante manter a calma e a serenidade para não desestabilizar, tentar aproveitar as novas ideias que podem surgir.

Vênus, a "Deusa do Amor", entra no pragmático Signo de Capricórnio na manhã do dia 05/11 e permanece por um longo período até 28/02/2022. Essa posição de Vênus proporciona um tom mais prático e racional aos assuntos amorosos e materiais, podemos avaliar se vale a pena permanecer em um relacionamento que pode não dar em nada concreto.

No início da noite, Mercúrio entra no profundo e enigmático Signo de Escorpião, e permanecerá até 24/11, isso proporciona um período para pensar de maneira mais profunda, intuitiva, avaliando o que realmente importa.

Mercúrio se encontra com Vênus logo no dia 06/11, esse aspecto facilita as comunicações, principalmente com os mais queridos. Bom momento para as compras do que for necessário, devemos aproveitar bem esses dias, pois um clima tenso no ar pode mudar nossa compreensão das coisas. Em breve, nos dias 09 a 11/11, Mercúrio se encontra com Marte no arguto Signo de Escorpião, nossa comunicação será agressiva e frontal, devemos evitar irritabilidade que levem a decisões errôneas. Mercúrio e Marte, que caminham lado a lado, colidem em um aspecto tenso com o frio Saturno, o pessimismo e a falta de ânimo podem acontecer, gerando instabilidade emocional. A situação que se apresentar precisa de calma e solução segura. As coisas clareiam com o Sol ainda no Signo de Escorpião, fazendo um aspecto fluente a Netuno. A tranquilidade e a capacidade intuitiva e criativa estão presentes dia 12/11.

Tensão e nervosismo no dia 13/11, Mercúrio se opõe a Urano, as comunicações e o trânsito podem sofrer muitas interferências, deixando os ânimos muito irritadiços.

Sol e Júpiter se estranham em um aspecto difícil dia 15/11, em que as expectativas podem ser frustradas. Atenção aos excessos, sejam eles quais forem, materiais, financeiros, amorosos ou alimentares. Bom que, no dia seguinte, 16/11, o Sol faz um ótimo aspecto a Plutão, proporcionando capacidade de transformar o que for necessário para nosso bem-estar. Mas a oposição de Marte a Urano, no dia 17/11, traz uma forte energia de tensão, cuidado com acidentes e agressões.

Dia 18/11, Mercúrio faz uma triangulação com Netuno, um maravilhoso dia para ouvir boa música, apreciar a arte e a cultura, aproveitando que a Vênus fará um aspecto fluente para o inovador Urano. Quem sabe conhecer alguém diferente ou visitar um lugar novo? Até porque corrobora para isso o Eclipse Lunar que acontece no dia 19/11, com muita influência positiva de Vênus com Marte e com Netuno. Um Eclipse Lunar provoca um confronto entre o passado e o futuro, e aquilo que parecia impossível pode acontecer. Quem sabe você conhece alguém que venha a participar da sua vida, com amor, carinho, sexo e respeito? Se permita, não se sabote, se apegando ao passado.

Com Mercúrio ativo em uma quadratura a Júpiter no dia 20/11, um otimismo exagerado pode despertar o desejo de levar a frente planos importantes, mas todo cuidado é pouco, podemos acreditar em promessas vãs, com uma fé cega e imprudente. É oportuno que, logo no dia seguinte, Mercúrio se encontra em um aspecto sutil com Plutão, dando uma percepção mais clara do que é necessário comunicar para que os objetivos traçados possam ser atingidos.

No final do dia 21/11, o Sol entra em Sagitário, e permanecerá até 21/12. E Mercúrio entra em Sagitário dia 24/11, ficando até 13/12. O princípio da expansão sagitariana fica amplificado, com novas metas, rumos e desafios. É bom aproveitar para planejar uma viagem ou mesmo viajar. Com Marte em bom aspecto a Netuno, podemos colocar nossos sonhos em ação e, quem sabe, fazer aquela viagem tão sonhada.

O céu está incrível entre os dias 27 e 30/11. Marte e Vênus entram em aspecto com Netuno, nos convidando a agir em prol de realizar nossos sonhos, sejam eles quais forem.

O mês de novembro se encerra de forma muito positiva com Mercúrio e Sol em aspecto com Saturno, trazendo diretrizes claras aos nossos pensamentos, melhorando a comunicação principalmente com superiores hierárquicos.

Fechamos o mês de novembro com Vênus fazendo um lindo aspecto a Netuno. A sutileza a sensibilidade e a amorosidade vibram no ar.

A Lua Nova vai entrar em Escopião no dia 04/11, e é hora de estar mais perspicaz, procurando descobrir o que está por trás das aparências. Não seja crédulo demais, desconfie. Evite falar demais sobre seus planos, pois algo pode mudar inesperadamente. Mantenha seus sonhos e planos em andamento, tudo pode dar certo se seguir o lema "saiba ouvir, ousar e calar".

A Lua Cheia vai entrar em Touro no dia 19/11, e também ocorrerá o Eclipse Lunar, por isso, esteja aberto para o novo, para a busca de estabilidade e segurança que o momento pede, mas sempre tendo em mente as transformações que a vida nos ensina. Um Eclipse Lunar nos impele a abandonar coisas, conceitos, verdades e até comportamentos que não cabem mais, em prol de algo novo que está por vir. Se conecte com o momento, deixe ir o que não serve mais.

Lunações de novembro

Lua Nova
04.11.2021
Às 18:14 em
12°40` em
Escorpião

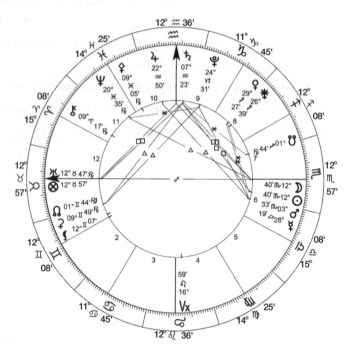

Lua Cheia
19.11.2021
Às 05:57
em 27°14`
em Touro
Eclipse
Lunar em
Touro às
06:05

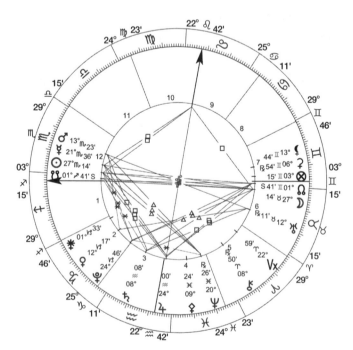

Posição diária da Lua em novembro

DIA 01 DE NOVEMBRO – SEGUNDA-FEIRA
☽ *Minguante (balsâmica)* ☽ *em Libra às 20:10,*
LFC Início às 14:01, LFC Fim às 20:10

Enquanto a Lua estiver em Libra, é tempo de se esmerar na aparência, bons modos, gentileza, elegância. Sedução, sociabilidade, muita reciprocidade e diplomacia em alta. Excelente para formar todo tipo de parcerias. Momento em que temos que equilibrar nossas emoções para termos uma visão imparcial das coisas. Oportunidade para a paz e reconciliações. Evite cirurgia nos rins e na cabeça.

Lua oposição Netuno – 02:20 às 05:48 (exato 03:59)
A resistência do corpo diminui, durma cedo, proteja-se de contágios. A fragilidade emocional sugere que devemos resguardar nossa alma. Devemos atentar para o equilíbrio entre dar e receber na interação com o outro. Evite todos os excessos.

Lua trígono Plutão – 08:58 às 12:26 (exato 10:31)
Se seu cliente/público andava afastado, bom momento para agir e recuperá-lo. Pessoas do poder público podem ter mais êxito. Em alta negociações imobiliárias, reformas de propriedades ou em casa. Aproveite para aceitar o desafio das grandes mudanças.

Lua quadratura Vênus – 12:09 às 15:50 (exato 14:01)
À tarde, fica muito mais difícil agradar seu cliente que fica indeciso e tende à insatisfação. Negócios imobiliários em baixa. Evite aumentos, cobranças, taxas extras, qualquer flutuação financeira, gastos. Adie mudanças estéticas; as realizadas aqui serão insatisfatórias.

DIA 02 DE NOVEMBRO – TERÇA-FEIRA
☽ *Minguante (balsâmica)* ☽ *em Libra*

Lua trígono Saturno – 06:50 às 10:12 (exato 08:27)
Queremos produzir. O cliente que conquistarmos neste momento

poderá se tornar fiel. A área administrativa está em alta. O que começarmos aqui que requer prazo maior para o retorno de resultados, exigindo perseverança, será favorável.

DIA 03 DE NOVEMBRO - QUARTA-FEIRA
☽ Minguante (balsâmica) ☽ em Escorpião às 21:52,
LFC Início às 19:33, LFC Fim às 21:52

Enquanto a Lua estiver em Escorpião, o ar está carregado de passionalidade. O erotismo predispõe aos encontros sexuais. Os diagnósticos neste período são assertivos, assim como atividades ligadas a reabilitação, reformas, restauração. Não corra riscos financeiros. Evite cirurgia nos órgãos genitais, bexiga, uretra, próstata, intestino, reto, garganta, tireoide e nas cordas vocais.

Lua trígono Júpiter – 08:29 às 11:45 (exato 10:11)
Pensamos de forma grandiosa. Faça contato com seu cliente – amplie seu público-alvo. Use o bom humor para tudo. Os eventos de grande porte são beneficiados neste período tais como exposições, campeonatos, congressos, feiras.

Lua quadratura Plutão – 11:19 às 14:34 (exato 12:50)
O clima muda, fica hostil. Estamos mais exaltados, passionais, radicais. Evite ao máximo as medidas impopulares. Estamos particularmente sensíveis à demonstração excessiva de poder. Não leve as coisas para o lado pessoal. E cautela para não provocar melindres.

Lua conjunção Mercúrio – 14:37 às 18:15 (exato 16:31)
Período do dia particularmente bom para eventos de caráter cultural, lançamento de livros, exposições. Caso necessário, aproveite para tornar público informações, notícias e esclarecimentos. Agilidade mental. Se pretende trocar seu carro, essa é a hora.

Lua sextil Vênus – 17:48 às 21:16 (exato 19:33)
Bom momento para apresentar aquele orçamento que estava prepa-

rado. Aproveite esta oportunidade e se esmere na apresentação estética do trabalho e na sua apresentação pessoal. Nos relacionamentos, o romantismo e o charme aproximam e convidam ao encontro.

DIA 04 DE NOVEMBRO - QUINTA-FEIRA
Nova às 18:14 em 12°40' de Escorpião em Escorpião

Lua conjunção Marte – 01:13 às 04:36 (exato 02:59)
No trabalho, aproveite para enfatizar sua posição e conquistar território. Momento em que a sensibilidade apurada percebe as oportunidades que ocorrerão. Com os colegas, encoraje-os de maneira, clara, objetiva e franca; eles receberão bem.

Lua quadratura Saturno – 08:08 às 11:22 (exato 09:46)
O clima é de críticas. Voltamos as atenções para nossas frustrações e ficamos pessimistas, portanto, o contato com as pessoas está em baixa. Aconselhável trabalhar mais reservadamente e as interações devem ser mais impessoais. Alguns atrasos e cancelamentos podem ocorrer.

Lua conjunção Sol – 16:31 às 19:57 (exato 18:20)
Vitalidade no ar, estamos mais entusiasmados e com expectativas de que novas chances podem surgir. Contudo, as situações estão apenas despontando e muita informação nova pode surgir. Não decida agora, adie. A fase é de criação. Guarde as boas ideias, elas podem originar bons frutos.

Lua oposição Urano – 16:50 às 20:01 (exato 18:32)
Imprevistos. A agitação e a ansiedade nos visitam. Podem ocorrer, inesperadamente, remarcações de compromissos, cancelamentos de contratos, cortes de apoio, de patrocínios ou cancelamentos de reservas.

DIA 05 DE NOVEMBRO - SEXTA-FEIRA
Nova em Sagitário às 21:52, LFC Início às 13:11, LFC Fim às 21:52

Enquanto a Lua estiver em Sagitário, o entusiasmo presente é contagiante. Todos esperam o melhor de todos. Estamos otimistas. Preferimos espaços abertos, queremos sair da rotina, nos aventurar e buscar algo fora do comum. Aumenta o consumo e os deslocamentos aéreos. Queremos participar de congressos, palestras, cursos. Evite cirurgia no fígado, coxas, quadris, ciático, vias respiratórias, pernas, braços, mãos.

Lua trígono Netuno – 05:17 às 08:28 (exato 06:55)

Comece o dia tratando da sua imunidade ou do funcionamento geral do organismo. O clima é de sintonia e há encantamento. Os encontros ao acaso podem ocorrer. Estamos abertos à compreensão e às concessões, fortalecendo nossos vínculos, sobretudo os mais próximos.

Lua quadratura Júpiter – 08:56 às 12:08 (exato 10:40)

A produtividade cai. Pela manhã, comece com as tarefas amenas adiando, se possível, as mais trabalhosas. Cuidado com muito otimismo; pode ser irreal. Igualmente, não conte demais com o apoio de pessoas conhecidas em posição privilegiada.

Lua sextil Plutão – 11:34 às 14:45 (exato 13:11)

Pode surgir oportunidade para retomar projetos. Momentos em que podemos ser beneficiados com aproximação de pessoas estratégicas para conseguir apoio. Fique atento às boas oportunidades nas áreas de restauração e reforma.

DIA 06 DE NOVEMBRO – SÁBADO
● Nova ● em Sagitário

Lua sextil Saturno – 08:09 às 11:22 (exato 09:50)

O dia começa beneficiando obras e consertos em casa. Aproveite esta manhã para dedicar-se a isso. É um momento para investimentos imobiliários. Favorável para estabilização de vínculos e compromissos. Use o tempo de forma produtiva.

DIA 07 DE NOVEMBRO – DOMINGO
● Nova ● em Capricórnio às 22:03, LFC Início às 10:44, LFC Fim às 22:03

Enquanto a Lua estiver em Capricórnio, as tônicas são a responsabilidade, o dever e o compromisso. A seriedade prevalece. O consumo está disciplinado, dando preferência a bens necessários. Planejamento e produtividade destacam-se. Período promissor para atividades que gerem negócios. Evite cirurgias na coluna, articulações, joelhos , pele, dentes, olhos, vesícula, útero, seios, abdômen.

Lua quadratura Netuno – 05:09 às 08:22 (exato 06:49)
Os relacionamentos menos dinâmicos podem se ressentir, pois há um clima idílico, demandando fantasias, encantamento. Há fragilidade emocional nesta fase; proteja sua alma do sofrimento. Relacionamentos cuja reciprocidade está em desequilíbrio podem ficar vulneráveis durante este período.

Lua sextil Júpiter – 09:06 às 12:21 (exato 10:44)
Boa disposição física. Se tiver oportunidade, aproveite para ir a uma exposição, uma feira internacional. Treinamentos, *workshops*, tudo que privilegie sua formação intelectual também são oportunas e beneficiarão seu trabalho.

DIA 08 DE NOVEMBRO - SEGUNDA-FEIRA
● Nova ● em Capricórnio

Lua conjunção Vênus – 00:33 às 04:03 (exato 02:23)
Se pretende engravidar, neste momento, a fertilização está beneficiada. O encontro a dois está beneficiado pelo romantismo. Há ternura e disponibilidade amorosa. No ambiente de trabalho, se houver cortesia e diplomacia, teremos mais produtividade, nos aproximando do alcance de nossos objetivos.

Lua sextil Mercúrio – 02:22 às 06:03 (exato 04:20)
A mente está fértil, proporcionando fluência nas atividades profissionais. Contamos com a colaboração dos colegas. Nos relacionamentos, fica mais fácil a expressão das emoções. Aproveite para fazer correções nos hábitos alimentares.

Lua sextil Marte – 06:05 às 09:31 (exato 07:55)
Disposição e ânimo altos. Sentimos nossa capacidade ampliada e tomamos decisões, resoluções e agimos. Aproveite para iniciar a prática de exercícios físicos. O faro para as oportunidades aliado à rapidez nas decisões pode atrair bons negócios. Aproveite.

Lua trígono Urano – 17:08 às 20:26 (exato 18:51)
Recondicionamento, desapego em alta. Quebre hábitos, mude rotinas, altere dieta, abandone vícios, jogue coisas fora. Queremos fazer coisas novas, conhecer pessoas novas. *Insights* acontecerão. Atividades e trabalhos externos estão favorecidos.

DIA 09 DE NOVEMBRO – TERÇA-FEIRA
● Nova ● em Capricórnio, LFC Início às 14:52

Lua sextil Sol – 00:18 às 03:53 (exato 02:09)
Momento conciliador para casais com muitas diferenças se entenderem nos pontos onde há discordâncias. Boas chances de reconciliar-se com alguém. Momento propício para concepções e gestações.

Lua sextil Netuno – 06:19 às 09:41 (exato 08:01)
Momentos em que se encontra e se oferece ajuda com facilidade. Se atenha à visão geral, não a detalhes. Período em que a explosão de uma mania se propaga, como uma moda. Preste atenção em uma oportunidade para se beneficiar deste aspecto.

Lua conjunção Plutão – 13:09 às 16:33 (exato 14:52)
Para as pessoas em posições de poder, o período promete maior popularidade e adesão. Se quer realizar mudanças na equipe, aconselha-se contratar antigos colegas de trabalho ou ex-funcionários. Bom para buscar a recuperação de prejuízos.

DIA 10 DE NOVEMBRO – QUARTA-FEIRA
● Nova ● em Aquário à 00:02, LFC Fim à 00:02

Enquanto a Lua estiver em Aquário, queremos sair da rotina, experimentar o novo, o inusitado. Queremos experimentar a sensação de liberdade e estamos propensos a conceder liberdade. Se tem uma vida muito rígida será gratificante, neste período, cometer uma pequena extravagância, uma transgressão. Apreciamos mais a surpresa e a criatividade. Evite cirurgia nas veias, vasos, artérias, capilares, tornozelo, coração e região lombar.

Lua quadratura Marte – 11:04 às 14:43 (exato 12:57)
Clima com energia caótica. Os acidentes são mais frequentes, devemos ter mais cautela no trânsito. Protelar responsabilidades será um desacerto estressante. No trabalho, seja colaborativo, assim, evitamos enfrentamentos. Intolerância para trabalhos cuja atenção é muito demandada.

Lua quadratura Mercúrio – 11:10 às 15:06 (exato 13:12)
No trabalho, predominam as conversas paralelas e os telefonemas, prejudicando a produtividade. Nervosismo e inquietação atuam sobre o nosso humor. Vamos focar no que é importante. Procure comprar e vender pequenos equipamentos eletrônicos.

Lua conjunção Saturno – 11:29 às 14:58 (exato 13:14)
Saturno nos traz a determinação, amenizando os efeitos do aspecto anterior. Nos energiza com disciplina, nos ajudando na conclusão de trabalhos, na nossa produtividade. Conseguimos perceber o público e acertar as estimativas. Boa sorte para oficializar uniões afetivas.

Lua quadratura Urano – 20:00 às 23:29 (exato 21:45)
Período onde destacam-se a ansiedade, a agitação, a inquietação, provocadas pela imprevisibilidade característica deste aspecto planetário. Não crie tensões, isso pode provocar decisões desfavoráveis. Multiplique a paciência e evite velocidade ao dirigir.

DIA 11 DE NOVEMBRO – QUINTA-FEIRA
☽ *Crescente às 09:47 em 19°21' de Aquário* ☽ *em Aquário, LFC Início às 16:53*

Lua quadratura Sol – 07:50 às 11:41 (exato 09:48)

Nas negociações, as vitórias ocorrerão mais por pressão do que por acordos. Nos deparamos com disputas em todas as situações. As decisões mais lúcidas podem ser prejudicadas pela falta de maturidade emocional das pessoas, neste momento.

Lua conjunção Júpiter – 15:04 às 18:40 (exato 16:53)

Há bom humor, otimismo, confiança, alegria. Isso beneficia as expansões. Conquiste novos pontos de vendas, exporte, busque representantes em outros estados, abra franquias; una-se a outras empresas para crescer. Generosidade nas relações mais íntimas.

DIA 12 DE NOVEMBRO - SEXTA-FEIRA
☾ *Crescente* ☾ *em Peixes às 04:53, LFC Fim às 04:53*

Enquanto a Lua estiver em Peixes, nosso ritmo é mais lento; atrasos são mais frequentes. Temos fé e aceitação nos movimentos da vida e acreditamos nos sonhos, podendo fantasiar situações irreais. Há preferência por lugares perto do mar, rios e cachoeiras. Em alta atividades ligadas a música, cinema e imagem. Evite cirurgias nos pés e medula. Checar sistema imunológico, linfático e glóbulos brancos.

Lua sextil Vênus – 15:19 às 19:15 (exato 17:17)

Clima de bom humor. A harmonia promove acordos, derrubando divergências. Atente para a oportunidade feliz de presentear seus clientes; dê descontos, faça promoções, ofereça bônus. Período muito bom para reuniões sociais e festas. Organize.

Lua trígono Marte – 19:31 às 23:24 (exato 21:28)

Momento compensador para quem se antecipar. Promova lançamentos, iniciativas, propostas arrojadas. Lance produtos e serviços inéditos – as pessoas tenderão a realizar compras por impulso e por atração pela novidade.

DIA 13 DE NOVEMBRO - SÁBADO
☾ *Crescente* ☾ *em Peixes*

Lua trígono Mercúrio – 00:15 às 04:29 (exato 02:26)
Os relacionamentos encontram entendimento. Período ideal para conversas de assuntos mais delicados, para o diálogo. Estamos abertos para acolher o que é verbalizado. Há facilidade para a expressão das emoções. As palavras certas nos tocam.

Lua sextil Urano – 01:52 às 05:34 (exato 03:47)
O clima continua muito propício ao entendimento, aceitação. Aproveite a oportunidade para ser espontâneo em relação aos sentimentos. Como o período está favorecendo o diálogo, liberte-se de emoções que estavam atrapalhando seu relacionamento.

Lua conjunção Netuno – 16:53 às 20:38 (exato 18:43)
No ar, delicadeza, sensibilidade e romantismo. Crie aqui um momento idílico. Isto vai valorizar as uniões próximas. A sintonia está excelente. A criação de uma atmosfera mágica facilita a intimidade. Sedução em alta.

Lua trígono Sol – 19:15 às 23:21 (exato 21:19)
Emoção e razão de mãos dadas. Temos visão mais clara das coisas como são e as aceitamos. A vida parece fluir com mais facilidade, tudo parece integrado, em seu devido lugar. Boa vitalidade. Momentos frutíferos.

DIA 14 DE NOVEMBRO - DOMINGO
☽ Crescente ☽ em Áries às 12:47 , LFC Início às 02:41, LFC Fim às 12:47

Enquanto a Lua estiver em Áries, estamos bem dispostos como os atletas e as crianças. Bom período para participar de concorrências e licitações bem como para todos os eventos de curta duração. Estamos intolerantes com a espera, filas, atrasos. Não estamos dispostos a ter situações adiadas. Favorável para a cobrança de débitos. Não marcar cirurgias na região da cabeça e nos rins.

Lua sextil Plutão – 00:46 às 04:33 (exato 02:41)

Reabilitação em alta. Temos boas resposta às terapias. Recuperação ágil e um sono mais profundo e reparador trazidos por este momento, é muito benéfico para quem fez uma cirurgia. Para quem quer engravidar, aproveite, é a hora.

DIA 15 DE NOVEMBRO – SEGUNDA-FEIRA
☽ Crescente ☽ em Áries

Lua sextil Saturno – 02:02 às 05:55 (exato 04:00)
Momento onde as atividades de segurança e previdência estão em alta. A pontualidade é praticada – há disciplina para isso. Nos relacionamentos, fazer planos em comum fortalece os vínculos, já beneficiados por este aspecto que promove a estabilização e o compromisso.

Lua quadratura Vênus – 04:01 às 08:10 (exato 06:09)
Desafiador pôr em prática ações que exijam disciplina ou austeras como dietas, exercícios e corte de despesas. É tempo de preguiça, indolência. Evite qualquer mudança estética. Há muita chance de arrependimento e de ter que refazer. A indecisão nos visita, dificultando nossas escolhas.

DIA 16 DE NOVEMBRO – TERÇA-FEIRA
☽ Crescente ☽ em Touro às 23:17, LFC Início às 12:52, LFC Fim às 23:17

Enquanto a Lua estiver em Touro, estamos mais cautelosos e com necessidade de segurança material e afetiva. Melhor é optar por projetos e atividades em curso. O bom-senso, o conhecido se sobrepõem ao impulso ou ao novo. Temos vontade de estabilizar nossas finanças. Bom período para casar. O sono é relaxante. Evite cirurgia de garganta, tireoide, cordas vocais, órgãos genitais, próstata, uretra, bexiga, reto, intestino.

Lua sextil Júpiter – 08:55 às 12:54 (exato 11:02)
O que se relaciona com viagens e deslocamentos para viagens distantes encontra aqui uma oportunidade. Devemos fazer contato com nosso público. Bom para o trabalho em equipe; todos têm boa vontade e estão dispostos a colaborar. Aproveite.

Lua quadratura Plutão — 10:52 às 14:49 (exato 12:52)
As reações estão mais exageradas, o clima é hostil. Evite ultrapassar limites, há risco de ter que enfrentar forças além de sua capacidade. No trabalho, podem surgir rivalidades ou disputas de poder. Contorne as crises que surgirem de forma diplomática.

DIA 17 DE NOVEMBRO – QUARTA-FEIRA
☽ *Crescente* ☽ *em Touro*

Lua quadratura Saturno — 13:18 às 17:19 (exato 15:20)
Pode ocorrer atraso no trabalho realizado. Algum retrabalho pode ser necessário. Com pouca inspiração, as tarefas nos parecem árduas. Evite rigor; será improdutivo. Nos sentimos cansados e com baixa resistência. Dificuldades parecem difíceis de transpor.

Lua trígono Vênus — 19:29 às 23:47 (exato 21:40)
Para finalizar o dia com mais produtividade, convém usarmos a cortesia para alcançar nossos objetivos. Depois de um dia pesado, temos um tempo para o bom humor. Aqui, a aproximação entre pessoas está recebendo ajuda do alto. Procure diversão em bares, restaurantes, cinema, shows.

Lua conjunção Urano — 21:44 às 01:44 de 18/11 (exato 23:49)
A noite segue leve, com clima de despreocupação. O dia pesado já não nos afeta tanto. Estamos mais soltos e com vontade de fazer coisas novas, conhecer pessoas novas. Possibilidades de encontros ao acaso. Quanto menos expectativas tivermos e mais estivermos em lugares não habituais, mais chances teremos de encontros.

Lua oposição Marte — 22:12 às 02:27 de 18/11 (exato 00:24 de 18/11)
Situações em que podemos lidar com o sentimento de ansiedade. Muito cuidado no trânsito. No relacionamento, evite brigas, não se deixe provocar. Evite muita franqueza e chantagem emocional. Querer impor o próprio ponto de vista sobre o outro é um erro.

DIA 18 DE NOVEMBRO - QUINTA-FEIRA
☽ Crescente ☽ em Touro

Lua sextil Netuno – 14:12 às 18:14 (exato 16:13)
Boa oportunidade para ações que promovam cidadania e bem-estar. Oportuno também para lançamento de filmes, música, espetáculos. Facilidade para o consenso em algo que favoreça os objetivos da empresa.

Lua oposição Mercúrio – 14:27 às 19:07 (exato 16:54)
Deslocamentos podem ter seu horário alterado. Atenção aos comunicados, informações, que podem ser impopulares e causar melindres. Evite a assinatura de contratos ou negociação imobiliária. Cuidado com indiscrições ou relatos de assuntos pessoais, que podem ser mal interpretados.

Lua quadratura Júpiter – 21:20 às 01:24 de 19/11 (exato 23:29)
Cuidado para não sair da dieta, adiar compromissos. O desafio deste momento é não consumir desnecessariamente contando com um dinheiro que ainda está por vir e pode até não ocorrer. Evite desperdícios.

Lua trígono Plutão – 22:55 às 02:58 de 19/11 (exato 00:51 de 19/11)
Período em que são frequentes os reencontros com antigos amigos, ex-colegas de trabalho etc. Propício para se lidar com assuntos de natureza mais profunda, aceitar o desafio das mudanças mais radicais. Aprofundamento dos laços existentes. Perdoe e siga adiante.

DIA 19 DE NOVEMBRO - SEXTA-FEIRA
○ Cheia às 05:57 em 27°14' de Touro ○ em Gêmeos às 11:32,
LFC Início às 05:58, LFC Fim às 11:32

Eclipse Lunar às 06:05 em 27°14' de Touro
Enquanto a Lua estiver em Gêmeos, a comunicação está em alta. Conversar, trocar, socializar é a ordem. Estamos flexíveis, adaptáveis. Tempo de ler, aprender, fazer discursos, ir a congressos, palestras, seminários, cursos. Certa indecisão nos visita. Evite cirurgias nas vias respiratórias, coxas, pernas, braços, mãos, dedos, fígado, bacia, ciático,

no aparelho da fala e nos ouvidos.

Lua oposição Sol – 03:44 às 08:10 (exato 05:58)
Por ser um aspecto de complementaridade, operamos melhor em dupla, aos pares. Convém dividir tarefas, buscar apoio, oferecer ajuda, agradecer a parceria oferecida. Fundamental cuidarmos dos relacionamentos pessoais e de trabalho para que eles se mantenham.

DIA 20 DE NOVEMBRO – SÁBADO
○ Cheia ○ em Gêmeos

Lua trígono Saturno – 02:09 às 06:14 (exato 04:14)
A produtividade vem do uso eficiente do tempo e dos recursos. Estamos dispostos a assumir compromissos e cumprir etapas de trabalho, mesmo as mais desgastantes. Permanecem no futuro as pessoas que conhecermos aqui. A saúde está estável.

DIA 21 DE NOVEMBRO – DOMINGO
○ Cheia ○ em Gêmeos, LFC Início às 12:53

Entrada do Sol no Signo de Sagitário às 23h33min34seg
Lua quadratura Netuno – 03:02 às 07:06 (exato 05:05)
O humor pode variar, pois estão todos muito sensíveis. É difícil concentrar-se. Esquecimentos e desatenção podem produzir erros sem necessidade. No trabalho, faça muitos intervalos para recuperar a capacidade de concentração. Fragilidade emocional pode nos causar ferimentos.

Lua trígono Júpiter – 10:48 às 14:55 (exato 12:53)
Ares de bom humor, disposição, otimismo, trabalhamos com mais fluência. Bom para fazer contato com o público. Nas relações mais íntimas, há confiança, aproximando as pessoas.

DIA 22 DE NOVEMBRO – SEGUNDA-FEIRA
○ Cheia (disseminadora) ○ em Câncer à 00:32, LFC Fim à 00:32

Enquanto a Lua estiver em Câncer, respostas emocionais intensas, emotividade, vulnerabilidade, tomam o espaço da razão. É prudente não magoar e não se deixar magoar com facilidade. Estamos mais amorosos, acolhedores, protetores e protegidos. Em alta tudo que envolva o público infantil e gestantes. Evite cirurgias no abdômen, estômago, mamas, útero, ossos, articulações, vesícula, pele, olhos e aparelho digestivo.

Lua sextil Urano – 22:57 às 02:59 de 23/11 (exato 01:04 de 23/11)
Se tem algum hábito que está afetando sua saúde, é o momento para realizar as alterações necessárias. Estamos leves, não estamos tão envolvidos, preocupados com as coisas e nem levamos tudo tão a sério. Pratique uma atividade relaxante diferente e bom descanso.

DIA 23 DE NOVEMBRO – TERÇA-FEIRA
○ Cheia (disseminadora) ○ em Câncer

Lua oposição Vênus – 05:39 às 09:57 (exato 07:50)
Queremos nos agradar mais e acabamos por realizar gastos excessivos e desnecessários com o que não precisamos. Cautela com isso. Há certa letargia no ar e isso pode nos afetar, diminuindo nossa produtividade. Queremos adiar as tarefas mais desgastantes; ânimo.

Lua trígono Marte – 07:15 às 11:32 (exato 09:27)
Marte vem nos motivar. O que foi adiado antes, aqui encontra um melhor desempenho. Vigor, rapidez nas decisões, ousadia. Bom para trabalhos com maior autonomia. Tome a iniciativa. Aceite desafios. Enfrente rapidamente os problemas que surgirem.

Lua trígono Netuno – 15:49 às 19:50 (exato 17:49)
A imagem impacta! Se esmere nas apresentações de seus produtos. Mercado imobiliário beneficiado, sobretudo nas áreas próximas às praias. Há ajuda mútua. Estamos com a alma delicada, o que se traduz em gentileza para com as pessoas.

DIA 24 DE NOVEMBRO – QUARTA-FEIRA
○ Cheia (disseminadora) ○ em Leão às 12:58,
LFC Início às 02:47, LFC Fim às 12:58

Enquanto a **Lua** estiver em **Leão**, as palavras são: brilho, liderança, extroversão, prazer. O que menos queremos é limitações. Queremos ir a muitas festas e muitas homenagens. Homenagens a nós, inclusive e sobretudo. Egocêntricos, daremos preferência nos lugares em que somos preferidos; preferiremos quem nos prefere. Evite cirurgias no coração, região lombar, veias, varizes, capilares e tornozelos.

Lua oposição Plutão – 00:45 às 04:45 (exato 02:47)
Momentos em que um mal-estar pode ser mais sério. Pode ser que precise de tratamentos mais profundos. Observe-se e tome as providências necessárias para que o problema não se torne agudo. Não se recomenda a concepção e a fertilização.

Lua trígono Mercúrio – 10:44 às 15:18 (exato 13:05)
Capacidade mental fértil beneficia o desempenho no trabalho. Dê prioridade à parte dos detalhamentos. Ótimo para reuniões, troca e elaboração das ideias. O comércio está em alta. Colaboração entre pessoas. Bom momento para envio de currículo.

Lua trígono Sol – 16:24 às 20:43 (exato 18:37)
Momentos em que nossas emoções estão mais claras para nós e conseguimos alinhá-las com a nossa razão. Conseguimos expressar aos outros o que sentimos com assertividade. Se há conflitos internos, aqui são esclarecidos. Momentos potencialmente férteis em várias áreas da vida.

DIA 25 DE NOVEMBRO – QUINTA-FEIRA
○ *Cheia (disseminadora)* ○ *em Leão*

Lua oposição Saturno – 03:52 às 07:49 (exato 05:49)
Há cansaço, baixa resistência. Onde temos problemas crônicos ou cujo tratamento foi negligenciado, aqui podem voltar a perturbar. A recuperação é lenta para quem fez algum tipo de cirurgia ou se encontra em tratamento mais longo.

Lua quadratura Urano – 10:35 às 14:28 (exato 12:34)

A imprevisibilidade torna o momento tenso. Bom checar o planejamento do dia, pois imprevistos podem demandar algum tipo de replanejamento. Não faça pressões, estão todos estressados. Se está grávida, prepare-se para a possibilidade de antecipação do parto.

Lua quadratura Marte – 22:16 às 02:21 (exato 00:22 de 26/11)
Nervosismo e ansiedade podem gerar distúrbios digestivos e, para os que já sofrem disso, é um momento delicado. Convém evitar refrigerante, café e cigarro que são estimulantes. Cautela com os cortes para que não inflamem.

DIA 26 DE NOVEMBRO – SEXTA-FEIRA
○ Cheia (disseminadora) ○ em Virgem às 23:11,
LFC Início às 13:24, LFC Fim às 23:11

Enquanto a Lua estiver em Virgem, estão em alta as atividades mentais que requeiram atenção, crítica e detalhamento. Iniciar em um novo emprego, começar algum estudo será promissor. A organização impera. Tendência ao recolhimento e à timidez. Estamos mais exigentes, seletivos e críticos. Simplicidade é mais. Evite cirurgias no sistema gastrointestinal, intestino delgado e nos pés.

Lua oposição Júpiter – 11:27 às 15:18 (exato 13:24)
Precisamos recuperar a confiança, a fé; temos que avançar. Nossa avaliação é demasiado otimista, originando projetos distorcidos. Paira uma sensação de que o que fazemos é irrelevante, estamos inseguros, gerando desconforto com tarefas mais simples.

DIA 27 DE NOVEMBRO – SÁBADO
☽ Minguante às 09:29 em 05°28' de Virgem ☽ em Virgem

Lua quadratura Mercúrio – 05:19 às 09:35 (exato 07:29)
Ao começar o dia, certifique-se de que sua comunicação é eficaz. Evite palavras inadequadas, ausência de diálogo, omissão de sentimentos, assuntos delicados; as relações podem ficar ressentidas. Comportamentos instáveis, flutuação nas emoções; o falar é diferente do sentir.

Lua quadratura Sol – 07:25 às 11:28 (exato 09:27)

É preciso um grande emprenho para realizar coisas neste momento. Nos vemos em disputa para o que pretendemos fazer. É preciso doses de esforço para dar explicações a fim de que prevaleçam o bom-senso e a lucidez. Desgaste à vista.

Lua trígono Urano – 19:28 às 23:07 (exato 21:24)

A noite promete surpresas e novidades. O diferente é o que vai surpreender. Conhecer gente nova é favorecido. Encontros ao acaso idem. Quanto menos expectativas se criar e quanto mais se frequentar ambientes diferentes dos usuais, mais chances de encontros.

DIA 28 DE NOVEMBRO – DOMINGO
☾ *Minguante* ☾ *em Virgem, LFC Início às 21:03*

Lua trígono Vênus – 08:20 às 12:08 (exato 10:13)

O dia começa bom, com bom humor. Período ideal para se dar e se receber presentes. Comprar objetos para casa vai movimentar boas energias. Use a ternura e aproveite a receptividade no amor para neutralizar qualquer diferença e criar proximidade e intimidade.

Lua sextil Marte – 09:42 às 13:30 (exato 11:37)

Aproxime-se de quem você ama, tomar a iniciativa renderá bons frutos. Além disso, não perca oportunidades de elogiar, encorajar; isso dará solidez ao vínculo. As atividades profissionais que demandem movimento, bem como as que requeiram audácia, coragem, estão em alta, são beneficiadas aqui.

Lua oposição Netuno – 11:01 às 14:37 (exato 12:46)

Ares de melancolia. Sentimento sutil de incerteza, de insegurança. Convém evitar esportes, passeios e transportes no mar. Deve-se ter muito cuidado ao dirigir; a distração está presente aqui. A desatenção pode ser causadora de erros diversos.

Lua trígono Plutão – 19:15 às 22:49 (exato 21:03)

Podemos enfrentar assuntos sérios, ou que atinjam nossas vidas. As medidas reparadoras, curativas são adequadas. Cabe investir em ações para a recuperação de prejuízos. Os reencontros de todo tipo são frequentes. Preferência por amores mais antigos e verdadeiros.

DIA 29 DE NOVEMBRO – SEGUNDA-FEIRA
☽ Minguante ☽ em Libra às 05:54, LFC Fim às 05:54

Enquanto a Lua estiver em Libra, é tempo de se associar. Em alta a amizade, o casamento, as parcerias. Atividades ligadas a arte, beleza, estética, ganham atenção. Queremos nos harmonizar com o outro, estar junto; fugimos da solidão. Cortesia e charme passeiam pela vida aqui. Festas se destacarão pelo bom gosto. Evite cirurgia nos rins e na região da cabeça.

Lua sextil Sol – 17:52 às 21:35 (exato 19:48)
Ganham luz os potenciais reprimidos das pessoas tímidas ou inseguras. Podem vir por meio de projetos, ideias, situações, relacionamentos. Sob este aspecto, as gestações, concepções e nascimentos são bem protegidos.

Lua sextil Mercúrio – 18:36 às 22:29 (exato 20:39)
Fique antenado com as possibilidades de venda e troca de veículos, caso seja seu foco. Momento bom para eventos de caráter cultural, como lançamento de livros etc. O comércio, sobretudo varejo, está forte. Momento adequado para se tratar de contratos, aluguéis, negociações.

Lua trígono Saturno – 19:39 às 23:07 (exato 21:25)
As emoções estão bem equilibradas. Os vínculos sólidos são preferíveis às relações efêmeras. Sintonia para oficializar as uniões. Fazer planos comuns aproxima e solidifica mais ainda o relacionamento. Os conhecimentos feitos aqui permanecem, não são passageiros.

DIA 30 DE NOVEMBRO – TERÇA-FEIRA
☽ Minguante (balsâmica) ☽ em Libra

Lua quadratura Vênus – 15:10 às 18:40 (exato 16:56)

A letargia paira no ar, contagiando as pessoas que podem decrescer em produtividade. Adiar as tarefas exaustivas e desagradáveis parece atraente. Cautela para não permitir que o resultado profissional seja afetado por desafetos ou antipatias com pessoas do trabalho.

Lua quadratura Plutão – 23:02 às 02:22 de 01/12 (exato 00:35 de 01/12)
Estamos sujeitos a situações de radicalização e extravasamentos. A segurança está comprometida. Proteja-se evitando lugares e situações mais arriscadas. Tenha planos mais humildes; manter-se nos limites contribui para sustentar o controle das situações.

Lua trígono Júpiter – 23:38 às 02:59 de 01/12 (exato 01:21 de 01/12)
Desfrute da generosidade nas ligações mais íntimas. Que tal estimular sua relação criando um clima de aventura? Dica: agir com grandeza ajuda a transpor pequenos obstáculos que impediam uma aproximação.

DEZEMBRO 2021

Domingo	Segunda-feira	Terça-feira	Quarta-feira	Quinta-feira	Sexta-feira	Sábado
			1 ♏	2 Lua Minguante em Escorpião	3 Lua Minguante em Sagitário às 09:12 LFC 02:23 às 09:12	4 ● 12°22' ♐ Lua Nova às 04:43 em Sagitário Eclipse Solar às 04:35 em Sagitário
5 ♑ Lua Nova em Capricórnio às 08:30 LFC 02:09 às 08:30	6 Lua Nova em Capricórnio	7 ♒ Lua Nova em Aquário às 08:48 LFC 01:43 às 08:48	8 Lua Nova em Aquário	9 ♓ Lua Nova em Peixes às 11:53 LFC 07:01 às 11:53	10 ☽ 19°13' ♓ Lua Crescente às 22:37 em Peixes	11 ♈ Lua Crescente em Áries às 18:45 LFC 16:41 às 18:45
12 Lua Crescente em Áries	13 Lua Crescente em Áries LFC Início 23:53	14 ♉ Lua Crescente em Touro às 05:10 LFC Fim 05:10	15 Lua Crescente em Touro	16 ♊ Lua Crescente em Gêmeos às 17:42 LFC 13:09 às 17:42	17 Lua Crescente em Gêmeos	18 Lua Crescente em Gêmeos
19 ○ 27°28' ♊ Lua Cheia às 01:35 em Gêmeos Lua em Câncer às 06:41 LFC 03:03 às 06:41	20 Lua Cheia em Câncer	21 ♌ Lua Cheia em Leão às 18:53 LFC 11:45 às 18:53 Entrada do Sol em Capricórnio às 12h59	22 Lua Cheia em Leão	23 Lua Cheia em Leão	24 ♍ Lua Cheia em Virgem às 05:24 LFC 03:41 às 05:24	25 Lua Cheia em Virgem
26 ☾ 5°32' ♎ Lua Minguante às 23:25 em Libra Lua em Libra às 13:23 LFC 05:40 às 13:23	27 Lua Minguante em Libra	28 ♏ Lua Minguante em Escorpião às 18:16 LFC 18:12 às 18:16	29 Lua Minguante em Escorpião	30 ♐ Lua Minguante em Sagitário às 20:08 LFC 14:11 às 20:08	31 Lua Minguante em Sagitário	

Céu do mês de dezembro

O mês de dezembro começa com o início do movimento direto do planeta Netuno. Os assuntos regidos por Netuno que estavam em revisão voltam a fluir. A busca pela espiritualidade, pelo trabalho voluntário e o interesse pelas artes vão estar muito presentes, é válido aproveitar e surfar nessa onda do bem. É oportuno aguçar a intuição para não sermos enganados e iludidos por "salvadores da pátria" ou "falsos profetas".

Um Eclipse Solar, que é a conjunção da Lua Nova, o Sol e o Nodo Sul, acontece no dia 05/12, no Signo de Sagitário, temos ainda Mercúrio acompanhando este alinhamento. É importante não incorrer em comportamentos e até vícios difíceis de abandonar.

Marte faz um aspecto harmonioso a Plutão entre 05 a 07/10. Vamos aproveitar esta potente energia para fazer qualquer mudança que se faça necessária para atingir os objetivos traçados.

Porém, dias difíceis virão com a quadratura de Mercúrio com Netuno, e de Marte para Júpiter entre os dias 06 a 10/12. É importante atentar para tendência a ilusões, julgamentos errôneos que podem levar a confusões e ações meio fora de propósito, até extravagantes.

O encontro da sedutora Vênus e o poderoso Plutão no Signo de Capricórnio será exato no dia 11/12. Uma intensa energia de atração sexual pode emergir, mas atenção para crises de ciúmes e possessividade. Nesse mesmo dia, Mercúrio faz um bom aspecto com o expansivo Júpiter, mudando a energia para uma confiança de que tudo pode dar certo, apesar do Sol fazer um aspecto difícil a Netuno, com seu auge na madrugada do dia 12/12.

Podem surgir dúvidas devido à sensação de insegurança e desconfiança, poderemos estar propensos a enganos e equívocos. É melhor procurar dormir que logo o Sol voltará a brilhar.

Logo no amanhecer do dia 13/12, Marte entra no Signo de Sagitário, permanecendo até 25/01/2022, aumentando a energia de vivacidade no céu, momento de não esmorecer nos esforços para alcançar as metas traçadas que poderão ser bem grandiosas.

Uma viagem a um lugar distante, um curso de mestrado ou doutorado.

No início da tarde, Mercúrio entra no prático Signo de Capricórnio, perspicácia e perseverança são as melhores qualidades para esse momento que permanecerá até 03/01/2022.

O Sol, que ainda está em Sagitário, fará um lindo aspecto para o próspero Júpiter em Aquário, tradicionalmente, esse é um trânsito de muita sorte, é interessante aproveitar muito o dia 19/12, pois a boa triangulação entre Mercúrio e Urano no dia 20/12 traz muitas possibilidades de resolver algo que até agora tenha sido impossível solucionar. Novas ideias podem surgir com muita capacidade de verbalização.

A benéfica Vênus, que se encontra em Capricórnio, inicia seu caminho de retrogradação no dia 20/12, onde permanecerá até 11/01/2022. O período pede cautela nos assuntos financeiros, bom-senso nas compras de Natal.

Evitar procedimentos estéticos, lançamento de empreendimentos comerciais e oficializar relacionamentos amorosos. Pode ser uma época de rever assuntos amorosos, podendo até haver o retorno de um relacionamento que estava terminado.

No dia 21/12, acontece o Solstício de verão no nosso Hemisfério, com o ingresso do Sol em Capricórnio, os dias são mais longos e as noites, mais curtas, bom para aproveitar as atividades diurnas com as qualidades do Signo de Capricórnio, muita objetividade e praticidade.

Dias tensos e difíceis no céu nas vésperas do feriado cristão que comemora o nascimento de Jesus Cristo. Dia 24/12, Saturno em Aquário entra em conflito com Urano em Touro, deve ser um período desestabilizador, é aconselhável não ser muito rígido com conceitos e normas, pois mudanças podem acontecer a nossa revelia, de forma inesperada e abrupta.

Portanto, é sensato procurar não se aborrecer com possíveis mudanças nos planos de última hora, até mesmo por intempéries.

Vênus em seu caminho de retrogradação se encontra novamente com Plutão no dia 25/12. O feriado natalino pode intensificar reações emocionais e sentimentais intensas. Em caso de você participar de atividades sociais e familiares, é conveniente usar charme e afabilidade para tentar fazer valer sua vontade.

Mercúrio faz um aspecto fluente com Netuno, a capacidade de comunicar nossos sentimentos e entender a alma do outro estará muito presente no dia 26/12.

O grandioso Júpiter, que na mitologia é Zeus, entra no Signo que representa a totalidade e a síntese, o sensível Peixes, dia 28/12 e permanecerá nesse Signo até 11/05/2022, um espaço de tempo perfeito para a expansão do que quisermos, mas com sensibilidade, praticando a compaixão e o perdão.

O mês vai terminando com alguns aspectos interessantes, dia 29/12, Mercúrio se encontra com Vênus em Capricórnio, momento alegre e amistoso. Excelente para divulgarmos nossa melhor imagem, seja pessoal ou profissional.

Marte faz um aspecto fácil a Saturno, bom momento para agir com segurança nos preparativos para o feriado de fim de ano que se aproxima. Se for viajar, a dica é fazer revisão no carro, checar roteiro, confirmar reservas, enfim, proceder em qualquer assunto objetivando a segurança.

E chegamos ao último aspecto do ano dia 30/12, uma conjunção do mensageiro Mercúrio com o poderoso Plutão no pragmático Signo de Capricórnio, indicando um momento de muita força mental.

Vamos aproveitar para fazer um balanço do ano, contabilizar perdas e ganhos, e descartar o que não serve mais, principalmente assuntos que preocupam a mente, afinal, um novo ano está chegando, trazendo sempre a esperança de dias melhores.

A Lua Nova de Sagitário com um Eclipse Solar importante, visto da América do Sul, marca o início de um período em que devemos ter muito cuidado com ideias, conceitos e vícios que tínhamos abandonado, que podem ressurgir atrapalhando nossos planos e objetivos.

De qualquer forma, é importante estar aberto ao novo, ser curioso e buscar novos caminhos, mantendo sempre o foco nos seus objetivos principais.

A última lunação do ano em Gêmeos está muito favorável para circular no comércio, viajar, se divertir com quem você ama. As festas de fim de ano estão chegando, uma viagem mesmo curta vai cair bem. Procure falar e escutar diversas opiniões para aproveitar bem todas as energias dessa ótima lunação.

Lunações de dezembro

Lua Nova
04.12.2021
Às 04:43
em 12°22`
em Sagitário
Eclipse Solar
em Sagitário
às 04:35

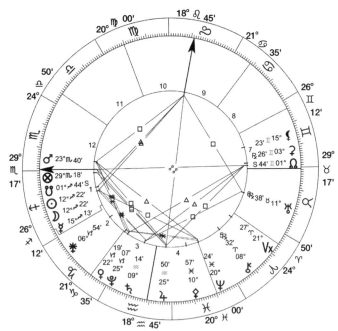

Lua Cheia
19.12.2021
Às 01:35 em
27° 28` em
Gêmeos

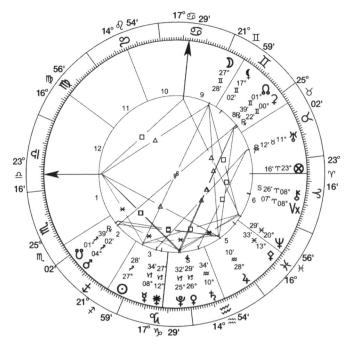

O LIVRO DA LUA 2021   387

Posição diária da Lua em dezembro

DIA 01 DE DEZEMBRO - QUARTA-FEIRA
☽ Minguante (balsâmica) ☽ em Escorpião às 08:55,
LFC Início às 01:21, LFC Fim às 08:55

Enquanto a Lua estiver em Escorpião, as emoções são intensas e profundas. Esta fase é propícia para eliminar o que não faz mais sentido, o que já perdeu a validade e a razão de ser. Só assim o novo poderá nascer.

Lua quadratura Saturno – 22:05 à 01:20 de 02/12 (exato 23:42)
Ao final do dia, nos sentimos um pouco desanimados e introspectivos. Tente não se cobrar muito, em vez disso, procure relaxar, se hidratar e lembrar que amanhã será um novo dia.

DIA 02 DE DEZEMBRO - QUINTA-FEIRA
☽ Minguante (balsâmica) ☽ em Escorpião

Lua oposição Urano – 02:24 às 05:37 (exato 04:02)
A ansiedade pode dificultar o descanso. Interrupções e desconfortos súbitos podem nos atrapalhar. Tentar controlar a tensão poderá apenas aumentar o problema. Relaxe e solte as amarras.

Lua trígono Netuno – 16:21 às 19:33 (exato 17:55)
Confie em sua intuição e abra espaço para a empatia e a compaixão. Use suas antenas para sondar o que pode ser eliminado para a melhoria do ambiente ao seu redor.

Lua sextil Vênus – 18:12 às 21:30 (exato 19:53)
O final da tarde e o início da noite tendem a ser agradáveis. Encontros românticos e atividades prazerosas estão favorecidas.

Lua conjunção Marte – 20:04 às 23:25 (exato 21:48)
A paixão acende a noite e as atividades físicas são indicadas. Esse também é um ótimo aspecto para eliminar comportamentos e emoções tóxicas de uma vez por todas.

Lua sextil Plutão – 23:50 às 01:25 de 03/12 (exato 01:19 de 03/12)
Limpe o corpo e a alma de toda a mágoa e verá uma transformação considerável. Não tenha medo de abandonar o que não aumenta a sua vitalidade.

DIA 03 DE DEZEMBRO – SEXTA-FEIRA
☽ Minguante (balsâmica) ☽ em Sagitário às 09:12, LFC Início às 02:23, LFC Fim às 09:12

Enquanto a Lua estiver em Sagitário, desapegue-se, o que tinha que acontecer, aconteceu. Agora é a hora de deixar para trás tudo o que pode atrapalhar o caminho para o futuro.

Lua quadratura Júpiter – 00:45 às 03:58 (exato 02:23)
Talvez tenhamos exagerado um pouco ontem, não? Este aspecto nos faz esquecer os nossos limites, por isso, fique atento.

Lua sextil Saturno – 22:10 às 01:20 de 04/12 (exato 23:47)
Com maior sobriedade, somos capazes de vivenciar o momento com maior distanciamento emocional. Esse também é um bom período para buscar o conselho de pessoas mais experientes.

DIA 04 DE DEZEMBRO – SÁBADO
● Nova às 04:43 em 12º22' de Sagitário ● em Sagitário

Eclipse Solar às 04:35 em 12º22' de Sagitário
Lua conjunção Sol – 03:01 às 06:24 (exato 04:46)
Boa madrugada para recompor as energias. Estamos em harmonia e o sono é mais tranquilo. Também é um bom momento para viajar.

Lua conjunção Mercúrio – 07:57 às 11:28 (exato 09:48)
A conversa flui e as ideias pipocam sem parar. Viagens realizadas nesse período tendem a encontrar o caminho livre e a serem divertidas.

Lua quadratura Netuno – 15:47 às 18:56 (exato 17:23)

O clima leve da manhã se transforma e há confusão essa tarde. Cuidado para não se perder, verifique melhor as orientações recebidas e preste bastante atenção aos caminhos.

DIA 05 DE DEZEMBRO - DOMINGO
● Nova ● em Capricórnio às 08:30, LFC Início às 02:09, LFC Fim às 08:30

Enquanto a Lua estiver em Capricórnio, buscamos a excelência em tudo o que fazemos e perseguimos nossas ambições com garra. O momento é de escolher as sementes mais promissoras e iniciar o plantio.

Lua sextil Júpiter – 00:32 às 03:43 (exato 02:09)
Nos sentimos esperançosos nesta madrugada e nos abastecemos de alegria para a semana que se inicia.

DIA 06 DE DEZEMBRO - SEGUNDA-FEIRA
● Nova ● em Capricórnio

Lua trígono Urano – 01:20 às 04:31 (exato 03:04)
A madrugada promete surpresas, momentos inesperados e sonhos inspirados.

Lua sextil Netuno – 15:31 às 18:45 (exato 17:11)
Tarde propícia para trabalhos criativos que precisem de inspiração, mas também de muita transpiração. Aproveite.

Lua conjunção Vênus – 20:40 à 00:01 de 07/12 (exato 22:25)
Momentos muito gostosos nos esperam esta noite. O importante é lembrar que essa dica vale somente para aqueles selecionados a dedo para fazer parte da nossa vida e que já deram sinais de resistir às provas do tempo.

Lua conjunção Plutão – 23:17 às 02:33 de 07/12 (exato 00:54 de 07/12)
Este aspecto pode ampliar poderosamente a energia do aspecto anterior. Relacionamentos sólidos podem se beneficiar bastante essa noite.

Lua sextil Marte – 23:59 às 03:24 (exato 01:43 de 08/12)
Energia na dose exata anima esta noite de segunda. O que for decidido aqui tem boas chances de ser levado adiante.

DIA 07 DE DEZEMBRO - TERÇA-FEIRA
🌑 *Nova* 🌑 *em Aquário às 08:48, LFC Início às 01:43, LFC Fim às 08:48*

Enquanto a Lua estiver em Aquário, estamos mais abertos às novidades e às descobertas. Os próximos dias são bons para trazer um novo olhar para os nossos projetos.

Lua conjunção Saturno – 23:01 às 02:24 (exato 00:46 de 08/12)
Antes de se deitar, revise sua agenda para assegurar que tudo está em ordem e sintonizado com os seus objetivos. Disciplina não faltará.

DIA 08 DE DEZEMBRO - QUARTA-FEIRA
🌑 *Nova* 🌑 *em Aquário*

Lua quadratura Urano – 02:19 às 05:41 (exato 04:09)
A melhor maneira de evitar que os compromissos dessa quarta atrapalhem seu sono é tentar manter a agenda bem levinha pela manhã. Com esse aspecto, a insônia é uma possibilidade.

Lua sextil Sol – 11:05 às 14:46 (exato 13:04)
Trabalhar em pares, colaborar com o próximo, promover encontros, todas essas atividades ajudam a tirar o máximo desta manhã.

Lua sextil Mercúrio – 21:09 às 01:03 (exato 23:11)
As conversas são aceleradas e cheias de possibilidades. Encontramos as palavras certas, as informações certas e as pessoas certas para dar um gás nos nossos planos.

DIA 09 DE DEZEMBRO - QUINTA-FEIRA
🌑 *Nova* 🌑 *em Peixes às 11:53, LFC Início às 07:01, LFC Fim às 11:53*

Enquanto a Lua estiver em Peixes, desaceleramos e podemos refletir sobre nossas emoções, ajustando a bússola interna para alinhar as velas na direção certa.

Lua conjunção Júpiter — 04:06 às 07:38 (exato 06:02)
Este aspecto desanuvia a atmosfera, trazendo otimismo e esperança para esta madrugada e o começo da manhã.

Lua quadratura Marte — 05:08 às 08:50 (exato 07:01)
Cuidado com a impaciência e a irritação para não sofrer acidentes desnecessários. Desatenções e desconfianças podem gerar discussões bobas e conflitos maiores.

DIA 10 DE DEZEMBRO - SEXTA-FEIRA
☽ *Crescente às 22:37 em 19°13' de Peixes* ☽ *em Peixes*

Lua sextil Urano — 06:33 às 10:10 (exato 08:29)
Aposte no inusitado e em novas abordagens. Deixe de lado a programação e as expectativas e sinta o momento.

Lua quadratura Sol — 20:35 à 00:35 (exato 22:36)
A Lua Crescente sinaliza que os desencontros ainda são uma possibilidade real. O melhor é não forçar a barra e escolher bem em que investir sua energia.

Lua conjunção Netuno — 22:58 às 02:41 de 11/12 (exato 00:48 de 11/12)
Este aspecto é excelente para ativar a imaginação e a criatividade. Encontros envolvendo as artes e atividades inclusivas são favorecidas.

DIA 11 DE DEZEMBRO - SÁBADO
☽ *Crescente* ☽ *em Áries às 18:45, LFC Início às 16:41, LFC Fim às 18:45*

Enquanto a Lua estiver em Áries, usamos o vigor e a coragem para levar adiante nossos planos e desbravar os caminhos em direção aos nossos objetivos.

Lua sextil Plutão — 08:03 às 11:49 (exato 09:51)

Este aspecto ajuda na recuperação e regeneração do que parecia perdido. Transforme-se e invista no seu desejo.

Lua sextil Vênus – 07:56 às 11:46 (exato 09:54)
O sextil da Lua com Vênus dá um ótimo começo para essa manhã de sábado. Muita doçura e alegria para cuidarmos de nós mesmos. Aproveite para se mimar um pouco.

Lua quadratura Mercúrio – 10:24 às 14:41 (exato 12:39)
Cuidado para não falar mais do que deve e para não espalhar fofocas. Cuidado também com deslocamentos, podemos ficar confusos e perdermos os horários dos compromissos.

Lua trígono Marte – 14:39 às 18:39 (exato 16:41)
A Lua Crescente em Peixes em trígono com Marte em Escorpião aguça a nossa sensibilidade e capacidade de entender o que está além das aparências. Ótima tarde para encontros apaixonados.

DIA 12 DE DEZEMBRO – DOMINGO
☽ Crescente ☽ em Áries

Lua sextil Saturno – 11:52 às 15:46 (exato 13:51)
Uma liderança madura e disciplinada é a melhor atitude para essa manhã. O autocontrole e a valorização dos vínculos antigos são características típicas do contato entre a Lua e Saturno e podem ajudar a firmar as raízes dos nossos projetos neste domingo.

DIA 13 DE DEZEMBRO – SEGUNDA-FEIRA
☽ Crescente ☽ em Áries, LFC Início às 23:53

Lua trígono Sol – 10:54 às 15:12 (exato 13:07)
Com o Sol e a Lua em harmonia, nossas emoções e pensamentos ficam em paz. A colaboração é valorizada e os encontros estão favorecidos.

Lua quadratura Plutão – 18:01 às 21:59 (exato 19:52)
Problemas do passado podem voltar a nos assombrar, atrapalhando o

final do dia. Fique atento e não se deixe levar pelo ciúme e por desconfianças infundadas

Lua quadratura Vênus – 19:01 às 23:03 (exato 21:02)
Carência e ciúme perturbam nosso jantar e a noite de segunda. Lembre-se de que fantasias são velhas amigas.

Lua sextil Júpiter – 21:51 às 01:52 (exato 23:53)
Nada como o bom humor para tornar tudo mais leve, não? Com a ajuda de Júpiter, não faltarão incentivo e apoio para melhorar essa noite mais complicada.

DIA 14 DE DEZEMBRO – TERÇA-FEIRA
☾ Crescente ☾ em Touro às 05:10, LFC Fim às 05:10

Enquanto a Lua estiver em Touro, temos persistência de sobra para dar continuidade aos nossos projetos e enfrentar os obstáculos com paciência e estabilidade.

Lua trígono Mercúrio – 05:01 às 09:37 (exato 07:25)
O começo da manhã é agraciado por este aspecto que facilita a comunicação, os encontros e os deslocamentos.

Lua quadratura Saturno – 23:34 às 03:37 de 15/12 (exato 01:37 de 15/12)
Atrasos e limitações criam obstáculos ao nosso descanso. Dúvidas e um certo desânimo são comuns sob este aspecto. Não leve tudo tão a sério.

DIA 15 DE DEZEMBRO – QUARTA-FEIRA
☾ Crescente ☾ em Touro

Lua conjunção Urano – 01:50 às 05:51 (exato 03:56)
A conjunção da Lua Crescente com Urano pode nos deixar desconfortáveis, atrapalhando o descanso. Não insista em soluções padrões, ouça seu corpo e descubra a melhor maneira de contornar esse imprevisto.

Lua sextil Netuno – 20:18 às 10:22 de 16/12 (exato 22:20)
A Lua faz um doce aspecto com Netuno nesta noite. Encontros em lugares familiares e queridos, assim como programas românticos estão favorecidos.

DIA 16 DE DEZEMBRO – QUINTA-FEIRA
☾ *Crescente* ☾ *em Gêmeos às 17:42 LFC Início às 13:0, LFC Fim às 17:42*

Enquanto a Lua estiver em Gêmeos, ficamos mais comunicativos e curiosos também. Podemos ver todos os lados da situação e nos adaptamos com mais facilidade aos desafios.

Lua trígono Plutão – 06:26 às 10:30 (exato 08:23)
Acordamos revigorados e renovados. Vale a pena revisitar ideias e projetos, é possível encontrar novas maneiras de superar algo que achávamos intransponível.

Lua trígono Vênus – 08:10 às 12:17 (exato 10:17)
O trígono promove o flerte, a sedução e a harmonia. Excelente aspecto para reconciliações e encontros animados.

Lua quadratura Júpiter – 11:04 às 15:12 (exato 13:09)
Mantenha as expectativas sob controle. Não espere demais dos outros, nem despreze o que está à mão. Sob este aspecto, tendemos a superestimar nossos potenciais e nossos contatos.

Lua oposição Marte – 20:46 às 01:05 de 17/12 (exato 23:01)
À noite, os ânimos estão mais exaltados e estamos mais impacientes. Evite conflitos e ignore as provocações.

DIA 17 DE DEZEMBRO – SEXTA-FEIRA
☾ *Crescente* ☾ *em Gêmeos*

Lua trígono Saturno – 12:54 às 17:00 (exato 14:59)
A disciplina é a melhor atitude para fazer tudo funcionar a contento. Foco e concentração são recompensados pela sensação de dever cumprido.

DIA 18 DE DEZEMBRO - SÁBADO
☾ Crescente ☾ em Gêmeos

Lua quadratura Netuno – 09:21 às 13:25 (exato 11:24)

Distrações e desatenções podem atrapalhar a manhã de sábado. A tomada de decisões é prejudicada por avaliações equivocadas. Redobre a atenção e evite, se possível, assumir compromissos nesse horário.

Lua oposição Sol – 23:22 às 03:48 (exato 01:40 de 19/12)

Este aspecto marca o início da Lua Cheia. Devemos nos esforçar para colaborar, participar e reconhecer o valor e a ajuda de quem está conosco. Para evitar atritos é simples, evite cobranças.

DIA 19 DE DEZEMBRO - DOMINGO
○ Cheia às 01:35 em 27°28' de Gêmeos ○ em Câncer às 06:41,
LFC Início às 03:03, LFC Fim às 06:41

Enquanto a Lua estiver em Câncer, estamos mais sensíveis e reagindo de maneira mais emocional ao que nos acontece. A Lua Cheia acende as lembranças e queremos celebrar nossas vitórias com aqueles que, de uma maneira ou de outra, pertencem à nossa história.

Lua trígono Júpiter – 00:58 às 05:05 (exato 03:03)

A noite traz paz e alegria. O trígono entre a Lua e Júpiter libera o otimismo e o bom humor. Divirta-se.

DIA 20 DE DEZEMBRO - SEGUNDA-FEIRA
○ Cheia ○ em Câncer

Lua oposição Mercúrio – 01:05 às 05:44 (exato 03:30)

Interrupções e pensamentos desencontrados atrapalham o sono. Evite estímulos desnecessários que possam perturbar ainda mais o descanso.

Lua sextil Urano – 03:15 às 07:16 (exato 05:21)

A tensão se desfaz e temos a oportunidade de começar a semana um pouco mais leves. Tente mudar a rotina um pouco para aproveitar este aspecto.

Lua trígono Netuno – 21:59 às 01:59 de 21/12 (exato 23:59)

A noite favorece os encontros e a abertura das celebrações da temporada. Inaugure os encontros pelos mais íntimos e, se possível, em casa.

DIA 21 DE DEZEMBRO - TERÇA-FEIRA
○ *Cheia* ○ *em Leão às 18:53, LFC Início às 11:45, LFC Fim às 18:53*

Entrada do Sol no Signo de Capricórnio às 12h59min09seg
Solstício de inverno H. Norte – Solstício de verão H. Sul

Enquanto a Lua estiver em Leão, a autoestima está lá em cima. Com a Lua Cheia em Leão, o entusiasmo é contagiante. Estamos prontos para celebrar a vida generosamente.

Lua oposição Plutão – 08:09 às 12:09 (exato 10:11)

Não conte com o apoio de pessoas poderosas nesta manhã. E, principalmente, evite, de todas as formas, medir forças com quem quer que seja. A situação poderá sair do controle rapidamente

Lua oposição Vênus – 09:45 às 13:42 (exato 11:45)

Não se ressinta se não se sentir reconhecido, perceba que pode ser mais vantajoso reconhecer o valor do outro. Seja generoso e evite carências e o egocentrismo.

DIA 22 DE DEZEMBRO - QUARTA-FEIRA
○ *Cheia (disseminadora)* ○ *em Leão*

Lua trígono Marte – 05:18 às 09:29 (exato 07:26)

A disposição física aumenta e amanhecemos bem dispostos. A prática de esportes é indicada para as primeiras horas do dia. Ajudará bastante a lidar com o estresse da temporada.

Lua oposição Saturno – 14:29 às 18:26 (exato 16:27)

O mau humor contamina a tarde de hoje. Estamos mais cansados e rabugentos, por isso, evite ser a pessoa que piora o ambiente. Seja responsável, cumpra o acordado e lembre-se de que podemos ajudar simplesmente não atrapalhando.

Lua quadratura Urano – 14:52 às 18:47 (exato 16:53)
Cuidado para não pressionar nada além da conta. Este é um aspecto tenso que, em combinação com o anterior, pode causar rupturas bruscas. Contorne, desvie e dê muito espaço para que a energia possa circular mais livremente.

DIA 23 DE DEZEMBRO – QUINTA-FEIRA
◯ *Cheia (disseminadora)* ◯ *em Leão*

Hoje a Lua não faz aspectos com outros planetas no céu. Devemos observar recomendações para a fase e o Signo em que a Lua se encontra.

DIA 24 DE DEZEMBRO – SEXTA-FEIRA
◯ *Cheia (disseminadora)* ◯ *em Virgem às 05:24,*
LFC Início às 03:41, LFC Fim às 05:24

Enquanto a Lua estiver em Virgem, organizar as festividades, ser prestativo e ajudar a todos serão atitudes afinadas com a energia dos próximos dias. Método e discrição ajudam a garantir o sucesso das celebrações.

Lua oposição Júpiter – 01:42 às 05:35 (exato 03:41)
Exageros alimentares e a busca de ideais inalcançáveis podem nos tirar o sono. Resultados frustrantes são, muitas vezes, consequência de expectativas desmedidas. Confie em seu planejamento e não dê espaço para cobranças desmedidas.

Lua trígono Sol – 09:00 às 13:08 (exato 11:05)
Colaboração e boa vontade, planejamento e diligência são essenciais para realizar o potencial desta manhã. Dedique-se e tudo dará certo.

Lua quadratura Marte – 18:52 às 22:52 (exato 20:57)
Não pressione, nem espere perfeição. A noite exige mais flexibilidade. Tudo o que precisava ser feito, já foi feito. Dê espaço para que as pessoas possam ser quem elas são. Dessa maneira, será mais fácil evitar conflitos desnecessário em uma noite tão especial quanto essa.

DIA 25 DE EZEMBRO - SÁBADO
○ *Cheia (disseminadora)* ○ *em Virgem*

Lua trígono Urano – 00:31 às 04:16 (exato 02:27)
O clima fica mais leve quando nos permitimos um pouco de irreverência. Deixe o imprevisto e o improviso participarem da festa.

Lua trígono Mercúrio – 15:01 às 19:14 (exato 17:13)
O almoço de Natal pode ser um pouco mais tarde, não é mesmo? A conversa flui e podemos nos dedicar a tudo que exija atenção a detalhes. Atividades que demandem deslocamentos curtos também estão favorecidas. Tudo flui com mais facilidade.

Lua oposição Netuno – 18:16 às 21:58 (exato 20:09)
No final do dia, é melhor não marcar compromissos que demandem atenção e organização. Estamos mais confusos e cansados. Atenção para o risco de intoxicações. É melhor procurar diminuir o ritmo neste final de dia.

DIA 26 DE DEZEMBRO - DOMINGO
☽ *Minguante às 23:25 em 05°32' de Libra* ☽ *em Libra às 13:23, LFC Início às 05:40, LFC Fim às 13:23*

Enquanto a Lua estiver em Libra, buscamos a harmonia e o equilíbrio nas relações e com o que nos cerca. A diplomacia e a elegância, a capacidade de ouvir e se colocar no lugar do outro são atitudes naturais. Amizades, namoros e tudo o que envolve parcerias estão favorecidos nesses dias. Aproveite.

Lua trígono Vênus – 03:23 às 06:59 (exato 05:14)
Amanhecemos relaxados e de bem com a vida. Pequenos mimos e cuidar com atenção da aparência podem prolongar essa sensação. Descanse bastante.

Lua trígono Plutão – 03:49 às 07:29 (exato 05:40)
Excelente aspecto que ajuda a recuperação das nossas forças e o res-

tabelecimento da nossa saúde. Aproveite.

Lua quadratura Sol – 21:26 às 01:20 de 27/12 (exato 23:29)
A Lua mingua e o ritmo deve diminuir naturalmente. Precisamos de um pouco mais de tato e de espaço para lidar com as pessoas e com os nossos desejos desencontrados. Leveza é a melhor opção.

DIA 27 DE DEZEMBRO - SEGUNDA-FEIRA
☽ *Minguante* ☽ *em Libra*

Lua sextil Marte – 05:14 às 08:59 (exato 07:10)
Considerar o ponto de vista do outro é uma boa forma de resolver pendências mais rapidamente. Elegância no trato e proporcionalidade nas atitudes ajudam a começar bem o dia.

Lua trígono Saturno – 08:07 às 11:42 (exato 09:55)
Tudo entra nos eixos e funciona a contento quando se leva a disciplina a sério, mas com charme.

DIA 28 DE DEZEMBRO - TERÇA-FEIRA
☽ *Minguante* ☽ *em Escorpião às 18:16, LFC Início às 18:12, LFC Fim às 18:16*

Enquanto a Lua estiver em Escorpião, é mais difícil esquecer o que nos incomoda. O melhor a fazer é usar essa clareza e finalizar aquilo precisa de um ponto final. Assim, os efeitos regeneradores dessa Lua poderão atuar mais livremente.

Lua quadratura Mercúrio – 03:59 às 07:53 (exato 05:59)
Noite inquieta e tumultuada. Tente praticar algum exercício que ajude a desligar a mente, evitando que os mesmos assuntos fiquem se repetindo infinitamente. Cuidado para não perder o horário!

Lua quadratura Vênus – 07:38 às 11:00 (exato 09:21)
Acordamos amuados, desconfiados e severos demais. Esse comportamento pode provocar mais desentendimentos e nos machucar. Cuidado para não levar tudo tão a ferro e fogo. Revisitar feridas antigas

pode não ser muito indicado esta manhã.

Lua quadratura Plutão – 09:22 às 12:49 (exato 10:59)
A manhã realmente está preparando o cenário perfeito para brigas, confrontos e rompimentos. Mágoas e ressentimentos são expostos à luz do dia. Se esse for um movimento consciente, tudo bem, mas caso contrário, tome todo o cuidado para evitar os conflitos.

Lua trígono Júpiter – 16:26 às 19:54 (exato 18:12)
Que bom que o clima melhora sensivelmente à tarde. O trígono entre a Lua e Júpiter libera o otimismo e o bom humor. As tarefas do dia são concluídas com mais desenvoltura e podemos marcar o *happy hour* tranquilos.

DIA 29 DE DEZEMBRO - QUARTA-FEIRA
☽ *Minguante (balsâmica)* ☽ *em Escorpião*

Lua sextil Sol – 05:53 às 09:31 (exato 07:42)
O que quer que nos incomodou ontem, pela manhã, ficou para trás. Aproveite este aspecto para se regenerar e reabastecer as baterias para os eventos de final de ano. Agora é um bom momento para inventariar o que passou e deixar somente o melhor permanecer para o próximo ciclo.

Lua oposição Urano – 11:10 às 14:31 (exato 12:52)
Se for possível, não marque nada de importante neste horário. Este aspecto traz contrariedades e a melhor forma de lidar com ele é não ter nada nos pressionado no momento.

Lua quadratura Saturno – 12:16 às 15:38 (exato 13:55)
Mais um aspecto que sinaliza a possibilidade dos planos não seguirem o programado. Atrasos e limitações frustram nossas expectativas. Tudo bem, nem sempre as coisas são como queremos. A gente sempre pode tentar depois.

DIA 30 DE DEZEMBRO - QUINTA-FEIRA
☽ Minguante (balsâmica) ☽ em Sagitário às 20:08,
LFC Início às 14:11, LFC Fim às 20:08

Enquanto a Lua estiver em Sagitário, acreditamos mais, temos mais esperança e tudo parece possível. A Lua balsâmica em Sagitário é perfeita para curar nossa alma com alegria e otimismo.

Lua trígono Netuno – 03:12 às 06:30 (exato 04:46)
Esta madrugada é excelente para tratamentos que visem restaurar nossas energias. Aposte no contato com a natureza no começo do dia para aproveitar essa energia ao máximo.

Lua sextil Vênus – 08:43 às 11:53 (exato 10:17)
Manhã alegre e brincalhona, traz descontração. Demonstrações de afeto encontram o caminho certo para alegrar o ambiente. O riso é um ótimo companheiro.

Lua sextil Plutão – 11:49 às 15:05 (exato 13:17)
O apoio e o conselho de pessoas em quem confiamos nos ajudam a desfazer qualquer dificuldade que ainda perdure.

Lua sextil Mercúrio – 12:21 às 15:58 (exato 14:11)
A comunicação está favorecida e a mente, afiada. Use a capacidade analítica e agilidade mental para terminar de riscar todos os pontos da lista de tarefas pendentes.

Lua quadratura Júpiter – 19:03 às 22:20 (exato 20:44)
Excessos podem comprometer a noite e moderação é necessária. Pratique-a, por maiores que sejam as tentações.

DIA 31 DE DEZEMBRO - SEXTA-FEIRA
☽ Minguante (balsâmica) ☽ em Sagitário

Lua sextil Saturno – 13:38 às 16:51 (exato 15:10)
A última tarde do ano é perfeita para terminarmos o que precisamos

fazer e podermos comemorar com o coração leve.

Lua conjunção Marte – 15:20 às 18:41 (exato 16:59)
Disposição em alta e muita energia para encarar desafios e tomar decisões. Acredite, aventure-se. Vá em frente e resolva de uma vez o que foi adiado por falta de fé.

ÍNDICE LUNAR DE ATIVIDADES

Consulte os melhores Signos e fases lunares para cada um das diversas atividades. Se não coincidir o melhor Signo com a melhor fase para determinada atividade, dê preferência à fase.

Os nomes dos aspectos (linha superior) estão abreviados (linha inferior)					
CONJ	SEXL	TRÍG	OPOS	QUADR
CONJUNÇÃO	SEXTIL	TRÍGONO	OPOSIÇÃO	QUADRATURA

SAÚDE	FASE LUNAR	SIGNO LUNAR	ASPECTO DA LUA COM OS PLANETAS
Desintoxicação - Diurese - Eliminação	Ming	Vir. Cap. Esc. Aqu.	Conj, sexl, tríg Mercúrio, Plutão e Saturno
Diagnóstico e exames	Cresc	Vir. Esc.	Conj, sexl, tríg Mercúrio, Plutão
Cirurgia	Ming	* Ver Lua e Cirurgia	Sexl, tríg Marte, Vênus, Plutão
Cicatrização mais rápida	Ming	Esc.	Sexl, tríg Plutão
Cura - restabelecimento	Ming	Esc.	Sexl, tríg Plutão
Abandonar vícios, dependências e hábitos prejudiciais	Ming	Aqu. Esc. Cap.	Conj, sexl, tríg Urano, Plutão, Saturno
Mudar ou corrigir alimentação	Ming. Nova	Vir. Esc.	Conj, sexl, tríg Mercúrio, Plutão
Dieta de emagrecimento	Ming	Ari. Vir. Esc. Cap. Aqu.	Conj, sexl, tríg Marte, Saturno, Urano, Plutão
Dieta para ganhar peso	Cresc Cheia	Tou. Can. Leo. Sag. Pei.	Conj, sexl, tríg Vênus, Júpiter, Sol, Netuno
Tratamentos intensivos	Cresc	Esc.	Sexl, tríg Plutão
Tratamentos alternativos		Aqu. Pei.	Sexl, tríg Urano, Netuno
Tratamento dentário	Ming	Esc. Cap.	Sexl, tríg Plutão, Saturno
Exame de vista	Nova Cresc	Vir. Cap.	Sexl, tríg Plutão, Saturno
Elevar taxas baixas	Cresc	Tou. Can. Sag.	Conj, sexl, tríg Júpiter
Reduzir taxas elevadas	Ming	Vir. Esc. Cap.	Conj, sexl, tríg Plutão, Saturno
Fisioterapia		Cap. Esc. Vir.	Sexl, tríg Plutão, Saturno

ATIVIDADE FÍSICA	FASE LUNAR	SIGNO LUNAR	ASPECTO DA LUA COM OS PLANETAS
Exercícios físicos	Nova Cresc Cheia	Ari. Gem. Sag. Aqu.	Conj, sexl, tríg, quadr Sol, Marte, Júpiter
Competições - Esportes - Maratonas	Nova Cresc	Ari. Sag.	Sexl, tríg Marte, Júpiter
Ganhar massa muscular	Cresc	Ari. Sag.	Sexl, tríg Marte, Júpiter
Condicionamento físico	Cresc	Ari. Sag.	Sexl, tríg Marte, Júpiter
Queimar	Cresc	Ari. Sag.	Quadr, opos Marte

COMPRAS E CONSUMO	FASE LUNAR	SIGNO LUNAR	ASPECTO DA LUA COM OS PLANETAS
Presentes	Cresc Cheia	Tou. Lea. Lib.	Conj, sexl, tríg Vênus
Artigos de luxo	Cresc Cheia	Lea.	Conj, sexl, tríg Vênus, Júpiter
Artigos de beleza, moda e decoração	Nova Cresc	Tou. Lib.	Conj, sexl, tríg Vênus
Cosméticos		Tou. Lib.	Conj, sexl, tríg Vênus, Júpiter
Lingerie		Esc.	Conj, sexl, tríg Plutão, Vênus
Joias - Anéis		Lea.	Conj, sexl, tríg Vênus e Júpiter
Relógios		Cap.	Conj, sexl, tríg Saturno
Pulseiras - Esmaltes		Gem.	Conj, sexl, tríg Mercúrio, Vênus
Cintos - Bolsas - Artigos de couro		Lib. Tou. Cap.	Conj, sexl, tríg Vênus — conj, sexl Saturno
Óculos - Acessórios - Colares - Echarpes		Ari. Lib. Tou.	Conj, sexl, tríg Vênus
Artigos originais		Aqu.	Conj, sexl, tríg Urano
Livros - Papelaria		Gem. Sag.	Conj, sexl, tríg Mercúrio, Júpiter
Equipamentos / telefonia	Nova Cresc	Gem. Vir. Sag. Aqu.	Sexl, tríg Mercúrio, Urano

Delicatessen	Cresc Cheia	Tou. Can. Lea.	Conj, sexl, tríg Vênus
Antiguidades		Can. Esc. Cap.	Conj, sexl, tríg Saturno -sexl, tríg Plutão
Roupas de dormir		Tou. Can. Pei.	Sexl, tríg Vênus, Netuno
Roupas de trabalho		Vir. Cap.	Sexl, tríg Mercúrio, Saturno
Roupas recicladas ou de segunda mão		Esc.	Sexl, tríg Plutão, Saturno
Roupas esportivas - Tênis		Sag. Ari.	Conj, sexl, tríg Júpiter, Marte
Roupas de praia		Pei.	Sexl, tríg Netuno
Roupas combinadas - Conjuntos		Lib.	Conj, sexl, tríg Vênus
Objetos de valor - Bens duráveis	Cresc Cheia	Tou. Lea.	Conj, sexl, tríg Vênus, Júpiter - sexl, tríg Saturno
Carro	Nova Cresc	Ari. Gem. Vir. Sag. Aqu.	Sexl, tríg Mercúrio, Júpiter, Marte, Urano
Adquirir imóvel	Nova Cresc	Tou. Can. Cap.	Sexl, tríg Vênus, Saturno
Pechinchas	Ming	Vir. Cap.	Conj, sexl, tríg Mercúrio, Saturno
Pontas de estoque		Cap.	Conj, sexl, tríg Saturno
COMPRAS PARA O LAR	**FASE LUNAR**	**SIGNO LUNAR**	**ASPECTO DA LUA COM OS PLANETAS**
Artigos domésticos - Cama, mesa e banho	Nova	Tou. Can. Vir. Lib.	Conj, sexl, tríg Vênus, Netuno
Artigos de farmácia: remédios, higiene pessoal		Vir. Esc.	Sexl, tríg Vênus, Plutão, Saturno
Comprar legumes e frutas maduras para consumo imediato	Nova Cresc		
Comprar legumes e frutas maduras para consumo posterior	Ming		
Comprar flores desabrochadas para uso imediato	Nova Cresc		

Comprar flores desabrochadas que duram	Ming		
Comprar legumes, frutas e flores para amadurecimento	Nova Cresc		
SERVIÇOS	**FASE LUNAR**	**SIGNO LUNAR**	**ASPECTO DA LUA COM OS PLANETAS**
Consertos	Cresc	Vir. Cap. Esc.	Sexl, tríg Mercúrio, Saturno, Plutão
Lavanderia	Cresc	Vir. Esc.	Sexl, tríg Mercúrio, Saturno, Plutão
Tingir roupas	Ming	Vir. Esc.	Conj, sexl, tríg Mercúrio, Plutão
Dedetização	Ming	Vir. Esc.	Conj, sexl, tríg Plutão
Delivery	Ming	Tou. Can. Lea.	Sexl, tríg Mercúrio, Vênus, Júpiter
Atendimento rápido, self-service	Nova Cresc	Ari. Aqu.	Sexl, tríg Mercúrio, Marte, Urano
CASA	**FASE LUNAR**	**SIGNO LUNAR**	**ASPECTO DA LUA COM OS PLANETAS**
Mudança de casa	Cresc	Tou. Can.	Conj, sexl, tríg Vênus — sexl,tríg Sol, Mercúrio, Urano
Arrumação - Faxina	Ming	Vir. Esc. Cap.	Conj, sexl, tríg Mercúrio, Saturno, Plutão
Decorar a casa	Cresc	Tou. Lib.	Conj, sexl, tríg Vênus
Obras e reformas	Nova Cresc	Esc. Cap.	Conj, sexl, tríg Saturno, Plutão
Pintura	Ming	Ari. Tou. Lea. Aqu.	Conj, sexl, tríg
Contratar serviços para casa	Ming	Can. Vir. Cap.	Conj, sexl, tríg Mercúrio, Saturno
Limpeza "astral"	Ming	Pei.	Conj, sexl, tríg Plutão, Netuno
Reaver artigos perdidos	Nova Cresc	Esc.	Conj, sexl, tríg Plutão

BELEZA	FASE LUNAR	SIGNO LUNAR	ASPECTO DA LUA COM OS PLANETAS
Corte de cabelo para aumentar volume	Nova para Cresc	Tou. Can. Lea.	
Corte de cabelo para crescimento rápido (fio mais fino)	Cheia	Can. Pei.	
Corte de cabelo para crescimento lento (fio mais grosso)	Ming	Tou. Vir. Esc.	
Corte de cabelo curto	Ming	Vir.	Sexl, tríg Vênus, Mercúrio, Saturno
Manutenção do corte	Ming	Tou. Vir. Esc.	
Tintura de cabelo	Ming	Tou. Lea. Vir. Aqu.	Sexl, tríg Vênus, Mercúrio, Saturno
Depilação	Ming	Esc. Vir.	Sexl, tríg Saturno, Plutão
Hidratação e nutrição da pele	Cheia	Can. Pei.	Conj, sexl, tríg Vênus — sexl, tríg Netuno — opos Sol
Limpeza de pele	Ming	Esc. Vir.	Conj, sexl, tríg Vênus, Plutão — sexl, tríg Saturno, Urano
Tratamento para rejuvenescimento	Ming.	Esc.	Sexl, tríg Marte, Plutão, Vênus
SPA para beleza e relaxamento	Ming	Tou. Lea. Lib.	Conj, sexl, tríg Vênus — sexl, tríg Netuno, Plutão
Drenagem linfática	Ming		
FINANÇAS E NEGÓCIOS	**FASE LUNAR**	**SIGNO LUNAR**	**ASPECTO DA LUA COM OS PLANETAS**
Desfazer contratos	Ming	Vir. Lib. Esc. Cap. Aqu.	Sexl, tríg Mercúrio, Plutão, Saturno, Plutão
Pedir empréstimo	Ming		
Cobrar débitos	Nova Cresc	Ari.	Sexl, tríg Marte, Vênus

Investimentos mais conservadores e de longo prazo	Nova Cresc	Tou. Cap.	Sexl, tríg Vênus, Saturno
Investimentos de risco e de curto prazo	Cresc para Cheia	Ari. Sag. Aqu.	Conj, sexl, tríg Marte, Júpiter, Urano
Seguros	Nova Cresc	Tou. Cap.	Sexl, tríg Vênus, Júpiter, Saturno
Procedimentos jurídicos	Cresc	Lib. Sag.	Conj, sexl, tríg Mercúrio, Vênus, Júpiter
Quitar dívidas	Ming	Vir. Esc. Cap. Aqu.	Sexl, tríg Saturno, Urano, Plutão
Especulação financeira - Apostas - Loteria	Cresc Cheia	Lea. Sag. Pei.	Sexl, tríg Vênus, Júpiter, Sol, Urano, Netuno
PROFISSÃO	**FASE LUNAR**	**SIGNO LUNAR**	**ASPECTO DA LUA COM OS PLANETAS**
Apresentação de ideias e projetos	Cresc	Ari. Gem. Sag. Aqu.	Sexl, tríg Sol, Mercúrio, Urano, Júpiter
Distribuição de tarefas	Cresc	Gem. Vir. Lib.	Conj, sexl, tríg Sol, Marte, Urano, Mercúrio
Contratar e treinar funcionários	Nova Cresc	Vir. Cap. Gem.	Sexl, tríg Mercúrio, Plutão
Procurar emprego	Nova Cresc	Tou. Gem. Sag.	Conj, sexl, tríg Vênus, Mercúrio, Júpiter
Pedir aumento ou adiantamento de salário	Cresc	Tou. Lea. Sag.	Sexl, tríg Sol, Vênus, Júpiter
Dispensar empregados ou serviços	Ming	Esc. Aqu. Cap.	Sexl, tríg Plutão, Urano, Saturno
Procedimentos de controle de qualidade	Cresc	Vir. Cap.	Conj, sexl, tríg Mercúrio, Saturno
Atividades autônomas	Nova	Ari. Aqu.	Conj, sexl, tríg Sol, Marte, Urano, Mercúrio
Atividades em parcerias	Cresc Cheia	Lib.	Sexl, tríg Sol, Vênus

Reuniões de pauta		Gem. Aqu.	Sexl, tríg Mercúrio, Urano
Novos empreendimentos	Nova Cresc	Ari. Can. Cap. Lib. Aqu.	Sexl, tríg Marte, Saturno, Vênus, Urano
Lançar "moda", produtos ou serviços que precisam "pegar"	Cresc Cheia	Pei.	Sexl, tríg Netuno
PROCEDIMENTOS	**FASE LUNAR**	**SIGNO LUNAR**	**ASPECTO DA LUA COM OS PLANETAS**
Tomar providências - Decidir	Cresc Cheia	Ari.	Sexl, tríg Marte
Organização	Ming	Vir. Cap.	Conj, sexl, tríg Mercúrio, Saturno
Estabelecer prazos e orçamentos	Ming	Cap. Vir.	Sexl, tríg Mercúrio, Saturno
Jogar coisas fora - Limpeza de papéis	Ming	Vir. Esc. Cap. Aqu.	Conj, sexl, tríg Mercúrio, Plutão, Saturno, Urano
Envios - Fretes - Transporte - Franquias	Cresc últimos dias Cheia	Gem. Vir. Sag. Pei.	Conj, sexl, tríg Mercúrio, Júpiter- sexl,tríg Netuno
Lidar com burocracia	Ming	Vir. Cap.	Conj, sexl, tríg Mercúrio, Saturno
EVENTOS	**FASE LUNAR**	**SIGNO LUNAR**	**ASPECTO DA LUA COM OS PLANETAS**
Salões - Feiras - Eventos culturais - Festivais	Cresc Cheia	Sag.	Conj, sexl, tríg Júpiter, Vênus
Congressos - Simpósios - Palestras	Cresc Cheia	Gem. Sag.	Conj, sexl, tríg Mercúrio, Júpiter
Noites de autógrafos - Lançamentos - Exposições	Nova Cresc	Gem. Can. Sag. Lib. Lea.	Sexl, tríg Mercúrio, Júpiter, Sol, Vênus
Eventos esportivos	Nova Cresc	Ari. Sag	Conj, sexl, tríg, quadr Sol, Marte, Júpiter
Reunir grande público	Cresc Cheia	Sag. Gem. Can.	Conj, sexl, tríg Júpiter
Reunir público selecionado	Cresc	Lib. Cap.	Sexl, tríg Sol, Saturno

LAZER	FASE LUNAR	SIGNO LUNAR	ASPECTO DA LUA COM OS PLANETAS
Viagem	Cresc	Gem. Sag.	Conj, sexl, tríg Mercúrio, Júpiter - sexl, tríg Netuno
Sair	Cheia	Gem. Lea. Lib. Sag. Aqu.	Conj, sexl, tríg Sol, Mercúrio, Vênus, Júpiter
Bares - Boates - Restaurantes	Cresc Cheia	Gem. Lea. Lib. Sag. Aqu.	Conj, sexl, tríg Vênus, Júpiter, Mercúrio, Urano
Festas	Cresc Cheia	Gem. Leo. Lib. Sag.	Conj, sexl, tríg Vênus, Júpiter — sexl, tríg Netuno
Dança	Cresc Cheia	Lea. Pei.	Sexl, tríg Vênus, Netuno
Cinema - Teatro - Cultura	Cresc Cheia	Gem. Lib. Sag. Aqu. Pei.	Conj, sexl, tríg Mercúrio, Vênus, Júpiter — sexl, tríg. Urano, Netuno
Arte	Cresc Cheia	Tou. Lib. Pei.	Conj, sexl, tríg Vênus, Netuno
Gastronomia	Cresc Cheia	Tou. Can.	Conj, sexl, tríg Vênus, Júpiter
Reunir amigos	Cresc Cheia	Gem. Lib. Sag. Aqu.	Sexl, tríg Mercúrio, Vênus, Júpiter
Curtir a casa ou estar com a família	Ming	Tou. Can.	Conj Vênus — sexl, tríg Saturno
Praia e atividades no mar		Can. Lea. Pei.	Sexl, tríg Sol, Netuno
Atividades ao ar livre - Espaços abertos	Cresc Cheia	Ari. Lea. Sag. Aqu.	Conj, sexl, tríg Marte, Júpiter — sexl, tríg Urano
Contato com a natureza		Tou. Vir. Cap.	Sexl, tríg Vênus, Júpiter, Saturno
Trilhas - Caminhadas - Passeios exóticos	Nova Cresc Cheia	Ari. Sag.	Sexl, tríg Marte, Júpiter, Urano

RELACIONAMENTO	FASE LUNAR	SIGNO LUNAR	ASPECTO DA LUA COM OS PLANETAS
Encontros afetivos	Cresc	Lib. Lea.	Sexl, tríg Sol, Vênus, Marte, Netuno
Promover encontros	Cresc Cheia	Lib. Pei.	Sexl, tríg Sol, Vênus, Mercúrio, Plutão
Estreitar vínculos e laços afetivos	Cresc. Cheia	Can. Pei.	Conj, sexl, tríg Vênus
Erotismo	Cheia	Tou. Esc.	Conj, sexl, tríg Vênus — sexl,tríg Marte, Plutão
Romantismo	Cresc Cheia	Can. Pei.	Conj, sexl, tríg Vênus, Netuno
Início de relacionamentos duradouros	Cresc	Tou. Can. Lea. Cap.	Sexl, tríg Vênus, Saturno
Início de relacionamentos que modificam a pessoa	Ming	Aqu.	Sexl, tríg Urano
Início de relacionamentos em que uma das partes domina	Nova	Ari. Lea.	Conj Sol — conj sexl, tríg Marte
Reconciliação - Conciliação de diferenças	Cresc	Lib. Pei.	Sexl, tríg Vênus Sol, Vênus, Mercúrio, Plutão
Esclarecimento de mal-entendidos	Nova Cresc Cheia	Ari. Gem.	Sexl, tríg Sol, Marte, Mercúrio
Terminar relacionamentos	Ming	Ari. Esc. Aqu.	Sexl, tríg Marte, Saturno, Urano, Plutão
Possibilidade de surgirem crises nos relacionamentos	Cheia	Ari. Esc. Aqu.	Conj, quad Urano, Plutão
Casamento	Cresc	Pei. Tou. Can. Lea. Lib.	Conj, sexl, tríg Vênus -sexl, tríg Sol
GESTAÇÃO	**FASE LUNAR**	**SIGNO LUNAR**	**ASPECTO DA LUA COM OS PLANETAS**
Gestação - Fertilização	Nova Cresc		
Partos mais fáceis	Cresc		Conj, sexl, tríg Júpiter, Vênus — sexl,tríg Sol, Marte e Urano

Precipitação de nascimento	Cheia	Ari. Sag. Aqu.	Conj, sexl, tríg Marte, Urano
Concepção de meninas	Cheia a Nova	Tou. Vir. Cap. Can. Esc. Pei.	
Concepção de meninos	Nova a Cheia	Ari. Lea. Sag. Gem. Lib. Aqu.	
Período fértil: 1ª metade — concepção de meninas		Tou. Vir. Cap. Can. Esc. Pei.	
Período fértil: 2ª metade — concepção de meninos		Ari. Lea. Sag. Gem. Lib. Aqu.	

CULTIVO, PLANTIO E NATUREZA	FASE LUNAR	SIGNO LUNAR	ASPECTO DA LUA COM OS PLANETAS
Capinar e aparar a grama	Ming		
Adubagem	Ming		
Transplantes - Enxertos	Cresc		
Combater pragas	Ming		
Poda	Ming		
Crescimento da parte aérea das plantas	Cresc		
Para o que cresce debaixo da terra	Ming		
Cultivo de ervas medicinais	Ming	Pei.	
Plantio de hortaliças	Ming		
Plantio de Cereais - Frutos - Flores	Cresc		
Acelerar amadurecimento de frutas, legumes e plantas	Cheia		
Acelerar desabrochar dos brotos de flores e plantas	Cheia		
Colher frutos	Ming		
Colheita de frutos suculentos	Cheia		
Colheita de plantas curativas	Cheia		
Aceleração da secagem de produtos e desidratação	Ming	Ari.	
Compota de frutas e legumes	Ming		
Corte de madeira	Ming		
Pesca	Cheia		

SERVIÇOS PROFISSIONAIS DA AUTORA

Mapa Natal

Interpretação da carta natal, fornecendo um preciso diagnóstico da sua personalidade.

Trânsito e Progressão

Técnica astrológica de previsão com duração para um ano. Deverá ser renovado anualmente.

Revolução Solar

Técnica astrológica de previsão a partir do dia de aniversário em cada ano. Recomenda-se fazer um mês antes do aniversário.

Sinastria

Estudo de compatibilidade entre duas ou mais pessoas, para se avaliar o grau de afinidade. Indicado para relacionamentos afetivos ou parcerias comerciais.

Terapêutica Astrológica

Uma série de sessões em que, por intermédio do próprio mapa astral, se levantam questões importantes da personalidade do indivíduo e a forma de melhor superá-las.

Astrologia Eletiva

Indicado para a escolha de datas para abertura de negócios, novos empreendimentos, cirurgias etc.

Astrologia Vocacional

Indicado para adolescentes em fase de escolha de profissão e para adultos em busca de alternativas. Excelente estudo para adequação entre personalidade, trabalho e profissão.

Astrologia Infantil

Indicado para pais, educadores ou profissionais da área de saúde que queiram conhecer melhor aqueles que estão sob sua responsabilidade.

Astrologia Empresarial

Para empresas ou profissionais liberais que queiram delinear os períodos de avanços, estratégias, planejamentos e precauções para seus negócios, formação de equipe e contratação de pessoal.

Astrocartografia e Relocação

Nesta técnica, avaliamos os lugares (cidades e países) mais indicados para uma pessoa viver, fazer negócios ou promover uma melhoria na vida pessoal.

Cursos

Básico, intermediário, avançado e especialização. Para aqueles que têm interesse no tema e para os que queiram desenvolver uma profissão na área astrológica.

Consultas

Presenciais, *on-line* (*Skype* ou *Zoom*) e também por gravação em áudio.

Primeira edição (outubro/2020)
Papel de Capa Cartão Triplex 250g
Papel de Miolo Offset 70g
Tipografia Aleo, Restora, Gibson e Fairfield LT Std
Gráfica LIS